FRANKENWALD

Rund um Kronach, Ludwigsstadt und Bad Steben

Mit Hof, Kulmbach und Coburg

Gunnar Strunz

TRESCHER VERLAG

1. Auflage 2021

Trescher Verlag
Reinhardtstr. 9
10117 Berlin
www.trescher-verlag.de

SBN 978-3-89794-574-6

Herausgegeben von Bernd Schwenkros und
Detlev von Oppeln

Reihenentwurf und Gesamtgestaltung:
Bernd Chill
Gestaltung, Satz, Bildbearbeitung: Ulla Nickl
Lektorat: Sabine Fach
Stadtpläne und Karten: Johann Maria Just,
Martin Kapp, Dorit Hahnewald
unter Verwendung von Daten von
© OpenStreetMap-Mitwirkende/
www.openstreetmap.org
(Kartenregister → S. 276)

Gedruckt auf chlorfrei gebleichtem Papier

Printed in Germany

Alle Angaben in diesem Reiseführer wurden sorgfältig recherchiert und überprüft. Dennoch können Entwicklungen vor Ort dazu führen, dass einzelne Informationen nicht mehr aktuell sind. Gerne nehmen wir dazu Ihre Hinweise und Anregungen entgegen. Bitte schreiben Sie an **post@trescher-verlag.de**.

Titelbild:
Die Burg Lauenstein (→ S. 84*)*
Vordere Umschlagklappe:
In der Steinachklamm (→ S. 152)
Hintere Umschlagklappe:
Die Fränkische Linie (→ S. 154*)*

In der Steinachklamm

EIN AUSFLUG NACH COBURG UND INS COBURGER LAND

ANHANG

EXTRA

Kronach: Altstadt und Festung Rosenberg

Vorwort

Der vorliegende Reiseführer beschäftigt sich mit Regionen im Norden Bayerns, genaugenommen mit dem Norden des Regierungsbezirks Oberfranken. Die großenteils unberührte Natur, die historischen Städte, die Fülle an idyllischen Dörfern, in denen jede Kirche irgendeine Besonderheit aufweist, machen das vorgestellte Gebiet – gelegen zwischen Coburg und Hof, zwischen Weißem Main und dem Oberlauf der Sächsischen Saale – zu einer attraktiven Region, die sich auch noch rühmen darf, »Genussregion« zu sein. Denn man findet hier eine kaum vergleichbare Dichte an Wirtshäusern, die sich bester fränkischer und damit herzhafter Kochkultur verschrieben haben. Es ist ein aus drei kulturhistorisch unterschiedlichen Landstrichen bestehendes Gebiet.

Im Mittelpunkt des Buches steht der Frankenwald, der in seinem großen Teil jahrhundertelang zum Erzbistum Bamberg gehört hat; seine Bewohner sind in der Mehrheit heute noch katholisch. Es ist eine bis auf 800 Meter hinaufreichende Hochfläche, die durch tiefe Talungen zerschnitten ist. Eine hervorragende Infrastruktur an Wander- und Radwegen bietet eine Fülle an aktiver Freizeitgestaltung. Dazu kommen Beispiele staunenswerter historischer Architektur: die Festung Rosenberg in Kronach, die Burg Lauenstein bei Ludwigsstadt sowie die vielfältige Volksarchitektur der Bauerngehöfte.

Kulmbach mit seiner nicht minder großartigen Renaissancefestung, der Plassenburg, ist ebenfalls Gegenstand der Darstellung – schließlich grenzt das Kulmbacher Land im Süden an den Frankenwald an. Auch die westlich an den Frankenwald anschließenden Lande um die alte Residenzstadt Coburg werden vorgestellt. Coburgs Innenstadt und die machtvolle Veste sind zusammen ein städtebauliches Kleinod besonderer Art. Die Geschichte des Coburger Lands ist völlig anders als die des Frankenwalds – es war das Terrain der Herzöge von Sachsen-Coburg und Gotha und seit der Reformation protestantisch. Das Hofer Land, in das der Frankenwald im Osten geographisch-geologisch nahtlos übergeht, ist meist nur wenig gewürdigt. Es ist jedoch keineswegs arm an Sehenswürdigkeiten – wobei es sich nicht mit Main- oder Mittelfranken messen möchte. Dieser Raum war seit dem Ende des 14. Jahrhunderts hohenzollerisch, hier war die Geschichte wieder eine andere.

Und so unterschiedlich die drei Gebiete sind, ist es auch deren Landschaft, geprägt durch einen jeweils andersgearteten Untergrund. Die Schiefer des Frankenwalds begünstigen große Waldungen und prägen dessen Architektur. Sandsteine und Tone finden sich im Coburger Land, dessen Böden fruchtbarer sind, aber waldarm, während das Hofer Gebiet im Osten sehr waldreich ist, im Westen waldarm, wobei die Bodengüte niedrig ist.

Man möge es dem Autor verzeihen, dass er bei der Beschreibung des Hofer Landes etwas weitschweifig geworden ist. Doch ist er hier aufgewachsen und bis heute seiner Heimat verbunden. Und wem das Herz voll ist, dem geht der Mund über…

Es hoffen Verfasser und Verlag, dass das Buch bei der Reise durch den Frankenwald, bei der Erkundung des Hofer Lands und der Begegnung mit Coburg und Kulmbach ein hilfreicher Begleiter sein kann.

Im Frühsommer 2021
Gunnar Strunz

Herausragende Sehenswürdigkeiten

Altstadt und Festung Kronach
Die verträumte historische Innenstadt verbreitet einen ganz besonderen Zauber. Oberhalb der Stadt thront die machtvolle alte Grenzfeste der Bamberger Erzbischöfe, die nie eroberte Festung Rosenberg mit ihren wertvollen Sammlungen. → S. 45

Burg Lauenstein
Im äußersten Norden des Frankenwalds liegt auf einem Bergsporn die pittoreske Burg Lauenstein, in der das Mittelalter wieder lebendig wird. Auch in ihr gibt es reiche historische Sammlungen. → S. 84

Kulmbach ▲
Am Südrand des Frankenwalds befindet sich die ehemalige Residenzstadt Kulmbach. Über ihr thront die gewaltige Plassenburg, einst Sitz der Markgrafen von Brandenburg-Kulmbach. → S. 157

Coburg ▶
Ihre historische Innenstadt voller Fachwerkromantik und Fürstenprunk bildet zusammen mit der Veste Coburg und den zahlreichen die Stadt umgebenden Adelssitzen des 19. Jahrhunderts ein herausragendes Gesamtkunstwerk. → S. 226

Pittoreske Dörfer
Einige Dörfer lohnen ganz besonders den Besuch: Neuengrün (→ S. 111) nahe Wallenfels, ein typischer Rundling und kaum verbaut und das unweite, einsam gelegene Wellesberg (→ S. 109). Zu den schönsten Dörfern im Norden des Frankenwalds gehören Steinbach an der Haide mit seinem Kommunalgarten (→ S. 83) und das in Thüringen liegende Brennersgrün bei Lehesten (→ S. 94), das ein vollendetes Beispiel eines Schieferdorfes ist.

Mödlareuth ▲
Im Hofer Land ist das Dorf Mödlareuth eine besondere Attraktion. Ein Teil lag in der DDR, der andere in Bayern. Großenteils sind die alten Grenzbefestigungen noch erhalten und Teil des »Deutsch-Deutschen Museums«. → S. 201

Pilgramsreuth
Das Dorf südlich von Rehau lockt mit einer Pfarrkirche, die im Inneren eindrucksvoll ausgestattet ist und über wertvolle Fresken aus gotischer Zeit verfügt. → S. 215

Heldburg und Ummerstadt ▶
Die kleinen Städte Heldburg und Ummerstadt im Thüringischen sind von außergewöhnlichem Reiz. Sie konnten ihr historisches Antlitz mit vielen historischen Fachwerkhäusern fast unverändert in unsere Zeit hinüberretten. → S. 255, 258

Steinachtal ▼
Der besondere Reiz des Frankenwalds liegt in seinen tief eingeschnittenen Tälern. Zu den schönsten zählt das Steinachtal zwischen Grafengehaig und Stadtsteinach mit der wilden Steinachklamm. → S. 152

Höllental
Einen Besuch wert ist auch das pittoreske Höllental unterhalb von Lichtenberg, das man sicherlich zu den schönsten Mittelgebirgstälern Deutschlands rechnen kann. → S. 126

Der Eklogit-Turm auf dem Weißenstein
Unweit von Stammbach steht auf dem Weißenstein, der aus dem seltenen Gestein Eklogit aufgebaut ist, der einzige Aussichtsturm der Welt, der auch aus diesem dekorativen rot-grünen Naturstein errichtet wurde. → S. 139

Die Schieferbrüche von Lehesten ▼
Mit ihren gewaltigen Halden und dem gefluteten Steinbruch sowie den als technisches Denkmal ausgewiesenen Förderanlagen ist der »Staatsbruch« bei Lehesten eine grandiose Natur und Technik verbindende Sehenswürdigkeit. → S. 92

Der Untreusee bei Hof
Der künstliche See bietet als Naherholungsgebiet alles nur Wünschbare: einen Waldseilpfad, herrliche Badewiesen, einen großen Kinderspielplatz, einen hübschen sechs Kilometer langen Rundweg um den See und vor allem eine vorzügliche Außengastronomie. → S. 193

Das Wichtigste in Kürze

Anreise

Das Verkehrsmittel der Wahl wird wohl der eigene PKW sein. Zwar sind die städtischen Zentren wie Kronach, Hof, Kulmbach oder Coburg gut an das deutsche Eisenbahnnetz angeschlossen, vor Ort wird es jedoch schnell mühsam.
Immerhin gibt es in den Sommermonaten ein Angebot von Ausflugs- und Fahrradbuslinien, so dass das Auto auch einmal stehenbleiben kann.

Klima und Reisezeit

Das nördliche Franken ist durch ein raues Mittelgebirgsklima mit einer Jahresdurchschnittstemperatur von nur 6 Grad Celsius geprägt, wobei es nach Süden Richtung Kulmbach und nach Westen Richtuung Coburg milder zugeht. 150 Frosttage im Jahr, ein sehr später Frühlingsbeginn und kalte Ostwinde im Winterhalbjahr machen vor allem den Sommer und Herbst zu den geeigneten Reisezeiten.

Gastronomie

Die Region ist ein Paradies für Liebhaber deftigen Essens. Legendär sind die zahlreichen Braten mit hausgemachten Kartoffelklößen. Aber auch Vegetarier müssen keine Angst haben, da viele fränkische Gasthäuser inzwischen auch leckere Gerichte ohne Fleisch anbieten. Veganer dürften es dagegen schwer haben.
Während die zahlreichen einfachen Gasthäuser leckere Hausmannskost anbieten, kann man in den Restaurants der gehobenen Kategorie eine moderne fränkische Küche mit frischen regionalen Zutaten genießen. Keinesfalls sollte man versäumen, die zahlreichen einheimischen Biere zu probieren.

Unterkünfte

Im Frankenwald und den angrenzenden Gebieten gibt es überwiegend einfache Übernachtungsmöglichkeiten. Im Hotelbereich sind das in der Regel ordentliche Dreisternehäuser, dazu kommen Ferienwohnungen und Pensionen.
Camping- und Wohnmobilplätze gibt es nur wenige.

Wandern und Radfahren

Wanderer und Radfahrer werden in der idyllischen, teilweise nur dünn besiedelten Landschaft voll auf ihre Kosten kommen. Die Ausschilderung der Routen kann als vorbildlich gelten, und die Tourismusämter halten ausführliches Informationsmaterial sowie Karten bereit.
Eine Attraktion sind die als thematische Rundwanderwege angelegten über 30 Frankenwald-Steigla, die auch für Familien gut geeignet sind, da es sich bei vielen von ihnen um Halbtagestouren handelt.
Ausführliche Hinweise in den Reisetipps von A bis Z ab → S. 261

Zeichenlegende

- Allgemeine Informationen, Tourismusämter
- Hotels und Pensionen
- Campingmöglichkeiten
- Restaurants
- Cafés
- Museen, Gedenkstätten
- Hallenbäder, Thermen
- Naturschutzeinrichtungen und Infozentren
- Einkaufsmöglichkeiten, Souvenirs
- Festivals und sonstige Kulturveranstaltungen

Entfernungstabelle

	Bad Steben	Coburg	Heldburg	Helmbrechts	Himmelkron	Hof	Kronach	Kulmbach	Ludwigsstadt	Nordhalben	Rehau	Wallenfels	Wirsberg
Bad Steben		64	83	22	49	26	31	43	39	13	40	21	43
Coburg	64		25	72	70	87	34	51	52	57	102	48	64
Heldburg	83	25		90	88	105	52	69	74	75	120	65	81
Helmbrechts	22	72	90		30	20	39	30	54	28	26	25	25
Himmelkron	49	70	88	30		43	34	20	64	47	47	32	6
Hof	26	87	105	20	43		53	62	59	39	14	40	42
Kronach	31	34	52	39	34	53		22	35	24	63	14	30
Kulmbach	43	51	69	30	20	62	22		55	40	55	25	16
Ludwigsstadt	39	52	74	54	64	59	35	55		26	81	39	59
Nordhalben	13	57	75	28	47	39	24	40	26		60	22	42
Rehau	40	102	120	26	47	14	63	55	81	60		50	44
Wallenfels	21	48	65	25	32	40	14	25	39	22	50		27
Wirsberg	43	64	81	25	6	42	30	16	59	42	44	27	

Wem es auch Freude macht, eine urwüchsige und doch so freundliche Bevölkerung kennenzulernen, dem sei ein Besuch des Frankenwaldes warm empfohlen; er wird auf seinen Wanderungen durch die prächtig stillen Waldtäler und über die aussichtsreichen Höhen reichlichen Lohn finden.

Meyers Reisebücher Franken und Nürnberg, 1928

Blick von der Festung Rosenberg in Kronach nach Westen

DER FRANKENWALD

Land und Leute

Im Norden Oberfrankens gelegen, ist der Frankenwald fast noch ein Geheimtipp unter den deutschen Urlaubsregionen. Viele Jahrzehnte war er durch die Grenze zur DDR an den Rand der Bundesrepublik gerückt, größere Fernverkehrsstraßen durchzogen ihn bis 1990 nicht. Es war nie eine Region großen Reichtums – der Ackerbau florierte wegen des harten Klimas und der wenig ertragreichen Böden nicht, die Bevölkerung suchte sich daher mit der Weberei und vor allem der Flößerei einträglichere Erwerbszweige. Denn Holz gab und gibt es in Fülle. Was noch vor 50 Jahren kein Grund gewesen sein mag, den Frankenwald zu besuchen – stille Wälder, kleine unberührte Dörfer, Landschaften fernab jedweden Großstadtrummels, ist für den heutigen »outgeburnten« Zeitgenossen gerade attraktiv. Ganz Oberfranken schmückt sich mit dem Attribut »Genussregion« – und so ist auch der Frankenwald mit seiner traditionellen Kulinarik und seiner Metzgereikultur eine Region für Genießer und für die Liebhaber von Gerstengetränken sogar ein wahres Eldorado. Machen wir uns in jenen Landstrich auf, in dem so einzigartig Natur, Tradition und Lebensfreude verknüpft sind.

Lage und Geographie

Der Frankenwald ist geographisch die südöstliche Verlängerung des Thüringer Waldes, so dass man ihn wie diesen auch als das »Grüne Herz« Deutschlands bezeichnen darf. Seine Wälder, seine wildromantischen Täler und die idyllischen Dörfchen machen den Frankenwald zu einer, wenn die Bezeichnung erlaubt ist, geradezu eichendorffschen Sehnsuchtslandschaft.

Der Frankenwald ist ein Teil des Thüringisch-Fränkischen Mittelgebirges, eines Höhenzugs der maximal um 1000 Meter Höhe erreicht und sich von der hessisch-thüringischen Grenze bis zur bayerisch-böhmischen hinzieht. Dieser

Blick vom Kämmleinsfelsen ins Langenautal

Die Nurner Brocken, eine Art Gesteinsgarten oberhalb des Rodachtals

geschlossene Höhenzug beginnt im Westen mit dem Thüringer Wald, setzt sich ostwärts mit dem Thüringer Schiefergebirge fort und erreicht mit dem Bindeglied Frankenwald das Fichtelgebirge. Die einzelnen Teilgebirge gehen nahtlos ineinander über, ja es ist im Gelände nirgendwo festzustellen, wo das eine endet und das andere beginnt.

Im Westen bildet die Grenze des Landkreises Coburg die Grenze des Frankenwalds – der östlich gelegene Kreis Kronach liegt vollständig innerhalb des Frankenwalds. Seine östliche, kleinere Hälfte ist der Westteil des Kreises Hof, und im Süden hat er Anteil am Kreis Kulmbach. Die bayerisch-thüringische Grenze zwischen Mitwitz im Westen, Ludwigsstadt im Norden und bei Rudolphstein an der A 9 bildet den Nordsaum des Frankenwalds. Ein kleiner Teil des Frankenwalds, etwa zwischen Lehesten und Wurzbach liegt in Thüringen. Des Frankenwalds östliche Begrenzung ist schwer zu definieren – er geht nahtlos in das Bayerische Vogtland und das Fichtelgebirge über. So wurde im Rahmen dieses Buchs die A 9, die Autobahn München–Nürnberg–Leipzig–Berlin als seine Ostgrenze genommen, alles was jenseits dieser liegt, wird im Kapitel Bayerisches Vogtland (Hofer Land) behandelt. Diese Einteilung deckt sich im wesentlichen mit den »Einzugsgebieten« der Tourismusverbände des Frankenwalds. Geologisch sind die Grenzen aber andere (s.u.). Im Süden bildet die sogenannte »Fränkische Linie« den Südsaum des Frankenwalds, es ist eine geologische Störung, die sich im Gelände deutlich erkennbar von Kronach bis Bad Berneck hinzieht, und dann abtaucht. Südwestlich dieser Linie befinden sich die Lande um den Main, genau genommen um den Oberlauf von Weißem und Roten Main, die im vorliegenden Buch mit Ausnahme der Stadt Kulmbach nicht Gegenstand der Darstellung sind.

Der Frankenwald ist kein Gebirge im eigentlichen Sinne, sondern eine Hochfläche, die maximal 794 Meter Meereshöhe (Döbraberg) erreicht, im Durchschnitt zwischen 600 und 700 Meter liegt und durch zahlreiche eher enge

Auf solchen Wiesen bei Nordhalben wächst auch Bärwurz

Talungen tief eingeschnitten ist. Somit fehlen größere, herausragende Erhebungen; auch die recht flache Kuppel des Döbrabergs wird gern übersehen. Damit finden sich die größten Naturschönheiten gerade in den Tälern. Am eindrucksvollsten wirkt der Frankenwald von der Fränkischen Linie aus betrachtet, wo sein Plateau mit einer Geländestufe von bis zu 300 Höhenmetern das Vorland überragt und wie ein mystischer Bergkamm aufragt. Nahe seines Nordrands verläuft die Wasserscheide Rhein–Elbe – der Norden entwässert zur Saale, die Mitte und der Süden zum Main. Wesentliche Elemente der Topographie sind die Täler der Rodach und der Wilden Rodach, die die Mitte und den Osten des Frankenwalds landschaftlich gliedern, im westlichen und nördlichen Teil, der keilförmig nach Thüringen vorspringt, ist es das Haßlachtal und nördlich der erwähnten Wasserscheide südlich Ludwigsstadts die Loquitz. Die 53 Kilometer lange Rodach, ein linker Nebenfluss des Mains, ist auch der längste Fluss des Frankenwalds.

Die größte Stadt und gleichzeitig der Zugang zum Westen des Frankenwalds ist Kronach (knapp 17 000 Ew.), am Nordrand liegt Ludwigsstadt (3400 Ew.), im Nordosten Naila (7700 Ew.) und im Osten Helmbrechts (8400 Ew.). Stadtsteinach (3100 Ew.) ist das Zugangstor im Süden. Kulmbach (26 000 Ew.) gehört aufgrund seiner Lage im Vorland nicht mehr zum Frankenwald, wird aber aus reisepraktischen Gründen und wegen seiner Sehenswürdigkeiten mit vorgestellt.

Pflanzen- und Tierwelt

Die Waldungen des Frankenwalds sind von Fichten-Monokulturen geprägt, bis etwa 1880 herrschten Rotbuche und Tanne vor, die damals den umfassenden Abholzungen zum Opfer fielen. Tannen sind auch heute nicht selten, dominieren aber nirgends. Die Wälder sind reich an Beeren aller Art. In den Wiesentälern um Tschirn begegnet man kleinen Flachmooren und Hochstaudenfluren. Die seltene Zweigestreifte Quelljungfer, eine Fließgewässerlibelle kommt am Bach Ködel vor.

Besonders reiche Flora zeigt die Teuschnitz-Aue mit ihren Bärwurz- und Arnikavorkommen sowie Borstgrasrasen (mit Blutwurz und Kreuzblümchen), hier leben auch viele Wiesenbrüter. Daneben trifft man auf Feuerfalter, die Warzenbeißer-Heuschrecke und auf Zikaden, überhaupt schmückt alle Talgründe eine reiche Wiesenflora. In den sehr reinen Bächen leben viele Forellen, im Titschengrundbach gibt es sogar Neunaugen.

Klima

Der Frankenwald war durch alle Zeiten eine kalte Gegend. Das Klima zeigt sich auf der Frankenwaldhochfläche als ein raues Mittelgebirgsklima mit einer Jahresdurchschnittstemperatur von 6 Grad Celsius (zum Vergleich: Berlin 13,1), dazu mit etwa 150 Frosttagen im Jahr und einem durchschnittlichen Niederschlag von 1000 Millimetern. Kennzeichnend sind auch der sehr späte Frühlingsbeginn im Frankenwald und die häufigen sehr kalten Ostwinde im Winterhalbjahr. Im Norden und Osten gibt es keine die kalten Winde abschirmende Berge. Bis in die 1960er Jahre waren bisweilen nur die Sommermonate frostfrei. Im Zuge des Klimawandels verändert sich jedoch auch die Situation im Frankenwald.

Geologie

Die komplizierte geologische Situation des Frankenwalds und ihre Entstehung ist für Laien nicht ganz einfach darzustellen. Der Frankenwald teilt sich, ganz grob gesagt in zwei geologisch unterschiedliche Bereiche, die sich durch Bewaldung, Besiedelung und Bewirtschaftung deutlich unterscheiden, im Westen den der paläozoischen Vulkanite und Sedimentite und im Osten den Komplex der Münchberger Masse. Deren Grenzlinie zieht sich etwa von Hof südwestwärts über Leupoldsgrün, Schauenstein, Grafengehaig bis Kupferberg, biegt dann südostwärts um bis Wirsberg und endet an der Fränkischen Linie (s.d.).

Die Winter sind lang und hart, hier bei Brennersgrün

Geologisches Glossar

Basalt
Feinkörniges dunkles Gestein, das aufgrund vulkanischer Aktivität an der Erdoberfläche oder in geringer Tiefe (bis max. 1 km) aus einer Schmelze auskristallisierte. Weltweit häufigstes aller vulkanischen Gesteine.

Devon/Oberdevon
Erdgeschichtliche Periode innerhalb des Paläozoikums. Es begann vor etwa 420 Mill. Jahren und endete vor etwa 360 Mill. Jahren. Das Oberdevon umfasst dabei den Zeitraum ab etwa 380 Mill. Jahren.

Diabas
Untermeerisch ausgeflossene basaltische Schmelze. Nach der Abkühlung erfolgte eine Reaktion mit dem Meerwasser, wobei sich der ursprüngliche Mineralbestand veränderte und einige neue Minerale wie Chlorit und Epidot entstanden, was dem Gestein seinen grünlichen Farbton verleiht. In Mitteleuropa fand dieser submarine Vulkanismus vor allem im Devon statt.

Eklogit
Seltenes, sehr dekoratives Gestein, das in großen Tiefen bei sehr hohen Drücken (um 14 kbar) und mittleren Temperaturen (um 500 °C) durch Umkristallisation in festem Zustand vor allem aus Basalten entsteht. Wesentlich sind zwei Minerale: der rote Pyrop, eine Granatart und der grüne Omphacit, ein Mineral aus der Gruppe der Pyroxene.

Erz
Allgemeine Bezeichnung für ein Mineral mit bestimmten Metallgehalten, das wegen dieser bergbaulich und industriell von Bedeutung ist.

Fazies
Zu einer Fazies gehören alle Gesteine einer bestimmten Lokalität oder Region, die jeweils unter gleichen physikalischen und chemischen Bedingungen gebildet oder umgewandelt wurden. Bei metamorphen Gesteinen gibt es unterschiedliche genauer definierte Druck-Temperaturbereiche, die als metamorphe Fazies bezeichnet werden und innerhalb derer sich die verschiedensten Gesteine bilden können. Bei den Sedimentgesteinen werden räumlich benachbarte aber unterschiedliche Gesteine gleichen Alters und ähnlicher Bildung ebenfalls unter dem Begriff Fazies zusammengefasst.

Geotop
Früher oft als »Aufschluss« bezeichnet. Es können markante Felsformationen sein, oder auch kleinräumige Schichtfolgen – grundsätzlich jedoch handelt es sich um erdgeschichtlich-mineralogisch aussagefähige natürliche Gebilde mit oder ohne Fossilien, die sehr oft unter strengem Schutz stehen.

Glimmerschiefer
Aus Hell- und/oder Dunkelglimmer (Biotit) sowie Quarz und Feldspat bestehendes, plattiges und leicht zu identifizierendes metamorphes Gestein, entstanden aus Ton- und/oder tonigen Sandsteinen bei etwa 4 kbar und etwa 200–400 °C.

Eklogit aus der Münchberger Masse

Gneis
Metamorphes Gestein aus Glimmer, Feldspat und Quarz, entstanden aus Granit durch Umkristallisation bei 4–6 kbar und etwa 400–600 °C. Der Unterschied zum Glimmerschiefer liegt in den höheren Feldspatgehalten.

Granit
Magmatisches Gestein, dessen Schmelze langsam in größerer Tiefe (5–8 km) erkaltete, daher grobkörniger als vulkanische Gesteine. Granit ist der weltweit wichtigste Vertreter plutonischer Gesteine, also solcher Gesteine, die aus Schmelzen durch langsame Erstarrung in der Tiefe und eben nicht durch rasche Abkühlung an der Oberfläche entstanden sind.

Mesozoikum
Früher auch Erdmittelalter genannt, es ist eine geologische Ära, die auf das Paläozoikum folgte, vor 250 Millionen Jahren begann und vor 65 Millionen Jahren endete. Das Mesozoikum ist unterteilt in die Perioden Trias (bis 200 Mill. Jahre), Jura (bis 145 Mill. Jahre) und Kreide (bis 65 Mill. Jahre).

Metamorphose
Gesteinsbildender Prozess, bei dem in festem Zustand unter erhöhten Drucken (2–14 kbar) und Temperaturen (200–800 °C) in bestimmten Tiefen schon vorhandene bzw. ältere Gesteine umgewandelt und unter Mineralneubildung umkristallisiert werden, so kann durch Metamorphose aus einem Kalkstein ein Marmor entstehen, aus einem Granit ein Gneis oder aus einem Basalt ein Amphibolit oder Eklogit.

Quarz
Ein hartes, weißlich-graues, teils durchscheinendes Mineral. Nach der Feldspatgruppe (51 %) ist es das zweithäufigstes Mineral (12 %) der Erdkruste. Es besteht aus annähernd reinem Siliciumdioxid (SiO_2) und kommt in fast allen Gesteinen vor.

Sedimentgestein
Ehemals Ablagerungsgestein genannt – also Gestein, das nicht aus einer Schmelze oder durch Umkristallisation älteren Materials entsteht, sondern durch untermeerische oder festländische Verfestigung von andernorts erodiertem Lockermaterial unterschiedlichster Zusammensetzung, das durch Wasser oder Wind zum Ort der Sedimentation transportiert wurde. Beispiel: Sandstein, Kalkstein, Tonstein oder Tonschiefer.

Tonschiefer
Feinstkörniges dunkles, plattig spaltbares Gestein aus Tonmineralen, Quarz, Feldspäten, organischen Substanzen etc., abgelagert meist küstenfern im marinen Bereich, doch oft gering metamorph überprägt (200 °C, 2 kbar) – ein Übergangsgestein zwischen sedimentärer Verfestigung und niedrigster Metamorphose.

Trias
Älteste Periode des Mesozoikums (s.o.), begann vor 250 Mill. Jahren und endete vor etwa 200 Mill. Jahren. Die Trias wird in Mitteleuropa unterteilt in Buntsandstein (ca. 250–240 Mill. Jahren, Muschelkalk (240–225 Mill. Jahren) und in den Keuper (225–200 Mill. Jahre) unterteilt. Die in Mitteleuropa ausschließlich sedimentären Gesteine der Trias bauen große Teile Süddeutschlands auf.

Variskisches Gebirge
Ehemaliges, heute abgetragenes Hochgebirge, das in Mitteleuropa wie in Nordamerika (Appalachen) durch die Variskische Gebirgsfaltung zwischen Devon und Oberkarbon entstand, jedoch durch intensive erosive Prozesse bereits im Perm (vor etwa 230 Mill. Jahren) wieder abgetragen war. Die Fundamente des Variskischen Gebirges wurden vor etwa 40–20 Mill. Jahren durch die Alpenauffaltung gehoben – so sind u.a. Schwarzwald, Odenwald, Harz, Thüringer Wald, Fichtelgebirge und Erzgebirge Sockelreste des Variskischen Gebirges.

Vulkanite und Sedimentgesteine des Paläozoikums

Nordwestlich dieser Grenzlinie, d.h. bis zum Westrand des Frankenwalds, treten im wesentlichen zwei Gesteinsarten auf. Im äußersten Norden um Ludwigsstadt wie auch um Bad Steben um Lichtenberg sind Diabase bestimmend. Diese grünlichen, harten und zähen Gesteine sind ehemalige Basalte, deren Schmelzen im wesentlichen im Devon (400–360 Mill. Jahre) untermeerisch ausflossen, die Magmen dabei mit dem Meerwasser reagierten und dadurch neue Minerale entstanden (u.a. Epidot und Chlorit), die für die grünliche Färbung verantwortlich sind. Das Diabasvorkommen zieht sich weit nach Osten bis nach Sachsen hin (Vogtländische Diabasmulde). Es ist auffällig, dass dort, wo die Diabasvorkommen anfangen, die Bewaldung schwindet – die verwitterten Schiefergesteine sind wegen ihres Tongehalts (mit hohen Anteilen an Kalium und Aluminium) fruchtbarer als die Diabase. Die geologische Grenze ist eine Vegetationsgrenze, deutlich zu erkennen beispielsweise an der Straße von Nordhalben nach Langenbach.

Für den größten Teil des Frankenwalds sind jedoch andere Gesteine bestimmend. Bei diesen handelt es sich um Sedimentgesteine. Diese bilden sich nicht magmatisch, sondern durch Ablagerung (Sedimentation) von unterschiedlich großen Bruchstücken älterer, schon vorher entstandener Gesteine, die anschließend u.a. durch Auflagerungsdruck verfestigt wurden. Oftmals wechselte das Schüttgut und es konnte eine rhythmische Abfolge aus sandigen und tonigen Lagen entstehen, aus denen Wechselfolgen aus Sandsteinen (im Frankenwald oft nicht ganz definitionsgerecht Quarzite genannt) und Tonschiefern hervorgingen.

Diese Ablagerung erfolgte im Meer des Oberdevon (380–360 Mill. Jahre) und des Karbon (360–300 Mill. Jahre) und konnte landfern sowie im Küstenbereich stattfinden (eine untermeerische Schwelle verhinderte einen nahtlosen Übergang). Küstenferne Bildungen im Frankenwald sind beispielsweise Kieselschiefer, Kalke, Grauwacken, Tonschiefer und Konglomerate. Sie werden innerhalb der Gesteinsvorkommen des oberfränkischen Paläozoikums als »Bayerische Fazies« zusammengefasst. Die Gesteine der bayerischen Fazies erscheinen im Frankenwald in einem sich nach SW verbreiternden Keil, der sich von Selbitz über Schwarzenbach

Im Staatsbruch bei Lehesten wurde Schiefer abgebaut

am Wald und Presseck bis zur Fränkischen Linie hinzieht. Im Kambrium der Bayerischen Fazies erscheinen in den Lippertsgrüner Schichten nahe Schwarzenbach am Wald die ältesten fossilführenden Gesteine Bayerns.

Nordwestlich dieses Keils kommen feine, dunkelgraue Tonschiefer, Konglomerate und Kalke vor, die küstennäher als sandige und tonige Schelfablagerungen gebildet wurden und als »Thüringische Fazies« bezeichnet werden. Eben jene dunkelgrauen Tonschiefer sind es, die für den Frankenwald so charakteristisch sind und ihn kulturgeschichtlich prägen. Die Gesteine der »Thüringer Fazies« machen den größten Teil der paläozoischen Sedimentite des Frankenwalds aus und kommen von Tettau bis Naila, von Nordhalben bis Kronach vor. Die Schiefergrube Lotharheil bei Geroldsgrün fördert bis heute Tonschiefer der Thüringischen Fazies im Untertagebau.

Im Geotop Oertel'scher Bruch bei Ludwigsstadt

Die variskische Gebirgsbildung

Beide, die bayerische wie die thüringische Fazies können zur sogenannten Kulmfazies zusammengefasst werden, ein Begriff, der allgemein Sedimentgesteine beschreibt, die am Nordhang des aufzusteigen beginnenden Variskischen Gebirges im Meer abgelagert wurden. Allmählich setzte im Oberdevon die variskische Gebirgsbildung ein. Jetzt erst wurden die Gesteine der Bayerischen und Thüringischen Fazies durch Überschiebungen in ihre benachbarte Lage gebracht.

Während der Gebirgsbildung wurden die verfestigten Tongesteine verfaltet, doch anders als im unweiten Erzgebirge kam es zu keiner Zeit zu einer Umkristallisation im festen Zustand (Metamorphose), die im allgemeinen ab Drücken von 2 Kilobar und Temperaturen ab 200 Grad Celsius erfolgt und aus den Tonschiefern beispielsweise Glimmerschiefer entstehen lässt – diese kommen im Frankenwald nirgendwo vor. Die variskische Gebirgsbildung fand, grob gerechnet, in der Zeit von vor 380 bis 300 Millionen Jahren statt, wobei in der Spätphase des Faltungsprozesses granitische Magmen in die vefalteten älteren Sedimentgesteine eindrangen, wie es u.a. im Fichtelgebirge der Fall ist. Aus der gefalteten Füllung des Becken-Vorlands des variskischen Gebirges, als eine von dessen Baueinheiten »Saxothuringikum« genannt, entstanden das Thüringer Schiefergebirge, der Frankenwald, des Fichtelgebirge, das Erzgebirge, die Oberlausitz und die Sudeten. Das Variskische Gebirge war 100 Millionen Jahre später großenteils bereits abgetragen, seine Rumpfreste wie die späteren Mittelgebirge Schwarz-

Blick von der Ruine Lichtenberg über den Frankenwald

wald, Odenwald, Harz, Thüringer Wald, Fichtelgebirge, Erzgebirge etc. wurden bei der Alpenfaltung (etwa vor 50–25 Millionen Jahren) in ihre heutige Position herausgehoben. Für die Kulturgeschichte des Frankenwalds sind diese Schiefer sehr bedeutend, wird doch das grauschwarze, plattige Material seit Jahrhunderten als Werkstoff abgebaut und ist für die traditionelle Architektur der Region als Wanderverkleidung und Dachschiefer wesentlich.

Ganz pauschal gesagt: der größte Teil des Frankenwalds besteht aus marinen Sedimentgesteinen, die im Zuge der variskischen Gebirgsbildung verfaltet wurden und zum Basement des variskischen Gebirges wurden. Dieses war jedoch etwa 50 bis 75 Millionen Jahre nach seiner Entstehung schon abgetragen; sein Basissockel erfuhr dann vor etwa 25 Millionen Jahren im Zuge der Alpenauffaltung seine Heraushebung mit anschließender erosiver Einebnung.

Das Stockheimer Becken

Am Westrand des Frankenwalds, unweit der thüringischen Grenze liegt das Stockheimer Becken. Im seichten Küstenbereich eines Flachmeerbeckens, das dem variskischen Gebirge eingelagert war, wurde innerhalb eines Sumpfwalds oder eines Schwemmfächers die (abgestorbene) Vegetation im Zuge tektonischer Bewegungen nach und nach versenkt, zusedimentiert und unter erhöhte Druck- und Temperaturbedingungen gebracht. Aus den organischen Substanzen bildet sich zunächst Torf, bei steigender Temperatur nimmt der Wassergehalt der Masse ab, es entsteht Braunkohle und bei nur zehn Prozent Wassergehalt ist das Steinkohle-Stadium erreicht. Im Falle der Ablagerungen des Stockheimer Beckens wurde das organische Material, das nach und nach unter erhöhte Druck-Temperaturbedingungen geraten war, im Unterrotliegenden, also gut zehn Millionen Jahre später, zu Steinkohle umgewandelt. Die Stockheimer Steinkohle wurde bis 1968 abgebaut.

Westlich und südlich von Kronach, im Übergang zum Maingebiet bzw. zum Coburger Land stehen Gesteine aus dem Mesozoikum, dem Erdmittelalter an. Diese Abfolgen aus dem mittleren und oberen Buntsandstein wurden vor etwa

250 bis 245 Millionen Jahren abgelagert: überwiegend in allmählich vertrocknenden Flachmeerbecken und durch wiederholte Schichtfluten auch auf dem Festland. Die wechselnd gefärbten Sandsteine aus dem Buntsandstein sind in Franken und Süddeutschland weitest verbreitet und dort allgemein verwendetes Baumaterial.

Die Münchberger Masse

Kommen wir zum östlichen Teil des Frankenwalds, östlich der eingangs erwähnten Grenzlinie, wo keine Sedimentgesteine, Diabase oder Steinkohle aufgeschlossen sind, sondern sich geologisch eine ganz andere, fremdartige Welt öffnet. Wir befinden uns jetzt in der sogenannten Münchberger Masse, oft auch Münchberger Gneismasse bezeichnet. Sie ist das topographische Brückenglied zwischen Frankenwald und Fichtelgebirge, ihr westlicher Teil gehört geographisch zum Frankenwald. Diese etwa 35 Kilometer lange (SW–NO) und bis 15 Kilometer (NW–SO) breite Linse besteht aus metamorphen Gesteinen, also einst sedimentärem oder magmatischem Material, das unter erhöhten Drucken und Temperaturen in festem Zustand umkristallisiert, umgebacken wurde. Diese erhöhten Druck- und Temperaturbedingungen erfuhren die Gesteine beispielsweise aufgrund tektonischer Prozesse, wenn sie in tiefere Krustenbereiche verschoben/geschleppt wurden. Bei Drucken von etwa 5 Kilobar und Temperaturen von etwa 300 bis 600 Grad entsteht dabei aus einem Granit ein Gneis, aus Basalt ein Amphibolit, aus Tonschiefer ein Glimmerschiefer bzw. je nach Chemismus auch seltene Gesteine wie Eklogit, die sämtlich in der Münchberger Gneismasse vorkommen. Die Eklogitvorkommen am Weißenstein bei Stammbach sind ein weltweit berühmter Aufschluss. Eklogit besteht aus zwei Mineralkomponenten, dem roten Granatmineral Pyrop (Mg-Al-Silikat) und dem grünen Pyroxen Omphacit (Ca-Na-Mg-Al-Silikat). Doch gibt es in der MüMa (wie Geologen sie nennen) nur wenige Eklogitvorkommen, es überwiegen die namengebenden Gneise, allerdings in verschiedenen Unterarten.

Steinkohleflöz im Stockheimer Becken

Bezüglich ihrer Bildung ist die Münchberger Masse bis heute umstritten. Eine These besagt, dass sie eine direkt aus dem Untergrund über komplizierte Prozesse weit herausgepresste Scholle ist – denn die Bildungsbedingungen ihrer Gesteine liegen in Tiefen von im Durchschnitt um zehn Kilometern. Die allgemein akzeptierte Theorie besagt, dass die Gneismasse der Rest einer durch Erosion abgetragenen Decke ist.

Die Fränkische Linie

Frankenwald und Münchberger Gneismasse sind im Südwesten durch eine deutliche geologische Störung, die Fränkische Linie, von den jüngeren Sandsteinen und Kalken der Trias (Erdmittelalter) abgegrenzt. An dieser Störung, die wahrscheinlich bis in 30 Kilometer Tiefe reicht, wurde während der Alpenauffaltung das Grundgebirge – und damit Frankenwald und Münchberger Masse – um mehr als 1000 Meter herausgehoben, so dass es heute im Raum zwischen Bad Berneck und Kronach direkt neben den Sedimenten des Buntsandstein und des Muschelkalks liegt. Im Gelände ist die Fränkische Linie deutlich an der bis zu 300 Höhenmeter über das Vorland aufragenden Geländestufe erkennbar, die die Abbruchkante des Frankenwalds und der Münchberger Gneismasse bildet.

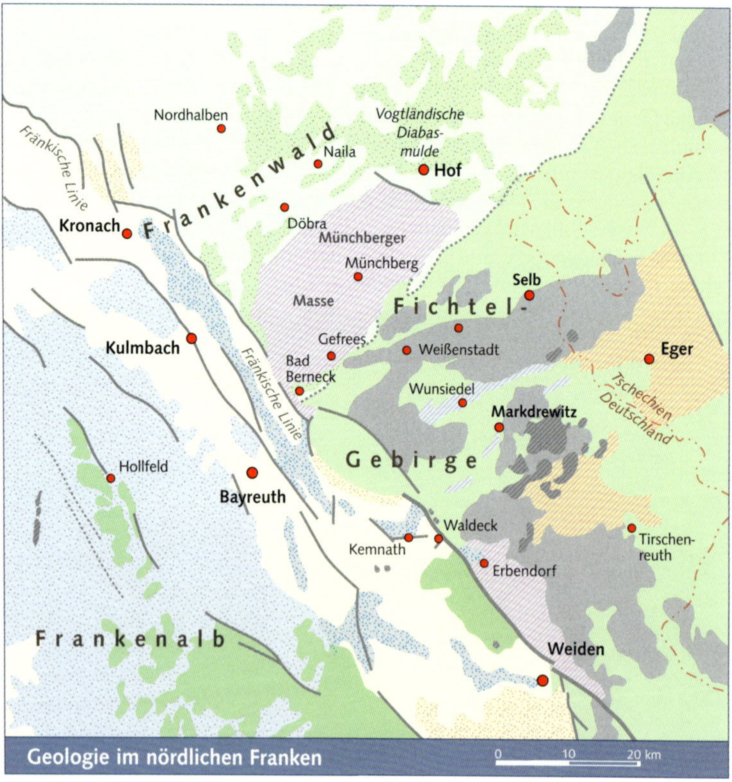

Geologie im nördlichen Franken

Bergbau

Die ältesten Zeugen des Bergbaus im Frankenwald reichen bis auf die Zeit um das Jahr 1000 zurück, seine Blütezeit hatte er aber im 15. und 16. Jahrhundert, wobei mit dem Dreißigjährigen Krieg das blühende Gewerbe auch wegen der großenteils ausgebeuteten Gruben zum Erliegen kam und spätere Versuche daher auch mit besserer Technik kaum wirtschaftlich waren. Nur im Raum Issigau wurde bis in die 1920er Jahre noch Fluorit (Flussspat) gefördert.

In der Blütezeit des Bergbaus wurden vor allem sogenannte Gangerzlagerstätten abgebaut, also mehr oder weniger schmale, erzführende Bänder, die vor allem innerhalb größerer Quarzgänge auftraten. Sie entstanden durch heiße Lösungen, die unter bestimmtem Druck flüssig, zwischen 150 und 370 Grad Celsius heiß waren und in denen bestimmte Minerale gelöst waren, die dann beim Abkühlen ausfielen. Als Erzminerale traten auf: Bleiglanz, Zinkblende, Kupferkies und Siderit (Eisencarbonat). Es gab aber auch sedimentäre Eisenerzlagerstätten bei beispielsweise Langenbach, Weidesgrün und Stadtsteinach sowie auf der gesamten Frankenwald-Hochfläche jeweils nur kleine, dafür aber um so häufigere Vorkommen von Roteisenerz (Hämatit), das untermeerisch sedimentär entstehen kann, und aus dem sich durch oberflächennahe Oxidation Brauneisenerz (Limonit) bildet. Erwähnenswert ist auch das Raseneisenerz. Es entsteht aus migrierenden Wässern, die Eisenminerale angelöst haben und die oberste Bodenschicht inkrustieren können.

Der Eisenerzbergbau von Langenbach wurde wegen des Metallbedarfs im Ersten Weltkrieg von 1914 bis 1920 noch einmal in Betrieb genommen, dann aber nicht wegen Unrentabilität eingestellt, sondern weil in den unmittelbaren Nachkriegsjahren kaum Kohle mehr für die Stahlproduktion zur Verfügung stand (Ruhrgebietsbesetzung, die oberschlesischen Kohlengebiete gingen großenteils an Polen).

Im Frankenwald weiß man um die reiche und so faszinierende Geschichte der Gesteins- resp. Schieferbildung. Im 2009 begründeten, grenzüberschreitenden »Geopark Schieferland« ist die Geologie breiten Volksschichten in Geotopen, Lehrpfaden, Besucherbergwerken und Ausstellungen nahegebracht. Das Geopark-Informationszentrum befindet sich in Leutenberg in Thüringen (→ S. 80).

Deckgebirge
(Mesozoikum - Känozoikum)
250 - 60 Mio. Jahre BP

- *Teritiär - Quartär*
- *Tertiäre Basalte*
- *Oberkreide*
- *Jura*
- *Trias (allgemein)*
- *Muschelkalk*

Grundgebirge
(Oberes Proterozoikum - Paläozoikum)
2,5 Mrd.- 250 Mio. Jahre BP

- *Permakarbon*
- *a b* *Grundgebirge* *a nicht-metamorph, b metamorph*
- *Granite*
- *Marmor*
- *Diabas, Diabastuffe* *Oberes Proterozoikum - Altpaläozoikum*

Fernwanderwege im Frankenwald

Neben unzähligen kleineren ausgeschilderten Wanderwegen sowie den **Frankenwald-Steigla** (→ S. 265) existieren mehrere große Fernwanderwege, die den Frankenwald durchziehen.

Ergänzend zu den kleineren »Steigla« gibt es den großen **Frankenwaldsteig**. Es ist ein 242 Kilometer langer Fern-Rundwanderweg der auf 13 Etappen von Bad Steben über Nordhalben, Ludwigsstadt, Teuschnitz, Kronach, Gössersdorf, Kulmbach, Stadtsteinach, Wirsberg, Hermes, Presseck, Clumitz und Issigau durch den ganzen Frankenwald schlenkernd nach Bad Steben zurückführt. Er wurde 2017 im Wettbewerb um Deutschlands schönsten Wanderweg mit dem Platz 2 in der Kategorie Routen ausgezeichnet. www.frankenwaldsteig.de

Der **Fränkische Gebirgsweg** ist ein 428 Kilometer langer Fernwanderweg, der vom Frankenwald, von Untereichenstein an der Saale, über das Fichtelgebirge und die Fränkische Schweiz bis Hersbruck verläuft. Seine beiden ersten Etappen über Selbitz bis Münchberg mit 39 Kilometer Gesamtlänge führen durch den östlichen Frankenwald. www.fraenkischer-gebirgsweg.de

Schließlich gibt es noch den **Frankenweg**. Dieser Fernwanderweg ist mit seinen acht Teilen, die in verschiedene Etappen unterteilt sind, 520 Kilometer lang, seine erster Teil von Untereichenstein an der Saale bis Zeyern (60 km) ist der einzige, der in Gänze innerhalb des Gebiets des vorliegenden Reiseführers liegt. Vom zweiten Großabschnitt Zeyern–Weismain liegen nur die ersten eineinhalb Etappen bis Weißenbrunn (bei Küps) innerhalb unseres Gebiets. www.frankenweg.de

Durch den südlichen und mittleren Frankenwald zieht sich der 75 Kilometer lange **Qualitätsweg Fränkisches Steinreich**, der im Fichtelgebirge beginnt, im Tal der Wilden Rodach endet und auf vier Etappen Geologie und Kulturgeschichte verbindet. Gebirgsweg, Frankenweg und Fränkisches Steinreich bilden zusammen das Wanderdreieck »Altes Gebirge«, das den Frankenwald wie ein Dreieck umfasst. www.naturpark-frankenwald.de

Der **Fränkische Marienweg** ist ein insgesamt 1100 Kilometer langer Wander- und Radweg zu Marienwallfahrts- und anderen Gnadenstätten im Bistum Bamberg. Innerhalb des im vorliegenden Buchs besprochenen Gebietes verläuft er von Küps über Kronach nach Glosberg, weiter nach Teuschnitz und Haßlach, dann über Nordhalben, Steinwiesen und Wallenfels nach Marienweiher und weiter nach Kulmbach. www.fraenkischer-marienweg.de

Und nicht zu vergessen ist der berühmte **Rennsteig**, der auf 170 Kilometern von Hörschel bei Eisenach bis Blankenstein an der Saale führt. Zwar verläuft nur ein kurzer Abschnitt von ihm auf bayerischem Gebiet, doch gab dieser dem Norden des Frankenwalds seitens der Tourismusverbände den Namen »Fränkische Rennsteigregion«. www.rennsteig.de

Geschichte

Lange wurde angenommen, dass der Frankenwald vor dem Jahr 1000 eine undurchdringliche Wildnis gewesen sei. Durch archäologische Funde ließ sich aber überzeugend nachweisen, dass seit der Altsteinzeit bis in das erste vorchristliche Jahrtausend Säumerpfade und Passstraßen den »Nordwald« durchquerten. Älteste nachgewiesene Bewohner waren die Kelten, deren Sprache noch in einigen Fluss- und Ortsnamen erkennbar ist: »rodantia«, Rodach, »moenus«, Main oder »agira« Eger. Etwa im ersten vorchristlichen Jahrhundert wichen die Kelten den Markomannen, doch auch diese zogen sich bald ostwärts Richtung Böhmen zurück.

Thüringer und Franken

In den frei gewordenen Raum strömten von Norden die Hermunduren ein – ein elbgermanischer Stamm. Deren König Vibelius nahm um die Zeitenwende Thüringer Wald, Frankenwald und Fichtelgebirge ein. Dann zogen die Alemannen (Sueben) nach und aus deren Vermischung mit den Hermunduren entstanden die Duren, von denen der Name »Thüringen« rührt. Angeblich findet sich dieses Volk auch in Ortsnamen wie »Dürrenwaid« wieder. Die Duren und damit die ersten Thüringer bewohnten die Region bis etwa um das Jahr 520. Die große Schlacht beim späteren Burgscheidungen an der Unstrut, in der die Franken im Jahre 531 das hermundurische Reich besiegten, führte rasch zu dessen Niedergang. Um Aufstände der Besiegten zu verhindern, legten die Franken kleine militärische Stationen mit Siedlungen an, die mit treuen Adeligen besetzt wurden. Eines der Adelsgeschlechter waren die Walpoten, die früh begannen, den undurchdringlichen Wald zu roden. Für die Gegend um das spätere Stadtsteinach war ein Geschlecht zuständig, dessen Nachkommen die Grafen von Henneberg werden sollten und die den Süden des Frankenwalds beherrschten. Manche getreue Untergebene erhielten Dörfer als Geschenk, wobei in deren Namen der des Dienstmanns einging – Gumpersdorf gehörte einem Gumpert oder Rugendorf einem Rucko. Einzelne während der Völkerwanderung eingewanderte Slawenstämme hatten sich den Franken unterworfen und blieben genau wie die Ur-Thüringer unfrei und mussten regelmäßig gewisse Abgaben in Form von Naturalien entrichten.

Christianisierung und Besiedlung

Die Christianisierung des späteren nordbayerischen Raums setzte mit der Gründung des Bistums Würzburg im Jahre 742 ein. Gegen Ende des 8. Jahrhunderts war dann erstmals vom »nortwald« die Rede, womit der ganze Norden des späteren Bayern gemeint war. Zum Schutz gegen die Sorben, einen Slawenstamm, der sich keineswegs unterwerfen sollte und ständig gegen die fränkische Grenze anrannte, ließ Karl der Große in den letzten Jahren seiner Amtszeit längs der Ostgrenze seines Reichs an Elbe und Saale viele Burgen anlegen. Die einzelnen Regionen gab er verdienten Gefolgsleuten zu Lehen. Deren Namen sind sehr häufig noch in den Ortsnamen sowohl des Frankenwalds als auch ganz Oberfrankens anzutreffen. Ihre Familien sollten künftig die Adelsgeschlechter der Region werden.

Das Bistum Bamberg

Vom 11. Jahrhundert an wurde der Nordwald, der Frankenwald planmäßig gerodet und besiedelt. Der spätere römisch-deutsche Kaiser Heinrich II. hatte 1007 das Bistum Bamberg gegründet und diesem weite Teile des Nordwalds zugesprochen – vorher hatte das kaum bewohnte Areal dem Bistum Würzburg gehört. Für den größten Teil des Frankenwalds sollte diese Zugehörigkeit bis 1803 bestimmend bleiben – mit allen Folgen, was beispielsweise später die Reformation betraf.

Bischof Eberhard II. initiierte dann 1154 die große Generalrodung, wobei Mönche aus dem Kloster Langheim einen großen Anteil an der Kolonisation des Landes hatten. Es entstanden in jenen Jahren u.a. Teuschnitz, Marktschorgast und Nordhalben. In Saalfeld gründete der Kölner Erzbischof Hanno II. 1071 ein Benediktinerkloster, von dem die Kolonisation des »Orlagaus«, also der Regionen nördlich des Frankenwalds, erfolgte.

Die Arbeit auch der weltlichen Grundherren war erfolgreich. Viele Dörfer wurden gezielt, nach Plänen, an ihren jeweiligen Standorten angelegt. In den Urkunden des 14. Jahrhunderts erscheint eine Fülle von Ortsnamen mit der Endung »-reuth«, was auf die gerade erfolgte Rodung hinweist, oder »-grün«, was beispielsweise auf die Lage auf einer (durch Rodung entstandenen) Wiese hindeutet. Ortsnamen auf -grün gibt es in ganz Deutschland nur im östlichen Frankenwald, im Vogtland und in einigen wenigen Randbereichen des Fichtelgebirges.

Empfindliche Rückschläge und den Rückgang jedweder Siedlungstätigkeit brachten die Jahre zwischen 1348 und 1350, als in ganz Europa die Pest wütete. Viele der kleinen Frankenwaldorte und Burgen fielen wüst, und nicht nur bei den Bauern, sondern auch bei den Angehörigen des niederen Adels hielt der Pesttod grausige Ernte. Äcker konnten nicht mehr bestellt werden, Teuerungen und Hunger hielten Einzug. Auch die Adeligen verarmten, es war keiner mehr da, der ihnen den Zehnten bezahlen konnte und so suchte ein jeder, sich auf die Kosten irgendeines anderen Adeligen zu bereichern oder zumindest ihn zu schädigen. Dörfer wurden niedergebrannt, das Vieh geraubt, nur wenige Bewohner waren gegen 1370 übrig geblieben und manche davon verließen den Frankenwald. Nur sehr langsam änderte sich die Situation. Erst um 1450 gab es wieder Leben und einen bescheidenen Wohlstand für die Bevölkerung, die im Fran-

Darstellung Heinrichs II., Gründer des Bistums Bamberg

Die Feste Rosenberg in Kronach wurde von den Bamberger Fürstbischöfen erbaut

kenwald durch erneute Besiedlung wieder angewachsen war. Da der Ackerbau wegen des rauhen Klimas nie recht ertragreich gewesen war, entstanden neue Wirtschaftszweige.

Der Holzreichtum der Wälder lieferte für den immer wichtiger werdenden Schiffsbau im In- und Ausland ausreichenden Rohstoff – gerade hatte das Zeitalter der Entdeckungen und der internationale Seehandel begonnen. Das Flößergewerbe entstand. Vor allem auf der Rodach und der Wilden Rodach wurden Stämme getriftet bzw. zusammengebunden als Floß über Main und Rhein in die Niederlande gebracht, ein lukratives Gewerbe für Jahrhunderte. Im östlichen, hohenzollernschen Frankenwald siedelte Burggraf Johann III. eine große Zahl von Handwebern an und gab ihnen eine Zunftordnung. Der heimische Flachs und die Schafhöfe lieferten das Rohmaterial für ungefärbtes Leinen und für Wolltuche. Gegen 1900 hatte die Frankenwaldweberei mit ihrer Schalherstellung Weltruf bekommen und exportierte global.

Die niemals sehr ergiebigen, doch dafür zahlreicheren kleinen Erzgruben des Frankenwalds erfuhren seit dem späten 15. Jahrhundert eine wirtschaftlichere Ausbeutung, in dem man das Erz nicht mehr weit zu Hammerwerken transportierte, sondern Schmelzöfen und Hämmer am gleichen Ort errichtete – entlang vieler kleiner Bäche entstanden Stauteiche und Hammermühlen. Entlang dieser kleinen Gewässer wurden zugehörige Dörfer gebaut, die sich nach und nach zu langgestreckten Siedlungen entwickelten oder zusammenwuchsen. Die Hammerwerke benötigten viel Holzkohle, was das Köhlergewerbe erblühen ließ.

Für die Holzwirtschaft entstanden ebenfalls an Gewässern viele Schneidmühlen. Im östlichen Frankenwald, im hohenzollernschen Gebiet, wo die Bewaldung eine geringere war und es keine Erzgruben gab, wurde die Handweberei ein wichtige Verdienstmöglichkeit, letztlich war sie zeitweise so erfolgreich, dass sie in- und ausländische Märkte beliefern konnte. Durch Gebietserwerb aufgrund von Erbverträgen oder des Aussterbens bestimmter Adelsfamilien konnten die Bamberger Bischöfe bis zum Ende des 16. Jahrhunderts ihr Herrschaftsgebiet erweitern. Vor allem war es jetzt ein größeres zusammenhängendes Areal, das im Westen in etwa bis Haßfurt reichte, im Süden kurz hinter Forchheim endete, im Osten den größten Teil der Fränkischen Schweiz mit Pottenstein einschloss und im Norden entlang des Mains bis Lichtenfels und weiter bis Kronach und bis kurz vor Ludwigsstadt reichte und sich dann bis kurz vor Naila hinzog. Die Südostbegrenzung lag an der Fränkischen Linie bei Stadtsteinach.

Markgraf Albrecht Alcibiades um 1555

Der Dreißigjährige Krieg

Natürlich konnte nach 1517 in Deutschlands geistlichen Fürstentümern die Reformation keinen Raum gewinnen. So auch im Hochstift Bamberg, das zunächst über 30 Jahre von allen Wirren verschont blieb. Das änderte sich jedoch mit dem Amtsantritt des Markgrafen Albrecht Alcibiades im hohenzollernschen Nachbarland Brandenburg-Kulmbach. Denn dieser strebte machtpolitisch einen einheitlichen und protestantischen Staat Franken unter seiner Führung an, dem die Erzbistümer Bamberg und Würzburg eingegliedert werden sollten – ein Unterfangen, dem kaum Erfolg vorausgesagt werden konnte und das im Zweiten Markgrafenkrieg (1552–1553) mit der Niederlage Albrechts kläglich endete (→ S. 180). Dennoch etablierten sich innerhalb des Hochstifts, vor allem in den östlichen Randgebieten, einige kleinere protestantische Regionen, die um 1610 gewaltsam rekatholisiert wurden, wobei die Erzbischöfe ihre Macht gegenüber vermutlich Andersgläubigen auch in Hexenprozessen zeigten.

Die ersten zehn Jahre des Dreißigjährigen Krieges verschonten das Hochstift. Doch spätestens ab 1631 verheerten insbesondere schwedische Truppen das Land. Sie hatten schon 1631 den als »Protestantenfresser« verschrieenen Fürstbischof von Würzburg, Johann Fuchs von Dornheim aus dem Land gejagt und suchten 1633/34 das Bamberger Land und den Frankenwald heim, wobei sie insbesondere in Kronach wüteten. Der in schwedischen Diensten stehende Herzog Bernhard von Sachsen-Weimar (1604–1639) versuchte, an die alten Großmachtspläne des Alcibiades anzuknüpfen und die beiden Fürstbistümer Würzburg und Bamberg zu einem protestantischen Herzogtum Franken zu vereinigen – doch vereitelte dies seine vollständige Niederlage gegen die Kaiserlichen und die Katholische Liga in der Schlacht von Nördlingen am 6. September 1634 und fünf Jahre später sein Schlachtentod. Schon 1634 waren das Würzburger und Bamberger Land wieder fest in katholischer Hand.

Die Hohenzollern

Eine etwas andere Abfolge an Landesherrn hatte der nichtbambergische östliche und südliche Frankenwald mit dem Hofer Land. Der Nürnberger Burggraf Friedrich III. konnte 1246 eine Tochter des Herzogs von Andechs-Meranien heiraten. Diese Familie herrschte über den Kulmbacher Raum. Mit dem Tod des letzten Herzogs Otto, der keine männlichen Nachfolger hatte, kam die Gegend endgültig in die Hände der Nürnberger Burggrafen, also der Hohenzollern. Mit einem großen Gebiet im ostthüringischen-westsächischen Raum sowie mit der Stadt Hof und dem sie umgebenden Regnitzland waren seit Mitte des 13. Jahrhunderts die Vögte von Weida belehnt, von denen diese Region den Namen Vogtland trug. 1373 verkaufte Heinrich XIV., der »Rote Vogt«, den südlichen Teil seines Lehens an den Burggrafen Friedrich V., womit auch das Hofer Land hohenzollerisch wurde. Seine Landesherren sollten nun bis 1415 die Nürnberger Burggrafen sein.

Nachdem Burggraf Friedrich VI. in diesem Jahr Markgraf von Brandenburg und Kurfürst geworden war, besaßen die Hohenzollern nicht nur fränkische sondern auch brandenburgische Ländereien. Aus den fränkischen Gebieten entstanden die Markgrafenschaften Brandenburg-Ansbach und Brandenburg-Kulmbach (mit dem Hofer Land), später Brandenburg-Bayreuth genannt. Und nur weil die Hohenzollern Markgrafen von Brandenburg waren, übernahmen sie diese wohlklingende Bezeichnung auch für die fränkischen Gebiete. Diese Regionen waren aber zu keiner Zeit »Marken« im Sinne von Grenzgebieten (wie es die Mark Brandenburg im Mittelalter war).

Der Kurfürst und Markgraf von Brandenburg Friedrich I.

Burggraf Friedrich VI., als Kurfürst und Markgraf von Brandenburg Friedrich I., wurde zum Stammvater aller Hohenzollern und Preußenkönige. Seine Nachkommen blieben bis 1792 die Landesherren des Markgrafentums Brandenburg-Kulmbach und damit des Hofer und Kulmbacher Raums.

Bis 1486, bis zum Tod von Friedrichs Sohn Albrecht Achilles waren die Herrscher der Mark Brandenburg gleichzeitig auch die im Kulmbacher und Hofer Land. Danach erfolgte aufgrund eines Erbgesetzes, der »Dispositio Achilleia« eine Teilung. Brandenburg kam an Albrechts ältesten Sohn Johann Cicero (und in Folge an dessen Nachkommen), die fränkischen Lande gingen an die ältesten Söhne aus Albrechts zweiter Ehe, an Friedrich und Sigmund, ersterer erhielt Ansbach, Sigmund Kulmbach. Doch Sigmund starb 1495 kinderlos, womit Kulmbach und Ansbach in der Person Friedrichs wie-

Kulmbach um 1850

der vereinigt waren. Es kam aufgrund innerfamiliärer Wirren wiederholt zur Trennung und Vereinigung, erst ab 1603 blieben die Ansbacher wie die Kulmbacher Linie endgültig getrennt. Im Jahre 1603 starb die sogenannte »ältere Linie« der fränkischen Hohenzollern aus, der neue Markgraf Christian verlegte die Residenz von Kulmbach nach Bayreuth. Doch wegen eines Stadtbrandes und wegen der späteren Wirren des Dreißigjährigen Kriegs fand die endgültige Übersiedlung nach Bayreuth erst 1642 statt. Mit dem Herrschaftsverzicht von Markgraf Alexander 1792 kamen die erneut vereinigten Territorien an das Königreich Preußen, d.h. an die brandenburgische Linie.

Einen entscheidenden, Jahrhunderte tilgenden Schnitt brachte die napoleonische Zeit, denn mit ihr wurden die Herrschaftsverhältnisse sowohl im westlichen, fürstbischöflichen Teil des Frankenwalds, wie auch in dessen östlichem, hohenzollernschem Gebiet fundamental geändert.

Ehemalige DDR-Grenzmauer bei Heinersdorf

Der Frankenwald wird bayerisch

1803 wurde das Fürstbistum Bamberg aufgelöst und Bayern zugeschlagen, genau wie die Markgrafenschaft Ansbach-Bayreuth, die 1810 ebenfalls in Bayern aufging. Das ließ eine administrativ-regionale Neugliederung notwendig werden. Der Frankenwald wurde Teil des neu geschaffenen Mainkreises (ab 1817 Obermainkreis) mit Verwaltungssitz in Bayreuth – zu ihm gehörten auch das Hofer und das Kulmbacher Land. Dieser Mainkreis, der bis 1837 bestand, war der Vorläufer des späteren Regierungsbezirks Oberfranken, der seit 1838 existiert. Innerhalb dessen liegt der Frankenwald größtenteils auf dem Gebiet des Landkreises Kronach, sein Osten gehört zum Landkreis Hof, der Süden gehört dem Landkreis Kulmbach an.

Eine besondere Zäsur brachte die Deutsche Teilung nach dem Zweiten Weltkrieg. Bis 1952 war die Grenze zur SBZ bzw. DDR zwar bewacht, aber noch durchlässig. Das änderte sich danach, als sie befestigt wurde und ein komplexes System von Sperrstreifen, Drahtzäunen etc. entstand, bei dem auch Minen Fluchtversuche verhindern sollten. Damit war der Frankenwald von seinem nördlichen und westlichen Hinterland abgeschnitten und geriet in eine Abseitslage. Dennoch schien bis 1990 die Abwanderung nicht allzu groß gewesen sein, da bis zu diesem Jahr nur sehr wenige verlassene Gehöfte oder verfallene bzw. verfallende Dörfer zu beobachten waren.

Wirtschaft und Bevölkerung

Etwa zwei Drittel des Frankenwalds gehören dem Landkreis Kronach an, das andere Drittel überwiegend zum Landkreis Hof, ein kleiner Teil zum Landkreis Kulmbach. Daher sollen hier einige Fakten aus dem Landkreis Kronach stellvertretend für die Situation im gesamten Frankenwald vorgestellt werden.

Der »Zukunftsatlas« ein von einem Schweizer Analyse- und Beratungsunternehmen regelmäßig herausgegebene Bewertungsliste aller deutschen Landkreise und kreisfreien Städte stufte den Kreis Kronach 2019 auf einen hinteren Platz ein: auf den Platz 359 von 402, der Kreis Hof lag auf Platz 231, der Kreis Kulmbach auf Platz 326. Der Kreis Kronach bietet gemäß dieses Ratings von allen Kreisen Bayerns zusammen mit dem Kreis Coburg theoretisch die schlechtesten Zukunftsperspektiven. Die Einstufung erfolgt dabei über Parameter aus den Bereichen Demographie, Soziale Lage und Wohlstand, Arbeitsmarkt sowie Wettbewerbsfähigkeit und Innovation. Diese rein von ökonomisch-pecuniären Gesichtspunkten getroffene Bewertung ist aber nur zum Teil aussagekräftig, zudem gibt es einige durchaus florierende mittelständische Betriebe.

In Ludwigsstadt ist die Wela-Trognitz Fritz Busch GmbH & Co. KG ansässig, die mit ihren 90 Beschäftigten Fleisch- und Hühnerbrühe, Soßen, Würzen sowie Trockensuppen, insbesondere für die Gastronomie, produziert. Kleintettau ist der Sitz der Firma Heinz Glas, von der die ganz Großen der Kosmetikbranche ihre Flakons herstellen lassen, darunter Dior, Avon, Calvin Klein, Estée Lauder, Yves Saint Laurent, L'Oréal und Shiseido. Mit ihrer fast 400-jährigen Glasmacher-Familientradition ist die inzwischen auch in Peru, Polen und China mit eigenen Werken vertretene Heinz-Gruppe heute nach eigenen Angaben

Der Altvaterturm auf dem Wetzstein erinnert an die Heimat der aus Nordmähren Vertriebenen

einer der drei großen Weltmarktführer in der Herstellung und Veredelung von Glas-Flakons für die Parfüm- und Kosmetikindustrie. Seit 2001 wird auch die durch ihr Format auffällige Odol-Flasche bei Heinz Glas hergestellt. Von den weltweit 3000 Mitarbeitern sind 700 im Kleintettauer Werk beschäftigt. Ähnlich ist es mit Wiegand Glas im unweiten Steinbach am Wald, einem der größten Behälterglashersteller Deutschlands. Wiegand Glas produziert mit insgesamt 1950 Beschäftigten auch an drei weiteren Standorten in Thüringen Bier- und Weinflaschen, Konservengläser u.a. Nicht vergessen sei die Dr. Schneider Gruppe, ein Automobilzulieferer mit Stammsitz in Neuses bei Kronach und weltweit 4000 Mitarbeitern (Spanien, China, USA). In Geroldsgrün existiert seit 1861 ein Werk des Schreibwarenherstellers Faber-Castell, damals eine Schiefertafelfabrik, heute werden hier von etwa 250 Beschäftigten hochwertige Bunt- und Blei- bzw. Druckbleistifte produziert. Bedeutsam ist auch die Confiserie Burg Lauenstein, wenngleich nur mit etwa zehn Mitarbeitern.

Durch die Ansiedlung von Flüchtlingen und Vertriebenen wuchs die Bevölkerung des Landkreises Kronach von 62 500 (1939) auf 82 002 (1950). Bis 1987 sank durch die Abwanderung aus wirtschaftlichen Gründen diese Zahl leicht auf 75 300 Menschen. In den Jahren danach sank die Zahl bis 2010 auf etwa 70 000, zu Beginn des Jahres 2020 lebten 66 700 Personen im Landkreis Kronach – immer noch mehr als in der Vorkriegszeit. Diese Abwanderung in den ersten 40 Nachkriegsjahren scheint insoweit vernachlässigbar, da fast nirgendwo Gehöfte verlassen wurden oder es zu nennenswertem Wohnungsleerstand kam – egal ob in Kronach, Ludwigsstadt, Tschirn oder Helmbrechts. Allerdings wurden seit den 1990er Jahren viele kleine Dorfläden bzw. lokale Bäckereien und Metzgereien sowie Gasstätten aufgegeben – diese Entwicklung ist in allen Frankenwaldorten unübersehbar, hat jedoch mit Abwanderung nur wenig zu tun.

Die Arbeitslosenquote lag im Herbst 2020 coronabedingt bei 3,5 Prozent, 2018 waren es 2,7 Prozent. Diese Zahlen belegen, dass das eingangs erwähnte recht schlechte Rating jenes Schweizer Forschungsunternehmens sehr differenziert betrachtet werden muss.

56 Prozent der Bevölkerung des Kreises Kronach sind Katholiken, 38 Prozent bekennen sich zur Lehre Luthers.

Bei der letzten Landtagswahl im Oktober 2018 erzielte die CSU 45,3 Prozent der abgegebenen Stimmen, die SPD 16,4, die AfD 10,9, die Freien Wähler 10,8, die Grünen 8,7 und die FDP kam auf 2,4 Prozent.

Essen und Trinken

Mit der Zugehörigkeit zu Oberfranken ist der Frankenwald Teil dieser europaweit bekannten Genussregion mit der nachweislich größten Brauerei-, Bäckerei- und Metzgereidichte der Welt. Regionübergreifend für ganz Franken ließen sich unzählige und erlesene Speisen erwähnen, doch sollen im folgenden sollen nur die Traditionsgerichte vorgestellt werden, die einen direkten Bezug zum Frankenwald und seiner Randgebiete haben.

So gehören Spezialitätenbiere (hand made craft, wie man heute sagt), die Bratwurstarten, die sich von Coburg über Kulmbach bis Hof aber in Geschmack und Konsistenz mikroregional unterscheiden, aber auch Backwaren wie Seelenspitzen (ein Blätterteig-Brauchtumsgebäck) und Schwatzela (ein Marzipangebäck mit Geheimrezept der Bäckerei Oesterlein in Kronach) oder die Pralinen aus Lauenstein zum kulinarischen Schatz des Frankenwaldes. Natürlich hat sich im Frankenwald, schon wegen der wenig ertragsfreudigen Böden und der überwiegend wenig begüterten Bevölkerung, keine besonders individuelle traditionelle Küche entwickelt. Einige Besonderheiten wie u.a. Fastenspeisen oder Gerichte, die an kirchlichen Feiertagen auf den Tisch gebracht wurden, gibt es dennoch. Vor allem zur Kerwa (Kirchweih) gibt es in den Wirtshäusern die traditionellen Kerwa-Speisen: Schlachtschüssel, Kesselfleisch, Krenfleisch. Überhaupt spielt Fleisch (meist als Braten) eine Hauptrolle in der Frankenwaldküche. In Kronach verzehrt man zur Kirchweih die Blöchla, ein innen hohles Schmalzgebäck, das mit einem besonderen Eisen hergestellt wird. Die Blöchla werden nur mit Puderzucker bestreut.

Klöße

Klöße sind in Oberfranken und Thüringen die meistzubereiteten Beilagen für alle Fleisch- und Geflügelgerichte und haben geradezu eine identitätsstiftende Funktion. Im nördlichen Oberfranken werden sie überwiegend in der Thüringer Variante zubereitet, die zu etwa zwei Dritteln aus rohen geriebenen und zu einem Drittel aus gekochten Kartoffeln hergestellt werden. Das Verhältnis von gekochten zu geriebenen Kartoffeln variiert dabei von Familie zu Familie, in jedem Fall ist die Herstellung der Kloßmasse eine durchaus zeitraubende und anspruchsvolle Prozedur. Diese kann auch jederzeit Gegenstand ausführlicher Diskussionen unter fränkischen Hausfrauen werden. Manchenorts wird der Teig nur

Klöße dürfen zu keinem Braten fehlen

Die Zahl der Metzgereien mit eigener Herstellung ist legendär

aus gekochten Kartoffeln zubereitet, doch bestehen frankenweit nahtlose Übergänge. Eine besondere Spezialität sind die sogenannten »Coburger Rutscher«, die praktisch auf dem Teller zerfließen. In einigen Gegenden, insbesondere im Hofer Raum, bereiten ältere Hausfrauen noch die »Grünen Klöße«, deren Masse nur aus geriebenen rohen Kartoffeln hergestellt wird. Doch wird diese Bezeichnung in anderen Teilen Frankens oft für die Klöße Thüringer Art verwendet. In den Gasthöfen trifft man sie fast nirgendwo mehr an. Alle Kloßarten sind in der Regel mit gerösteten Würfeln aus Semmeln gefüllt, den »Mohnla«, wie der gemeine Hofer sagt, die mitgekocht werden. Im nördlichen Frankenwald nennt man die Würfel »Breggla« (Bröckchen). Die Klöße sollen im allgemeinen seidig und weich sein, zu harte, gut schneidbare Klöße lehnt der fränkische Gourmet ab. Die fränkischen und thüringischen Klöße dürfen nicht mit den böhmischen Knödeln, die ja nur gedünstete Weißbrotscheiben darstellen, oder mit Semmel-, Grieß- und Mehlklößen verwechselt werden, die einen ganz anders zusammengesetzten Teig haben, wie bereits der Name sagt.

Rumm (Rüben)

Im mittleren Frankenwald, um die Rodach und die Wilde Rodach, gaben und geben die schlechten Böden kaum mehr als robuste Gemüsesorten her. So entstanden die »Gstopftn Rumm« (auch Gstopfta Rumm) als haltbares, billiges und gesundes Essen, das aus Erdkohlrabi (Steckrübe), Karotten, Wirsing, Kraut und Lauch besteht. Im Herbst werden die Zutaten zerkleinert und in Holztrögen »gestopft« – also gestampft. Danach werden die Rumm gesalzen. Die Mischung muss dann für etwa vier bis fünf Wochen ruhen; in dieser Zeit setzt wie beim Sauerkraut eine Milchsäuregärung ein. Fertig sind die Gstopftn Rumm dann im Dezember und damit genau zum richtigen Zeitpunkt, denn gerade beim Essen an den Feiertagen spielen sie eine wichtige Rolle.

Beliebt sind die »Rumm« süß-sauer als Beilage zu Gans oder Ente. Sie sind für die Frankenwäldler ein Stück kulinarische Heimat. Das ehemalige »Arme-Leute-Essen« hat sich inzwischen zu einer regionalen Delikatesse gewandelt, die in den örtlichen Wirtshäusern rund um Wallenfels variantenreich serviert wird.

Stockfisch

Zu den typisch Frankenwälder Gerichten zählt der Stockfisch, der vor allem in der Fastenzeit verzehrt wird. Er ist keine eigenständige Fischart, sondern ein Sammelname für getrocknete Seefische. Heute werden vor allem Kabeljau und Seelachs als Stockfisch zubereitet. Man serviert den gegarten Fisch mit gerösteten Semmelwürfeln und einer hellen Mehlsauce zu Klößen und Sauerkraut, auch in Aufläufen findet er Verwendung.

Bier

Der Frankenwald ist eine Region des Bieres, was mancher Auswärtiger nicht sofort versteht, da er mit Franken zunächst ein traditionelles Weingebiet (Bocksbeutel) assoziiert. Doch geographische und kulturelle Welten trennen die Frankenwaldhochfläche von der barocken Sinneslust der sonnigen Täler und Berge Unterfrankens. »Authentisch«, wie man heute sagt, und gemütlich sind die vielen kleinen Wirtshäuser in den Frankenwalddörfern. Hier trifft man sie noch, die knorrigen Frankenwäldler die sich ihren Schafkopfabend oder den Frühschoppen durch nichts nehmen lassen. Bestellt wird dann meistens ein Seidla (0,5 l) Bier. Oder auch zwei oder drei – manchmal auch mehr. Das Bier kommt selbstverständlich aus den umliegenden regionalen Brauereien und nicht von großen Industriebrauereien mit Massenproduktion. Kulmbach gilt weltweit als die Hauptstadt des Bieres (wenngleich es durchaus nicht wenige Bierabhängige gibt, die das Kulmbacher, egal ob Mönchshof oder das ehemalige EKU, wegen des angeblich faden Geschmacks ablehnen). Ein vorzügliches Bier aus der wahrscheinlich letzten der kleinen Brauereien des Frankenwalds ist das Schübel-Bräu aus Stadtsteinach, ein Geheimtipp. In Naila wird seit 2010 das seit 1535 gebraute Gottsmannsgrüner Bier hergestellt, nachdem das Stammhaus in Gottsmannsgrün (Kreis Hof) den Betrieb einstellte. In und um Kronach ist das Antlabräu, das Hausbier des Restaurants s'Antla beliebt, das dort auch produziert wird, ebenso wie das Frankenbräu aus Mitwitz und die Biere der Brauerei Malzschmied in Wallenfels. Diese Brauerei liefert einige höchst delikate Sorten.

Werbung für Mönchshof-Bräu in den 1920er Jahren

Rezept

Kulmbacher Bierfleisch

Zutaten:

800 g	Oberschale oder Hüfte vom Rind
100 g	Speck
50 g	Schmalz zum Anbraten
	Salz
	Pfeffer
250 g	Zwiebeln in grobe Stücke geschnitten
1	Zwiebel halbiert
2 St.	Lorbeerblätter
4 St.	Gewürznelken
5 cl	Essig (Rotweinessig)
20 g	Zucker
0,3 l	Eisbock (aromatische Bierspezialität, sehr stark)
¼ l	Wasser, Brühe oder Fond
40 g	Mehl
20 g	g Butter
200 g	g Crème fraîche
100 g	Lauch geschnitten
100 g	Sellerie gewürfelt
100 g	Karotten gewürfelt
50 g	Kohlrabi gewürfelt
50 g	Staudensellerie geschnitten

Zubereitung:
Speck in dünne Streifen schneiden und anfrieren. Fleisch spicken, salzen und pfeffern. In heißem Schmalz von allen Seiten anbraten. Dann das Fleisch herausnehmen. Grobe Zwiebelstücke goldgelb anrösten. Zucker dazugeben, braun werden lassen. Mit Essig ablöschen. Mit Fond, Brühe oder Wasser auffüllen. Die gespickte Zwiebel mit Lorbeer und Nelken in den Fond geben und mit ca. 0,2 l Eisbock auffüllen. Fleisch dazugeben und mit geschlossenem Deckel ca. 90 Minuten bei 160–180 Grad im Ofen garen. Kurz vor Ende der Garzeit den restlichen Eisbock zufügen. Fleisch herausnehmen. Tipp: Es ist gar, wenn beim Anstechen mit einem Schaschlikspieß heller Saft austritt.

Mehl in Butter anschwitzen bis zur goldgelben Farbe. Mit dem passierten Fond aufgießen (ein Teil muss kalt sein, entweder Mehlschwitze oder Fond) und glattrühren. Gemüse dazugeben, dann ca. 8–10 Minuten weichkochen. Mit Crème fraîche verfeinern. Das Fleisch aufschneiden, mit Sauce und Gemüse bedeckt servieren. Fränkische oder Thüringer Klöße sind die beste Beilage. Auf den Internetseiten der Genussregion Oberfranken gibt es zahlreiche Rezepte (www.genussregion-oberfranken.de). Wer die viele Arbeit scheut, kann handelsüblichen Fertigkloßteig »Thüringer Art« nehmen, der in guter Qualität von mehreren Herstellern erhältlich ist.

Kunst und Kultur

Literatur

In der Literatur führt der Frankenwald nur ein Schattendasein. Keines der Werke eines der großen deutschen Schriftsteller ist dort angesiedelt, auch ist kein überzeitlich anzusehender Dichter von überregionalem Ruf dort geboren. Das heißt aber nicht, dass dem Nährboden Frankenwald keine erwähnenswerte Literatur entsprossen ist. So hat der Bad Stebener Gymnasiallehrer Heinrich Mörtel (1899–1976) unter dem Titel »Schnitz« (1977) eine ansehnliche Sammlung von überwiegend heiteren, teils in Mundart geschriebenen, anekdotenhaften Kalender- und Kurzgeschichten veröffentlicht. In diesen wird den Bewohnern Stebens und seiner Umgebung aufs Maul geschaut und mit tiefem wirklichem, aus dem Herzen kommendem Humor wird auch der manchmal dunkle Alltag der einfachen Frankenwäldler gülden verklärt.

Alfred Völkel (1927–2005) aus Langenbach war Volksmusiker und Verfasser von Mundartgedichten. Zu seinen wichtigsten Werken zählen »Harchemaol. Nuchebaar Schbrichla und Gedichdla asn Franggnwald« (Horcheinmal. Noch einige kleine Sprüche und Gedichte aus dem Frankenwald) (1991) und »Erlauschtes, Erdachtes. Gedichte aus dem Frankenwald« (1955). Völkel übertrug auch viele »klassische« Gedichte in die Sprache seiner Heimatregion.

Ein wirklicher und empfindsamer Poet ist der sprachgewaltige Helmbrechtser Otto Knopf (1926–2005). Hauptberuflich war er Schulmeister. Er verfasste zahlreiche heimatkundliche Arbeiten, vor allem aber Erzählungen aus der Geschichte des Frankenwalds sowie aus dem harten Leben der früheren Bewohner. Knopf ist aber kein Naturalist, sondern in seinem weichen, gemütvollen, manchmal sentimentalen Ton Theodor Storm wesensverwandt. Mundartliche Schöpfungen sind bei ihm weniger vertreten. Zu seinen lesenswertesten Büchern zählen u.a. »Zwischenlichten« (1990), »Damals. Ein Blick in die Vergangenheit« (1991), »Waldgeschichten« (2001), »Durch Tag und Jahr« (2003) und »An geheimnisvollen Orten« (2006). In ihnen träumt sich der Autor in die (vermeintlich) gute alte Zeit zurück. Mit Fug und Recht kann man ihn die stärkste dichterische Kraft des Frankenwalds nennen. Seine Lebensweisheit war: »Man muss das Leben immer ein wenig vorläufig betrachten.«

Das Werk des Nailaers Otto Sahmann (1935–2000) mag dem Frankenwald nicht unmittelbar verbunden sein, doch spiegelt sich in seiner empfindsamen, oft die Einsamkeit zum zentralen Topos erwählende Lyrik das nordfränkische Land wider.

Bildende Kunst

Natürlich ist der Renaissancemeister Lucas Cranach der Ältere (1472–1553) der größte Maler, den der Frankenwald hervorbrachte (→ S. 69). Bedauerlicherweise hat seine Heimatlandschaft genau wie seine Geburtsstadt Kronach in keinem seiner Werke Niederschlag gefunden. Zwischen den 15. und dem 20. Jahrhundert lässt sich kein aus dem Frankenwald stammender Künstler von Rang nachweisen, erst danach treten wieder einige bedeutendere Maler in Erscheinung.

Der sehr fruchtbare Maler Hans Hohenberger (1891–1979) aus Helmbrechts setzte die gegenständliche Darstellung von Menschen und Landschaften in den Mittelpunkt seines künstlerischen Schaffens. Etwa 10 000 Zeichnungen, Gemälde und Aquarelle liegen von ihm vor. Sie zieren Rathäuser, Sparkassenräume, kommunale Einrichtungen, Schulen etc. im ganzen Frankenwald und dem Hofer Land, doch auch Privatsammlungen einheimischer Bürger.

Der sozialkritische Künstler und Kunsterzieher Max Escher (1901–1976), der in Marxgrün lebte, schuf u.a. Holzschnitte sowie großformatige Ölgemälde des Frankenwalds und des Hofer Lands. Auch war er bildhauerisch und als Porträtist tätig, ebenso schrieb er Essays über andere Kunstschaffende.

Der Maler, Grafiker und Denkmalpfleger Karl Bedal (1914–1999) aus Schwarzenbach/Saale war zwar eher im Hofer Land und im Fichtelgebirge künstlerisch beheimatet, doch schuf er eine Fülle an Holzschnitten auch zu Regionen und Motiven des Frankenwalds. Bewusst vermied er jede Gesellschafts- wie Sozialkritik und die Darstellung von Not und Elend. Er vermittelte vielmehr, schon durch seine umfassende Kenntnis des Lands und seiner Geschichte, überzeugend seine Heimatliebe. Mit Fug und Recht könnte man ihn den Ludwig Richter Oberfrankens nennen.

Architektur

Mit den Renaissancefestungen von Kronach (→ S.45) und Kulmbach (→ S. 157) weist der Frankenwald zwei der bedeutendsten Bauwerke ihrer Art und ihrer Zeit ganz Deutschlands auf. Erstere, eine Grenzfestung, erhielt ihr heutiges Antlitz gegen Ende des 16. Jahrhunderts sowie in den Jahrzehnten nach 1634. Die Kulmbacher Plassenburg entstand als markgräflicher Repräsentationsbau nach der Zerstörung von Stadt und Burg in den Alcibiadischen Kriegen 1553. Ihr »Schöner Hof« ist einer der prächtigsten Renaissancehöfe Europas. Die mit-

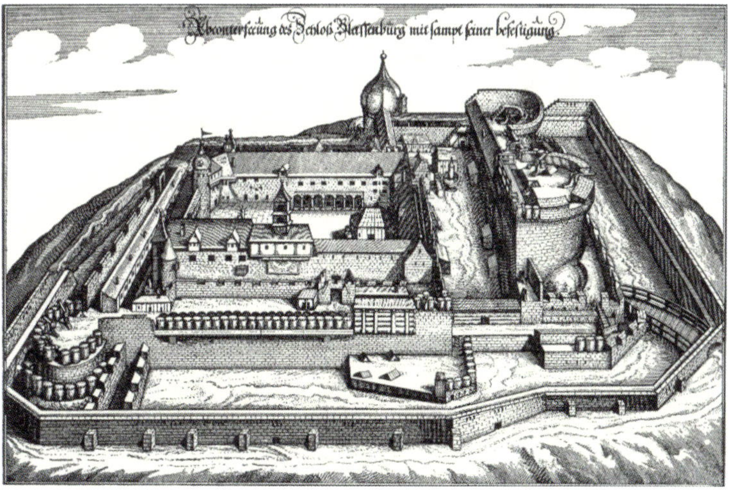

Die Plassenburg in Kulmbach vor ihrer Zerstörung 1554

telalterliche Burg Lauenstein (→ S. 84) ganz im Norden des Frankenwalds weist mit dem 1554 angebauten Flügel des Thünabaus ein ebenfalls besonders prächtiges Beispiel der Renaissance auf. Die bis dahin recht vernachlässigte Burg wurde zu Beginn des 20. Jahrhunderts in historisierendem Stil rekonstruiert. Im Frankenwald gibt es einige weitere mittelalterliche Burgen, doch sind sie sämtlich Ruinen, und meist ist nur noch sehr wenig Mauerwerk etc. vorhanden wie beispielsweise Hohenrod bei Geroldsgrün (→ S. 120).

In der Volksarchitektur trifft man im Frankenwald wie auch im Hofer Land oft auch auf sogenannte Wohnstallhäuser, also auf Bauernhäuser, bei denen der Wohnbereich wie der Stall sich unter dem gleichen Dach befinden und kein separates Gebäude für die Tierunterbringung existiert. Verbreitet sind auch die Weberhäuser, denn dieses Handwerk war einst ein Haupterwerbszweig im Frankenwald. Die eher kleinen, meist eingeschossigen Häuser mit spitz zulaufendem Dachboden waren in der Größe auf den jeweils vorhandenen Webstuhl zugeschnitten, der sich in der vorderen der meist nur zwei Stuben befand – in der hinteren wurde gewohnt und geschlafen. Ein schönes Beispiel findet sich in Neudorf bei Schauenstein (→ S. 132).

Eine Besonderheit sind die protestantischen Kirchengebäude im sogenannten Markgrafenstil, die im 18. Jahrhundert auf dem Gebiet des Markgrafentums Brandenburg-Bayreuth errichtet wurden. Sie sind im Osten des Frankenwalds um Naila sowie in der Hofer Region zu finden, zum Beispiel in Wirsberg (→ S. 145). Ihr Äußeres ist, wiewohl barock, eher schlicht und im wenig prunkvollen Inneren steht die Kanzel im Mittelpunkt.

Schieferfassaden und Dächer in Lehesten

Kronach und Umgebung

Am Südwestrand des Frankenwalds liegen mit Kronach seine sicherlich schönste Stadt und mit dem Wasserschloss Mitwitz eine der schönsten Anlagen ihrer Art in Bayern. Dazu kommen besondere naturkundliche Sehenswürdigkeiten wie die Steinkohlenflöze von Stockheim und Archäologisches wie die Heuschenburg. Mit knapp 17 000 Bewohnern ist Kronach die größte Ortschaft des Frankenwalds. Sie liegt an seiner Südwestecke am Kreuzungspunkt wichtiger Verkehrswege wie der B 173 (Teilstück Bamberg–Hof), der B 85 (Teilstück Saalfeld–Bayreuth) und der B 303 (Schirnding–Schweinfurt) sowie an der Frankenwaldbahn, die Hochstadt-Marktzeuln mit dem thüringischen Probstzella verbindet. Der Interzonenverkehr München–Nürnberg–Berlin verlief vor 1990 nördlich von Kronach auf dieser Trasse, nach der Wiedervereinigung auch die IC-Verbindung und später die ICE-Verbindung München–Berlin (bis 2016). Kronach liegt am Zusammenfluss von Haßlach, Kronach und Rodach, die von Norden und Nordosten heranströmen.
Kronach ist das administrative Zentrum des Frankenwalds, der Kreis Kronach nimmt über die Hälfte von dessen Ausdehnung ein – der Osten des Frankenwalds um Helmbrechts und Bad Steben gehört zum Kreis Hof sowie der Süden um Stadtsteinach und Presseck zum Kreis Kulmbach. Kronach zählt mit seiner fast unverändert erhaltenen historischen Altstadt zu Bayerns sehenswertesten Städten. Oberhalb der Stadt wacht die ehrfurchtheischende Feste Rosenberg über die Lande, einst eine Wehrburg der Bischöfe von Bamberg und eine der schönsten Festungen ganz Deutschlands. Stolz ist Kronach darauf, die Geburtsstadt eines der größten deutschen Maler gewesen zu sein, von Lucas Cranach d. Ä. Kronach liegt an der »Bier- und Burgenstraße«, die von Passau, über Amberg, Bayreuth, Kronach und Saalfeld bis ins thüringische Bad Frankenhausen führt, und Historie, Architektur und Genuss miteinander verbindet (www.bierundburgenstrasse.de) – und man ist stolz darauf, zu einem der 100 Genussorte Bayerns gewählt zu sein, wo es sich gut zechen, schmausen und überhaupt leben lässt. Und Kronach ist ganzjährig besuchenswert, auch im Winter, wenn der traditionelle Weihnachtsmarkt die Altstadt verzaubert – mit Glühweinduft und festlich-froh geschmückten Marktständen.

Stadtgeschichte

Kronach wurde 1003 als »urbs crana« erstmalig erwähnt, bestand jedoch vermutlich als kleines Dorf schon 100 Jahre davor. Der erwähnte Vereinigungspunkt dreier Talzüge ließ sehr früh eine Siedlung entstehen. Diese Siedlung und ihre Umgebung schenkte Kaiser Heinrich V. im Jahre 1122 dem Hochstift Bamberg. Ein Hochstift entspricht in etwa einem Fürstbistum, d.h. die Geistlichkeit ist zugleich auch der weltliche Herrscher des Gebiets. Damals wurde auch eine erste Festung auf dem strategisch wichtigen Bergsporn zwischen Haßlach und Kronach gebaut. Bis zur Säkularisation 1803 blieb Kronach und damit der größte Teil des Frankenwalds im Besitz der Bamberger Bischöfe und lag nahe der Nordgrenze von deren Gebiet, nicht weit vom protestantischen Kurfürstentum Sachsen. Da lag es auf der Hand, dass man hier eine wehrhafte Festung errichtete, die in ihrer Architektur die Feinde sowohl einschüchtern wie auch von der Macht und dem Reichtum der Bamberger künden sollte; die Geschichte der Stadt wie auch die der Festung sind engst verbunden.

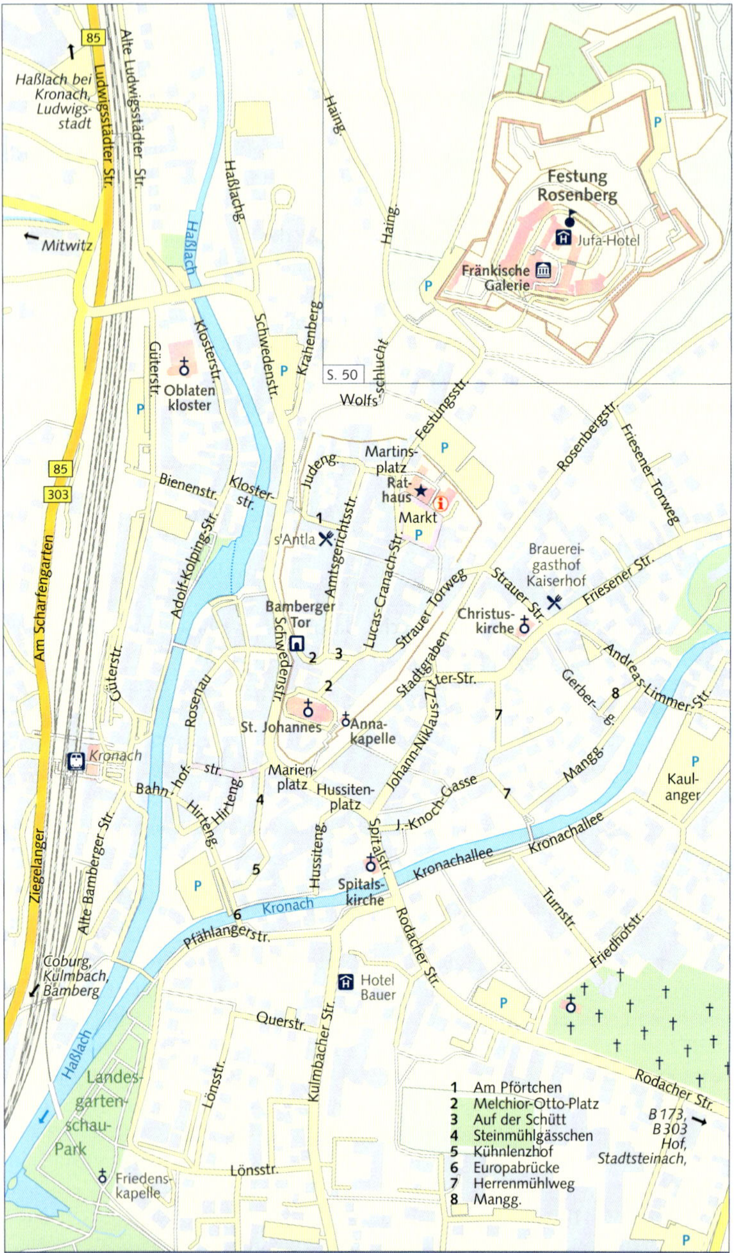

Kronach, Stadtzentrum

Im Zweiten Markgrafenkrieg wurde Kronach 1552 von den Truppen des Markgrafen Albrecht Alcibiades belagert, der gerne bambergische Gebiete seinem Territorium einverleibt hätte, doch die Stadt nicht einnehmen konnte (→ S. 166). Zwischen 1632 und 1634 wurde die Stadt im Dreißigjährigen Krieg mehrmals von den Schweden sowie durch protestantische Truppen des in schwedischen Diensten stehenden Herzogs von Sachsen-Weimar belagert, die jedoch sämtlich ebenfalls unverrichteter Dinge wieder abziehen mussten. Bis heute erinnert eine »Schwedenprozession« mit Gottesdiensten an die Ereignisse des Dreißigjährigen Kriegs. Aus dieser Zeit rührt auch die Bezeichnung der Kronacher als Hasenkühe (»Hosnküh«). Nachdem die schwedische Belagerung schon einige Wochen angedauert hatte, und die Bürger große Hungersnot litten, war man nahe an der Kapitulation. Doch ein Bürger ließ seinen letzten Stallhasen auf der Stadtmauer herumspringen. Die Schweden, die dies bemerkten, nahmen an, dass in Kronach noch soviel Haustiere vorhanden seien und noch geschlachtet werden könnten, dass kein Aushungern in naher Zeit möglich sei und zogen ab. Die Stadt erhielt für ihren tapferen Widerstand gegen die Protestanten 1639 vom Fürstbischof die Rittergüter Stockheim und Haßlach geschenkt. 1651 erhielt Kronach ein neues Stadtwappen. Es zeigte zwei Männer mit abgezogener Haut unter den Arm und sollte an die Brutalität der schwedischen Belagerer erinnern. Denn bei einem Ausfall waren am 7. Juni 1632 fünf Kronacher vom Feind gefangengenommen und geschunden worden. Das Wappen erschien wegen der Darstellung mit den Häuten nicht mehr zeitgemäß und wurde vor einigen Jahren durch das von vor 1651 ersetzt.

Portal der Festung Rosenberg

Fürstbischof Melchior Otto von Salzburg, der der Stadt alle Ehrungen zukommen ließ, erhielt 1654 eine Ehrensäule errichtet, zu seinem Gedenken wird bis heute alljährlich ein Melchior-Otto-Tag mit Gottesdienst begangen. Nach dem Krieg wurden die Befestigungsanlagen der Stadt verstärkt, viele der heute noch vorhandenen Türme wurden gleich nach 1634 errichtet. Für die Kronacher sieg-

Das Stadtwappen von 1651

reich war auch die Belagerung der Stadt im Siebenjährigen Krieg durch preußische Truppen am 10. Mai 1759, die nach drei Tagen den Kampf aufgaben und weiterzogen.

1803 wurde für die geistlichen Länder und Staaten ein einschneidendes Jahr. Nicht nur das 1000 Jahre alte Fürsterzbistum Salzburg erfuhr infolge der napoleonischen Umgestaltung Europas seine Auflösung, auch das Hochstift Bamberg wurde durch den sogenannten Reichsdeputationshauptschluss »liquidiert«. Ziel dieses Beschlusses war es, die Fürsten für Verluste ihrer linksrheinischen Gebiete an Frankreich zu entschädigen. Dies geschah im wesentlichen durch Säkularisierung kirchlichen Besitzes. So gerieten die Gebiete des Bamberger Hochstifts und damit auch Kronach an das Kurfürstentum Bayern, das 1806 ein eigenständiges Königreich wurde. Der Wechsel ging äußerlich ohne viel Veränderung vonstatten, die bischöflichen Beamten waren jetzt kurfürstliche bzw. später königliche.

Die Festung Rosenberg hatte nun ihre Bedeutung als Grenzburg verloren. Anfang Oktober 1806 bezog Napoleon hier kurz vor jener entscheidenen Schlacht von Jena und Auerstädt Quartier. In den Jahrzehnten danach wurde sie kurzfristig als Gefängnis genutzt, sollte auch geschleift werden, bis sie 1888 in Besitz der Stadt Kronach kam.

1860 erhielt Kronach Anschluss an das bayerische Eisenbahnnetz, über die Teilstrecke Hochstadt–Gundelsdorf. Dann wurde weitergebaut: bis 1862 war auch Stockheim mit der Eisenbahn zu erreichen, sehr zur Freude der dortigen Kohleindustrie und bis 1885 war die Eisenbahn weiter über Ludwigsstadt nach Probstzella gebaut, womit die Verbindung mit dem thüringischen Netz hergestellt war und Kronach von Nord und Süd aus bequem mit der Eisenbahn erreicht werden konnte, was einen wirtschaftlichen Aufschwung mit sich brachte. Während des Ersten Weltkriegs befand sich auf der Festung Rosenberg ein Kriegsgefangenenlager für Offiziere, der spätere französische Staatspräsident **Charles de Gaulle** saß hier von März bis November 1917 ein. Nach zwei Fluchtversuchen, die mit Haftverschärfung bestraft wurden, wurde er verlegt.

Die St. Annakapelle

In der Endphase des Dritten Reiches erlitt Kronach durch die US-Amerikaner mehrere Bombenangriffe und wurde auch mit Artillerie beschossen, glücklicherweise war die historische Altstadt nur leicht beschädigt, als die US-Truppen am 14. April 1945 die Stadt einnahmen. Starke Schäden gab es am Strauer Torweg und um den Bahnhof sowie am Westsaum der Oberstadt. Zerstört wurde leider auch der jahrhundertealte Gasthof Goldener Wagen; wie es bis heute heißt, das einst schönste Fachwerkhaus der Stadt. Heute befindet sich an seiner

▸ Karte S. 46

Stelle, zwischen Hussitenplatz und Stadtgraben, das Kaufhaus WEKA.

Durch Flüchtlinge aus der damaligen SBZ bzw. dem Sudetenland und den deutschen Ostgebieten, die 1945 vorübergehend ein Lager auf der Festung erhielten, wuchs die Einwohnerzahl der Stadt von 6500 bei Kriegsende bis in die 1960er Jahre auf über 10 000 an. Kronach übernahm hierbei 1955 die Städtepatenschaft über das böhmische Podersam (tschech. Podbořany), aus dem viele Vertriebene nach Kronach gekommen waren. Eine Heimatstube (Lucas-Cranach-Str. 27) erinnert seit 1986 an Stadt und Kreis Podersam.

Kronach ist heute Standort einiger wichtiger mittelständischer Unternehmen wie der Dr.-Schneider-Unternehmensgruppe (Kunststoffteile für Kraftfahrzeuge) sowie der Lear Corporation, die Elektronikteile für Kraftfahrzeuge produziert. Gut 2000 Mitarbeiter sind in beiden Unternehmungen in Kronach beschäftigt. Seit 1945 hatte Loewe (Radio und Fernsehen) in Kronach seinen Hauptsitz und rund 1000 Mitarbeiter. 2019 stellte Loewe den Betrieb nach lange Jahre andauernden Finanzschwierigkeiten ein, ein cypriotischer Investor hat die Firma übernommen, bis heute ist die Situation um Loewe und seine Fertigungsanlagen in Kronach in der Schwebe.

Orientierung

Kronachs Altstadt besteht aus der **Oberstadt** mit der Festung und der **Unterstadt**, im Zwickel zwischen den Flüssen Kronach und Haßlach, unterhalb der Pfarrkirche gelegen. Zugegeben sind die Sehenswürdigkeiten in der Unterstadt rar, wenngleich man andere Stadt über ein solch geschlossenes historisches Viertel froh wäre. Dafür wirkt die Oberstadt mit ihrer heimeligen Sandsteinarchitektur, die in jeder Ecke eine trauliche Aura vergangener besserer Zeiten verströmt, um so faszinierender.

Wer mit dem Pkw in die Stadt kommt, fährt am besten über die Festungsstraße hoch bis zur Festung, dort wo die Straße endet, gibt es unmittelbar an den Festungsmauern, im südlichen Bereich des Äußeren Wallgrabens kostenlose Parkplätze, und macht hier zunächst den Besuch der Festung. Die Anlage ist frei zugänglich, wenn man nicht die Innenräume besichtigen will.

Blick auf die Festung von Norden

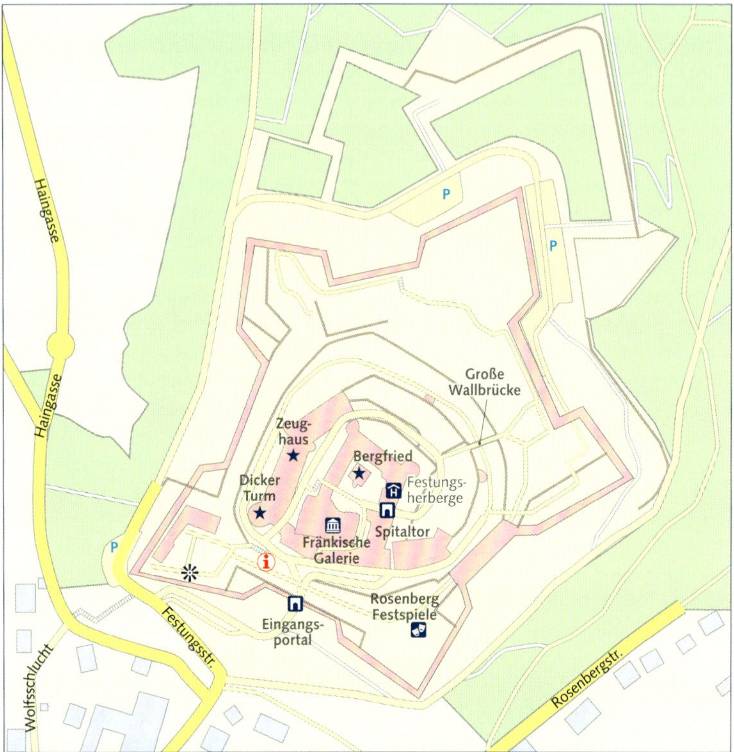

Kronach, Festung Rosenberg

Kronachs **Stadtbefestigung** stammt aus der Zeit zwischen dem 13. und 17. Jahrhundert. Immer noch ist die Oberstädt fast in Gänze von einer Mauer umgeben, sie ist aber wegen Anbauten nicht überall zugänglich bzw. also solche erkennbar. Von den einst drei **Stadttoren** der Oberstadt ist nur das Bamberger Tor heute noch vorhanden, des weiteren existieren noch fünf **Türme** der Stadtmauer: der Hämelturm an der Judengasse im Nordwesten, der Hexenturm im Nordosten, der Pfarrturm an der Kirche (alle um 1450 erbaut), der Schiefer- oder Mäuseturm von 1509 im Osten (nur ein Turmstumpf) und der Stadtturm an der Festungsstraße.

▸ Karte S. 46

Festung Rosenberg

Die Festung trägt ihren Namen vom Rosenberg (392m), auf dem sie sich befindet. Sie besteht aus drei konzentrischen Befestigungsringen: zunächst der **Kernburg**, mit ihren vier annähernd rechtwinkligen Flügeln und dem Schmieds- und dem Nordostturm. Um die Kernburg verläuft der **Mittlere Bering**«mit u.a. den beiden Zeughäusern, dem Pulvermagazin und der mit sieben Türmen versehenen **Wehrmauer**. Vor dem Mittleren Bering liegen der **Mittlere Wallgraben**, nach diesem die Bastionen des **Äußeren Bering**. Ein **Äußerer Wallgraben** umgibt das Ganze, vor dem Äußeren Wallgraben liegen im Norden noch die ebenfalls befestigten und bastionsartigen **Vorwerke** – vom Norden konnte die Festung wegen des flach abfallenden Bergs leicht eingenommen werden, so dass man hier die Verteidigungsanlagen besonders stark ausführte.

Die heutige Form und die sie bestimmenden Bauten gehen im wesentlichen auf das 16. und 17. Jahrhundert zurück, wenngleich die ältesten Bauteile aus dem 13. Jahrhundert stammen. Im 14. Jahrhundert erfolgte ihr erster Ausbau zu einer bischöflichen Wehrburg mit Ecktürmen und einer Toranlage (das heutige Spitaltor an der Ostseite). Unter Fürstbischof Philipp von Hennberg wurde gegen 1490 ein weiterer Ausbau veranlasst, bei dem der »Mittlere Bering« entstand. Im Jahre 1553, nach dem Markgrafenkrieg, erfolgte unter Fürstbischof Veit von Würzburg nochmals eine Vergrößerung der Anlage sowie deren Verstärkung. Um 1576 begann man mit dem Bau der großen fünfeckigen Bastionsanlage um die Kernburg, deren Fertigstellung jedoch, nicht zuletzt durch die Wirren des Dreißigjährigen Kriegs, erst 1699 erfolgte.

Links am Aufgang steht eine ungewöhnliche **Frauenskulptur aus Metallteilen**, die einen Hundekopf trägt. Am Fuß der Bastion Kunigunde entlang (ein Teil des »Äußeren Berings«) geht es dann hinauf zum wuchtigen **Renaissance-Eingangsportal** mit dem Wappen des Fürstbischofs Philipp Voit von Rieneck. Vor dem Tor befand sich eine Zugbrücke über den Äußeren Wallgraben. Das Tor wurde 1662 erbaut und ist der Festungsmauer vorgeblendet, und wahrscheinlich das repräsentativste Bauelement der gesamten Festung. Nach Durchschreiten des Tors befindet man sich am **Kommandantenhaus** und geht nach links, durch den **Mittleren Wallgraben**. Vor dem **Dicken Turm** geht es nach rechts über den alten Inneren Wallgraben zur **Kernburg**. Der langgestreckte Komplex linker Hand besteht aus

Der Festungswächter am Aufgang zur Festung

Im Inneren der Festung

dem **Alten** und dem **Neuen Zeughaus**. Nach rechts geht es über ein Treppchen in den Innenhof der Kernburg, wo sich auch der 38 Meter hohe **Bergfried** befindet. Sein Zugang liegt in 12 Metern Höhe und war einst, bevor der kleine Treppenturm erbaut wurde, nur durch eine Leiter zu erreichen. Im Nordflügel der Kernburg befindet sich ein Hotel, im Süden des Hofs der 45 Meter tiefe **Burgbrunnen**.

Vom Innenhof gehen wir durch den **Fürstenbau** und das **Spitaltor** (originales wuchtiges Holztor aus dem 16. Jh.) wieder aus der Kernburg heraus, links am Proviant- und Pulvermagazin vorbei, zum **Salzturm** und überqueren dann auf der **Großen Wallbrücke** den Mittleren Wallgraben und gehen dann auf einem Wall nach links um die gesamte Festung herum, wobei wir auch die **Vorwerke im Norden** passieren und schlussendlich bei der **Kleinen Wallbrücke** wieder am Dicken Turm, im Mittleren Wallgraben ankommen, nahe dem Festungseingang.

In den **Innenräumen** befindet sich keinerlei mittelalterliches oder sonstiges historisches Mobiliar. Zu viel ist im Inneren in den Jahrzehnten nach Ende des Hochstifts Bamberg umgebaut wurden. So dient sie und dient im wesentlichen als Gemäldegalerie und als Veranstaltungsort. Die machtvolle Architektur und deren Einzelschönheiten kennenzulernen, ist bei einer Führung möglich.

Im Südflügel der Kernburg, dem Kommandantenhaus, befindet sich die »**Fränkische Galerie**«, eine Außenstelle des Bayerischen Nationalmuseums, die fränkische Kunst aus der Zeit vom 13. bis 16. Jahrhundert zeigt, darunter Werke von Lucas Cranach (darunter »Christus und die Ehebrecherin« und »Venus und Amor als Honigdieb«), Tilman Riemenschneider, Adam Kraft und Veit Stoß. Dazu kommen Wechselausstellungen zu den Themen Frankenwald oder Stadtgeschichte, es gibt eine Dauerausstellung zu Frankens Festungen sowie diverse museumspädagogische Angebote.

Die **Rosenberg-Festspiele** auf der Heinrichsbastion zeigen alljährlich unterschiedliche Bühnenwerke (www.rosenberg-festspiele.de), im äußeren Wallgraben findet jedes Jahr »Die Festung rockt« statt, im mittleren eine Gartenmesse und alle zwei Jahre gibt es auch ein großes Mittelalterspektakel

Das Spitaltor stammt original aus dem 16. Jahrhundert

▲ Karte S. 46

Der Stadtturm am Martinsplatz

»Crana historica« u.a. mit nachgestellten Szenen aus dem Dreißigjährigen Krieg. Und wer will oder muss, kann auf der Festung auch heiraten (Info unter 09261/604113, Frau Lutz).

Von der Festung führt der **Rundwanderweg Entlang der Marter** auf 15 Kilometern durch die nördliche Umgebung Kronachs, zu vielen Bildstöcken (Martern) bis zum Wallfahrtsort Glosberg und zurück. Bei insgesamt 400 Höhenmetern Gesamtanstieg ist diese Tour leicht in fünf Stunden zu schaffen.

In der Oberen Stadt

Von der Feste gehen wir nun hinab zur Stadt, links am Parkplatz vorbei und kommen dann zum Kreisgefängnis (rechts). Es ist der alte **fürstbischöfliche Getreidespeicher** (»Kastenboden«), er wurde in den letzten Jahren des Hochstifts zwischen 1798 und 1802 erbaut und dient seit 1856 als Gefängnis. Das Sandsteinrelief über dem Portal zeigt das Wappen des letzten Bamberger Fürstbischofs Christoph Franz von Buseck.

Dann passiert man den **Stadtturm**, das vermutlich älteste Gebäude Kronachs. Er geht auf das 13. Jahrhundert zurück, wurde 1571 mit drei Obergeschossen versehen, im 19. Jahrhundert aber umgebaut. Der Stadtturm diente als Feuerwachturm. An einigen Mauerfragmenten am Turm ist noch das alte Innere Tor auszumachen, das 1807 abgerissen wurde.

Martinsplatz

Hinter dem Turm ist man endlich in der Oberstadt angekommen, am Martinsplatz, einer besonders lauschigen Ecke Kronachs. Die Martinskirche existiert nicht mehr, an sie erinnert ein **Wandgemälde** aus den 1980er Jahren. Die Kirche war 1971 gegen den Willen der Bevölkerung in einer Art Nacht-und-Nebel-Aktion des Bürgermeister- und des Landratsamts abgerissen worden. Sehr zum Unwillen beider Amtsvorstände hat der Künstler den heiligen Martin und den Bettler mit den Gesichtszügen des damaligen Bürgermeisters und Landrats versehen.

Das Gebäude Martinsplatz 1 ist die sogenannte **Steinerne Kemenate**. Das erste Obergeschoss stammt aus dem 13., das zweite aus dem 14. Jahrhundert. Seit 1880 dient das historische Anwesen als Feuerwehrhaus, dabei wurden, ziemlich denkmalschutzungerecht, zwei Torein-

Wandgemälde am Martinsplatz

Die Kronacher Elle am Alten Rathaus

fahrten in das Erdgeschoss gehauen. Das Haus direkt links neben der Kemenate, das **Fiedlershaus** aus dem 17. Jahrhundert, beherbergt heute die **Podersamer Heimatstube**. Der Fachwerkbau links des Fiedlershaus ist das **Pabstmannsche Stipendienhaus** von 1773 (im Kern 17. Jh.), später ein Waisenhaus. Unter ihm befindet sich einer der wenigen besuchbaren **Gewölbekeller**, die die gesamte obere Stadt untertunneln.

Marktplatz

Gegenüber dem Stipendienhaus liegt der Marktplatz. Seine Nordseite nehmen die stilistisch sich nicht ganz gut einfügenden, eigentlich ziemlich grauslich wirkenden Komplexe des **Neuen Rathauses** aus den 1970er Jahren ein. Die alte Häuserzeile an dieser Stelle war 1945 keineswegs Bombenziel geworden, wie an dieser Stelle die Besucher mutmaßen, sondern der Platz wurde Opfer der Baupolitik des damaligen Stadtrats, der den Bau eines neuen, architektonisch »zeitgemäßen« Rathauses an exponierter Stelle anstrebte. Diese Art der Bausünden findet man leider in vielen fränkischen Städten.

Im unteren Teil des Marktplatzes liegt der **Michaelsbrunnen**. Sein achteckiges sandsteinernes Becken stammt von 1588, die Michaelsfigur von 1672. Am Brunnenpfeiler erkennt man an den Seiten vier Gesichter: je ein Frauengesicht an der Ost- und Westseite, an der Südseite eine vermutlich allegorische Maske und an der Nordseite den Kopf des protestantischen Belagerers der Stadt im Dreißigjährigen Krieg, des Herzogs Bernhard von Sachsen-Weimar. Die beiden Frauengesichter stellen angeblich dessen Maitressen dar, die ihn während des Kriegs immer begleitet hatten.

Dem Brunnen schräg gegenüber, Lucas-Cranach-Str. 19, steht das **Alte Rathaus** (heute Veranstaltungsort) aus dem frühen 16. Jahrhundert. Es wurde 1583 umgebaut, aus jener Zeit stammt auch das Säulenportal mit den beiden markanten Skulpturen eines »Wilden Mannes« und einer »Wilden Frau«, dazwischen hängt das Wappen des Fürstbischofs Johann Philipp von Gebsattel.

Amtsgerichtstraße

Durch die schmale Gasse links vom Alten Rathaus gehen wir bis zur Amtsgerichtsstraße. In der Gasse ist in die Rathauswand die sogenannte **Kronacher Elle** (35 cm) eingelassen. Das Alte Rathaus zieht sich bis fast zur Amtsgerichtsstraße, an seiner Westseite, wo es weniger repräsentativ wirkt, ist das große Stadtwappen von 1651 angebracht – mit jenen beiden geschundenen Männern (s.o.). Der Westteil des Rathauses wurde um 1750 zur Markthalle umgebaut.

▶ Karte S. 46

Gegenüber der Westfassade des Rathauses steht das alte **Floßherrenhaus** (die Flößerei war im Frankenwald jahrhundertelang ein wichtiger Wirtschaftszweig), heute **Braugasthof Antlabräu** (Amtsgerichtsstr. 21). Das Erdgeschoss stammt noch aus dem Mittelalter, der erste Stock etwa von 1600, der zweite von 1679. Ab 1936 war es als »Ostmarkhaus« Sitz der NSDAP-Kreisleitung, seit einigen Jahren ist das prächtige Gebäude Sitz des Antla (fränkisch für »Entchen«).

Das Anwesen in der Amtsgerichtsstraße 25 ist die vormalige **Synagoge** Kronachs, es wurde zur selben Zeit wie das Floßherrenhaus erbaut. Das stattliche Gebäude mit der Hausnummer 15 stammt aus der Mitte des 19. Jahrhunderts. Im Vorgängerbau befand sich im 18. und 19. Jahrhundert die Poststation samt Stallungen, heute hat hier das **Amtsgericht** seinen Sitz. Das Haus Nr. 13 ist das frühere fürstbischöfliche **Kastenamt**, also Sitz des Kastners, wie man damals den Einzieher der Naturalsteuern nannte.

Melchior-Otto-Platz

Durch die Amtsgerichtsstraße gehen wir weiter hinunter Richtung Pfarrkirche. Am Ende der Amtsgerichtsstraße liegt vor der Pfarrkirche der **Melchior-Otto-Platz**, eine der schönsten Ecken der historischen Innenstadt. Nach rechts geht es durch das **Bamberger Tor** hinab in die Unterstadt. Es ist das einzige noch vorhandene Tor der Stadtbefestigung. Es stammt aus dem 15. Jahrhundert, wurde aber nach dem Dreißigjährigen Krieg verändert. An der bergab gewandten Außenseite des Tors (es ist das frühere Vortor) sind die Wappen Kronachs und des Hochstifts Bamberg zu sehen. Rechts neben dem Bamberger Tor (von außen gesehen) zeigt die Rotfärbung des Mauerwerks eine ehemalige Bresche an, die die Schweden 1634 in die Stadtbefestigung geschossen hatten – erfolglos sie konnten dennoch Kronach nicht einnehmen.

Zurück zum Melchior-Otto-Platz. Hier befindet sich der **Johannesbrunnen** von 1595 mit einer Johannesfigur von 1672.

Der Melchior-Otto-Platz mit der Stadtkirche

Die **Ehrensäule** wurde 1654 für den Bamberger Fürstbischof Melchior Otto von Salzburg errichtet. Dieser hatte der Stadt nach den siegreichen Kämpfen gegen die protestantischen Gegner im Dreißigjährigen Krieg zahlreiche Privilegien gewährt und auch ein neues Wappen gestiftet. Auf der Spitze ist dieses neue Wappen angebracht (das mit den geschundenen Männern), es wird von zwei Schildhaltern getragen. Das Gebäude Melchior-Otto-Platz 10 ist ein Haus im Stil der Tudorgotik, die alte **Knabenschule** von 1861, heute Sitz des Finanzamts. Die Nr. 6 direkt gegenüber wurde in gleicher Bauweise als Mädchenschule im Jahre 1859 errichtet. Hier ist heute das katholische Pfarrzentrum untergebracht.

Die Pfarrkirche St. Johannes

Die stattliche gotische Kirche aus Sandsteinquadern geht auf das frühe 14. Jahrhundert zurück. Um 1320 entstanden der Chor und der Turmunterbau, um 1335 war der Turm bis zum vierten Geschoss fertiggestellt. Gegen 1410 war das Langhaus vollendet und um 1520 wurde der überhöhte Westbau in Angriff genommen. Vollendet war er erst gut 100 Jahre später, da die Finanzierung über Ablasszahlungen erfolgte, welche gerade in diesen Jahrzehnten nicht mehr so reich flossen. Gegen 1560 erhielt der Turm seine oberen Geschosse und die Spitze und war damit 35 Meter hoch. Um die Mitte des 17. Jahrhunderts wurde das Innere barockisiert, diese Innenausstattung dann gegen 1890 entfernt und durch eine »zeitgemäße«, neogotische ersetzt.

Das **Johannisportal** an der Nordseite, errichtet um 1520, ist das Schauportal der Kirche und ist von reich verzierten Kielbögen umschlossen, in der Mitte steht eine ältere Figur des heiligen Johannes des Täufers von 1498. Eine 1714 geschaffene Ölbergszene, die ursprünglich in einer Nische links vom Portal stand, befindet sich jetzt rechts davon, in der alten Kirchhofsmauer. Um die Kirche befand sich einst der Friedhof, was an einigen alten Epitaphien in der Kirchenmauer noch erkennbar ist.

Im **Inneren** sind aus älteren Epochen noch das Taufbecken und ein Opferstock aus Sandstein sowie der Epitaph für Caspar und Margarete von Schaumberg von 1580 am ersten Rundpfeiler zu erwähnen. Aus dem 20. Jahrhundert stammen Ambo (das Lesepult) und der Volksaltar (nicht der neugotische Hochaltar) sowie die faszinierenden neuen Glasfenster, die der Kronacher Künstler Horst Böhm 1979 schuf.

Geht man rechts um die Kirche herum, trifft man hinter dieser auf den alten **Pfarrhof** von 1755 (hier nächtigte Napoleon im Oktober 1806 auf dem Weg zur siegreichen Schlacht von Jena und Auer-

Moderne Glasfenster in der Johanneskirche

▶ Karte S. 46

Das Gasthaus zum Scharfen Eck

städt) und weiter auf die **Kapelle St. Anna** von 1513, die im Untergeschoss Beinhaus war. Dort wurden die Knochen von aus dem Friedhof ausgegrabenen Toter bewahrt, wenn neue Gräber geschaffen werden mussten. Denn der Johannesfriedhof war für eine Stadt wie Kronach recht klein und konnte nicht erweitert werden, so dass nach einer bestimmten Liegezeit bestimmte Grabstellen aufgelöst wurden (der heutige Stadtfriedhof liegt außerhalb, an der Rodacher Straße). Die Knochen kamen hierbei aber nicht auf den Schindanger, (das wäre ein Sakrileg gewesen), sondern in Beinhäuser. Solche Beinhäuser (Karner) sind besonders in den Habsburgerlanden sehr häufig. Nach 1803 diente die Kapelle als Zeughaus. Sehenswert ist die gewundene, tragende Säule im Obergeschoss. Die Kapelle ist in die **Stadtmauer** integriert und so in ihr Verteidigungssystem einbezogen. Daher zeigt ihr Obergeschoss in der stadtabgewandten Seite zwei Schießscharten. Die Kapelle dient heute für Ausstellungen wie auch kleinere kirchliche Handlungen. Links unterhalb der Kapelle befindet sich ein entzückendes Gärtchen, das leider nicht ohne weiteres zugänglich ist.

An der Stadtmauer hinter dem Pfarrhaus steht der Rosenturm, ein viergeschossiger Rundturm aus der Zeit um 1540. Der Zugang erfolgt am besten vom Marienplatz, von unterhalb – der Treppenabgang neben der St. Anna-Kapelle kann geschlossen sein.

■ Zurück zum Marktplatz

Nach vollendeter Runde um die Kirche gehen wir vom Melchior-Otto-Platz nach rechts. An der Ecke zur Lucas-Cranach-Straße steht das historische **Gasthaus zum Scharfen Eck**, das jahrhundertelang als das Geburtshaus des großen Malers angesehen wurde. Seit den 1970er Jahren steht fest, dass sich dieses an der Nordseite des Marktplatzes befunden hat, wo sich heute das Neue Rathaus erhebt. Eine ältere Gedenktafel bezeichnet es noch als Cranachs Geburtshaus, sicher ist aber, dass es zeitweise das Wohnhaus der Familie Cranach war. Leider steht das »Scharfe Eck« zur Zeit leer und hat bisher keine neue, vor allem reguläre Bewirtschaftung gefunden. Von hier gehen wir weiter in den **Strauer Torweg**. Haus Nr. 5 ist das ehemalige Torhüterhaus des nicht mehr existierenden Unteren oder **Strauer Tors**, das 1864 abgerissen wurde. Die idyllisch wirkende Nr. 6 ist das sogenannte **Schlotfegershäuschen**. An Haus Nr. 14, das genau an der Stelle steht, wo sich einst das Tor befunden hat, ist ein Wappenstein aus dem Jahr 1423 eingelassen, der von diesem Tor stammt. Am unteren Ende des Strauer Torwegs quert man den vormaligen Stadtgraben und hat die Unterstadt erreicht. In der Verlängerung des Strauer Torwegs gehen wir in die Strauer Straße bis zur evangelischen **Christuskirche** von 1861 und biegen hier rechts in die Johann-Nikolaus-Zitter-Straße ab, gehen bis zum Stadtgraben, diesen nach rechts, bis wir wieder am Strauer Torweg angekommen sind. Wir gehen diesen wieder empor und biegen gegenüber Haus Nr. 10 in ein schmales, höchst idyllisches Gässchen namens **Garküche** ein. Angeblich wurden hier im 19. Jahrhundert Armenspeisungen verfügt. Über die Garküche oder das nicht minder zauberhafte gleich neben dieser befindliche **Pottugässchen** kommen wir zurück zum Marktplatz, wo ein modernes **Lucas-Cranach-Denkmal** steht. In der Ostecke des Marktplatzes steht der **Hexenturm** aus dem Jahr 1444, der seine beiden Obergeschosse 1614 erhalten hat. Im Untergeschoss des Turmes waren während der Hexenverfolgungen des 17. Jahrhunderts viele angeblich zauberkundige Frauen und Mädchen Kronachs eingekerkert.

▶ Karte S. 46

Durch die Oberstadt zieht sich übrigens ein **Cranachweg**, den man mit einem Audioguide (erhältlich in der Tourismusinformation am Marktplatz) begehen kann.

Weitere Sehenswürdigkeiten

Die Unterstadt hat zwar, wie erwähnt, weniger Sehenswürdigkeiten aufzuweisen, doch ist die **Schwedenstraße**, die am Westrand der Oberstadt entlang führt als Straßenzug durchaus hübsch. An ihrem südlichen Ende, an der Kronachbrücke steht, wie es für Spitäler damals üblich war, weit außerhalb der Stadt, die **Spitalskirche St. Anna**. Sie wurde 1467 vollendet, zur selben Zeit entstand auch das **Bürgerspital**. 1634 wurde es niedergebrannt und entstand um 1715 in ganz neuer Form, die bis heute besteht. Aus diesem Bürgerspital entwickelte sich nach 1820 durch Erweiterungsbauten das erste Krankenhaus der Stadt, das hier bis 1954 existierte.

Westlich außerhalb der Innenstadt liegen die Gebäude des **Oblatenklosters St. Heinrich**, erbaut 1674 als Franziskaner-Observantenkloster, aufgelöst 1829 (Klosterstr. 17), das 1927 von Oblatenkommunität übernommen wurde. Die reich ausgestattete Klosterkirche kann nach Voranmeldung besichtigt werden (Tel. 09261/628230, www.oblatenkloster-kronach.de).

Lohnend ist der Besuch des langgestreckten **Parks der Landesgartenschau** von 2002 (Am Flügelbahnhof bzw. Pfählangerstr. 23), der auf einer Industriebrache entlang des Mündungsbereichs von Haßlach und Rodach entstand. In der 14 Hektar großen Grünanlage mit Spielplätzen, Biergarten, Skateranlage etc. werden auch Sommerkonzerte unterschiedlicher Musikrichtungen veranstaltet.

Vom **Lucas-Cranach-Turm**, gelegen auf der 494 Meter hohen Kaltbucher Höhe etwa drei Kilometer südlich der Stadt

Am Strauer Torweg

und 1913 eingeweiht, hat man eine großartige Sicht über das Frankenland. Er ist nur zu Fuß erreichbar (u.a. den Kaltbucher Weg KC 12).

Südlich und westlich von Kronach

Nur einige wenige Kilometer südlich und westlich Kronachs beginnen die Kreise Lichtenfels bzw. Coburg. In diesen Randbereichen des Kreises Kronachs und damit indirekt des Frankenwalds gibt es noch einiges an interessanten Bauwerken zu entdecken.

Weißenbrunn

Hier, etwa sechs Kilometer südlich von Kronach, liegt das **Brauerei- und Büttnermuseum**, das sich der Braukunst und dem edlen Büttner- bzw. Küferhandwerk widmet, wie früher die Fassbauer bezeichnet wurden. Hier kann man u.a. ein 14000-Liter-Holzfass bestaunen sowie die kleinste funktionierende Brauerei der Welt kennenlernen. Sie produziert jährlich nur 500 Liter. Auch werden Braukurse für Hobbybrauer angeboten.

In Weißenbrunn befindet sich auch die Brauerei **Gampertbräu**, die seit 1514 in Familienbesitz ist und deren Gerstengetränke seit nun 500 Jahren durch die Kehlen der höchst zufriedenen Gambrinusjünger rieseln (www.gampertbraeu.de). Eine lohnende **FrankenSteigla-Wandertour** geht von Weißenbrunn über den **Stübengraben-Weg** auf 13 Kilometern Länge durch die Umgebung des Orts, um den Roten Bühl bis nach Fischbach und zurück. Wie überall im Frankenwald ist es nicht anstrengend, mehr als 300 Höhenmeter werden innerhalb der gesamten Strecke nicht zurückgelegt. In viereinhalb Stunden schafft man es in jedem Fall. Start und Ziel der Wanderung liegt am Parkplatz an der Raiffeisenbank am nördlichen Ortseingang.

Küps und seine Umgebung

Die knapp 8000 Bewohner zählende Marktgemeinde ist seit 1829 ein traditioneller Standort der Porzellanherstellung und die südlichste Gemeinde des Kreises Kronach. Wegen des vergleichsweise milden Klimas, gemessen an dem des rauhen Nordwalds 30 Kilometer weiter nordöstlich, wird die Gegend seitens der Tourismusverbände als die »Toskana des Frankenwalds« beworben – begrifflich gesehen eine Art contradictio in adjecto. Küps weist acht Schlösser auf. Nicht alle sind öffentlich zugänglich oder lohnen eine Besichtigung, doch ist solch eine Dichte ungewöhnlich. Einige seien hier erwähnt: das Mittlere oder **Alte Schloss** war einst eine mittelalterliche Wasserburg, die 1868 und 1932 zum Schulhaus umgebaut wurde. Das **Obere Schloss** ist durch grazile Fachwerk-Ornamentik ge-

Die Umgebung von Kronach

kennzeichnet. Für das in Privatbesitz befindliche Haus ist eine museale Nutzung geplant. Das Hintere oder **Neue Schloss** stammt aus dem 16. Jahrhundert wurde irgendwann und irgendwie zerstört (man weiß nichts Genaues), dann 1730 wiedererrichtet. Nur der Eisturm von 1546 zeugt noch von dem Vorgängerbau. Mit seinen vier Ecktürmen bewacht das Schloss das Rodachtal. Es kann nicht besichtigt werden. Das schlichte **Schlösschen** im Ortsteil **Nagel** erhielt seine Form 1858, ist aber im Kern spätmittelalterlich. Es ist von einem englischen Park umgeben. Nahe dem Schloss steht an einem Hang eine mindestens **750 Jahre alte Eiche**. Sie hat einen Umfang von 9,52 Metern und eine Stammhöhe von knapp 29 Metern und soll an einem altgermanischen Thingplatz stehen (Zufahrt über die Adresse Kümmelbergstraße 19). Nichtweit vom Ortsteil Nagel liegt der Gemeindeteil Oberlangenstadt. Das im 19. Jahrhundert im Stile der englischen Tudorgotik erbaute **Schloss Oberlangenstadt** zählt zu den schönsten Bauwerken des Kreises Kronach und ist im Besitz der Familie von Künsberg. Im Zweiten Weltkrieg arbeiteten hier Techniker der Gruppe Kammler an der Entwicklung einer deutschen Atombombe. Leider kann es ebenfalls nicht besichtigt werden – bestenfalls außen.

Nördlich von Küps liegt **Theisenort**. Das hiesige Schloss von 1539 war bis zum Brand 1947 ebenfalls ein besonderes Kleinod. Durch den Wiederaufbau verlor es aber jeden Charakter eines Schlosses. Doch immer noch ist der überdachte Wehrgang über dem zweiten Burgtor, die »Alte Wache«, ein großartiger Blickfang. Ein sehr ungewöhnlicher Bau ist das ursprünglich zweiflügelige und mehr als malerisch von allerlei Gewächsen umund verhüllte **Schloss** in **Schmölz,** das aus dem frühen 16. Jahrhundert stammt und einen gegen 1860 erbauten zusätzlichen Südflügel besitzt. Leider ist auch dieses in Privatbesitz und kann nicht besucht werden. Ganzjährig zugänglich ist dafür im Schmölzer Pfarrgarten (Schulstr. 17) ein **Kräuterlehrgarten** mit 200 Pflanzenarten, der schon seit 1831 besteht.

Die Heunischenburg

Westlich von Kronach, an der B 303, liegt zwischen Gehülz und Burgstall auf einem 486 Meter hohen Bergsporn oberhalb der Bundesstraße die Heunischenburg. Es handelt sich dabei um die gesicherten

Rekonstruierte Mauerreste der Heunischenburg

Das Wasserschloss Mitwitz

Reste einer steinernen Befestigung aus dem ersten vorchristlichen Jahrtausend. Wiederholte Funde von kleinen Metallwerkzeugen und Waffen überwiegend aus Bronze führten in den 1980er Jahren zu Ausgrabungen des Landesamts für Denkmalpflege. Gegen 2000 wurde ein Mauerabschnitt dieser prähistorischen Anlage rekonstruiert, die wahrscheinlich zwischen dem 11. und 9. vorchristlichen Jahrhundert Bestand hatte, also ein Bauwerk der **spätbronzezeitlichen Urnenfelderkultur** war. Ein mächtiges Zangentor mit Wallmauer schützt die Anlage. Damit ist sie die wahrscheinlich älteste Steinburg nördlich der Alpen. Wegen der großen Anzahl an gefundenen Waffenrelikten kann vermutet werden, dass es sich um ein Militärlager gehandelt hat. Die Zufahrt erfolgt westlich von Gehülz von der B 303 über den Bauernhof Untere Bürg. Dann sind es noch etwa zehn Minuten Fußweg.

▸ Karte S. 60

Mitwitz

Die westlichste Gemeinde des Kronacher Lands weist eine der größten Sehenswürdigkeiten der Gegend auf, das **Wasserschloss Mitwitz**. 1266 erstmalig erwähnt, war es im Besitz der Herren von Schaumberg. 1425 übernahmen es die von Rosenau. Während des Bauernkriegs 1525 erfolgte die Plünderung und teilweise Zerstörung. Nach 1575 erfolgte sein Wiederaufbau in den heute noch bestehenden Formen durch Hans Veit I. von Würtzburg. 1922 kam es in den Besitz der Industriellenfamilie Cramer-Klett, die durch Hochzeit seit 1902 mit den Würtzburgern versippt waren. Der Landkreis Kronach sanierte das Schloss in den 1970er Jahren und erhielt dafür zunächst ein 99-jähriges Nutzungsrecht, 2020 kaufte es der Kreis der Familie Cramer-Klett ab. Merhmals war es Ort für Filmarbeiten, so z.B. 2014 für den Märchenfilm »Die drei Federn«.

Das vierflügelige Schloss ist mit seinen vier Ecktürmen und den Satteldächern ein typisches Renaissancebauwerk. Im **Innenhof** steht der Neptunbrunnen aus dem 18. Jahrhundert und eine Sandsteinstatue eines fränkischen Ritters von 1579, die sich bis 1879 in Weismain befunden hat. In den **Innenräumen** ist viel an originalem Mobiliar aus der Zeit seit dem 16. Jahrhundert enthalten. So gibt es u.a. einen Lord-Lyons-Raum. Dieser Seeoffizier kommandierte im 19. Jahrhundert die britische Schwarzmeerflotte und hatte eine besondere Verbindung zu den Freiherren von Würtzburg. Der Weiße Saal ist ein besonderer Prunkraum, in dem Trauungen und Schlosskonzerte stattfinden. Im Schloss befindet sich auch ein **Imkereimuseum**. Sehr sehenswert ist auch der **Schlosspark**. Überhaupt bilden Schloss, Wirtschaftsgebäude und das sehr schöne Torhaus ein großartiges Bauensemble. Im Ort Mitwitz steht das **Obere Schloss** (Privatbesitz der Familie Cramer-Klett), erbaut 1713 in italienisierenden Formen durch Carlo Domenico Lucchese auf einem mittelalterlichen Vorgängerbau. Es hat übrigens die gleiche Besitzhistorie wie das Wasserschloss, hier befindet sich auch die Familiengruft derer von Würtzburg.

Das Würtzburgische Wappen

Die Umgebung von Mitwitz kann man auf der **»Wasserschloss-Runde«** auf 14,5 Kilometern und etwa viereinhalb Stunden Wanderzeit bestens erkunden. Insgesamt müssen nur etwa 200 Höhenmeter zurückgelegt werden, es ist also ein besonders bequemer Genuss. In Häusles, durch das man dabei kommt, ist ein Damwildgehege zu besichtigen. Beginn und Ende der Wandertour ist am Wasserschloss.

Nördlich und östlich von Kronach

Natürlich finden sich auch im Norden und Osten von Kronach sehenswerte Bauwerke, zudem gibt es hier auch ein ganz besonderes Geotop mit kulturgeschichtlicher Bedeutung.

Friesen

Die **Frankenwaldhochstraße**, die auf 210 Kilometern Rundstrecke zu den schönsten Orten, Sehenswürdigkeiten, Aussichtspunkten etc. des Frankenwalds führt, beginnt in Kronach und berührt als ersten Ort Friesen. Sehr sehenswert ist hier die **spätgotische Pfarrkirche St. Georg** mit ihrem ungewöhnlich breiten und massig wirkenden Turm und ihrem auf den ersten Blick befremdlich wirkenden Neubau des Langhauses von 1972. In der Kirche sieht man eindrucksvolle spätgotische Fresken aus der Zeit um 1495. Friesen, das am Fluss Kronach liegt, ist wie so viele Siedlungen im Frankenwald ein traditioneller Flößerort. Ein kleines **Dorfmuseum** widmet sich neben der Weberei und dem Brauchtum u.a. diesem Arbeitszweig.

Wer mit dem Pkw unterwegs ist, möge einmal weiter über **Steinberg** hinauf nach **Gries** fahren und dann Wilhelmsthal, Hesselbach und Gifting besuchen – schönste Landschaftserlebnisse werden ihm gewiss sein.

Die Madonna von Glosberg

Gundelsdorf

In dem kleinen Ort westlich von Friesen, etwa sechs Kilometer nördlich von Kronach, befand sich vom September 1944 bis April 1945 ein **Außenlager des KZ Flossenbürg**. Etwa 100 jüdische Frauen mussten hier Zwangsarbeit leisten, insbesondere war ihre Aufgabe die Be- und Entladung von Güterwagen. Männliche Häftlinge gab es nur wenige. Das Lager befand sich auf dem Gelände des Dampfziegelei Marie, die 1941 ihren Betrieb eingestellt hatte. Seit 2002 erinnert ein Gedenkstein aus Flossenbürger Granit, aufgestellt direkt an der B 85, in der Mitte zwischen dem Ortsende von Knellendorf und dem Ortsanfang von Gundelsdorf an dieses Lager.

Glosberg

Dieser Marienwallfahrtsort, nur etwa zwei Kilometer östlich der B 85, lohnt wegen der prächtig ausgestatteten **Wallfahrtskirche** den Besuch. Wallfahrten gab es hier schon seit der Mitte des 16. Jahrhunderts, nachdem eine spätgotische Muttergottesstatue im Wald, an einem Baum hängend aufgefunden wurde. Der Baum wurde bald Ziel vieler Pilger. Die Madonna fand später in der Dorfkirche ihren Platz und wurde von zahllosen Menschen aufgesucht. Nachdem die Madonnenfigur 1727 dreimal blutige Tränen geweint haben soll, wurde ein erweiterter, der Figur würdigerer Neubau der Dorfkirche in Angriff genommen. 1730 war die Kirche bis auf den Turm vollendet, dieser wurde erst 1735 (nach Plänen von Balthasar Neumann) fertiggestellt.

Links und rechts vom Eingang zum Kirchhof stehen vor dem Portal zwei große Sandsteinfiguren von Kaiser Heinrich II. und seiner Gemahlin Kunigunde, die in Bamberg im 11. Jahrhundert residierten und somit die Bistumszugehörigkeit bezeugen. Über sieben Stufen steigt man zum Portal hinauf, über dem Durchgang befindet sich das Wappen des Fürstbischofs Konrad von Thannhausen.

Ein **Kreuzweg** mit sieben Stationen führt von der Kirche bis zu einer **Waldkapelle** auf dem nahen Rauscherberg im Osten des Orts. Glosberg ist nach Marienweiher (→ S. 148) der bedeutendste Wallfahrtsort des Frankenwalds.

Von der Festung Rosenberg führt der **Rundwanderweg »Entlang der Marter«** auf 15 Kilometern durch die nördliche Umgebung Kronachs, zu vielen Bildstöcken (Martern) bis zum Wallfahrtsort Glosberg und zurück - auf der gleichen Trasse, auf der seit Jahrhunderten die Pilger dorthin ziehen.

Burggrub

Unmittelbar an der früheren Zonengrenze und der heutigen zu Thüringen liegt Burggrub. Hier lohnt ein Blick auf die evangelische **Kirche St. Laurentius**. Burggrub ist anders als der Rest des Kreises Kronach evangelisch, hier konnte 1528 die Reformation wegen der Nähe zum protestantischen Sachsen Einzug halten - Thüringen war damals Wettinergebiet. Die Wehrkirche mit vollständig erhaltener Ringmauer besitzt einen gotischen Flügelaltar.

Burggrub hat einen hübschen, etwas zu groß wirkenden **Dorfplatz** mit Dorfbrunnen. Sehenswert ist auch die **Friedenskirche** (Grenzkapelle) direkt an der früheren Grenzlinie mit einem modernen Altar, der aus Elementen des Grenzzauns errichtet ist.

Stockheim und sein Kohleabbau

Dieser Ort hatte einst für ganz Bayern eine besondere wirtschaftliche Bedeutung, denn hier befanden sich die wichtigsten Steinkohlevorkommen des Landes. Die Kohleflöze im Stockheimer Becken ent-

Das Steinkohle-Geotop bei Stockheim

standen im Oberkarbon (vor ca. 299–326 Mio. Jahren), sind aber von jüngeren Sedimenten des Rotliegend, wie Tonen und Sandsteinen, überlagert.

Auf dem Gelände der ehemaligen Grube Katharina, wo bis 1968 gefördert wurde, legte man 2008 ein Kohleflöz zusammen mit überlagernden Schichten frei, das zum **Geotop** (Geologisches Naturdenkmal) deklariert wurde. Zwei Stollenmundlöcher erinnern an den Bergbau, das Geotop ist über das **Bergwerks-Wanderzentrum** zu erreichen (Bergwerksstraße 47).

▲ Karte S. 60

Seit 1756 wurde in Stockheim Kohle abgebaut, im nahen Reitsch bereits seit 1582. Angeblich ist die Entdeckung der Stockheimer Flöze einem Jagdhund zu verdanken, der damals mit schwarzer Nase aus einem Dachsbau hervorgekrochen sein soll. Insgesamt wurden in den Stockheim-Reitscher Gruben bis 1968 sechs Millionen Tonnen Kohle abgebaut und aus etwa 300 Meter Teufe nach oben transportiert. 1908 übernahm der bayerische Staat die Stockheimer Gruben, um der bayerischen Industrie einen Rohstoff zu sichern, der nicht mit hohen Frachtkosten verbunden war. Der Versuch, einen Großbergbau zu etablieren, misslang aus vielen Gründen jedoch. 1911 musste der Betrieb vorübergehend eingestellt werden, 500 Bergarbeiter wurden entlassen, danach wurde nur noch in der Grube Katharina gefördert. Bis dahin war auch die Grube Adam Friedrich in Betrieb gewesen.

In der Weltwirtschaftskrise 1927 kam es erneut zur Schließung. 400 Kumpel wurden wiederum erwerbslos. 1929 gründeten die ehemaligen Bergleute den »Bergbauverein St. Joseph«. 1930 erfolgte dessen Umwandlung in die »Bergbaugenossenschaft Stockheim«. Die dazu erforderliche Einzahlung des Genossenschaftsanteils von 100 Mark je Genosse war für die Bergarbeiter in jenen Jahren ein großes persönliches Opfer. 1935 entstand mit staatlicher und Unterstützung weiterer Gemeinden der Region die »Bergbau-Gesellschaft Stockheim/Ofr. mbH«. Bis 1936 wurde ein neuer Haupt- und Förderschacht bis auf 140 Meter abgeteuft. Ab 1952 teuften die Bergleute bis zur 320-Meter-Sohle ab. Die höchste Jahresförderung des Stockheimer Bergbaus erreichte man 1951 mit 90 000 Tonnen. Die damals fast 500 Mann starke Gesamtbelegschaft wurde danach wegen des zurückgehenden Absatzes und durch Rationalisierungsmaßnahmen reduziert. Allerdings war der Kohlenabsatz zum 31. März 1968, zum Tag der Schließung, vollkommen gesichert. In Stockheim lag keine einzige Tonne Kohle auf Halde. Was der Bergbau-Gesellschaft das Rückgrat brach, war das Fehlen entsprechenden Kapitals. Nur durch eine umfassende Modernisierung hätte das Bergwerk, das immer wieder vom Staat subventioniert werden musste, eine echte Chance für die Zukunft gehabt. Zur Zeit der Stilllegung floss das Öl reichlich, fast zu reichlich, und es war mit zehn Pfennigen je Liter spottbillig. Das Ende war also vorprogrammiert. Ende März 1968 erscholl in der Grube St. Katharina letztmals ein »Glückauf«. Die Traditionen des ehrwürdigen Berufsstandes setzen ein Bergbau-Förderverein mit großem Engagement fort. Alles zum Thema Stockheimer Bergbau erfährt man auf der Seite des Fördervereins.

Wanderwege um Stockheim

Der **Bergbau-Erlebnispfad »Dachsbau«** beginnt an der Informationstafel an der Grube Katharina und führt auf 2,5 Kilometern Länge zu ausgesuchten Punkten wie dem Wohnhaus des Grubenbesitzers, zu Schürfgräben etc. (Info unter Tel. 09265/91078 oder 1750, www.fv-bergbau.de).

Der sieben Kilometer lange **Franken Steigla-Wanderweg »Im Kohlenwald«** verläuft teilweise auf der Trasse des Dachsbau-Pfads.

Des weiteren gibt es einen 13 Kilometer langen, **grenzüberschreitenden Bergbauwanderweg**.

Kronach und Umgebung

Frankenwald Tourismus Service Center, Adolf-Kolping-Str. 1, 96317 Kronach, Tel. 09261/601517
www.frankenwald-tourismus.de

Kronach Tourismus, Marktplatz 5, 96317 Kronach, Tel. 09261/97236
www.kronach.de

Naturpark Frankenwald e.V., Güterstr. 18, 96317 Kronach, Tel. 09261/678290.
www.naturpark-frankenwald.de

Markt Küps, Am Rathaus 1, 96328 Küps, Tel. 09462/6822 www.kueps.de

Fremdenverkehrsverein Mitwitz, Coburger Str. 14, 96268 Mitwitz, Tel. 0151/51780102. www.mitwitz-tourismus.de

JUFA-Hotel, Festung 1, 96317 Kronach, Tel. 09261/9108080, in der Kernburg der Festung Rosenberg; DZ ab 93 €. www.jufa.eu

Hotel Bauer b & b, Kulmbacher Str. 7, 96317 Kronach, Tel. 09261/94058; DZ 84 €. Hunde erlaubt. www.hotelbauerkronach.com

Gasthof und Metzgerei Frankenwald, Kulmbacher Str. 2, 96369 Weißenbrunn, Tel. 09261/4214; DZ 60 €. www.gasthoffrankenwald.de

Hotel Gasthof Wasserschloss, Ludwig-Freiherr-von Würtzburg-Str. 14, 96268 Mitwitz, Tel. 09266/9670; DZ ab 92 €. Gute fränkische Küche. www.hotel-wasserschloss.de

Waldhotel Bächlein, Bächlein 10, 96268 Mitwitz, Tel. 09266/9600; DZ ab 95 €. Großer Ausflugsgasthof mit vielfältigem Angebot für Familien, Restaurant. www.waldhotel-baechlein.de

Landgasthof Detsch, Coburger Str. 9, 96342 Stockheim (Gemeindeteil Haig), Tel. 09265/62490; DZ 85 Euro, Ferienwohnung 42,50 pro Erw. Komfortabler Landgasthof mit guter Küche, eigene Rinderzucht, Mitglied bei Slow Food. www.landgasthof-detsch-haig.de

Brauerei & Gaststätte s'Antla, Amtsgerichtsstr. 21, 96317 Kronach, Tel. 09261/5045950. Hervorragende hausgebraute Bierspezialitäten, Brauseminare, Wirthaus in typisch fränkischer Art. www.antla.de

Brauereigasthof Kaiserhof, Friesener Str. 1, 96317 Kronach, Tel. 09261/628000, traditonelle Familienbrauerei mit fränkischem Gasthof, viele Bierspezialitäten, Brauereiführungen. www.kaiserhofbraeu.de

Metzgerei Kraus, Strauer Str. 3, 96317 Kronach, Tel. 09261/61636, Leberkäse u.a. von Weltruf. Hier kann man Fleisch von schottischen Hochlandrindern aus Kleintettau (→ S. 77) kaufen. www.metzgereikraus.de

Gasthof zum steinernen Löwen, Kronacher Str. 2, 96268 Mitwitz, Tel. 09266/992905. www.loewemitwitz.de

Gasthaus Alte Zeche, Bergwerksstr. 38, 96342 Stockheim, Tel. 09265/7258. Urig und authentisch.

Gasthof Bauernhannla, Eichenbühl Nr. 82, 96352 Wilhelmsthal-Steinberg, Tel. 09260/9639399. Ländlich, urig, schöne Gartenterrasse. Tipp des Autors. www.bauernhannla.de

Festung Rosenberg, Festung 1, 96317 Kronach, Tel. 09261/60410; Führungen April–Okt. tgl. 11, 12.30 und 14 Uhr. www.stadt-kronach.de

Podersamer Heimatstube, Lucas-Cranach-Straße 27, 96317 Kronach, Tel. 09261/2839; geöffnet nach telefonischer Vereinbarung. http://heimatkreis-podersam-jechnitz.de

Brauer- und Büttnermuseum, Paradies 3, 96369 Weißenbrunn; Führungen und Braukurse nach Vereinbarung unter 09261/40431. www.bb-museum.de

Wasserschloss Mitwitz (mit **Imkereimuseum**), Tel. 0151/51780102; Führungen April–Sept. Sa 14.30, So und Fe 11 und 14 Uhr, Juni–Aug. zusätzlich Di 11 und Do 14 Uhr, Okt.–März nur So 14 Uhr. www.schloss-mitwitz.de

Dorfmuseum Friesen, Flößerweg 10, Friesen, Tel. 0171/7632855; März–Okt. an jedem 4. Sonntag im Monat von 14–16 Uhr oder nach Vereinbarung unter 09261/20202 oder 92758. Themen: Dorfleben, Weberei, Flößerei, Butterherstellung etc. www.dorfmuseum-friesen-byseum.de

Einen Campingplatz gibt es in der Umgebung von Kronach nicht, nur einen **Wohnmobilstellplatz** an der Hammermühle (Info bei der Stadtverwaltung unter 09261/97212).

▸ Karte S. 46, 60

Lucas Cranach der Ältere

Er ist sicherlich nach und neben Albrecht Dürer der bedeutendste Maler der deutschen Renaissance und durch die Jahrhunderte zweifellos die bedeutendste Persönlichkeit, die aus dem Frankenwald stammt. Dabei wissen wir seinen eigentlichen Namen nicht - schließlich nannte er sich Cranach nur nach seiner Geburtsstadt. Am 4. Oktober 1472 kam er in Kronach zur Welt, wie es kurz nach seinem Tode sein erster Biograph Matthias Gunderam vermeldete. Sein Vater hieß Hans Maler, wobei das sicherlich auch kein eigentlicher, echter Nachname gewesen ist, sondern nur die dem Vornamen hinzugefügte Berufsbezeichnung. Urkundliche Nachweise zu Cranachs Herkunft und Geburtsdatum gibt es nicht, die neuere Kunsthistorie zweifelt daher das Jahr 1472 als Geburstjahr an und redet von »um 1475«. Wir wissen mit einiger Sicherheit, dass er seine Ausbildung durch seinen Vater erhielt und danach, wie es damals Brauch war, auf künstlerische Wanderschaft ging und zwischen 1502 und 1504 in Wien wahrscheinlich am Kaiserhof arbeitete. In Wien nannte er sich erstmalig mit seinem bald berühmten Namen: Lucas Cranach - Lucas (aus) Kronach.

Im Jahre 1505 ging er nach Wittenberg, an den Hof des Kurfürsten Friedrich (des Weisen) von Sachsen (1463-1525), wo er fast 50 Jahre wirken sollte und einen eher »höfischen« Stil entwickelte, der sich von dem noch »wilden« der frühen Jahre unterschied. In Wittenberg entstand ein reiches Werk aus Ölgemälden und Holzschnitten, die er in einer eigenen größeren Werkstatt innerhalb eines von ihm geleiteten Künstlerkollektivs teils selber schuf, teils auch nach seinen Anweisungen von seinen mitarbeitenden Söhnen und vielen Malergesellen anfertigen ließ. So ist bei der Fülle der Arbeiten aus der Cranach-Werkstatt (etwa 5000 Werke entstammen ihr) nicht immer eindeutig festzustellen, ob eines der Kunstwerke vom Meister selber stammt oder von einem »Hilfswilligen« geschaffen wurde. Denn die Werkstatt erhielt so viele Aufträge sowohl von Fürsten als auch von Bürgern, dass ein einzelner Künstler diese niemals hätte erfüllen können. Cranach entwickelte in seiner Werkstatt in schon fast modern-industrieller Weise standardisierte Abläufe und eine exakte Verteilung der Aufgaben unter seinen sämtlich geschulten Mitarbeitern, was zu enormer Produktivität führte. Der Maler schien in der Tat ein gewiefter Geschäftsmann gewesen zu sein, so wurde er 1520 Besitzer einer Apotheke und war neben seiner künstlerischen Arbeit auch als Buchhändler, Verleger und Papierhändler tätig. Schon zu Lebzeiten hatte Cranach einen Ruf weit über Deutschlands Grenzen hinaus. Er war zur gleichen Zeit für den Kurfürsten und für Kaiser Maximilian I. tätig. Zusammen mit Albrecht Dürer illustrierte er 1515 des Kaisers berühmtes Gebetbuch.

Leben und Wirken Cranachs waren über lange Jahre mit dem Martin Luthers verknüpft. bedingt zunächst über den gemeinsamen Lebensschwerpunkt Wittenberg. Cranach verlegte viele von Luthers Schriften und schuf dazu Holzschnitte und andere Bebilderungen. Er war Freund Philipp Melanchthons und Trauzeuge bei Luthers Hochzeit mit Katharina von Bora und avancierte nach 1520 zu einer der vermögendsten und angesehensten Persönlichkeiten Wittenbergs. Mehrmals wurde Cranach zum Bürgermeister von Wittenberg gewählt. 1525 starb sein langjähriger Gönner, Kurfürst Friedrich der Weise, doch auch unter dessen Nachfolgern, den Kurfürsten Johann der Beständige (gest. 1532) und Johann Friedrich der Großmü-

EXTRA

Denkmal für Lucas Cranach auf dem Marktplatz von Kronach

tige (gest. 1554) blieb er Hofmaler. Ein Ende der Wittenberger Blüte brachte die Schlacht von Mühlberg (an der Elbe, im heutigen Südbrandenburg) am 24. April 1547. In dieser Schlacht besiegten die Truppen des (katholischen) Kaisers Karl V. die Protestanten, die von Kurfürst Johann Friedrich dem Großmütigen angeführt wurden. Der Kurfürst wurde danach in Augsburg und Innsbruck gefangengehalten, wohin ihm auf seinen Wunsch sein Hofmaler folgte, um dort für ihn zu arbeiten. Die Wittenberger Werkstatt hatte inzwischen sein Sohn Lucas Cranach d. J. (geb. 1515) übernommen. Lucas Cranach d. Ä. ging 1552 nach des Kurfürsten Freilassung mit ihm zu dessen neuer Residenz nach Weimar, wo auch Cranachs Tochter Barbara lebte. Dort erfreute sich der Greis noch an einem Jahr fruchtbaren Schaffens. Am 16. Oktober 1553 starb er und wurde auf dem Weimarer Jakobsfriedhof beigesetzt. Die Grabplatte würdigt ihn als »schnellsten Maler«. Übrigens – Goethes Vorfahren väterlicherseits waren mit den Cranachs verwandt. Cranachs Tochter Barbara war mit dem sächsischen Minister von Brück verheiratet und aus dieser Linie stammte Goethes Vater, somit war Cranach in 9. Generation Goethes Vorfahr.

Die enge Freundschaft mit Martin Luther brachte Lucas Cranach den Ruf eines »Malers der Reformation« ein, obgleich er auch für romtreue Auftraggeber tätig war. Doch gilt, dass er in sehr vielen Holzschnitten und Gemälden reformatorisches Gedankengut darstellte, sowohl unmittelbar wie allegorisch und auch versteckt. Dabei muss festgestellt werden, dass sein künstlerischer Ausdruck sehr oft weniger seiner Gegenwart verhaftet ist, als der Gotik, die gegen 1500 schon im Ausklingen war. Man kann dies an vielen von Cranachs Frauengestalten festmachen, die oft einen kleinen, fast katzenhaften Kopf und einen schmalen, vorgewölbten Leib aufweisen – eine ganz typisch mittelalterliche Darstellungsart. Dafür sind seine Porträts von einem neuen Bewusstsein der Individualität durchdrungen, wie es die Bilder des sächsischen Kurfürsten Friedrich des Weisen, dann des Kardinals Albrecht von Brandenburg, die verschiedenen Darstellungen Luthers

Lucas Cranachs Signum

Kurfürst Friedrich von Sachsen, Porträt von Lucas Cranach

und seiner Frau wie seines Vaters und nicht zuletzt auch das späte Selbstbild von 1550 zeigen. Cranach pflegte seine Werke übrigens nicht mit einem Monogramm, sondern mit dem Symbol einer geflügelten Schlange mit Rubinring im Maul zu signieren, gleichsam das erste »Warenzeichen« der Geschichte. Neu für seine Zeit waren Cranachs Aktbilder – natürlich im allgemeinen nicht als naturalistisch konzipiert, sondern als Allegorien, wie es sehr schön der späte »Jungbrunnen« von 1546 zeigt. Cranach zeigt hier Mädchen und Frauen aller Altersgruppen unbekleidet und ganz naturalistisch wobei die Darstellung nackter alter Frauen war damals völlig unüblich war. In diesem Gemälde steigen alte Frauen in ein Badebecken und kommen an der anderen Seite verjüngt wieder heraus, wobei sich einige gleich den Liebesfreuden hingeben. Berühmt ist auch Cranachs Gemälde der »Venus« von 1532. Mit erhobenem Haupt steht sie vor uns, der durchsichtige Schleier verhüllt nicht die Scham, sondern betont die Nacktheit der Liebesgöttin. Um den Hals trägt sie wie selbstverständlich kostbaren Schmuck, der die verführende Wirkung der Gestalt mit ihrer hohen Taille noch verstärkt. In diesem Gemälde übernahm Cranach die Renaissance-Kunst Italiens und versetzte sie nach Deutschland. Von sicher noch erotischerer Wirkung ist das ähnlich konzipierte Bild »Venus in einer Landschaft« (1529). Venus trägt hier einen hocheleganten Hut, ein kaum wahrnehmbarer Schleier setzt auch hier der Nacktheit einen besonderen Akzent.

Leider gibt es kein einziges Kunstwerk Cranachs, das den Frankenwald oder die Stadt Kronach als unmittelbares und erkennbares Motiv aufweist. Doch bis etwa zum Beginn des 16. Jahrhunderts existierte so gut wie keine reine Landschaftsmalerei und auch keine Darstellungen genau verortbarer Städte oder Bauwerke. Albrecht Dürer war diesbezüglich einer der frühesten Vertreter. Cranachs Darstellungen biblischer oder antiker Sujets sind oft vom Zeitgeschmack durchdrungen und weisen ein deutlich bürgerliches Element auf, wie es u.a. die »Ruhe auf der Flucht« zeigt. So zeigt sich Cranachs Schaffensweise als die einer Übergangszeit – von der noch mittelalterlich geprägten Gotik hinein in die Neuzeit, in die Renaissance. Kein Wunder, dass die größte Umwälzung jener Jahrzehnte, die Reformation, für den Künstler so prägend war.

Cranach-Bilder und -Motive waren bis vor kurzem in unserm Alltag allgegenwärtig – das Porträt auf dem 1000-DM-Schein wie das auf dem 10-DM-Schein sind Werke von Lucas Cranach. Wie nicht wenige Bilder und Zeichnungen Albrecht Dürers zählen auch viele von Lucas Cranach zu den populärsten der deutschen Kunstgeschichte und schmücken als Drucke manch bildungsbürgerliches Wohnzimmer.

Der Norden des Frankenwalds

Das lange Tal, das sich von Kronach nordwärts zieht, ist mit der B 85 und der sie begleitenden Bahnlinie nach Probstzella und Saalfeld ein seit alters wichtiger Verkehrsweg. Er durchbricht mit der Wasserscheide Elbe-Main (Rhein) das Thüringer Schiefergebirge und verbindet Thüringen mit dem nördlichen Oberfranken. Im unteren Abschnitt wird das Tal von der Haßlach durchflossen (die bei Teuschnitz entspringt), im mittleren vom Haßbach und im Norden um Ludwigsstadt von der Loquitz, die anders als Haßlach und Haßbach nordwärts, der Saale zueilt. Auf dieser Strecke der alten Frankenwaldbahn verkehrten bis 2017 die ICE-Züge zwischen Berlin und München, die jetzt über Erfurt fahren.

Bis 1990 befand sich hier an der Grenze zur damaligen DDR ein zwar sehr wichtiger Eisenbahn-Grenzübergang, doch war die B 85 unterhalb der Burg Lauenstein gekappt. Somit war die ganze, nach Thüringen hineinreichende Nordspitze des Kreises Kronach ein abgelegenes Zonenrandgebiet geworden, das nur in einer Richtung, nach Süden, verlassen werden konnte.

Der wohl berühmteste Weitwanderweg Deutschlands und alter Grenzweg, der **Rennsteig**, durchquert diesen Zipfel oberfränkischen Landes zwischen Kleintettau, Steinbach am Wald und Lauenhain, wo er wieder auf thüringisches Gebiet übertritt. Seitens der Tourismusverbände hat diese Ecke des Frankenwalds den Namen »Fränkische Rennsteigregion« erhalten – einer jener vielen Kopfgeburten ihrer Art, die sich kaum im Sprachgebrauch der Bewohner einbürgern werden – ähnlich wie »Hochfranken«, was den Norden des Bayerischen Vogtlands bezeichnet und das als Begriff von niemanden im Alltag verwendet wird. Wie auch immer – im Norden des Frankenwalds liegt mit der Burg Lauenstein eine touristische Attraktion ersten Ranges, und selbst wer diese nicht besucht, wird von zauberhaften Waldtälern und unberührten kleinen Dörfern fasziniert sein.

Zwischen Pressig und Tettau

Diese Nordwestecke des Frankenwalds und des Kreises Kronach ist reich an dichten Wäldern und ist durch das Fehlen von Durchgangsstraßen ein besonders unberührtes Stück Natur.

■ Pressig und Umgebung

Die Marktgemeinde, zu der neben Rothenkirchen auch viele kleine Dörfer gehören, ist zusammen mit dem unweiten

▲ Karte S. 73

Im Inneren der Pressiger Pfarrkirche

Stockheim ein Unterzentrum in diesem Teil des Kreises Kronach. In fast jedem der kleineren Gemeindeteile gibt es etwas zu sehen – vor allem hübsche geschieferte Häuser und eine Vielzahl an individuell gefertigten Bildstöcken. Pressig selbst hat mit der 1957 geweihten **Herz-Jesu-Kirche** eine sakrale Sehenswürdigkeit. Denn ihr Inneres weist mit 13 Mosaikdarstellungen etwas ganz Eigenes auf. Die Mosaike, die verschiedene Szenen aus dem Neuen Testament darstellen, befinden sich in den Rundbögen der Eingangsportale, über dem Hochaltar

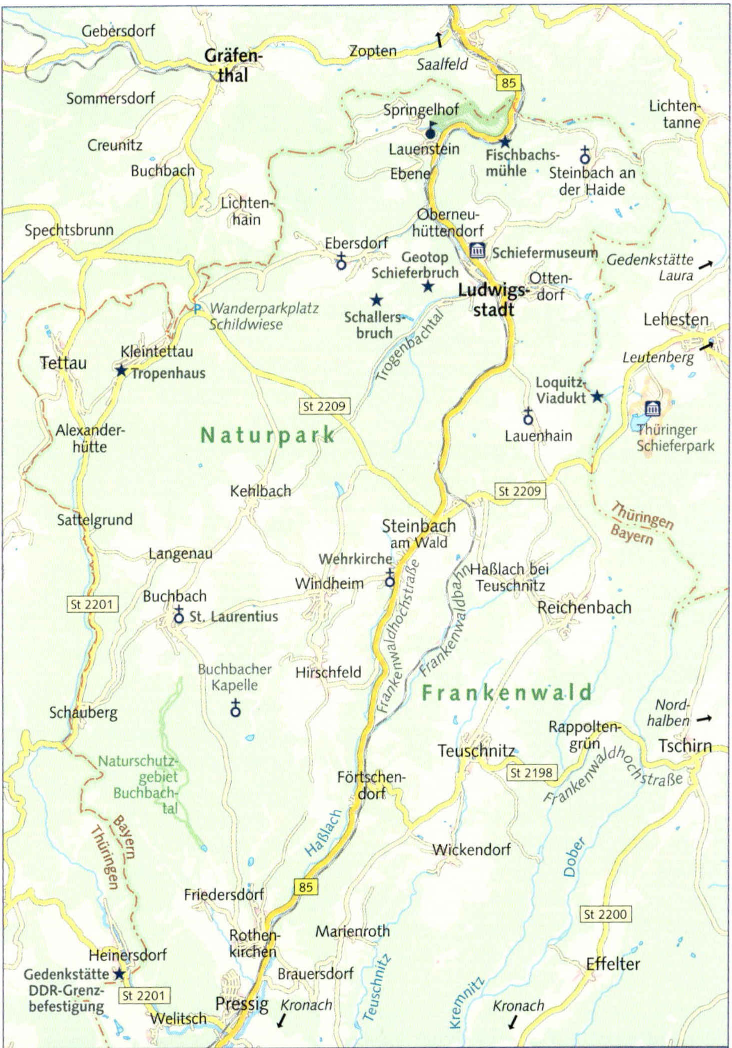

Der nördliche Frankenwald

im Chor, an den Altären links und rechts des Chors sowie über den Pfeilern der Rundbögen der Seitenschiffe.

In **Eila** existiert ein Ensemble verschieferter Wohnstallgebäude, die im Frankenwald recht häufig sind. Das heißt, dass die Bauersfamilie mit ihren Tieren unter ein und demselben Dach wohnten, innerhalb des Bauernhofs war der Stall nicht abgetrennt. Sie stammen aus der Zeit etwa zwischen 1760 und 1920.

Von der im Dreißigjährigen Krieg zerstörten Burg in **Rothenkirchen** (Burgstraße) ist das wuchtige Torhaus noch vorhanden und lohnt den Besuch. Vom Pfaffenberg bei **Marienroth** hat man eine schöne Sicht auf das Haßlachtal. Von Rothenkirchen kann man über den »**Pfaffenbergweg**« eine schöne Runde durch die Lande machen, auf 5,1 Kilometer Länge und zwei Stunden Wanderzeit kommt man dabei auf den Pfaffenberg und entlang der Haßlach zurück. Der Legende nach hatte sich 1625 der protestantische Pfarrer von Rothenkirchen hierher geflüchtet, da trotz der überwiegend zum Protestantismus übergetretenen Bevölkerung der Bamberger Fürstbischof immer wieder einen katholischen eingesetzt hatte, und das mit Waffengewalt.

Heinersdorf und das Tal des Tettaubachs

Sehr lohnend ist ein Ausflug nordwestwärts über **Welitsch** (schönes Dorfensemble mit Kirche) ins thüringische Heinersdorf. Der Ort lag einst unmittelbar an der Grenze, an seinem südlichen Ortseingang sind – als Gedenkstätte angelegt – noch ansehnliche **Reste der DDR-Grenzbefestigung** mit Mauer zu sehen, auch gibt es eine kleine Informationsstelle. Pressig und Tettau (→ S. 76) waren früher durch eine Straße verbunden, entlang derer und entlang des Tettaubachs auch die stillgelegte Bahnlinie

▶ Karte S. 73

Die St.-Laurentius-Kirche in Buchbach

zwischen beiden Orten führt. Der Weg durch das verträumte Tal ist zwischen Heinersdorf und der thüringisch-bayerischen Grenze bei Schauberg ist für den Kfz-Verkehr gesperrt, bietet aber Radfahrern und Wanderern herrlichste Landschaftserlebnisse. Man muss in der Ortsmitte Heinersdorf halbrechts in die Tettaustraße abbiegen, der Weg ist asphaltiert, daher begegnen einem hier trotz des Verbots immer wieder Autos.

Buchbach

Verlässt man in Rothenkirchen die B 85, gelangt man in nordwestlicher Richtung nach Buchbach. Von Rothenkirchen geht auch der landschaftlich schöne Weg einer alten Heerstraße nordwärts nach Hirschfeld, er ist für einen Radausflug bestens geeignet, da er für Kfz gesperrt ist.

Etwa drei Kilometer vor Buchbach, am Wanderparkplatz Rotes Kreuz, kommt man nach rechts, über den Buchbacher Weg gehend, zur **Buchbacher Kapelle** an der Jägersbachquelle. Die 1979, nach zehn Jahren Bauzeit fertiggestellte

Kapelle entstand aufgrund eines Gelöbnisses, das der Buchbacher Albin Neubauer im Zweiten Weltkrieg als Soldat an der Ostfront abgelegt hatte. Bei einer glücklichen Rückkehr in die Heimat wolle er Gott eine Kapelle bauen. Neubauer starb 1984, ein Jahr nach seinem Tod wurde die Kapelle geweiht.

In Buchbach selbst ist die 1971 eingeweihte **Pfarrkirche St. Laurentius** sehr sehenswert, die anstelle der baufälligen und abgerissenen Kirche in der Ortsmitte nun etwas an dessen Rand errichtet wurde. Der 33 Meter hohe Turm soll an einen Nadelbaum erinnern. Der Grundriss der Kirche selbst symbolisiert einen Lebensbaum. In der Kirchenmitte steht der Altar, der in Form eines marmornen Kelchs gestaltet ist und um den sich amphitheaterähnlich die Sitzbänke der Gemeinde gruppieren. Fünf 13 Meter lange Betonglasfenster sind als Lichtbänder umlaufend angeordnet.

Sehr hübsch ist das **Naturschutzgebiet Buchbachtal** südlich des Orts. Man kann direkt von Buchbach aus entlang des Bachs ins Tal spazieren – wer will, bis Rothenkirchen. Zugänglich ist es auch von den Wanderparkplätzen an der Straße von Rothenkirchen zu erreichen; die Mitnahme einer Wanderkarte ist anzuraten. Die nahen Dörfer **Kehlbach**, **Windheim** und **Hirschfeld** liegen wie Buchbach auf eine wenig bewaldeten Hochebene zwischen 600 und 700 Metern. Windheim liegt wie der Name vermuten lässt, tatsächlich auf einer recht luftigen Hochebene. Die Orte sind sind hübsche Frankenwalddörfer, genau wie **Langenau**, über das man von Buchbach nun hinab nach Schauberg fährt, ins Tal der Tettau und unmittelbar an die frühere Zonengrenze.

Kilometerstein bei Schauberg

Schauberg

Bekannt war Schauberg durch die seit 1712 existierende **Blaufarbenfabrik**. Blau färbende Pigmente waren für die Keramik- oder Glasherstellung damals begehrt. Verwendet wurde dabei das sogenannte »Smalte«, ein durch blaues Kobaltoxid gefärbtes Glaspulver. Um dieses zu erzeugen, wurde primäres Kobalterz im Schmelzofen mit Quarzsand und Pottasche verglüht. Sachsen hatte genug eigene Vorkommen an Kobalterzen, Brandenburg-Preußen dagegen (zu dem Schauberg wie Tettau anders als andere Frankenwaldorte seit 1622 gehörten), hatte keine solchen Vorkommen, so dass man Kobalt von weither teuer beziehen musste und die Schauberger Herstellung daher seit 1792 stillstand. Im thüringischen Kaulsdorf bei Saalfeld wurden jedoch geringe Mengen eine Kobalt-Mangan-Erzes abgebaut, es war möglich, den Grundstoff von dort zu beziehen. Die Blaufarbenfabrik erweiterte 1815 ihre Produktion und mutierte zur königl.-privil. Porzellanfabrik Schauberg, die 1816 ein Unternehmer aus Tettau erwarb. Bis 1927 blieb das Werk im Besitz dieser Familie Greiner, dann übernahmen die Selber Rosenthal-Werke, ab 1948 war das Schauberger Werk im Besitz einer Familie Rösler, die 2009 für den Betrieb Insolvenz anmeldete. Der Nachfolgebetrieb, die Rösler CeramTec, produziert jedoch heute noch mit etwa 50 Beschäftigten in Schauberg.

In Schauberg trifft man auf die stillgelegte Bahntrasse Rothenkirchen–Tettau von 1903, die mehrmals die thüringisch-bayerische Grenze berührte und querte und auf der der Zugverkehr deshalb 1951 stillgelegt wurde. In Schauberg steht an der Straße ein Kilometerstein aus dem 19. Jahrhundert, nach dem es 7,5 Kilometer nach Tettau und 10 Kilometer (über das thüringische Heinersdorf, → S.74) nach Pressig sind. Über **Sattelgrund** und **Alexanderhütte** (wo heute noch ein Nachfolgebetrieb der 1785 begründeten Glashütte steht) geht es entlang der alten Bahntrasse und der Tettau nach Tettau selbst.

Tettau

Der im engen Tal des gleichnamigen Baches liegende, langgezogene 2000-Einwohner-Markt war bis 1990 eine der abgelegensten Gemeinden des Frankenwalds, die aber durch die **Glasproduktion**, die bis heute hier stattfindet (»Gerresheimer AG«, vormals Tettauer Glashüttenwerke), eine gewisse durchgehende Bedeutung als Industriestandort hatte und hat. Wie in Schauberg existierte hier auch eine **Porzellanfabrik**, seit 1915 Porzellanfabrik Tettau AG, die bis heute hier produziert. Tettau hat zwei Kirchen, die **katholische Filialkirche Christkönig** von 1955 und die a**lte Pfarrkirche Ad portam coeli** von 1646 mit einem für den Frankenwald typischen Mansardwalmdach und einer Turmhaube von 1733.

Kleintettau und die Schildwiese

Fährt man von Tettau über die Hauptstraße (also nicht Richtung Kleintettau) Richtung Spechtsbrunn, überquert man alsbald die alte Zonengrenze und durchfährt auf schmalem Weg ein reizvolles, breites Tal. Östlich von **Spechtsbrunn** (wo es ein Infozentrum des Naturparks Thüringer Wald gibt) erreicht man an einem Wanderparkplatz den **Rennsteig**. Hier biegt man rechts ab, der historische Rennsteig verläuft mehr oder weniger parallel zur Fahrstraße, und passiert nach

Brunnen in Tettau

▲ Karte S. 73

An der Schildwiese bei Kleintettau

knapp drei Kilometern wieder die thüringisch-bayerische Grenze.

Gleich nachdem von links die Straße aus Ludwigsstadt herangekommen ist, befinden sich rechts, an der sogenannten **Schildwiese**, ein Parkplatz (dazu mit der **Frankenwaldhütte** eine hübsche Einkehrmöglichkeit), eine **nachgebaute Zollhütte**, eine Art Altarstein und Kreuz (aus Material des Grenzzaunes), die der Opfer der deutschen Teilung gedenken, sowie ein Lutherbild und ein sehr stark verwitterter Wappenstein von 1725. Die ganze Anlage gedenkt der innerdeutschen Grenze in historischem Bezug. Denn hier war immer eine Grenze, zunächst nur zwischen zwischen Duodez-Fürstentümern, im 19. Jahrhundert zwischen thüringisch-wettinischem Gebiet und Bayern und nach 1945 zwischen der DDR und der Bundesrepublik. Und zumindest bis weit ins 19. Jahrhundert lag hier eine Zollgrenze, an der hier in einem vermutlich ähnlichen Hüttchen kontrolliert oder Maut entrichtet wurde. Von hier führt der berühmte Fernwanderweg **Rennsteig** mehr oder weniger nahe der Frankenwaldhochstraße hinab nach Steinbach am Wald.

Rechts nach der Schildwiese liegt Kleintettau. Ein Glasmacher namens Hans Hein(t)z gründete hier 1661 eine **Glashütte**. Bis heute existiert diese Hütte als international agierende KG »Heinz-Glas« an verschiedenen Standorten und ist in 12. Generation (!) in Familienbesitz. Sie beschäftigt 3000 Mitarbeiter weltweit. Hergestellt werden vor allem Flakons. Seit 2008 gibt es in Kleintettau in Weiterführung der Glasmachertradition das **Europäische Flakonglasmuseum**, das sich der Geschichte des Glashandwerks seit der Antike bis heute sowie der Parfümkultur angenommen hat. Man kann selber Glas blasen, auch gibt es eine Dauerausstellung berühmter Parfümflakons (»Chanel No. 5«) und ein Café. Es ist kein Privatmuseum von Heinz Glas, sondern wird von einem Museumsverein getragen.

Sehenswert ist in Kleintettau auch das **Tropenhaus**. Mit Abwärme von Heinz-Glas beheizt, ist es in erster Linie ein Forschungsort, wo der Anbau tropischer Früchte und Pflanzen unter Glas wissenschaftlich untersucht wird, jedoch Besucher willkommen sind. Hier wachsen 220 Pflanzensorten, von Maracujas über Zwergbananen bis zu Papayas, dazu kommt eine Aufzucht tropischer Fische. Kleintettau ist des weiteren ein Ort der Aufzucht **schottischer Hochlandrinder** – die Weiden können besucht werden (www.frankenwald-highlander.de), für Kinder ist dies ein besonderes Vergnügen (Glashüttenweg 3).

Steinbach am Wald

Nach all den weltfernen Regionen um Tettau ist man in Steinbach wieder im geschäftigen Weltgetriebe angekommen. Durch den Ort verläuft die B 85, die den Frankenwald mit Thüringen, vor allem dem Saalfelder Raum verbindet. Größte Sehenswürdigkeit ist die **Pfarrkirche St.**

Die Wehrkirche in Steinbach am Wald

Johannes Baptista direkt an der Durchgangsstraße. Der Bau mit seinem Satteldach stammt aus der Zeit um 1500, wurde aber bis ins 18. Jahrhundert immer wieder leicht abgeändert. Kirche und Kirchhof sind von einer Wehrmauer umgeben, die ein verschiefertes Satteldach hat. Es ist neben der Wehrkirche von Grafengehaig (Landkreis Kulmbach) die vollendetste Anlage ihrer Art im Frankenwald.

Unweit der Straße nach Kleintettau liegt am Weg nach Windsheim der hübsche kleine, künstlich angelegte **Ölschnitzsee** ein beliebtes Naherholungsgebiet (Liegewiesen, Tretbootverleih, Naturlehrpfad). Am See gibt es des im Sommer eine Einkehrmöglichkeit.

Das 2019 eröffnete **FrankenwaldZentrum** in der Nähe des Kreisverkehrs in Steinbach ist eine Einrichtung der Gemeinde mit Tourist-Info, einem interaktiven »Show-Room« (einer Frankenwald-Ausstellung mit schönen Erlebniselementen), dann gibt es hervorragende Gastronomie, ein Hallenbad und im Außenbereich einen Erlebnisweg sowie einen Kunstpark ... also jede Menge zu erleben, vor allem auch für Kinder.

In Steinbach beginnt am Schießzentrum an der Frankenwaldhochstraße (Richtung Kleintettau), unweit der B 85, der **Rundwanderweg »Steinbacher Lebenslinien«**. Auf etwas mehr als 12 Kilometern werden tiefe Waldungen und weite Hochflächen durchschritten, thematisch widmet sich der Weg den Rohstoffen des Waldes: Holz und Harz sowie dem, was man daraus gewinnt. Sehr schön ist während dieser Wanderung die Sicht von der windumtobten Windheimer Höhe. Nach getaner Wanderung kehrt man im **Restaurant Steinbacher Hof** ein, das kulinarische Eldorado des nördlichen Frankenwalds. In Steinbach quert der Rennsteig, der entlang der Frankenwaldhochstraße herunterkommt, die B 85, und erreicht östlich von Lauenhain nach zwölf Kilometern in Bayern wieder thüringisches Gebiet.

Das Restaurant Steinbacher Hof

▶ Karte S. 73

Zwischen Pressig und Tettau

Markt Tettau, Hauptstr. 10, 96355 Tettau, Tel. 09263/987-0. www.tettau.de

Naturparkinformationszentrum Kalte Küche, Am Rennsteig 1, 98743 Spechtsbrunn, Tel. 036703/7081-2. www.oberland-am-rennsteig.com

Touristinformation Steinbach am Wald, Badstr. 2, 96361 Steinbach am Wald, Tel. 09263/386. www.steinbach-am-wald.de

Gastwirtschaft und Pension Löffler, Amselweg 1, 96361 Windheim, Tel. 09268/454; DZ 62 €. Einfache Zimmer, gute fränkische Küche. www.pension-loeffler.de

Gasthaus Possecker, Marktplatz 9, 96355 Tettau, Tel. 09269/246; DZ 57 € (Frühstück p.P 6 € geht extra). www.rennsteig.de

Gasthof und Pension Söllner, Christian-Hammerschmidt-Str. 29, 96355 Tettau (Ortsteil Kleintettau), Tel. 09269/943062; DZ 85–95 €. www.pension-soellner.de

Antikhotel und Restaurant Steinbacher Hof, Kronacher Str. 3, 96361 Steinbach am Wald, Tel. 09263/9924976; DZ 112 €. Die Top-Adresse für gediegene Gastlichkeit und Nächtigungskultur im nördlichen Frankenwald. www.antikhotel-steinbacher-hof.de

Hotel Restaurant Rennsteig, Rennsteigstr. 33, 96361 Steinbach am Wald, Tel. 09263/9480; DZ 92–98 €. www.hotelrennsteig.de

Gasthaus Kaima-Görg, 96332 Marienroth Nr. 19, Tel. 09265/337, ländlich, urig, deftig.

Restaurant Steiner, Ringstr. 2, 96355 Tettau (Ortsteil Schauberg), Tel. 09269/263. Rustikales Gasthaus.

Restaurant Anno Domini, Marktplatz 11–12, 96355 Tettau, Tel. 09269/943620. Hervorragendes Speiselokal. www.annodomini-tettau.de

Freizeit- und Tourismuszentrum, Badstr. 2, 96361 Steinbach am Wald, Tel. 09263/386. Museum, Generationenbad, multifunktionales Erlebniszentrum. www.steinbach-am-wald.de

Europäisches Flakonglasmuseum, Glashüttenplatz 1, 96355 Tettau (Kleintettau), Tel. 09269/77100; Mo–Fr 8–17, Sa 10–16 Uhr. Geschichte des Glasmacherhandwerks von der Antike bis heute, Parfüm- und Kosmetikkultur. Wechselnde Sonderausstellungen. www.glasbewahrer.de

Tropenhaus Klein Eden, Klein Eden Nr. 1, 96355 Kleintettau, Tel. 09269/77143; Do–So 10–16 Uhr. Tropische Früchte, Fische und Insekten. Außerhalb der Zeiten nur für Kindergärten und Gruppen nach Vereinbarung. www.tropenhaus-am-rennsteig.de

Ludwigsstadt und Umgebung

Über die B 85 fährt man von Steinbach weiter nordwärts und überquert bald danach die Kammhöhe des Thüringer Schiefergebirges, die auch Wasserscheide zwischen Main/Rhein und Saale/Elbe ist. Danach ist der äußerste Norden des Frankenwalds erreicht, das Mittelzentrum Ludwigsstadt (im einheimischen Dialekt »Luddschd« genannt) und, nicht weit davon gelegen, die Burg Lauenstein, eine der schönsten deutschen Burgen überhaupt. Rund um Ludwigsstadt und das nahe thüringische Lehesten liegen die bedeutendsten Vorkommen von Dach- und Griffelschiefer Mitteleuropas, oft hier das »blaue Gold« genannt. Der Bergbau auf diese Werksteine war lange Zeit die Lebensgrundlage dieser Region. Überall im Frankenwald sind die Dächer mit Schiefer gedeckt, überall sind die Wände insbesondere der älteren Häuser mit Schiefer verkleidet. Viele Reste des Schieferbergbaus sind noch vorhanden und lohnen den Besuch, nicht nur für Hobbygeologen.

i Geopark Schieferland

Geopark-Informationszentrum, Leutenberg, Wurzbacher Str. 16, Mo–Do 8–15.30 Uhr, Fr 8–13 Uhr, Mai–Sept. auch So 14–18 Uhr. Auf 3200 Quadratkilometern ist grenzüberschreitend ein Geopark Schieferland mit Museen, Besucherbergwerken und Geotopen ausgewiesen. www.geopark-schieferland.de

Des weiteren gibt es eine **Thüringisch-Fränkische Schieferstraße** von Steinach (bei Sonneberg) über Ludwigsstadt–Hockeroda–Leutenberg–Lehesten–Wurzbach–Nordhalben zum Schieferbergwerk Lotharheil bei Geroldsgrün, die sowohl aufgelassene wie auch noch arbeitende Schieferbrüche sowie Museen etc, verbindet.

Ludwigsstadt

Mit knapp 3500 Einwohnern ist Ludwigsstadt die größte Siedlung im Norden des Frankenwalds und Bayerns einzige Gemeinde, die nördlich des Rennsteigs liegt. Die Stadt zeigt entlang der Durchgangsstraße kein sehr hübsches Gesicht - man sollte sich davon aber nicht täuschen lassen. Der kleine historische Stadtkern westlich der B 85 ist sehr sehenswert.

Dieser Norden des Frankenwalds um Ludwigsstadt war zu keiner Zeit in bambergischen Besitz, sondern gehörte im Mittelalter den Herren von Orlamünde, dann denen von Thüna, 1622 kam er an die Markgrafen von Bayreuth und wurde 1803 bayerisch. Mit dem Bau der Eisenbahnlinie von Kronach über Stockheim und Ludwigsstadt nach Probstzella 1885 war eine durchgehende Verbindung München–Berlin entstanden, die auch für Thüringen und Nordfranken einen Aufschwung brachte. Der gewaltige Viadukt der Bahntrasse über den Trogenbach, der direkt über die Ludwigsstädter Altstadt hinwegführt, entstand ebenfalls 1885. Als am 18. Februar 1924 ein an einer Bauweiche aufgrund einer Bremsvereisung entgleister Güterzug von dieser Brücke hinab auf die Häuser stürzte, kam es glücklicherweise nur zu zwei Toten, dem Lokführer und einem Passagier des Packwagens. Von 1945 bis 1990 war Ludwigsstadt Grenzbahnhof. Wenngleich es hier keinen grenzüberschreitenden Pkw-Verkehr gegeben hat, war der Eisenbahnübergang Ludwigsstadt–Probstzella von großer Bedeutung im DDR- und Transitverkehr nach West-Berlin.

Ludwigsstadt ist Geburtsort von **Fritz Fischer** (1908–1999), einem bis heute umstrittenen Historiker, der in seinem Buch »Griff nach der Weltmacht« (1961) die Theorie der völligen Alleinschuld Deutschlands am Ersten Weltkrieg postuliert.

Das kleine **Zentrum** erreicht man von der Durchgangsstraße, wenn man, von Kronach kommend, nach links in die Lindenstraße abbiegt, linker Hand liegt gleich der **Marktplatz** und um ihn einige verwinkelte Gässchen. Oberhalb des Marktplatzes erhebt sich die spätbarocke **St. Michaelis-Kirche** mit ihrem Walmdach. Der Turm ist im Kern mittelalterlich. In der Kirche befindet sich der Grabstein (Epitaph) des Grafen Otto X. von Orlamünde (gest. 1403) sowei die anderer

Das Rathaus am Marktplatz

▲ Karte S. 73

Die Eisenbahnbrücke von Ludwigsstadt

Herren des Lauensteiner Lands. Sehr hübsch sind Marktplatz 1 (Rathaus) und Nr. 7 (Apotheke), beide aus der Mitte des 18. Jahrhunderts. Das Gebäude mit der Hausnummer 5 ist durch mehrere Umbauten aus einem mittelalterlichen Schloss hervorgegangen und beherbergt heute den Kindergarten.

Vom Marktplatz geht oder fährt man entlang des **Trogenbachs** die Lindenstraße bzw. die Rosengasse auf der anderen Bachseite westwärts. Diese Partie Ludwigsstadts ist ebenfalls sehr reizvoll. Ludwigsstadts älteste Architektur ist die profanierte **Marienkapelle** (Lauensteiner Str. 18), am Abzweig der Thünahofer Straße. Der Rundbau stammt aus der Zeit um 1100, sein Fachwerksoberbau vom Ende des 19. Jahrhunderts.

Vom Ludwigsstädter **Schiefermuseum** (hier befindet sich auch die Tourismusinformation) führt auf einer Gesamtlänge von 43 Kilometern der »**Schieferpfad**« über Lehesten nach Probstzella und zurück. Auf 32 Schautafeln wird über den historischen Schieferbergbau informiert. Das sehr sehenswerte Museum informiert über den historischen Schieferbergbau, das Leben der Bergleute etc. und präsentiert Materialien aus Schiefer. (www.thueringer-schiefergebirge-obere-saale.de und www.geopark-schieferland.de)

Am östlichen Ortsende des Stadtteils **Ottendorf**, liegen die Ottendorfer Diabasbrüche, »Quetsche« genannt und bis heute in Betrieb. Oberhalb davon liegt direkt an der Grenze zum Lehestener Gebiet ein Steinfeld, die »Grafe« genannt. Die Einheimischen gehen dort des nachts nur ungern vorbei, da es hier nicht geheuer ist. Hier befand sich in alter Zeit ein Schloss der Herren von Orlasamünde. Als diese wegen ihres aufwendigen Lebensstils verarmten, verfiel auch das Schloss. Doch alljährlich in der Geisterstunde der Johannisnacht wird es an dieser Stelle wieder sichtbar, voll Lichterglanz und Festesjubel. Doch wehe dem Sterblichen, der sich ihm dann zu sehr nähert: er wird am nächsten Tage mit umgedrehten Kopf aufgefunden werden.

In Ludwigsstadt produziert die Firma **WELA-Suppen** Trockensuppen, Brühen,

Soßen aber auch kochfertige Erzeugnisse überwiegend für den gastronomischen Bedarf. Wela-Erzeugnisse sind im allgemeinen in Supermärkten nirgendwo zu finden, aber hier an der Fabrik im Werksverkauf erhältlich. Der Autor empfiehlt einen Shopping-Stop, um diese vorzüglichen Produkte kennenzulernen. WELA-Suppen gelten bei Gourmets weltweit als besondere Delikatesse ihrer Art. Geschätzt wurde früher das Ludwigsstädter **Jahn Bräu**. Doch seit 2011 ist die Brauerei nach 140 Jahren ununterbrochener Bierherstellung geschlossen. Auf dem Betriebsgelände Kronacher Str. 22 soll in den nächsten Jahren ein Hotel, eine Erlebnisgastronomie und die Produktion von »hand made craft beer« entstehen.

Geotope um Ludwigsstadt

Vom Ortszentrum geht es in der Verlängerung der Lindenstraße, über die Kehlbacher Straße ins **Trogenbachtal**. Schräg gegenüber von Haus Nr. 50 geht ein Weg nach rechts zu einem sehr sehenswerten Geotop, zum alten **Oertel'schen Schieferbruch**. Im Trogenbachtal hatte man schon 1778 begonnen, Schiefer abzubauen, doch blieb das jahrzehntelang wenig rentabel, da zu viel an auflagerndem Gestein vorher hat abgeräumt werden

Das Schiefermuseum von Ludwigsstadt

Abraumhalde im alten Oertel'schen Schieferbruch

müssen. Erst nach 1820, unter Einsatz verbesserter Fördermethoden, gelang es dem Bergwerksbesitzer Ernst Oertel erfolgreich die hier qualitiativ hochwertigen und gut spaltbaren Schiefer (für Dächer, Wandverkleidungen, Schultafeln) abzubauen. Oertels Steinbruch (nicht zu verwechseln mit dem Oertelsbruch bei Lehesten) war bis in die Mitte des 19. Jahrhunderts in Betrieb, dann waren die Vorkommen erschöpft. Das begehrte Material wurde vollständig abgebaut, Reste liegen verborgen unter den Halden am Fuß der Bruchwand. Im Bruch sind die Schichten überkippt, d.h. die älteren des Oberdevon (sandige und tonige Lagen) liegen über den jüngeren Schiefern des Unterkarbons (→ S. 20).

Schwieriger zu erreichen ist der weitaus eindrucksvollere **Schallersbruch** am Eisenberg, noch weiter stadtauswärts gelegen. Um den Eisenberg gibt es drei schluchtartig eingegrabene Dachschieferbrüche, der Schallersbruch ist mit etwa 40 Metern davon der tiefste. Man kommt nur zu Fuß dorthin, ohne Karte ist es nicht ohne weiteres zu finden. Zum Eisenberg und dem Schallersbruch kommt man über den kürzlich geschaf-

▲ Karte S. 73

fenen **Geopfad Eisenberg**, der am Schiefermuseum (s.o.) beginnt und von dort über den Bahnhof westwärts nach etwa dreieinhalb Kilometern den Schallersbruch erreicht. Dort gibt es auch eine Aussichtskanzel. Dieser Weg ist der empfehlenswerteste, doch kommt man zum Schallersbruch auch vom Trogenbachtal aus, vom Sportplatz ganz am Ende der Kehlbacher Straße. Hinter dem Sportplatz steigt man auf einem Waldweg rechts hinauf, passiert drei Fischteiche und orientiert sich dann über eine Wanderkarte oder eine geeignete App. Unweit des Schallersbruchs, Richtung Trogenbachtal, liegt noch der Liebesbruch mit seiner gewaltigen Halde.

Steinbach an der Haide

Der sehr hübsche und sehr schön auf einer nach Norden einfallenden Hochebene abseits aller wichtigen Verkehrswege gelegene Ort lohnt den Besuch in besonderem Maße. Die kleine **Pfarrkirche St. Elisabeth** stammt mit dem Kirchenschiff aus der Zeit des Dreißigjährigen Krieges, dagegen gehen Altarraum und Chor auf das 13. Jahrhundert zurück. Die schießschartenartigen Fensteröffnungen weisen darauf hin. Mönche aus der nahen Propstei Zella (das heutige Probstzella) errichteten damals die Kirche. Im Chor sind zwei **Freskenmalereien** besonders erwähnenswert: rechts eine Darstellung der heiligen Elisabeth von Thüringen, links die Burg Lauenstein, die »Mantelburg«. Die Fresken sind etwa um 1400 entstanden, wahrscheinlich war ein fahrender Mönch ihr Schöpfer. Mit dem Neubau des Kirchenschiffs nach den Zerstörungen des Dreißigjährigen Krieges sind die Fresken übertüncht und erst 1963 bei Renovierungsarbeiten zufällig freigelegt worden.

Die Mitte des Runddorfes bildet ein gemeinschaftlich bewirtschafteter **Dorfgarten** mit Blumen, Früchten, Gemüsen und Gräsern. Die Tradition dieses Gartens geht in Steinbach auf das 16. Jahrhundert zurück – damals diente der Garten zum Gemüseanbau, besonders von Krautpflanzen. Seit daher wurden die Steinbacher in der Umgebung immer als »Krautsteinbacher« bezeichnet.

Fährt man von der Dorfmitte in Steinbach rechts an der Kirche vorbei und dann geradeaus, kommt man auf schmalem Weg durch herrliche Landschaften hinab zum Steinbach, überquert diesen an der alten Zonengrenze und fährt hinauf nach **Lichtentanne**. Von dort geht es über **Großgschwenda** und **Kleinneun-**

Der Dorfgarten von Steinbach an der Haide

dorf steil hinab nach Probstzella und von dort wieder nach Ludwigsstadt. Es ist eine Fahrt durch archaisch wirkende Dörfer des ehemaligen Grenzgebiets, über Hochebenen mit Blicken in ungeahnte Fernen – eine besondere Empfehlung des Autors.

Ebersdorf

Einige wenige Kilometer westlich von Ludwigsstadt liegt Ebersdorf. Es lohnt den Besuch wegen seiner evangelischen **Pfarrkirche Maria Magdalena** aus der ersten Hälfte des 18. Jahrhunderts, die aber einen mittelalterlichen Kern hat. Sehenswert sind die **Malereien** sowohl an der Holzdecke wie auch den Pfeilern des Langhauses. Ungewöhnlich ist, dass die Orgel sich unmittelbar über dem Kanzelaltar befindet. Vor der Kirche befindet sich der **historische Tanzanger** mit hölzernem Angerhaus aus der Zeit um 1800, eine Seltenheit in mitteldeutschen Dörfern. Von Ebersdorf geht die Straße fast passähnlich hinauf bis zur Schildwiese bei Kleintettau (→ S. 77), wo der Rennsteig aus Thüringen herüberkommt.

Burg Lauenstein

Vom Loquitztal, durch das die B 85 nördlich von Ludwigsstadt verläuft, geht es hinauf zum Dorf Lauenstein. In der Ortsmitte gibt es einen großen Parkplatz, von hier geht man auf der für den öffentlichen Verkehr gesperrten Burgstraße um den Burgberg herum etwa 500 Meter hinauf zu Burg oder steigt durch den steilen Markgrafenweg direkt zu ihr empor. Die Burg, oft auch Mantelburg genannt, ist einer der prachtvollsten Anlagen ihrer Art, nicht nur Bayerns, sondern ganz Deutschlands, direkt oberhalb der bayerisch-thüringischen Grenze gelegen. Der Sage nach ist die Mantelburg durch König Konrad I. bereits im Jahre 915 als Bollwerk gegen vordringende Sorben und Wenden errichtet worden. Konrad wollte sie zunächst auf dem südöstlich von Lauenstein gelegenen Schwarzen Berg (oberhalb von Oberneuhüttendorf) bauen, was jedoch der Teufel verhindern wollte. Jede Nacht wurden die am Tag zuvor errichteten Mauern wieder zerstört. Der Bau gelang erst, als Konrad dem Rat eines gottesfürchtigen Eremiten folgte, den Bauplatz an den heutigen Standort der Burg zu verlegen und ihn zum Schutz vor dunklen Mächten mit seinem in Streifen geschnittenen Königsmantel umgab. Ihre ältesten vorhandenen Bauteile stammen aus der Mitte des 12. Jahrhunderts, eine Zeit in der auch ihre erste urkundliche Erwähnung stattfand. 1222 wird ein Heinrich von Lauenstein als Burgherr genannt. Lauenstein hatte wechselnde Eigentümer: zunächst seit dem 13. Jahrhundert die Herren von Orlamünde, die 1430 an die Grafen von Gleichen verkauften. Nach mehrfachem Besitzerwechsel

In der Pfarrkirche von Ebersdorf

▸ Karte S. 73

Die Burg Lauenstein

übernahmen 1506 die Herren von Thüna die Burg Lauenstein. Christoph von Thüna baute die mittelalterliche Anlage von 1551 bis 1554 um und ergänzte einen Wohntrakt im Renaissance-Stil, den sogenannten »Thünabau«, eines der schönsten Beispiele der Renaissancearchitektur in Deutschland. 1622 kam Burg Lauenstein wie der ganze nördliche Frankenwald an die protestantischen Bayreuther Markgrafen, 1634 versuchten die kaisertreuen und katholischen Kronacher die Burg zu erobern, doch ohne Erfolg. Nach dem Aussterben der fränkischen Linie der Hohenzollern fiel die Burg ab 1791 für einige wenige Jahre an die Brandenburger und 1803 an Bayern. Der bayerische Staat verkaufte sie 1815 an einen Privatmann, der die Burg jedoch verfallen ließ, wobei bald der mittelalterliche Bergfried abgetragen wurde. Ein weiterer späterer und leider stark verschuldeter privater Eigentümer musste die Burg 1860 seinen über 40 Gläubigern zwangsbewirtschaftet überlassen, wobei sie zu verschiedenen Zwecken und in verschiedenen Teilgebäuden vermietet wurde und 25 verarmte Familien in ihr wohnten.

Die Rettung der Burg kam 1896, als sie der Privatmann Dr. Ehrhard Meßmer (1861–1942), ein vermögender Liebhaber alter Gemäuer, für einen mäßigen Betrag erwerben konnte. Meßmer renovierte die Anlage, ließ viele Räume im Stil eines eklektizistischen Historismus auch in der Raumgestaltung bzw. -bemalung wieder herrichten, wobei Meßmer wie seine Architekten bestrebt waren, das vermutete innere und äußere frühere Aussehen wie man es beispielsweise auf der Wartburg versucht hatte, wieder herzustellen. Dabei entstanden ganz ungewöhnliche und interessante Mischungen des Stils des 16. Jahrhunderts wie des Jugendstils des frühen

20. Jahrhunderts. Der neue Burgherr brachte auch seine privaten Kunstsammlungen in der Burg unter. Sie wurde zu Meßmers persönlichem Wohnsitz und beherbergte bald auch ein Hotel. 1917 fanden zweimal die sogenannten Lauensteiner Tagungen statt, bei denen Intellektuelle unterschiedlicher Couleur über die Zukunft Deutschlands nach dem Krieg diskutierten. Während des Zweiten Weltkriegs befand sich in der Burg eine Dienststelle der Abwehr, deren Chef, Admiral Wilhelm Canaris nach seiner Entmachtung 1944 einige Monate auf Burg Lauenstein im Arrest sitzen musste, bevor er im April 1945 im KZ Flossenbürg ermordet wurde. Durch den Tod des Dr. Meßmer kam die Burg 1941 in den Besitz des Deutschen Reiches, 1962 übernahm sie der Freistaat Bayern und restaurierte sie streng denkmalpflegerisch. 20 Räume wurden Museum, teils für die Sammlungen Meßmers, teils für Wechsel- und Dauerausstellungen.

Wer über die Burgstraße sich der Burg nähert, passiert zunächst das **Äußere Tor**, geht entlang von Wehrgängen aufwärts und über den Burggraben zum eigentlichen **Eingangstor**. Es ist ein Nachbau aus der Zeit Meßmers, seine Tür ist geschmückt mit dem Roten Adler, einem

Wehrgang im Burghof

▲ Karte S. 73

Der Thünabau auf der Burg Lauenstein

Motiv aus dem brandenburgisch-bayreuthischen Wappen. Im Innenhof steht man zunächst dem **Treppenturm** des Thünabaus gegenüber. Die Wendeltreppe ist eindrucksvoll als Spindel angelegt.

Nicht alle Geschosse des sechsstockigen **Thünabaus** sind zugänglich, im Erdgeschoss befindet sich der Rittersaal mit der Meßmerschen Waffensammlung sowie weitere Museumsräume. Das erste Obergeschoss zeigt Wohnräume des Adels im 15. und 16. Jahrhundert sowie den Jagdsaal. Der Betsaal im zweiten Obergeschoss ist voll eindrucksvoller Fresken. Äußerst sehenswert ist das erste Dachgeschoss: ein gewaltiger Saal mit bemalter Kassettendecke.

An der Ostseite des Innenhofs befindet sich der **Orlamündebau**. Hier befindet sich die Kasse und im Untergeschoss ein Gemäldezyklus in Jugendstilart mit Szenen aus der Burggeschichte. Im zweiten Obergeschoss befinden sich weitere Sammlungen aus dem Besitz Meßmers. Burg Lauenstein ist einer der angeblichen Aufenthaltsorte der »Weißen Frau«. Eine von Ehrhard Meßmer favorisierte Sage erzählt, dass dieser ruhelose Geist in weißem Gewand Katharina von Orlamünde sei, die im 14. Jahrhundert auf der Burg geboren wurde. Alle sieben Jahre erscheint sie am Allerseelentag auf der Burg im blutbefleckten Gewand einer Nonne und verkündet Unheil.

Nach anderer, im allgemeinen gebräuchlicherer Lesart handelt es sich um Kunigunde, die Witwe des Grafen Ottos VI. von Orlamünde, die sich auf der Plassenburg in den Nürnberger Burggrafen Albrecht verliebt haben soll. Doch sah sie aufgrund einer missverständlichen Äußerung Albrechts ihre zwei Kinder als Hindernis für eine mögliche neue Verbindung an und tötete sie daher. Doch führte diese grausame Tat nicht zur Hochzeit. Der Burggraf wandte sich voll Schauder ab. An gebrochenem Herzen starb Kunigunde im Kloster und gelobte, künftig als Gespenst die Familie Hohenzollern zu warnen, wenn einem ihrer Mitglieder Unheil drohen sollte. So erscheint sie nur auf den hohenzollerischen Sitzen und damit auch auf Burg Lauenstein, die von 1622 bis 1803 hohenzollerisch war. Es gibt allerdings mehrere Varianten dieses Sagenmotivs, eine andere »Weiße Frau« ist Berta von Rosenberg, die auf südböhmischen Schlössern spukt.

Thüringer Warte

Auf keinen Fall sollte man es versäumen, hinauf zur Thüringer Warte am Ratzenberg zu fahren, über die Erhard-Messner-Str., den Springelhofweg und die Ringstraße fährt man aus Lauenstein hinauf. Von der Straße hat man rückwärts blickend, die schönste Ansicht auf die Burg, deren Panorama sich alle paar hundert Meter zu ändern scheint. Am Ratzenberg gibt es einen Wanderparkplatz, von dem man in weniger als zehn Minuten zum Aussichtsturm Thüringer Warte kommt. Der 26,5 Meter hohe Turm steht auf 678 Metern Seehöhe und wurde 1963 erbaut. Von ihm hat man eine grandiose Sicht auf die thüringischen Lande, aber nur eingeschränkt auf die fränkischen. Im Turminnern gibt es eine **Dauerausstellung zur einstigen innerdeutschen Grenze**. Vom Parkplatz führt die Ringstraße auf anderem Wege wieder nach Lauenstein zurück, wobei sich ebenso schöne Blicke ergeben wie auf dem Hinweg.

Im Museum der Burg

Wanderwege um Lauenstein

Für Familien mit Kindern ist der **Märchenpfad Lauenstein** eine besondere Attraktion. Auf 4,5 Kilometer und 14 Stationen können sie die Welt der Bäume, die geheimnisvolle Natur des Waldes und die sagenumwobene Geschichte der Burg Lauenstein kennenlernen. Der Rundweg führt vom Großparkplatz in Lauenstein entlang eines Bachlaufes bergauf auf den Ratzenberg. Vorbei am sagenumwobenen Köchinnengrab am »Grünen Band« (an dieser Stelle soll eine Köchin von der Burg Lauenstein wegen Kindesmordes hingerichtet und begraben worden sein) geht es durch Wiesen und Felder und dann auf dem ehemaligen Röhrensteig bergab zum Ausgangspunkt zurück (3 Std.).

Vom gleichen Ausgangspunkt führen der **Wetzsteinmacherweg** (5,3 km, 2 Std.) und der **Fischbachmühlenweg** (7 km, 3 Std 10 min) in die Umgebung Lauensteins. Der erste, in Teilstrecken auf dem Märchenpfad, führt bis hinauf zur Thüringer Warte (s.o.), von wo sich eindrucksvoll das »Grüne Band« überschauen lässt, der andere hinab zur Fischbachsmühle ins Loquitztal und ist eine zauberhafte fast durchgehende Waldwanderung. Doch müssen insgesamt 400 Höhenmeter überwunden werden.

Falkenstein

Unterhalb von Lauenstein passiert man an der B 85 Richtung Probstzella zunächst die **Fischbachmühle**, wo die weltberühmten Pralinen der **Confiserie Lauenstein** produziert werden (mit Werksverkauf). Hier kann man nach rechts auf die alte Straße abbiegen und auf dieser bis zum früheren Gasthof Falkenstein fahren, unmittelbar an der Grenze gelegen. Von der B 85 aus gesehen, liegt er zwar direkt an der Straße, doch von dieser wird er durch die Loquitz getrennt.

▸ Karte S. 73

Beim Weiler Falkenstein befand sich seit 1709 eine Brauerei mit Gasthaus und ein Eisenhammerwerk, das 1870 geschlossen wurde. Die Grenzziehung bewirkte nach 1945 eine kuriose Situation. Der kleine Steinbach bildete die Grenzlinie, doch floss dieser unterhalb der Küche des Gasthauses durch das Gebäude, wobei ein etwa ein Meter breiter Streifen der Küche auf dem Gebiet der damaligen SBZ zu liegen kam. Durch das sogenannte »Bierdeckelabkommen« erfolgte ein Gebietsausgleich zwischen Sowjets und Amerikanern. Das Gasthaus und die Brauerei wurden in Gänze amerikanischem Gebiet zugeschlagen, die Russen erhielten dafür ein Stück der damaligen Reichsstraße 85. Im Jahre 1968 wurde der Braubetrieb eingestellt, nach 1990 wurde auch der Gasthof geschlossen und verfiel.

Zu Beginn der 2000er Jahre erfolgte seine Instandsetzung durch einen privaten Verein zur »**Villa Falkenstein**« als Veranstaltungsort. Von der Villa Falkenstein kann man auf schmalem Weg hinauf nach Steinbach an der Haide fahren oder die verlassene **Steinbachsmühle** besuchen, die unterhalb dieser Straße im Steinbachsgrund unmittelbar an der ehemaligen Grenze am Steinbach liegt.

Der ehemalige Gasthof Falkenstein

Das Haus des Volkes in Probstzella

Probstzella

Gleich hinter der thüringischen Grenze liegt Probstzella, viele Jahrzehnte als Grenzbahnhof bekannt. Im **Bahnhofsgebäude** gibt es ein **Museum**, mit Ausstellungen zur Grenze, zum Grenzregime, zur Bahnlinie aber auch zum Tourismus und anderen Themen in der Region.

Dem Bahnhof gegenüber steht erhöht ein eindrucksvoller, unkonventioneller Bau, das **Haus des Volkes**. Es ist keineswegs ein Gebäude aus DDR-Zeiten, wie der Name vermuten lassen könnte, sondern ein herausragendes Beispiel des Bauhaus-Stils und die größte Bauhaus-Architektur Thüringens. Der lokale Industrielle und SPD-Mitglied **Franz Itting** (1875–1967) hatte es 1925 bis 1927 durch den Architekten **Alfred Arndt** (1898–1976) als Mehrzweck-Veranstaltungshalle erbauen lassen und der Gemeinde zum Geschenk gemacht; er ließ auch ein Hotel einrichten. Der bekennende Sozialist Itting belieferte mit seinem privaten Elektrizitätswerk viele Gemeinden der Gegend mit Strom. In der NS-Zeit hatte er politische Anfeindungen und Inhaftierungen zu dulden. Nach 1945 wurde Itting enteignet, als »Kapitalist« erneut verhaftet und das Haus wurde Sitz des lokalen Kommandos der Grenztruppen der DDR. Seit den 1970er Jahren war es als Kulturhaus wieder Veranstaltungsort. Itting siedelte Ende der 1950er Jahre nach Ludwigsstadt über und sah sein Haus nicht wieder. Im originalgetreu renovierten und auch innen sehr sehenswerten Haus gibt es heute neben einem Hotel und einem exquisiten Restaurant ein kleines **Museum**, das an das Wirken Franz Ittings erinnert, sowie einen Theater- und Konzertsaal. Des weiteren gibt es Ausstellungen zum »Grünen Band«, dem ehemaligen Grenzstreifen, dessen Natur in einem deutschlandweiten Projekt geschützt werden soll.

Probstzella hat einen hübschen kleinen, verwinkelten **Ortskern**, besonders im Bereich um die am Hang liegende **Kirche**. Südöstlich von Probstzella steht auf dem Hopfberg ein erhaltener Beobachtungsturm der Grenztruppen, genannt **Satteltürm**. Über den **Schieferpfad**, der von der Franz-Itting-Straße oberhalb des Hauses des Volks abzweigt, erreicht man ihn in etwa 30 Minuten; am Weg liegt auch die aufgelassene **Schiefergrube Friedrichshoffnung**. Den Schlüssel zum Turm erhält man bei der Gemeinde oder im Haus des Volkes.

Probstzella ist Geburtsort des bedeutenden deutschen Mineralogen **Johann Heinrich Breithaupt** (1791–1873), dessen Lehre von den Mineralparagenesen bahnbrechend für die Lagerstättenforschung wurde. 40 Jahre wirkte er als Professor an der Bergakademie Freiberg.

Lauenhain

Eine der hübschesten und schönst gelegenen Frankenwalddörfer ist Lauenhain, südöstlich von Ludwigsstadt. Sehenswert sind neben dem Dorf in Gänze, das an einem steilen Hang erbaut ist, die **Kirche St. Franziskus**, eine Chorturmkirche. Wie so viele Kirchen im Frankenwald ist sie im Kern spätmittelalterlich, doch im

Spätbarock umgebaut, wie man an dem Walmdach von 1735 erkennen kann. Östlich des Dorfes führt die stillgelegte Bahnlinie Lehesten–Ludwigsstadt über den **Loquitzviadukt**. Es ist wahrscheinlich die einzige historische Bahnbrücke (erbaut 1885), die aus Diabas und Schiefer errichtet ist. Auf der alten Bahntrasse verläuft hier ein Teilstück des »Schieferpfads«. Wer den Viadukt besuchen will, geht am besten von Süden her, über den Loquitz-Radweg.

Sehenswert ist auch der **Dreiwappenstein** von 1717 am Berg Kießlich, dort wo die Straße nach Lehesten die Grenze zu Thüringen überquert, gleich oberhalb der scharfen Kurve gelegen. Seine Nordwestseite zeigt das Wappen des Markgrafentums Bayreuth, die Südwestseite das des Hochstifts Bamberg, die Nordostseite das Wappen des Herzogtums Sachsen, denn dieser Teil Thüringens war zu Beginn des 18. Jahrhunderts sächsisches Gebiet.

Ludwigsstadt und Umgebung

Tourist-Information Rennsteigregion, Lauensteiner Str. 44, 96337 Ludwigsstadt, Tel. 09263/974541.
www.rennsteigregion-im-frankenwald.de

Gemeindeverwaltung Probstzella, Markt 8, 07330 Probstzella, Tel. 036735/4610.
www.probstzella.de
www.rennsteig-saaleland.de

Gasthof am Trogenbach, Kehlbacher Str. 16, 96337 Ludwigsstadt, Tel. 09263/1725, Zimmerpreise auf Anfrage. Berühmt sind die Thüringer Klöße der Wirtin.
www.trogenbach.de

Gaststätte Pension Torpeter, Rosengasse 10, 96337 Ludwigsstadt, Tel. 09263/974037; DZ 50 €. www.torpeter.de

Haus des Volkes (mit Franz-Itting-Museum), Bahnhofstr. 25, 07330 Probstzella, Tel. 036735/46057; DZ 93 €.
www.bauhaushotel.com

Gasthaus Rosenbusch, 96337 Steinbach an der Haide Nr. 11, Tel. 09263/1607. Feine dörfliche Gaststätte, gute Hausmannskost.

Gasthaus Goldner Löwe, Markgrafenweg 1, 96337 Lauenstein, Tel. 09263/250.
www.goldner-loewe.net

Schiefermuseum Ludwigsstadt, Lauensteiner Str. 44, 96337 Ludwigsstadt, Tel. 09263/974541; Di–So und Fei 13–17 Uhr. Themen: Geologie-Schieferbergbau-Schieferverabeitung, Schieferdeckerhandwerk etc. www.schiefermuseum.de

Burg Lauenstein, Burgstr. 3, 96337 Lauenstein, Tel. 09263/400; April–Sept. Di–So 9–18 Uhr, Okt.–März 10–16 Uhr. Nur mit Führung zugänglich.
www.schloesser.bayern.de

DDR-Grenzbahnhof-Museum, Bahnhofstr. 1, 07330 Probstzella, Tel. 036735/4610; Mi, Sa, So 13–16 Uhr oder nach Vereinbarung. www.grenzbahnhofmuseum.de

Wela-Suppen, Alte Poststr. 13, 96337 Ludwigsstadt, Tel. 09263/942421; Werksverkauf Mo–Fr 8–15 Uhr. Empfehlung des Autors. www.wela-suppen.de

Frankenwald Confiserie Bauer, Orlamünder Str. 39, 96337 Lauenstein, Tel. 09263/215; Di–Fr 9–17 Uhr. Weithin bekannte Schokoladen- und Pralinenmanufaktur mit angeschlossenem Café. Filialen in Hof und Lichtenfels.
www.confiserie-bauer.de

Confiserie Burg Lauenstein, Lauensteiner Str. 41 (Fischbachsmühle), 96337 Ludwigsstadt, Tel. 09263/945-0; Werksverkauf und Café Mo–Fr 9–18 Uhr. Innerhalb einer »Gläsernen Manufaktur« können alle Arbeitsschritte durch das Publikum verfolgt werden. Wird gern von Bussen aufgesucht.
www.fischbachsmuehle.com

▶ Karte S. 73

Der Nordosten

Auch der nordöstliche Teil des Frankenwalds ist reich an schier unendlichen Wäldern und beschaulich-verträumten Dörfern. Gleich jenseits der Grenze zu Thüringen finden sich die größten Schieferbrüche des Kontinents. Sehenswürdigkeiten und Wandermöglichkeiten gibt es auch hier in Fülle. Eine Fahrt hierher lohnt dabei sehr, schon deshalb, da es sich geographisch-geologisch auch auf thüringischer Seite immer noch um den Frankenwald handelt. Die Ecke Thüringens zwischen Probstzella und Saalfeld im Westen und den Plothener Teichen im Nordosten sowie der Bleilochtalsperre und Lobenstein im Süden ist als **Naturpark Thüringer Schiefergebirge-Obere Saale** ausgewiesen (www.thueringer-schiefergebirge-obere-saale.de)

Rund um Lehesten

Der 1600-Seelen-Ort ist berühmt durch seine Schieferbrüche. Schon um 1580 wurde hier nachweislich Schiefer abgebaut, wobei zwei große Brüche existierten, ein herzoglicher und ein privater, der später nach seinem Besitzer so genannte Oertelsbruch (nicht zu verwechseln mit dem bei Ludwigsstadt im Trogental). Nach dem Ersten Weltkrieg kamen die Anlagen zum neu entstandenen Freistaat Sachsen-Meinininingen, 1920 an das Land Thüringen. In den ersten Jahren nach dem zweiten Weltkrieg waren auch zeitweilig bis zu 300 Arbeiter aus Bayern wegen des Mangels an einheimischen Kräften in Lehesten beschäftigt. Sie wurden in DM entlohnt und täglich über einen gesondert angelegten Übergang mit einem Werksbus über die Demarkationslinie gebracht. Mit dem Bau der Berliner Mauer wurde diese Kuriosität eingestellt. Der Schieferabbau ließ in Lehesten 1911 als Nebenwirkung die »Deutsche Fachschule für das Dachdeckerhandwerk« entstehen, die bis heute existiert. 1999 wurde aller Abbau eingestellt, nichtsdestoweniger sind die Lehestener Tagebaue die größten des europäischen Festlands.

Der Thüringische Schieferpark Lehesten lohnt einen Besuch

Südwestlich der Stadt, kurz vor der ehemaligen innerdeutschen Grenze, liegt der ehemalige herzogliche bzw. Staatsbruch, heute das technische Denkmal **Thüringischer Schieferpark Lehesten**. Der Tagebau ist dabei großenteils geflutet und bildet heute den Schiefersee. Es gibt zwei Geopfad-Rundwanderwege und viele alte Gerätschaften und Anlagen sowie gewaltige Halden, die bei Führungen erläutert werden. Besonders bestaunt wird der Göpel, eine Förderanlage, bei der im Kreis gehende Pferde das Fördergut über eine Antriebswelle heraufhoben – der einzige in Europa erhaltene. Da von 1934 bis 1999 auch

Zwischen Ludwigsstadt und Nordhalben

Die größte Schiefertafel der Welt in der Kirche von Lehesten

untertage gefördert wurde, gibt es auch einen imposanten Förderturm. Zur Anlage gehört des weiteren das Hotel »Zur Kaue« (Seminar- und Tagungszentrum. www.schieferpark.de). Die Zufahrt erfolgt entweder vom westlichen Ortsausgang von Lehesten, wo man bis zum Nordrand des Bruchs, also bis zum Seminarzentrum fahren kann und dort parkt, oder über einen Waldparkplatz an der Straße nach Ludwigsstadt, von wo man zu Fuß zu den technischen Denkmalen geht, die sich im Süden des Bruchs befinden. Sie sind aber auch vom Seminarzentrum aus erreichbar.

Sehenswert ist in der Lehestener **Pfarrkirche St. Agathen** (einst St. Aegidien) im Vorraum die **größte Schiefertafel der Welt**, die die Lehestener Gefallenen des Kriegs von 1870–1871 auflistet. Sie misst drei mal zweieinhalb Meter. Die Kirche stammt aus dem 15. Jahrhundert, wurde aber nach einem Brand 1822 neu errichtet. Ihr lichtes, klassizistisches Inneres ist sehenswert. Überhaupt ist Lehesten durch seine schiefergedeckten und -verkleideten Häuser sehr hübsch anzusehen und lohnt einen kleinen Spaziergang. Östlich der Stadt liegt beim Ortsteil Schmiedebach der zweite Bruch, der **Oertelsbruch**, der mit einigen Unterbrechungen nach 2009 heute wieder in Betrieb ist An seinem Ostrand befindet sich die **Gedenkstätte Laura**. Hier befand sich seit 1943, im sogenannten »Fröhlichen Tal«, eine Außenstelle des Konzentrationslagers Buchenwald. Die bis zu 800 Häftlinge und Zwangsarbeiter waren in einer einzigen großen Scheune untergebracht, insgesamt durchliefen etwa 2500 Personen das Lager. In den Stollen des Schieferbruchs wurden Triebwerktests für die V2 durchgeführt, nachdem die Heeresversuchsanstalt Peenemünde bei einem englischen Bombenangriff schwer getroffen worden war und die Tests sowie die Anlagen der Produktion von Flüssigsauerstoff und -stickstoff nun ausgelagert werden mussten. Nachweislich fanden 560 Häftlinge durch die unmenschlichen Arbeitsbedingungen den Tod, denn sie mussten auch Schiefer abbauen. Am 13. April 1945 evakuierte die SS das Lager, noch am gleichen Tag nahmen es die Amerikaner ein. Innerhalb der kleinen Anlage (Schautafeln) sind Häftlings- und SS-Bereich deutlich noch auszumachen.

Die Gedenkstätte Laura

Auf dem Wetzstein

Auf dem flachen Gipfel des 792 Meter hohen Wetzsteins, nur wenige Kilometer südlich von Lehesten, steht der **Altvaterturm** (Abb. → S. 36), der an das deutsche Siedlungsgebiet um den gleichnamigen Berg in den tschechischen Ostsudeten und die von dort Vertriebenen erinnert. An seiner Stelle erhob sich seit 1902 einer der vielen Bismarcktürme, die es einst im Reich gab. Das beliebte Ausflugsziel befand sich seit den Nachkriegsjahren im Grenzgebiet zwischen DDR und Bundesrepublik, konnte nicht mehr aufgesucht werden, verfiel und wurde 1979 abgerissen. Nachdem die tschechischen Behörden den ebenfalls baufällig gewordenen Turm auf dem Altvater (tschech. Praděd) 1957 abgerissen hatte, war es lange Zeit das Ziel der von dort Vertriebenen, einen baugleichen Turm in der Bundesrepublik zu errichten, wofür 1976 der Altvaterturmverein gegründet wurde. Es dauerte jedoch bis zur Realisierung einige Jahrzehnte. Nach der Wende 1990 fiel die Wahl des neuen Standorts auf den Wetzstein, da die hiesige Landschaft der des Altvatergebirges ähnelt. 1999 endlich begannen die Arbeiten, 2004 war der 36 Meter hohe Turm vollendet. In ihm befindet sich eine kleine **Gaststätte** sowie **Ausstellungen über das Altvatergebirge** und in 32 Meter Höhe eine **Aussichtsplattform**. Der Altvaterturm ist mit dem Pkw von der Straße Lehesten–Brennersgrün direkt erreichbar.

350 Meter weiter liegt noch die **Wetzsteinhütte**, ebenfalls eine kleine Einkehrmöglichkeit. In ihrer Nähe trifft man auf mehrere ehemalige Führungsbunker (FuTK-515) der Nationalen Volksarmee der DDR, von denen aus im Kriegsfall nahe der Grenze die Luftraumüberwachung erfolgen und mögliche Kämpfe koordiniert werden sollten.

▸ Karte S. 92

In Brennersgrün

Brennersgrün

Das Dörfchen kann man ohne Übertreibung als eines der schönsten und »authentischsten«, wie man heute sagt, des Frankenwalds bezeichnen. Seine charakteristischen verschieferten Häuser wie auch das ungestörte historische Dorfbild machen einen Besuch sehr lohnend. Es war die abgeschiedene Lage im einst unzugänglichen Grenzgebiet der DDR, die Brennersgrün von Neubauten verschonte. Auf dem **Dorffriedhof** (am Ortseingang, wenn man von Tschirn kommt) liegt in der linken hinteren Ecke **Eduard Birnstiel** (1858–1894), ein junger Forstwart, der von Wilderern erschossen wurde. Das Grab ist zwar aufgelassen, doch erinnert eine Gedenktafel an den wackeren Waldbeamten. Der wurde am 20. Mai 1894 auf einer Wiese nahe dem unweiten Röttersdorf mit einem Schuss im Unterleib und Messerstichen im Hals tot aufgefunden. Als Täter konnten ein Schieferarbeiter aus Röttersdorf und sein 14-jähriger Sohn ermittelt werden. Birnstiel, der die Wilderer auf frischer Tat ertappt hatte, war diesen ohne Waffe entgegengetreten, da er nicht damit rechnete, dass sie direkt von der Schusswaffe Gebrauch machen würden. Der Vater erhielt eine lebenslängliche, der Sohn eine zwölfjährige Zuchthausstrafe.

Von Brennersgrün kann man über den Nordwaldweg (grüne Markierung, Infotafeln am Ortsausgang Richtung Lehesten) bequem in einer halben Stunde zum Altvaterturm aufsteigen, es sind nur knapp hundert Meter Höhenunterschied.

Reichenbach und Haßlach

Zurück auf bayerischem Gebiet steht in **Reichenbach** an der Kapellenstraße unweit des Sportplatzes die kleine, jedoch mit ihren zwei Türmen ungewöhnliche **Feldkapelle St. Mariae**, erbaut 1824.

In **Haßlach bei Teuschnitz** steht die **Wallfahrtskirche St. Maria und Vierzehn Nothelfer**, erbaut um die Mitte des 17. Jahrhunderts. Sie erhielt ihr heutiges Aussehen gegen 1728. Ihr künstlerisch sehr interessanter Hochaltar ist als Baum gestaltet, auf dessen Ästen die Vierzehn Nothelfer stehen. In der Mitte der Baumkrone steht Maria mit dem Jesuskind. darüber der Erzengel Michael. Der Altar war 1665 durch Andreas Müller für die Basilika Vierzehnheiligen bei Bamberg geschaffen worden, doch 1772 anlässlich von deren Neubau, bei dem älteres Interieur ausgetauscht wurde, nach Haßlach gebracht worden. Die Vierzehn

Das Birnstielgrab in Brennersgrün

Nothelfer sind Heilige aus dem byzantinischen Raum, die im 2. bis 4. nachchristlichen Jahrhundert lebten und bis auf einen als Märtyrer starben. Im Katholizismus sind sie Schutzpatrone, die mit jeweils eigenen Krankheiten gegen die sie helfen oder mit zu schützenden Berufsgruppen in Verbindung gebracht werden. Beispielsweise zählen folgende Heilige dazu: Barbara (Bergleute), Blasius (Halsleiden), Dionysius (Kopfschmerzen), Katharina (Jungfrauen), Pantaleon (Ärzte und Hebammen), Veit (Epilepsie) etc.

Teuschnitz

Nur wenige Städte in deutschen Landen sind so oft von Feuersbrünsten heimgesucht worden wie Teuschnitz. 1616, 1632, 1844, 1911, 1929, 1932, 1933 und letztmalig 1968 saß hier der Rote Hahn auf den Dächern. Bis auf den Brand von 1968 wurde die Stadt jeweils großflächig eingeäschert. Ihr heutiges sehr hübsches und ganz individuelles Aussehen mit den charakteristischen Sandsteinquadergebäuden erhielt sie nach dem Brand von 1844, wodurch Teuschnitz eine ganz eigene Urbanität zeigt. Sandstein als großenteil feuerfestes Material sollte künftige Brände verhindern helfen. Er brennt zwar nicht, wird aber durch starkes und lang andauerndes Feuer ausgeglüht, wird bröselig und lässt dann das jeweilige Haus zusammenstürzen – so kam es auch noch bei den Bränden im 20. Jahrhundert zu großen Zerstörungen. Sehr schön ist das **Rathaus** von 1854 mit seinem koketten Türmchen sowie die mit dem kleinen Turm auf der Apsis architektonisch interessante **Pfarrkirche** von 1949, die auf einem Vorgängerbau entstand. Auf der Freifläche südlich der Kirche stand das 1844 niedergebrannte und 1854 abgetragene Schloss.

Die Stadt nennt sich wegen ihres vielbesuchten, 3000 Quadratmeter großen

Kräutergartens und wegen der »Arnika-Akademie« auch »**Arnikastadt**«. Ein von einem privaten »Arnikaverein«, der sich auch um seltene Floralgesellschaften auf Wiesen kümmert, getragene Arnika-Akademie bietet Seminare in Traditioneller Europäischer Heilkunde an. Wer in Muße die Umgebung der Stadt erwandern möchte, kann dies auf dem knapp 10 Kilometer langen »**Arnikaweg**« via Bastelsmühle und Haßlach machen (Ausgangspunkt Sportplatz Teuschnitz an der Straße nach Reichenbach), es ist nicht allzu anstrengend, nur 235 Höhenmeter müssen bewältigt werden. In der »Teuschnitz-Aue« am Nordrand der Stadt wachsen Arnika und Bärwurz, der Weg geht hier vorbei.

Nur nebenbei: Teuschnitz galt einst als Schilda des Frankenwalds. Seine Bürger leisteten sich der Sage nach manch närrische Handlung. So versuchten sie beispielsweise, durch Säen von Salz größere Salzkristalle zu ernten. Überhaupt sagt man den Bewohner nahegelegener Orte wie Tschirn, Reichenbach und Rothenkirchen auch ähnliches nach.

Über Tschirn nach Nordhalben

Rappoltengrün und Effelter

Bergauf und bergab führt die Straße von Teuschnitz nach Tschirn nach wenigen Kilometern nach Rappoltengrün, einem sehr idyllischen Dörfchen. Die **Pfarrkirche St. Michael** stammt von 1948 und ist aus Grauwackenbruchsteinen erbaut. Westlich von Rappoltengrün verläuft das Tal der Kremnitz. Vom Talgrund (Wanderparkplatz) lohnt ein Spaziergang bachabwärts (Wege beidseits des Bachs) beispielsweise bis zur Finkenmühle. **Effelter**, wo man im **Gasthaus Löffler** (09260/276) einkehrt und sich erquickt, ist ein hübsches, sehenswertes charakteristisches Angerdorf, siedlungsgeographisch ein Quellangerdorf, also erbaut

Kirche und Rathaus in Teuschnitz

▲ Karte S. 92

Die Effeltermühle

links und rechts eines Angers, auf dem sich eine Quelle befindet. Sein Name rührt von *»apholtra«* her, was althochdeutsch in etwa Apfelbaumpflanzung bedeutet. So feiern die Effeltrer alle zwei Jahre jeweils Anfang September ein Apfelfest und küren eine Apfelkönigin. Die reiche Innenausstattung der **Pfarrkirche** stammt überwiegend von der damals schon länger entweihten Kronacher Martinskirche und wurde 1809 nach einem Großbrand hier eingefügt. Reizvoll ist der unkonventionelle hölzerne Ambo bzw. Volksaltar.

Unterhalb Effelters liegt am Doberbach die **Effelter Mühle**. Von hier wurden jahrhundertelang Hölzer aus den Wäldern der Umgebung über die Rodach bis in den Main geschwemmt bzw. geflößt, wenn die Schmelzwässer der Vorfrühlings den Bach ausreichend hatten anschwellen lassen. Die sehr reizvoll gelegene Mühle bietet im Sommer eine Einkehrmöglichkeit, sehr lohnend sind von hier Spaziergänge entlang des Doberbachs, ganz gleich, ob auf- oder abwärts. Der blau markierte Saar-Schlesien-Fernwanderweg verläuft etwas oberhalb des Bachs, doch direkt an ihm entlang gibt es auch einen Weg.

Tschirn

Die Gemeinde auf 651 Metern zieht sich steil auf beiden Seiten eines Tals hinauf. Der Ortsname rührt vom slawischen bzw. tschechischen Stamm »čern« her, was »dunkel, schwarz« bedeutet und sich auf die dunklen tiefen Waldungen um das Dorf bezieht. Der ansehnliche Ort mit vielen schönen Schieferhäusern besitzt eine **neogotische Pfarrkirche** St. Jakob von 1870. Im Dreißigjährigen Krieg wurde Tschirn von den Schweden übel heimgesucht, dabei der Pfarrer Johann Cuno von einem schwedischen Soldaten ermordet. Der Pfarrer hatte sich als Metzger verkleidet und wollte die heiligen Gerätschaften der Kirche in Sicherheit bringen. Die Soldateska erkannte ihn und schlug ihn tot. Die Bauern des Dorfs rächten den »mertter«, als es ihnen gelang, des Soldaten habhaft zu werden, und töteten ihn. Seither geht die Seele des Schweden im Grund des Doberbachs zwischen Tschirn und Rappoltengrün um. 1957 wurde die Sage durch den lokalen Poeten Andreas Bauer zu einem Theaterspiel »Von Not und Tod in schwerer Zeit« verarbeitet.

Blick auf Tschirn

Der ehemalige Bahnhof von Nordhalben

Nordhalben

Der Marktflecken mit etwas mehr als 1600 Bewohnern liegt auf einem Felsvorsprung hoch über dem Rodachtal (→ S. 102) und nur wenige Kilometer von der thüringischen Grenze entfernt. Um die Mitte des 12. Jahrhunderts existierte an dieser strategisch wichtigen Stelle in der Nordostecke des Territoriums des Bamberger Erzbischöfe eine Burg Northalden. Seit 1356 wurde Nordhalben als »Kondominium« regiert, ein Kuriosum, bei dem die Landesherrschaft sowohl bei den Bambergen als auch bei den Fürsten von Reuß, also den Thüringern lag. Die Gründe können in einer möglichen umstrittenen lokalen Grenzziehung zu suchen sein, oder ganz einfach praktischer Art, indem die damals entlegene Ecke ökonomischer verwaltet werden konnte, wenn dies gemeinsam erfolgte. Das Kondominium endete nach der Reformation, als das Fürstentum Reuß protestantisch wurde. 1635 kam es während des Dreißigjährigen Kriegs zum Vertrag von Nordhalben, gemäß dessen die Versorgung der Stadt, die im Krieg sehr zu leiden hatte, von reußischem Gebiet aus erfolgen durfte. 1856 brannte Nordhalben zur Gänze nieder, ältere Gebäude sind daher so gut wie keine vorhanden. Der Ortskern, der bei der Durchfahrt auf den ersten Blick nicht unbedingt als solcher auszumachen ist, zieht sich von der nach dem Brand innen wie außen neu gestalteten, vormals spätgotischen **Pfarrkirche St. Bartholomäus** über die Kronacher Straße/Lobensteiner Str. und die Schlossbergstraße hinab zum Schlossberg. Als Kuriosum liegt dieser tiefer als der Ort, dafür aber an exponierterer Lage und mit besserem Blick über das Rodachtal. Ein bisschen Alt-Nordhalben kann man in dem Viertel um die Schlossbergstraße erahnen, es ist eine ganz trauliche Ecke. Sie geht von schräg gegenüber der Kirche in der Ortsmitte ab. In der Schlossbergstraße steht die mittelalterliche, jedoch barockisierte **Kapelle Maria Heimsuchung**, nach ihr geht man über den alten Kirchsteig bis zum vormaligen Schlossberg, der über einen kleinen Rundweg erkundet werden kann. Am Hang des Schlossbergs steht ein großer pilzartiger hölzerner Schirm, unter dem es sich herrlich ausruhen und über die Lande träumen lässt. Am Fuß des Schlossbergs,

Schieferbruch mit Spitzfalte am Fuße des Schlossbergs

▲ Karte S. 92

Nordhalben liegt hoch über dem Rodachtal

an der Straße nach Steinwiesen, gleich oberhalb des Straßentunnels, gibt es als **Geotop** einen großen **Schieferbruch**, mit einer beeindruckenden Spitzfalte innerhalb seiner Schichtfolge.

Die Böden um Nordhalben waren und sind wenig ertragreich. So entstand vor etwa 130 Jahren als nötiger Nebenerwerbszweig der Nordhalbener Familien die Klöppelei. Dazu wurde mit der Plauener Gardinen- und Spitzenherstellung ein Vertrag als Abnehmer geschlossen und 1903 für die Frauen des Orts durch ein »Arbeiterbeschäftigungskomitee« Klöppelkurse eingerichtet - wenn sie es nicht ohnehin schon beherrschten. Die Klöppelstuben in der Familie oder mit Freunden zusammen veränderten die Sozialisation in Nordhalben. Ein Klöppelmuseum würdigt diese ehrbare Handarbeitskunst und veranstaltet auch Klöppelkurse. Es ist die einzige gemeindliche Klöppelschule Deutschlands (www.kloeppelschule.de).

Nordhalben ist einer der Endpunkte der **Rodachtalbahn**, einer elf Kilometer langen Museumseisenbahn, die den Ort über das obere Rodachtal mit Steinwiesen verbindet. Die alte Rodachtalbahn von Kronach nach Nordhalben (25 Kilometer Streckenlänge) wurde 1900 eröffnet, der Personenverkehr 1976 eingestellt, doch fuhren bis 1994 noch Güterzüge nach Nordhalben. Die Museumsbahn, die von einem privaten Verein getragen wird, ist seit 2007 in Betrieb. Die Züge fahren im allgemeinen zwischen Mai und Ende Oktober jeweils sonn- und feiertags viermal täglich (ab Nordhalben um 10, 12, 14 und 16 Uhr), die Fahrzeit beträgt 30 Minuten, von Steinwiesen erfolgt die Abfahrt um 10.45, 12.45, 14.45 und 16.45 Uhr. Die Museumsbahn wird von einem privaten Verein betrieben und verläuft auf dem nördlichen Teilstück der lange aufgelassenen Linie Kronach–Wallenfels–Steinwiesen–Nordhalben. Am Bahnhof (im Rodachtal unterhalb Nordhalbens) gibt es ein kleines Café und Informationsmöglichkeiten.

■ Wanderwege um Nordhalben

Wer die nähere Umgebung Nordhalbens zu Fuß durchstreifen möchte kann dies u.a. über das Frankenwald-Steigla **»Der Kirchgänger«** machen; auf etwa 15 Kilometer Länge und mit 540 Meter Höhenunterschied führt er durch die südliche Umgebung der Stadt hinab ins Rodachtal, die Stoffelsmühle, das Dürrenwaider Tal und dann über

Heinersberg und zurück. Es ist ein Weg, den schon vor 500 Jahren die Katholiken der Umgebung nahmen, wenn sie nach Nordhalben zur Bartholomäuskirche zum Gottesdienst schritten. Umgekehrt mussten die Protestanten aus dem nahen Heinersberg, das nicht mehr bambergisch war, gute anderthalb Stunden bis nach Geroldsgrün laufen, wo sich die nächste protestantische Kirche befand. Denn gleich östlich von Nordhalben endete bzw. begann das Einzugsgebiet der Bamberger Erzbischöfe. Erst 1925, mit dem Bau der protestantischen Jubilate-Kirche im Rodachtal, direkt unterhalb von Nordhalben, war das beendet. Im Norden der Stadt, über den Lerchenhügel (nahe der großen Kreuzung wo die Straßen nach Tschirn und die nach Rodacherbrunn/Wurzbach aufeinandertreffen) verläuft der **Wiesenpanoramaweg** (Beginn am Schwimmbad) durch die berühmten Nordhalbener Bärwurzwiesen. Er ist knapp fünf Kilometer lang und in anderthalb Stunden zu bewältigen. Es gibt aber noch viel mehr schöne Rundtouren, insgesamt 185 Kilometer Wanderwege sind allein um Nordhalben durch den Frankenwaldverein ausgewiesen (www.nordhalben.de).

Osten des Nordens

Touristinformation Lehesten, Obere Marktstr. 1, 07349 Lehesten, Tel. 036653/2600. www.lehesten.de
www.thueringer-schiefergebirge-obere-saale.de

Hotel zur Post, Lobensteiner Str. 1, 96365 Nordhalben, Tel. 09267/236; DZ 75 €. Erstes Haus am Platz, ausgezeichnete Gastronomie. www.hotel-post-nordhalben.de

Gasthof Glück auf, Marktplatz 1, 07349 Lehesten, Tel. 036653/22216; DZ 75 €. www.gasthof-glueckauf.de

Gasthaus und Pension Wagner, Lobensteiner Str. 15, 96365 Nordhalben, Tel. 09267/914759, Pension soll 2021 eröffnet werden. www.gasthaus-wagner.de

Café Daum, Lange Str. 26, 96358 Teuschnitz, Tel. 09268/246.

Landgasthaus Porzelt, Am Roller 6, 96358 Teuschnitz, Tel. 09268/991740. www.landgasthaus-porzelt.de

Gasthaus zum Büttner, Lehestener Str. 31, 96367 Tschirn, Tel. 09268/1286. www.tschirn-online.de

Technisches Denkmal Thüringer Schieferpark Lehesten, Staatsbruch 17, 07349 Lehesten, Tel. 036653/26270; Führungen April–1. Nov. Di–Do 10 und 13 Uhr, Fr 10 Uhr, Sa und Fei 10.30 und 14 Uhr, So 14 Uhr oder nach Vereinbarung. www.schiefer-denkmal-lehesten.de

KZ-Gedenkstätte Laura, Schmiedebach, Tel. 036653/264675; April–Okt. Mi–Fr 14–17.30, Sa, So und Fei 10–17.30 Uhr. www.kz-gedenkstaette-laura.de

Ortsmuseum und Klöppelschule, Klöppelschule 4, 96365 Nordhalben, Tel. 09267/375; März–Okt. Mi, Do 13–16 Uhr, Fr 10–12 Uhr und 13–16 Uhr, Sa, So und Fei 13–16 Uhr. Von Nov. bis Feb. ist Mi–Fr geöffnet, doch an den Wochenenden geschlossen. Themen: Klöppeln, Spitzen, Grenze, Ortsgeschichte. www.das-kloeppelmuseum.de

Kräuter-Lehr- und Schaugarten Teuschnitz (mit Arnika-Café), Info bei der Stadt Teuschnitz, (Hauptstr. 38, Tel. 09268/9720); April–Okt. tgl. 8–20 Uhr, Nov. bis März nach Absprache. www.teuschnitz.de

Arnika-Akademie und Naturmanufaktur, Schulstr. 5 (am Kräutergarten); Do–Fr 14–18 und Sa 10–16 Uhr bzw. nach Voranmeldung. Handgemachte Kräuterspezialitäten, Naturkosmetik, Kunsthandwerk, Kräuterbrände. www.teuschnitz.de

Karte S. 92

Das Tal der Rodach

Die Mitte des Frankenwalds wird von Norden her von der Rodach durchflossen. Sie entspringt bei Rodacherbrunn auf thüringischem Gebiet und mündet nach 53 Kilometern in den Main. Sie fließt unterhalb Nordhalbens vorbei, wendet sich nach Südwesten, passiert Steinwiesen, Marktrodach und Kronach sowie Küps, bis sie bei Marktzeuln den Main erreicht. Für die Kulturgeschichte des Frankenwalds ist sie gemeinsam mit einem ihrer Nebenflüsse, der Wilden Rodach, von größter Bedeutung, denn auf ihr wurden jahrhundertelang die Hölzer aus den Wäldern über Main und Rhein bis in die Niederlande geflößt. Für die meisten Bewohner der Täler von Rodach und Wilder Rodach war die Flößerei jahrhundertelang der wichtigste Arbeitszweig. Auf ihrer gesamten Länge begleitet der **Rodachwanderweg**, auch Flößerweg genannt, den Fluss – von der Quelle bis zur Mündung.

Von der Quelle bis Steinwiesen

Das obere Rodachtal bis Steinwiesen ist landschaftlich sein vielleicht schönster Abschnitt, sowohl mit dem Auto wie auch mit der Museumsbahn ist eine Fahrt durch das Tal ein großer Genuss. Von den Hochflächen westlich oberhalb des Tals genießt man weite Blicke.

Die Rodach entspringt nur wenige Kilometer nördlich der Grenze zu Thüringen, in (wie schon der Name sagt) **Rodacherbrunn**. Die Quelle selbst ist nicht unmittelbar zugänglich, sie befindet sich am südlichen Ortseingang gegenüber der Bushaltestelle (Ecke Straße nach Grumbach) innerhalb eines eingezäunten Gartens. Von dort fließt sie südwärts, am Titschendorfer Floßteich vorbei, durch ein tief eingeschnittenes Tal östlich unterhalb von Titschendorf bis zur Grenze, wo sie die Fränkische Muschwitz aufnimmt, die östlich von ihrer Mündung Grenzbach ist, bis kurz vor Nordhalben bleibt auch die Rodach Grenzbach.

Biegt man von der Straße nach Titschendorf in Heinrichshöhe beim Bushäuschen links ab, kommt man zum eigentlichen Dorfkern von **Heinrichshöhe**, ein idyllischer Ort voll schöner Schieferhäuser am Hang. Die Dorfstraße führt über einen etwas schadhaften Weg weiter zur Hauptstraße nach Titschendorf.

■ Titschendorf

Titschendorf, auf einem Sporn zwischen Rodachtal und Titschengraben gelegen, war zur DDR-Zeit eines der exponiertesten Dörfer des Grenzstreifens, auch galt es als Kältepol der DDR. Vom Südende des Sporns hat man eine herrliche Sicht auf die fränkischen Lande. Geht man vom Ortsende auf dem unbefestigten Weg weiter südwärts, kommt man nach 200 Meter zu einem einzelstehenden Baum. Berühmt ist von dieser Stelle das Echo – viermal kommt es bei ausreichend lautem Ruf zurück. Von der Ortsmitte Titschendorf (am Infohäuschen) kann man hinab zur ehemaligen **Titschendorfer Mühle** an der Rodach fahren. Die Mühle ist zwar nicht mehr vorhanden, doch gibt es hier eine kleine Unterkunftshütte des lokalen Heimatvereins, in einer Höhle kann man Getränke erwerben. Geht man hier nach rechts über die Rodach, biegt dann nach rechts ab und nimmt danach den linken, steil aufwärts führenden Weg, kommt man nach etwa 400 Metern zu einem Abzweigt, an dem ein Wegweiser zum Gedenkstein für Manfred Smolka zeigt. Der Oberleutnant der DDR-Grenztruppen **Manfred Smolka**, geb. 1930, war 1958

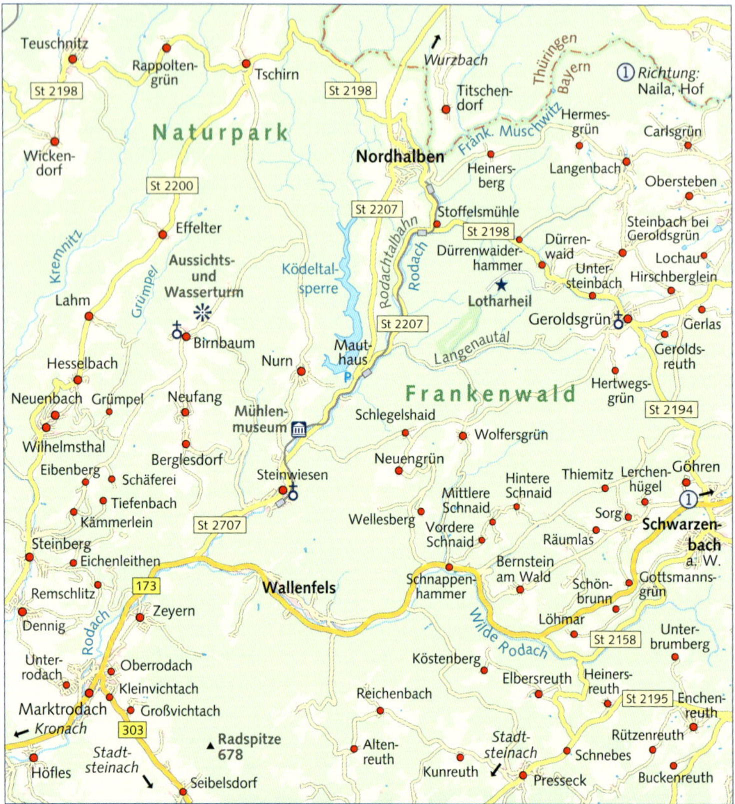

Rodachtal und mittlerer Frankenwald

über die grüne Grenze nach Bayern geflohen. Ein Dreivierteljahr später versuchte er, seine Familie nachzuholen, und begab sich am 22. August 1959 nachts wieder über die grüne Grenze auf DDR-Gebiet östlich von Titschendorf. Die Staatssicherheit wusste jedoch um sein Vorhaben und lockte ihn in einen Hinterhalt, in dem ohne Anruf auf ihn geschossen wurde. Er konnte sich zwar auf westdeutsches Gebiet retten, doch wurde er von den Stasisten von dort in den Osten geschleppt. In Folge wurde er 1960 wegen angeblicher Spionage für den Westen in einem Schauprozess zum Tode verurteilt und am 12. Juli mit dem Fallbeil hingerichtet. Am Ort seiner Gefangennahme wurde 2017 ein Denkmal mit Kreuzen aufgestellt, das bald von Unbekannten geschändet wurde wobei die Kreuze entfernt wurden. Jetzt befindet sich an dieser Stelle (am Tiegelsbach östlich der Krögelsmühle) nur ein Gedenkstein.

■ Rodachtal bei Nordhalben

Kurz vor Nordhalben (→ S. 98), wo die Grenze unterhalb des Titschendorfer Sporns nach Norden abknickt, wendet sich die Rodach nach Süden. Hier, im Nordhalbener Ortsteil Grund, befindet sich der **Dreiherrenstein** – es war das Dreiländereck der Gebiete des Erzstifts Bamberg, des Markgrafentums Bayreuth und der Reußischen Herrschaft (Thüringen). Er lag auf DDR-Gebiet, doch von Bayern nur durch einen kleinen Bach getrennt, dennoch offiziell damals unerreichbar, da DDR-Gebiet, wenngleich noch vor dem Zaun liegend. Er befindet sich direkt am Haus Straße der Liebe Nr. 1 (Grund Nr. 1). Östlich von Nordhalben endete das Bamberger Gebiet und es begann das protestantische der Bayreuther Hohenzollern wie das protestantisch-reußische in Thüringen.

Die Rodach strömt unterhalb des Nordhalbener Schlossbergs nach Süden, passiert den **Bahnhof** (→ S. 99) und gelangt kurz vor der Straße nach Bad Steben zum Weiler Stoffelsmühle. Hier mündet die Ölsnitz in die Rodach.

Der Dreiherrenstein im Rodachtal unterhalb von Nordhalben

Stoffelsmühle

Jedem bayerischen Schüler von der ersten bis zur letzten Klasse war dieser Ort einst bekannt. Denn hier wurden lange Zeit die im ganzen Land verwendeten Einheits-Schulmöbel (Pulte, Tische und Stühle) hergestellt – von der Firma Albert Menger, in den letzten Jahren »ama« geheißen. Albert Menger (1874–1950) war ein erfolgreicher Unternehmer, der vor dem Krieg mit etwa 200 Beschäftigten vor allem hölzerne Riemenscheiben herstellte, und danach sich auf die Schulmöbelherstellung konzentrierte. Seit den 1980er Jahren florierte das Unternehmen nicht mehr, 2003 wurde das Werk geschlossen. Die Werksgebäude, in die zwischendurch und für kurze Zeit andere Betriebe eingezogen waren, verfallen nun seit fast 20 Jahren. Nahe davon befindet sich der **Bahnhof Dürrenwaid** der Museumsbahn.

Rastplatz an der ehemaligen Titschendorfer Mühle

Ködeltalsperre

Von der Stoffelsmühle fährt man entlang der Rodach, die hier ein breiteres Trogtal ausgebildet hat, parallel zur Bahnlinie südwärts. Das Rodachtal wird hier im Westen durch einen etwa ein bis zwei Kilometer breiten Landrücken vom Ködeltal getrennt, das parallel zum Rodachtal verläuft. Der Landrücken erhebt sich mit bis zu 150 Höhenmetern Unterschied über das Rodachtal. Das Flüsschen Ködel ist zwischen Nordhalben und Mauthaus, wo sich die Staumauer befindet, zu einer Trinkwassertalsperre aufgestaut (daher oft auch Talsperre Mauthaus genannt). Sie entstand von 1968 bis 1972, der Spiegel des Stausees liegt auf 447 Metern Seehöhe. Am Südende des Stausees ragt ein insgesamt 67 Meter hoher Entnahmeturm mit seiner Spitze aus dem Wasser. Der Stausee ist 4,5 Kilometer lang, an seinem Nordende befindet sich eine Vorsperre, die zur Vorreinigung und zur Konstanthaltung der Wasserspiegelhöhe dient.

Lohnend ist die Umwanderung oder Umfahrung mit dem Rad, es gibt einen 12,5 Kilometer langen **asphaltierten Rundweg**, den man zu Fuß in zweieinhalb Stunden bewältigt. Die Landschaft wirkt fjordähnlich, der lange Schlauch des Stausees ist durch unzählige kleine tief eingeschnittene Buchten voll fast fremadartiger Schönheit.

Vom Parkplatz bei Mauthaus kann man über einen kleinen Steig zur 290 Meter langen **Staumauer** hinaufgehen, es gibt auch etwa 200 Meter weiter oben, an der oberen Straße nach Nordhalben (nicht die durch das Rodachtal) noch einen Parkplatz, von dem aus in wenigen Minuten die Staumauer zu erreichen ist.

In **Mauthaus** treffen die Rodachtalstraße wie die direkt von Nordhalben kommende zusammen. Es gibt es zwei nette Einkehrmöglichkeiten, einen Fahrradverleih (Tel. 09262/7617) sowie einen **Bahnhof** der Museumsbahn (→ S. 99).

Steinwiesen

Nahe der Einmündung der Straße von Nurn befindet sich am Ortseingang von Steinwiesen in der vormaligen Teichmühle (ehemalige Schneidmühle) das sehr sehenswerte **Mühlenmuseum**, das zur Flößerei, zur Holztrift und über das Leben der Mühlenarbeiter in alter Zeit informiert. Steinwiesen (365 m) ist mit 3500 Bewohnern die größte Gemeinde im Rodachtal. Seit 1386 wurde hier geflößt, seit etwa 1400 fand, wenn auch in beschränktem Rahmen, Eisenerzbergbau statt. Im Ort selbst gibt es noch das hübsche **Heimatmuseum** mit Exponaten zu Ortsgeschichte, Flößerei und Brauchtum. Sehenswert ist auch die **spätgotische Pfarrkirche St. Maria** von 1476, deren Inneres allerdings im 18. Jahrhundert und im späten 19. Jahrhundert umgebaut wurde.

Die Ködeltalsperre

▲ Karte S. 102

Wanderwege um Steinwiesen

Um Steinwiesen gibt es eine Fülle von Rundwanderwegen – den **Redwitzer Weg**, den **Leitschgrundweg**, den **Schlegelshaider Höhenweg** oder den **Silberbergweg**.

Besonders zu empfehlen ist innerhalb der Markts der behinderten- und kinderwagengerechte **Kapellenweg**, der auf fünf Kilometern Länge auf als Rundweg mehrere spirituelle christliche Punkte wie Kapellen oder Bildstöcke verbindet (Beginn entweder bei der Tourismusinformation oder der Pfarrkirche).

Als eines der **Frankenwald-Steigla** gibt es in Steinwiesen die **Ködeltour** (Beginn Tourismusinformation). Auf 16,5 Kilometer und mit 630 Höhenmetern ist er innerhalb der Steigla eine schwierige Tour. Sie geht von Steinwiesen über Nurn zur Ködeltalsperre und von dort oberhalb der Landesstraße via Teichmühle zurück. In sechs bis sechseinhalb Stunden ist es zu schaffen.

Um Birnbaum und Nurn

Sehr lohnend ist ein Schlenker von Steinwiesen auf eine der für den Frankenwald so typischen Hochflächen. Gegenüber der Tourismusinformation (südlicher Ortsausgang) fährt man aus dem Rodachtal entlang des Leitschbaches allmählich bergan. Kurz vor der **Leitschmühle** (Fr–Sa ab 17 Uhr Bierwirtschaft) macht der Weg eine scharfe 180-Grad-Kurve und es geht steil bergauf nach Berglesdorf und Neufang, die so gut wie zusammengewachsen sind. Gut 220 Meter liegt die Hochfläche über dem Rodachtal.

In **Berglesdorf** (580 m) sollte man beim Knick der Hauptstraße nach rechts nach links Richtung Kreuzkapelle abbiegen, es liegt dort gleich am Dorfausgang am 594 Meter hohen **Neuenberg** ein sehr schöner Panoramapunkt.

Über **Neufang** lässt sich eigentlich nur sagen, dass es dort die Metzgereien Fischer und Förtschbeck gibt, deren hervorragende Wurstwaren im ganzen Landkreis begehrt sind.

Die Straße führt weiter nordwärts nach **Birnbaum**, ein typisches Rundangerdorf mit Radialhufenflur, was beides noch deutlich erkennbar ist. Hier steht die **Pfarrkirche St. Stephan**. Sie stammt aus dem 15. Jahrhundert und wurde nach dem Dreißigjährigen Krieg vermutlich nach Zerstörung umgebaut. Etwa 400 Meter hinter dem nördlichen Ortsende steht an der Straße ein 32 Meter hoher **Aussichts- und Wasserturm**. Er wurde Mitte der 1980er Jahre errichtet, nachdem bei einem Brand in Birnbaum 1982 wegen mangelnden Wasserdrucks in den Leitungen die Löscharbeiten beeinträchtigt waren. Es ist sehr lohnend, ihn zu besteigen – weit schweift der Blick über die Frankenwaldhöhen vom Thüringer Wald bis zum Fichtelgebirge. Der Turm ist jederzeit frei zugänglich.

Bald danach ist die Straße Tschirn–Steinwiesen erreicht. Hier steht rechts das Traditionsgasthaus **Hubertushöhe**, ein

Aussichts- und Wasserturm bei Birnbaum

Von den Nurner Brocken hat man eine schöne Aussicht über die Hochebene

gemütliches Waldlokal mit schönem Biergarten. An der Hubertushöhe ist man unweit des Westufers der Ködeltalsperre angekommen.

Die Straße geht jetzt oberhalb des Stausees nach **Nurn**, das an einem steilen Hang liegt. Wenn man in der Ortsmitte (von der Hubertushöhe kommend) nicht der Hauptstraße an der großen Kehre nach unten folgt, sondern geradeaus auf kleinem Weg (gleich rechts am Friedhof vorbei, als Fernwanderweg »Zweiwasserweg« grün markiert) aus Nurn herausfährt, kommt man auf der Hochfläche nach knapp anderthalb Kilometern zu den sogenannten **Nurner Brocken**. Bei diesen handelt es sich um auf die Hochfläche herauftransportierten Sprengschutt des Straßenbaus im Rodachtal. Die Halden aus unterschiedlichen Gesteinen (Schiefer und das sog. »Wurstkonglomerat«) sind wie eine Mikro-Hügellandschaft angelegt – mit Tälern, kleinen Schluchten und einem Aussichtspunkt mit Bank. Der besuch lohnt sich, gleich hinter Nurn muss man aber das Fahrzeug stehen lassen und etwa einen Kilometer zu Fuß gehen.

In Nurn sollte man zudem der Metzgerei Deuerling (Nurn Nr. 37) einen Besuch abstatten, deren Leberkäse sehr zu empfehlen ist (www.frankenwaldmetzger.de). In der Ortsmitte erinnert ein **Gedenkstein** an die aus dem 17. Jahrhundert stammende und 1954 abgebrannte St. Michaeliskirche. Von Nurn geht es dann hinab ins Rodachtal, das man bei der Teichmühle (s.o.) erreicht.

▸Karte S. 102

Das untere Rodachtal bis Kronach

Die Rodachtalstraße mündet knapp drei Kilometer unterhalb von Steinwiesen in die B 173 ein, nahe dieser Stelle fließt auch die von links herankommende Wilde Rodach in die Rodach ein. Das Rodachtal öffnet sich jetzt und ist zwischen den Orten Zeyern, Ober- und Unterrodach bis hin nach Kronach sehr verbaut und industrialisiert. Diese drei Ortschaften sind in der Katastralgemeinde Marktrodach zusammengefasst, in der 3800 Menschen leben.

Zeyern

Sehenswert ist hier die **Zeyerner Wand**, eine markanten Felsformation am Nordufer der Rodach westlich des Orts, zu erreichen am besten zu Fuß ab dem westlichen Ende der Bahnhofstraße (Wanderweg Zeyerner Runde). Landschaftlich reizvoll ist eine Fahrt entlang des **Zeyerner Bachs** süostwärts und dann hinauf bis nach Geuser – das sehr malerische und idyllische Tal des Zeyerner Bachs ist eines der hübschesten, doch auch unbekanntesten des Frankenwalds.

Als Wanderung sei die Tour von Zeyern über die Markgräfliche Höhe, die Waldkapelle Kirchbühel und zur **Radspitze** (678 m, mit 20 m hohem Aussichtsturm) empfohlen – es ist in zwei Stunden zu schaffen. Die Radspitze ist flach und unauffällig, dennoch einer der höheren Berge im Frankenwald, die Höhendifferenz zwischen ihm und dem im Süden vorgelagerten **Losnitztal** ist mit 300 Meter die größte in der Landschaft des Frankenwalds zu messende unmittelbare Höhendifferenz. Durch das Losnitztal verläuft die Fränkische Linie (→ S. 154).

Marktrodach

Der Gemeindeteil Oberrodach auf der Südseite der Rodach ist im wesentlichen durch kleine und mittelständische Industrie geprägt. Als Geheimtipp sei die vielbesuchte Imbissbude mit **Irmchens Rostbratwürsten** (Kulmbacher Str. 14) erwähnt, wo es die weithin bekannten Coburger Rostbratwürste gibt. Andere, gehobenere Gastronomie gibt es nicht weit davon in Stegner's Restaurant.

Die Verwaltung der Marktgemeinde befindet sich im Ortsteil Unterrodach, hier liegt auch das viel besuchte **Flößermuseum**. Mit seinen hübschen **ehemaligen Floßherrenhäusern** erinnert Unterrodach noch stark an seine Geschichte als Flößerdorf. Das Museum ist in einem solchen historischen Gebäude untergebracht.

Sehr sehenswert ist auch die **Wallfahrtskirche zum Heiligen Kreuz** (Kreuzbergklause 2) auf dem 457 Meter hohen Kreuzberg, westlich von Unterrodach, durch ihr Stilgemisch gotischer und barocker Elemente. Sie entstand um 1638 nach einem Gelübde, gemäß dessen sich die Unterrodacher verpflichteten, eine Kirche zu bauen, wenn ihr Ort von der Pest verschont werden würde. Über dem Eingangsportal befindet sich das Wappen des Fürstbischofs Franz von Hatzfeldt.

Seibelsdorf

Zu den schönsten Kirchen Frankens gehört die von Seibelsdorf, hart an der Grenze des Frankenwalds zum Kulmbacher Land gelegen. Die **Pfarrkirche St. Andreas** ist eine der sogenannten Markgrafenkirchen, d.h. in einem Stil des 18. Jahrhunderts errichtet, wie er damals im

In Unterrodach

Markgrafentum Bayreuth mehr oder weniger verpflichtend war und der sich sowohl innen wie außen in erster Linie durch auffällige Schlichtheit auszeichnet. Die Seibelsdorfer Kirche entstand zwischen 1735 und 1760 in Nachfolge eines schon im 12. Jahrhundert existierenden Vorgängerbaus als Sandsteinquaderbau, der 50 Meter hohe Turm wurde 1755 vollendet. Die Kirche ist von einer Wehrmauer umgeben, die aus dem 15. Jahrhundert stammt. Das lichte Kircheninnere überwältigt. Deutlich ist stilistisch schon der Klassizismus erkennbar. Das Langhaus ist in leuchtendem Weiß gehalten, blau-gold-weiß der Kanzelalter. Das Taufbecken von 1830 ist eindeutig klassizistisch. Stuckverziert ist die Decke, zwischen einzelnen Feldern sind ornamentale Tuschzeichnungen des Zeitgenossen Gerhard Mayer eingesetzt, »Gott-Partikel« genannt.

Von Seibelsdorf kann man bequem mit dem Pkw bis fast zur **Radspitze** (678 m) fahren: auf passähnlicher, teilweise unbefestiger Straße geht es hinauf bis Mittelberg, dann sind es noch etwa 500 Meter zu Fuß mit etwas Anstieg.

Wanderung zur Radspitze

In der Ortsmitte von Seibelsdorf (389 m) beginnt an der Fischbacher Straße der **Muschelkalkweg**. Dieses 11,5 Kilometer lange Frankenwald-Steigla geht über Losau hinauf zur Radspitze (678 m) und über den Abbruch des Grundgebirges mit einem Höhenunterschied von gut 300 Metern (siehe oben) über die Fränkische Linie wieder nach Seibelsdorf hinab und damit ins mesozoische Bruchschollenvorland mit seinen Muschelkalkaufschlüssen. Dieser Abstieg gilt als größter unmittelbarer Höhenunterschied des gesamten Frankenwald. In etwa vier bis viereinhalb Stunden ist die Runde mit insgesamt 350 Höhenmetern Aufstieg zu machen.

▸ Karte S. 102

Um das Tal der Wilden Rodach

Ein linker Nebenfluss der Rodach ist die Wilde Rodach. Sie ist nur 21 Kilometer lang und entquillt südlich von Schwarzenbach am Wald. Auf ihren letzten 13 Kilometern, bis zur Mündung in die Rodach unterhalb von Steinwiesen, verläuft die B 173 in ihrem Tal. Die Flößerei im Frankenwald fand intensiver als auf der Rodach auf der Wilden Rodach statt. Fährt man von der Mündung über die B 173 flussaufwärts, ist bald Wallenfels erreicht.

Wallenfels

Mit über 2600 Bewohnern ist Wallenfels einer der größten Orte im Frankenwald. Zugegeben – es gibt hier nicht allzuviele Sehenswürdigkeiten. Die **neugotische Stadtpfarrkirche** von 1861 mit neogotischer Innenausstattung mag dazu gehören, genau wie die hübsche **Schlossbergkapelle** von 1921 auf dem Schlossberg oberhalb der Stadt. Von der Burg Wallenfels an dieser Stelle ist nichts mehr

Aussicht von Wellesberg

Die Kirche von Neuengrün

vorhanden, sie wurde 1525 im Bauernkrieg zerstört und dann als Steinbruch benutzt. Es ist durchaus lohnend, auf den 477 Meter hohen Schlossberg zu spazieren, von der Kapelle hat man eine sehr schöne Sicht auf Wallenfels und das Tal. Kulinarisch ist Wallenfels und seine Umgebung bekannt durch die »**Gstopftn Rumm**«, also gestopfte, d.h. gehackte Rüben, ein fleischloses Gericht aus verschiedenen Gemüsen, das einst ein Arme-Leute-Essen war, doch inzwischen kulinarisch verfeinert wurde (→ S. 39). Eine weitere Wallenfelser Spezialität sind die wunderbaren Gerstensäfte der **Brauerei Malzschmied**.

Wallenfels wird viel besucht, denn auf diesem Abschnitt der Wilden Rodach finden von Mai bis September **Floßfahrten** statt, zu denen an den Wochenenden bis zu 1000 Besucher kommen. Während der Wallenfelser Kirchweih Ende Juli wird eine Nachtfackelfloßfahrt *Rodach in Flammen* veranstaltet. Die Floßfahrten beginnen etwa zwei Kilometer flussaufwärts bei Schnappenhammer, hier ist der Zustieg, sie enden nach etw 40 Minuten Fahrt am Flößerhaus (Geusergrund 1) – mit Flößerlädla – am östlichen Ortsrand von Wallenfels. Hier parkt man auch und fährt dann mit dem Shuttlebus bis zur Abfahrtstelle. Info bei der Tourismusinformation oder unter www.flossfahrt-wallenfels.de.

Von den Frankenwald-Steigla liegt bei Wallenfels der **Dörnachsteig**, der auf siebeneinhalb Kilometer nach Süden, hinauf nach Dörnach führt (235 Höhenmeter Unterschied) und in zweieinhalb Stunden zu bewältigen ist. Beginn ist am Wanderparkplatz Leutnitztal am westlichen Ortseingang von Wallenfels. Die Aussicht ins Rodachtal von Dörnach ist sehr schön.

Die folgenden beiden Orte liegen außerhalb des Tals der Wilden Rodach, sie lohnen den Besuch jedoch sehr.

Wellesberg

Etwa 500 Meter vor der Floßanlegestelle in Schnappenhammer geht beim **Weiler Wellesbach** eine Straße nach

Um Neuengrün kann man gut wandern

links Richtung Neuengrün. Biegt man hier ab, kommt man nach knapp zwei Kilometern zum Abzweig (nach rechts) nach Wellesberg. Zu diesem einsam auf einem schmalen Bergsporn gelegenen, weltfernen Ort sollte man unbedingt einmal hinauffahren. Man sollte bis zum höchsten Punkt des Weges in der Ortsmitte fahren und sich dann nach rechts bis zum Ortsende wenden (Vorsicht: kaum Park- und keine Wendemöglichkeiten für größere Fahrzeuge) und von dort einen wunderbaren, »eichendorffischen« Blick über die stillen Lande schicken. Durch Wellesberg führt der **Wanderweg Wolfersgrüner Runde**, man kann von hier dann über den 525 Meter hohen Eichberg hinab nach Schnappenhammer laufen.

Neuengrün

Dieser außergewöhnlich hübsche Ort ist als Dorfanlage ein Rundling – vor allem ein unverbauter Rundling. In der Mitte befinden sich die 1795 geweihte **Pfarrkirche**, Teich und Anger und die Häuser mit ihren Fluren sind radialstrahlig in einem Dreiviertelkreis ringsum angeordnet, ein Rundangerdorf mit Radialhufenflur wie es die Wissenschaft nennt. Neuengrün ist ein unvergleichliches Idyll und der gesamte Ortskern denkmalgeschützt. Das Dorf existiert als Rodungssiedlung seit dem 14. Jahrhundert, wenngleich keine originale Bebauung aus der Zeit mehr vorhanden ist. Damals wurde um den Ort Bergbau auf Eisenerz betrieben. Man sollte unbedingt im weithin bekannten Dorfwirtshaus Hildner einmal einkehren, neben üblichen Gerichten guter Hausmannskost gibt es hier einiges, was anderswo schon lange nicht mehr angeboten wird, wie z.B. Zicklein mit Eierbrühe oder Stockfisch.

Man sollte auch den Feldweg zwischen den Häusern Nr. 6 und Nr. 7 westwärts bis auf die Höhe fahren, dort parken und beim Anblick der stillen Wälder und Talungen die Seele baumeln lassen.

Lamitztal

Zu den schönsten Tälern des mittleren Frankenwalds gehört das Lamitztal. Die Lamitz mündet bei Schnappenhammer in die Wilde Rodach, entlang des Bachs führt eine kleine Fahrstraße hinauf bis **Wolfersgrün**. Sehr schön ist der oberste Talabschnitt, dort wo die Straße nach Wolfersgrün nach einer Kehre steil ansteigt, und aus dem Tal herausführt.

Durch das Tal führt von Schnappenhammer der fünf Kilometer lange **Lamitzpfad**, ein Rundweg, der an Infotafeln über Geologie, Wald und Pflanzenwelt, die Flößerei sowie über Aufforstung und Renaturierung des Tals und seiner Hänge informiert. Das Lamitztal ist eines der im Frankenwald so verbreiteten Wiesentäler (siehe auch das Langenautal bei Geroldsgrün), in deren Feuchtgebieten seltene Pflanzen und Tiere wie die Perücken-Flockenblume, die Sumpf-Kratzdistel, die Gerandete Jagdspinne oder der Schwarzstorch leben. Der Lamitzpfad ist ein in schönster Landschaft gelegener Lehrpfad.

Schnaid

Von Schnappenhammer im Tal empfiehlt es sich, auch einmal in die Streusiedlung Schnaid hinaufzufahren, die auf einem Höhenrücken liegt – die kleinen freundlichen Orte sind recht anmutig. Sowohl von Schnappenhammer wie aus dem Thiemitztal heraus (beim vielbesuchten Gasthof Lorchenmühle geht es hinauf), sind die drei Ortsteile Vordere, Mittlere und Hintere Schnaid erreichbar – es sind aber schmale und kurvenreiche Straßen. In der Mittleren Schnaid steht die Pfarrkirche von 1954, hier beginnt auch der **Süßengut-Weg**, der in fünfeinhalb Stunden über 15 Kilometer durch die herrliche Landschaft links und rechts der Wilden Rodach führt, über Thiemitz, Bernstein, dann entlang der Wilden Rodach und wieder hinauf. Im Tal der Wilden Rodach endet östlich von Schnappenhammer der Kreis Kronach und damit das alte bambergische Gebiet. Danach erreicht man den Kreis Hof und damit den einst markgräflichen, hohenzollernschen, östlichen Frankenwald.

Rodachtal

Tourist-Information und Naturparkinformationszentrum Oberes Rodachtal, Kronacher Str. 75, 96349 Steinwiesen, Tel. 09262/1538 www.oberes-rodachtal.de

Markt Marktrodach, Kirchplatz 3, 96364 Marktrodach, Tel. 09261/60310. www.marktrodach.de

Tourist-Information Wallenfels, Rathausgasse 1, 96346 Wallenfels, Tel. 09262/94521. www.wallenfels.de

Hotel-Restaurant Wagner, Mühlwiesen 1–3, 96349 Steinwiesen, Tel. 09262/780 (Restaurant 78104); DZ 90–110 €. Am westlichen Ortsausgang direkt neben dem Schwimmbad (kann mitgenutzt werden), viele attraktive Pauschalen. www.wagners-hotel-frankenwald.de

Gasthof Goldener Anker, Ankerstr. 9, 96349 Steinwiesen, Tel. 09269/343; einfache Zimmer, Preise auf Anfrage. Im Restaurant auch vegane Angebote. Historisches Gebäude von 1824 im Dorfzentrum. www.gasthof-goldener-anker.de

Gasthaus zum Frankenwald, Nordhalbener Str. 4, 07343 Titschendorf, Tel. 036652/35305. Übernachtung auf Anfrage. www.gasthaus-titschendorf.de

Gasthof Roseneck, Schützenstr. 46, 96346 Wallenfels, Tel. 09262/7260; DZ 80 €. www.gasthof-roseneck.de

Gaststätte Mauthaus, 96365 Mauthaus Nr. 3, Tel. 09267/1309.

Waldgasthof Hubertushöhe, Hubertushöhe 1, 96349 Steinwiesen, Tel. 09267/209. Uriges Restaurant mit Biergarten nördlich von Nurn.

Stegners Restaurant und Landbiergarten, Kulmbacher Str. 10, 96364 Marktrodach, Tel. 09261/2640. Sehr niveauvolles, nicht zu rustikales Restaurant mit Biergarten. www.stegners-restaurant.de

Gaststätte Egersmühle, Frankenwaldstr. 7, 96346 Wallenfels, Tel. 09262/576. Bekannt durch die »Gstopftn Rumm«.

Dorfwirtshaus Hildner, 96346 Neuengrün Nr. 13, Tel. 09262/8433. Traditionelles beliebtes Wirtshaus. www.dorfwirtshaus-hildner.de

Café Kuhnlein, Nordhalbener Str. 66a, 96349 Steinwiesen, Tel. 09262/451. Vorzügliche Zuckerbäckerei im Ortszentrum.

Museum Teichmühle, Teichmühle 1, 96349 Steinwiesen, Tel. 09261/94633 (Mühlenverein, Herr Kestel); Mai–Okt. jeweils So 14–17 Uhr. Gruppenführungen auch außerhalb nach Vereinbarung. Themen: Flößerei, Holzaufbereitung, alte Sägegatter, Ortsgeschichte. www.teichmuehle-steinwiesen.byseum.de

Heimatmuseum Steinwiesen, Am Kirchplatz 1, 96349 Steinwiesen, Tel. 09262/99150 und 991513; geöffnet nach Vereinbarung. Flößerei und Schneidmühlen, Handwerk und Landwirtschaft sowie Architektur der Frankenwaldhäuser u.a. www.steinwiesen.de

Flößermuseum, Kirchplatz 8, 96364 Marktrodach, Tel. 09261/20511; April–Okt. Sa 10–12 und 14–16 Uhr, So und Fe nur 14–16 Uhr. Themen: Arbeitswelt der Flößer, Holztransport, Gerätschaften. www.floessermuseum-unterrodach.byseum.de

Bio-Backhaus Stumpf, Schützenstr. 37, 96346 Wallenfels, Tel. 09262/972354. Brot von Weltruf. Mit BioBrotschule/Brotseminare etc. www.biobackhaus.com

▸ Karte S. 102

Die Flößerei im Frankenwald

Über 600 Jahre ernährte die Flößerei Land und Leute im Frankenwald. Flößerorte waren vor allem Unterrodach, Neuses, Wallenfels, Steinwiesen und Steinberg. Noch in der Mitte des 19. Jahrhunderts lebten 85 Prozent der Unterrodacher direkt von der Flößerei. Etwa 200 Kilometer der Bäche und Flüsse des Frankenwalds weisen bauliche Maßnahmen zur Flößerei auf - die Dichte an Bächen/Flüssen im Frankenwald bringt es mit sich, dass nirgendwo ein Baum mehr als vier Kilometer von einem Bach entfernt ist, über den sein Stamm getriftet werden kann.

Die Arbeit durch das Jahr war nach einer festen Ordnung geregelt. Im Februar und März wurde nach der Schneeschmelze in den oberen Talgründen geflößt, ab März/April in den unteren. Über Floßteiche konnte der Wasserstand in den Bächen bei möglichem Niedrigwasser reguliert werden. Man zog in langen Fußmärschen zu den Holzlagerplätzen und fügte die unterschiedlich langen und dicken Stämme zu sogenannten Kuppeln zusammen. Das war ein Floß aus sechs bis zwölf Stämmen, der längste befand sich in der Mitte und symmetrisch nach außen folgte der jeweils kürzere. Diese Kuppeln wurden dann bis in das jeweilige Heimatdorf getriftet. Hier wurden die Kuppeln auseinandergenommen und jetzt Stämme von jeweils gleicher Länge zu sogenannten Böden zusammengestellt. Diese wurden in den Fluss geschoben, womit die Reise begann.

Auf dem Main wurden mehrere Böden zusammengekoppelt, so dass Flöße mit einer Länge von 150 Metern und mehr entstehen konnten. Diese langen Mainfloße hatten sich vor allem bei Schleusendurchfahrten auf dem kanalisierten Main als vorteilhaft erwiesen. Sie durften acht bis elf Meter breit sein, wobei sich die Abmessungen nach Flussbreite, den Schleusen und Brücken richtete. Meist fuhren sechs Floße zusammen eine »Partie«, mit mindestens 13 Mann Besatzung. Das erste Floß trug die Hütte mit der Schlaf- und Kochstelle, dem Proviant und der übrigen Ausrüstung. An einer hohen Stange wehte die »Wahrschauerflagge«, um die entgegenkommenden Schiffe auf die Flöße aufmerksam zu machen. Streckenweise musste auch ein Flößer, der »Wahrschauer«, in einem Nachen mit der Flagge vorausfahren und die Flöße ankündigen.

Für die Strecke Kronach-Mainz benötigte ein Floß bei günstigem Wetter auf dem nichtkanalisierten Main etwas 15 Tage. Oft wurde aber unterwegs haltgemacht, um Holz zu verkaufen oder weitere Oberlast mitzunehmen. Abends legten die Flöße an, denn nachts durfte nicht geflößt werden, ebenso nicht bei Nebel oder Hochwasser. Für die Verpflegung musste der Floßherr aufkommen: jedem Besatzungsmitglied standen u.a. pro Tag etwa ein Pfund Fleisch und fünf Liter Bier zu. Auf dem Floßofen bereitete der Koch zweimal täglich eine warme Mahlzeit zu.

Endstationen für die Mainflöße waren nach über zweiwöchiger Reise meist Aschaffenburg, Frankfurt oder Mainz. Dort wurden sie aufgelöst, die Stämme gereinigt und an die Holzhändler verkauft. Sogar die Bretter, aus denen die Hütte bestand, die Stangen für die Floßbäume und das Stroh, auf dem die Flößer geschlafen hatten, fanden Abnehmer. Dasjenige Holz, das direkt für den niederländischen Schiffsbau bestimmt war, wurde zu großen Rheinflößen zusammengebunden, die bis 400 Meter lang und etwa 80 Meter breit waren. In den Niederlanden bestand ein hoher Bedarf an starken Stämmen, die sogenannten »Holländer«. Sie wurden für den Schiffsbau und für Rammpfähle benötigt, die in Städten als Fundament für viele Bauwerke dienten. Die Flößer lieferten auch Bau- und Grubenholz für das rheinisch-westfälische Industriegebiet und Stämme für Telegrafenmasten. Bis zur Einführung der Eisenbahn legten die Flößer den Weg zurück in ihre Heimat zumindest ab Aschaffenburg zu Fuß zurück.

Der August war der Baumonat, in dem Wehre, Mühlgräben und die für die Flößerei unverzichtbaren Uferbefestigungen erneuert wurden. Flößerei war in diesem Monat verboten. Wegen der Regenfälle im Herbst wurde im Oktober und November dann wieder auch in den oberen Tälern geflößt. Im Dezember ruhte die Flößerei vollständig, die Floßknechte verdingten sich anderswo, meist zu Holzarbeiten.

Der Floßherr trug oft die Tracht seiner holländischen Holzaufkäufer: also im 17. bis zum Anfang des 19. Jahrhunderts Schnallenschuhe, weiße Strümpfe mit Kniebundhose, eine Weste mit silbernen Knöpfen, ein buntes Halstuch, in späterer Zeit dazu Gehrock und Zylinder. Er war der Unternehmer und bewohnte im allgemeinen ein zweistöckiges Haus, womit er sich von den Floßknechten deutlich unterschied. Diese waren oft besitzlos, hatten bestenfalls einen meist nur kleinen Acker oder eine Wiese und bewohnten ein eigenes »Tropfhaus«. Der Begriff besagte, dass der zum Haus gehörende Grund nicht weiter reicht, als das aus der hölzerne Regenrinne tropfende Wasser reicht. Die lange Abwesenheit der Floßknechte im Sommerhalbjahr brachte es mit sich, dass deren Frauen im Flößerdorf machen konnten, was sie wollten und sich manch Floßknecht nach der Rückkehr mit Hörnern versehen sah.

Ab der zweiten Hälfte des 19. Jahrhunderts zeichnete sich durch die Eröffnung des Ludwig-Main-Donau-Kanals und die Mainkanalisierung, aber auch durch die neuen Transportmöglichkeiten auf Schiene und Straße allmählich der Niedergang der Flößerei ab. Nach dem Zweiten Weltkrieg kam die Flößerei dann ganz zum Erliegen. Viele holzwirtschaftliche Betriebe konzentrierten sich auf die Verarbeitung vor Ort und den Weitertransport auf Schiene und Straße. Zudem wurde Billigholz aus Osteuropa zu einer ernstzunehmenden Konkurrenz für die heimische Holzwirtschaft.

Doch pflegt man im Frankenwald stolz die Erinnerung an die Flößerei. Traditions-Flößergemeinschaften in Flößerorten wie Wallenfels, Unterrodach, Friesen oder Neuses halten dieses Erbe hoch.

Das Flößereimuseum in Unterrodach

Der Osten

Ab einer Linie in etwa von Heinersberg an der thüringischen Grenze südwärts über Dürrenwaid–Wolfersgrün–Schnaid, dann südwestwärts bis zur Fränkischen Linie bei Stadtsteinach gehörte der Osten des Frankenwalds durch die Jahrhunderte nicht zum Fürstbistum Bamberg. Er war, vereinfacht ausgedrückt, seit dem 14. Jahrhundert hohenzollersches Gebiet der Markgrafen von Bayreuth-Kulmbach und kam 1792 an Preußen, 1810 an Bayern. Die alte Territorialgrenze blieb im Großen und Ganzen und nur leicht geändert bis heute bestehen – als Grenze zwischen den Kreisen Kronach und Hof bzw. Kulmbach im Süden.

Im Osten des Frankenwalds gibt es einige seiner herausragendsten Sehenswürdigkeiten: das mondäne Staatsbad Bad Steben, das altertümliche Städtchen Lichtenberg, das zauberhafte Höllental und natürlich auch das Saaletal, das zwischen Blankenstein und Hirschberg die thüringisch-fränkische Grenze bildet – und natürlich noch viel mehr: im Süden die tiefen Wälder um das unsagbar schöne Langenautal und das Schieferbergwerk Lotharheil.

Östlicher Frankenwald

Um Bad Steben und Geroldsgrün

Wer von Teuschnitz und Nordhalben über die Frankenwaldhochstraße kommend ostwärts Richtung Bad Steben fährt, verlässt zwischen Heinersberg und Hermesgrün plötzlich die schier unendlichen Waldgebiete und erreicht eine gerodete Hochfläche, die sich bis zur Saale und zur A9 hinzieht und nur an einer Stelle vom Selbitz- bzw. dem Höllental durchtieft ist. Es berührt merkwürdig – die alte bambergische Ostgrenze ist mehr oder weniger die Kreisgrenze und macht sich auch im Landschaftsbild bemerkbar. Und dann kommt noch dazu, dass sich genau an dieser Stelle auch der geologische Untergrund verändert: Östlich davon besteht der Untergrund nicht mehr aus altpaläozoischen Schiefern und Quarziten sondern aus Diabas, einem im Devon untermeerisch entstandenen Vulkangestein (→ S. 20).

Neben dem Kurort Bad Steben sind hier das Dürrenwaider und das Langenautal sowie das Schieferbergwerk Lotharheil sehenswert. Wo übrigens die Straße den Waldrand passiert, liegt ein Parkplatz, von dem man in einer Viertelstunde zum **Schwarzen Teich** an der thüringischen Grenze spazieren kann, ein düsteres, einsam daliegendes Gewässer, von dem jenseitig ein Weg zum in den 1950er Jahren abgerissenen reußischen Forsthaus Jägersruh verläuft. Von ihm sind noch Fundamentreste vorhanden

Langenbach und Carlsgrün

Südlich von Langenbach (via Dürrenwaider Straße, 300 m Fußweg links neben Haus Nr. 16) befinden sich an einem flachen Hang die **»Zwölf Apostel«**, eine mysteriöse 15 Meter lange Steinreihe, deren Zweck wie auch Alter unklar sind. Möglicherweise stammen die ziemlich genau in Süd-Nord-Richtung angelegten Steine aus der Jungsteinzeit (um 3000 v. Chr.), wie es der Archäologe Barry Cunliffe postuliert. Das Münchener Denkmalamt sieht die Steinreihe jedoch ganz nüchtern als mittelalterlich an. Die Steine sind 60 bis 105 Zentimeter hoch. Gemäß einer Theorie des Hofer Vermessungsfachmanns Adam Ott handelt es sich um ein prähistorisches Sonnenobservatorium (wie Stonehenge), da die Sonne am Tag

Die Zwölf Apostel bei Langenbach

Karte S. 115

Ortsansicht von Langenbach

der Sommersonnenwende - wenn man direkt vor der Steinreihe steht - zwischen zwei bestimmten Steinen aufgeht, zu den Tagen der Tag- und Nachtgleiche genau zwischen zwei weiter südlich gelegenen. Denn es stehen je zwei Steine näher beisammen als die anderen. Luftbilder lassen vermuten, dass es um Langenbach noch weitere, aber versunkene Steinreihen gibt, im Falle der »Zwölf Apostel« scheint sich die Reihe unterirdisch im Feld fortzusetzen. Überhaupt gibt es in der Gegend um Geroldsgrün-Dürrenwaid viele merkwürdige, anscheinend durch Menschenhand behauene Steine, die von Kraftfeldern umgeben sein sollen (Alfred Völkel, Steine weisen in die Vergangenheit, in: Heimatkalender für Fichtelgebirge, Frankenwald und Vogtland 2003).

Der in Oberfranken bekannte Graphiker und Heimatforscher Karl Bedal hat in den 1980er Jahren besondere Lageverhältnisse zwischen den Zwölf Aposteln und anderen Burgen, Kirchen, Kreuzsteinen oder sonstigen spirituellen Örtlichkeiten gefunden. Setzt man die Zwölf Apostel in die Mitte eines Kreises und zieht davon eine Linie zur Heuschenburg, zur Ruine Nordeck, zur Ruine Hohenrod, zum Kreuzstein bei Tennersreuth, zur Ruine Uprode oder zum Wartturm bei Hof (um nur eine Auswahl zu nennen, so haben all diese Verbindungslinien überraschend den gleichen Winkelabstand zueinander. Und allen Entfernungen liegt das Maß von 6,75 Kilometer zugrunde. 27 Kilometer (4 x 6,75) sind es zur Heuschenburg, 40,5 (6 x 6,75) zur Ruine Nordeck, 6,75 Kilometer sind es zur Ruine Hohenrod, 28 (4 x 6,75 km) zum Kreuzstein bei Tennersreuth, 26,5 Kilometer (4 x 6,75) sind es zur Ruine Uprode bei Weißdorf und ebenfalls 26,5 Kilometer sind es zum Wartturm nach Hof. Zufall ? Wir meinen nein.

Bei Langenbach verläuft die **Wasserscheide Elbe–Main**, nicht von ungefähr gibt es hier einen »Wasserscheidenweg«, der sich bestens für Spaziergänge anbietet. Von der **Schwedenwacht** (678 m) am östlichen Ortsrand hat man einen schönen Blick über die Lande.

Vom nahen **Carlsgrün** (Beginn Dorfplatz) führt das Steigla des **Grenzerwegs** in fünfeinhalb Stunden über 16 Kilometer auch ein Stückchen nach Thüringen hinein, bis nach **Schlegel** (dort gibt es einen 400 Jahre alten wilden Apfelbaum), und lässt den

Wanderweg im Langenautal

Im Kurpark von Bad Steben

Wanderer das »Grüne Band« berühren. Das Gasthaus Adelskammer in Carlsgrün gilt als ältestes Wirthshaus des Frankenwalds. Eine Einkehr dort ist ein Muss.

Bad Steben

Mit seinen 578 Metern Seehöhe ist Bad Steben das höchstgelegene der bayerischen Staatsbäder. Seit der Mitte des 15. Jahrhunderts sind die Quellen bekannt, 1553 nutzte sie Herzog Heinrich Reuß von Plauen um seine Leiden zu kurieren, auch die Bauern wandten das Wasser bei verschiedensten Krankheiten an. Doch war Steben bis zu Beginn des 19. Jahrhunderts im wesentlichen ein Bergbauort. 1792, nach der Übertragung der markgräflichen Lande durch einen Geheimvertrag, wurde Bad Steben wie die gesamte vormalige Markgrafenschaft Bayreuth-Kulmbach Teil des Königreichs Preußen.

König Friedrich Wilhelm II. schickte den noch jungen Wissenschaftler **Alexander von Humboldt** im gleichen Jahr als Bergassessor nach Steben. Drei Jahre verblieb Humboldt im späteren Oberfranken, darunter auch in Goldkronach (dort erinnert das Goldbergbaumuseum an ihn) und Arzberg (Eisenerzvorkommen). Er verbesserte die Abbaumethoden, reorganisierte den Bergbau technisch wie ökonomisch und brachte den Eisenerzbergbau im östlichen Frankenwald zu neuer Blüte. 1810 kam Steben an Bayern, 1832 erhielt es den Titel eines königlichen Staatsbads und seitdem eilen die Heilungsuchenden aus aller Welt hierher. In Steben treten zwei unterschiedliche Quellwässer zu Tage: in der **Tempelquelle** radonhaltige Wässer (daher das »R« im Wappen!), in der **Wiesenquelle** ist es ein calciumreicher Kohlendioxid-Säuerling . Bei den Anwendungen kommt auch Schlamm aus den Mooren der Umgebung zur Anwendung. Das sehr seltene radioaktive Edelgas Radon ist auch in den Heilwässern von Bad Gastein im Salzburgischen enthalten – Bad Steben und Bad Gastein zählen zu den wenigen Radon-Kurorten der Welt. Radon findet Anwendung bei degenerativen Wirbelsäulen- und Gelenkleiden sowie bei Rheuma und allgemeinen Erschöpfungszuständen. Es belebt das Immunsystem und stimuliert die körpereigene Hormonproduktion. Viel besucht ist die **Bad Stebener Therme** auch von Nicht-Kurenden, sie wird zu den zehn schönsten Thermen Deutschlands gerechnet.

▸ Karte S. 115

Eine der ältesten Gotteshäuser des Frankenwalds ist die **Pfarr- und Wehrkirche St. Walburga** (Kirchstraße) aus der Zeit um 1500, die auf einen bedeutend älteren Bau zurückgeht, dessen Mauerwerk in Teilen noch vorhanden ist. Sie weist im Innern einige spätgotische Wandmalereien auf. Der Vorgängerbau war die Mutterkirche vieler Kirchen des Frankenwalds. Ihr Langhaus wurde 1910 abgerissen, um Platz für die gleich dahinter stehende **Lutherkirche** von 1910 zu schaffen, die in einer Art zaghaften Jugendstils gehalten ist. Daher wirkt die Walburgakirche merkwürdig halbiert, höher als breit, doch sehr auffällig.

Der **Klenzebau im Kurpark** wurde 1837 als Badehaus errichtet. Zwischen diesem und dem Kurhaus zieht sich eine reizvolle Kolonnade hin. Im **Kurhaus** selbst, errichtet 1911 in neobarocker Weise, befindet sich auch ein **Museum**, die Graphiksammlung Stiftung Schreiner. Der Kurpark selbst wurde gegen 1840 in der Art eines englischen Landschaftsparks angelegt.

Im **Haus Badstraße 2** lebte von 1792 bis 1795 Alexander von Humboldt, zu seiner

Die Lutherkirche in Bad Steben

Das Humboldthaus in der Badstraße von Bad Steben

Zeit war hier auch das preußische Bergamt untergebracht. Es befindet sich in Privatbesitz und kann nicht besichtigt werden.

Als eines der Frankenwald-Steigla gibt es um Bad Steben den **Flaserkalk-Steig**. Der 16 Kilometer lange Rundwanderweg beginnt am Bahnhof in Bad Steben und führt bis zum Flaserkalkbruch in Horwagen (s.u.). Gute fünf Stunden braucht man für die Tour.

Bobengrün

Hier liegt südlich des Ortsteils Horwagen eines der **wichtigsten Geotope Bayerns**. Der Horwagener sogenannte Flaserkalk ist hell- bis dunkelrot und von roten bis grünen wechselnd dünner und dicker werdenden Ton- und Tuffitlagen durchzogen; es ist ein Gefüge, was als Flaserung bezeichnet wird. Er wurde vor etwa 370 Millionen Jahren im Meer des Oberdevon abgelagert. Der hohe Sauerstoffgehalt des Meeres hatte ein reiche Fauna an Kalkalgen, Korallen, Seelilien und Ammoniten entstehen lassen. Aus deren Schalen und Hartteilen entstanden die Schichten des Flaserkalks. Das Vorkommen ist 60 Meter mächtig und bildet eine etwa 200 Meter lange Linse.

Die rote und grüne Färbung ist auf verschiedene Eisenoxide zurückzuführen. Als »Deutsch-Rot-Marmor« (es ist aber kein Marmor in petrologischem Sinn) wurde das Gestein bekannt und europaweit für die Ausstattung von Repräsentationsbauten aller Art verwendet. Oft wird er auch als Marxgrüner Marmor bezeichnet, da er in Marxgrün nördlich von Naila auf die Eisenbahn verladen wurde. Der Taufstein von 1858 in der Nailaer Stadtpfarrkirche ist aus ihm gearbeitet.

Von Bobengrün fährt man über die Horwagener Straße bis zum **Wandererheim Gerlaser Forsthaus** (Unterer Gerlas 3, 95138 Gerlas/Bad Steben), dort befindet sich eine Infotafel und dort beginnt ein **geologischer Lehrpfad**, der in etwa 25 Minuten zum Steinbruch führt. Am Wandererheim Gerlaser Forsthaus, das auch über ein Informationszentrum zu Mineralien und Bergbau des Frankenwalds verfügt, beginnt auch ein Planeten-Lehrpfad, der nach Bobengrün zum dortigen CVJM-Haus führt. Dieses Haus des »Christlichen Vereins junger Menschen« ist bei der protestantischen Jugend Bayerns als Tagungs- und Begegnungsstätte wohlbekannt.

Östlich von Bobengrün liegt das **Froschbachtal**, das man getrost zu den lieblichsten Gegenden des östlichen Frankenwalds rechnen kann, in seinem oberen Teil ist es schluchtartig ausgebildet.. Der Zugang erfolgt von der **Thierbachermühle**, oder von Bobengrün über den **Spiegelwaldweg**. Ein weiterer, aber etwas längerer Weg zum Tal beginnt in Marxgrün, auf dem **Ozünderweg**, entlang des Unterlaufs des Froschbachs. Durch das Tal selbst verläuft der Radweg HO 12.

▶ Karte S. 115

Geroldsgrün und Dürrenwaid

In Geroldsgrün kann man die barockisierte **Pfarrkirche St. Jakobus** bewundern, eine Wehrkirche mit einem Rundturm in der Mauer. Geroldsgrün ist mit einem Zweigwerk des Unternehmens Faber-Castell ein wichtiger Standort der Blei- und Buntstiftproduktion (mit Werksverkauf). Vor 100 Jahren wurden hier auch Rechenschieber hergestellt. Nicht von ungefähr hatte sich diese Firma 1857 hier angesiedelt, die Schiefervorkommen des nahen Bergwerks Lotharheil dienten als Rohmaterial für die Herstellung von Schiefertafeln und unterschiedlichem Schreibgerät sowie für Tafelkreide und Schwämme. In Geroldsgrün wurden bis in die 1990er Jahre auch die hölzernen Gehäuse für die Radio- und Fernsehgeräte der einst so bekannten Marke Graetz produziert. Die etwas heruntergekommenen und leerstehenden Werkshallen künden von einer einst glorreichen Zeit Geroldsgrüns als Industriestandort.

Nordöstlich des Orts steht im Gemeindeteil Hirschberglein die **Frankenwarte**, ein neun Meter hoher Aussichtsturm.

Sehenswert ist auch die wild-felsige Waldlandschaft (als Waldabteilung »Burgstein« genannt) um die Reste der **Fliehburg Wallenrode** etwa 2,5 Kilometer südwestlich von Geroldsgrün. Zwar ist von der Burg nur noch wenig vorhanden, doch überrascht die vormalige Größe der Anlage (300 m Länge, 80 m Breite) mit drei Vorburgen und Grabensystemen, mit denen die Hauptburg geschützt war. Die Burg kam um 1250 in den Besitz der Bamberger Bischöfe und wurde Anfang des 14. Jahrhunderts zerstört. Sie hat vermutlich nur etwa 100 Jahre lang bestanden. Man erreicht die Ruinen am besten von der Straße Geroldsgrün–Steinwiesen oder von der durch das Langenautal (Wanderkarte erforderlich).

Südlich der Straße Geroldsgrün–Wolfersgrün liegt auf dem 636 Meter hohen Schlossberg noch die **Ruine Hohenrod**, von der nur noch ein Ringwall um den Kernhügel und ein Graben vorhanden

sind. Sie ist älter als die Burg Wallenrode und wurde 1385 abgebrochen. Man erreicht sie von der erwähnten Straße über den **Pechkratzerweg**.
Vom Gemeindeteil **Dürrenwaid** verläuft die Straße Richtung Nordhalben zur **Stoffelsmühle**. Das hier nur wenige Kilometer lange Tal der Ölsnitz, durch das sie führt, wird in Meyers Reisebuch Franken und Nürnberg von 1928 »durch seine Diabasfelsen, prächtige Wälder, reizende Wiesengründe und schäumende Wasserstürze zu den schönsten Frankenwaldtälern gezählt.«
Geroldsgrün ist der Geburtsort von Hans Hüttner (1885–1956). Er war General der Infanterie und kämpfte in Norwegen, dann 1943/44 an der Ostfront. Die Bundeswehrkaserne in Hof trug von 1985 bis 2013 seinen Namen.

Lotharheil

Dieses tief in den Wäldern nordwestlich von Geroldsgrün gelegene Schieferbergwerk ist der einzige noch in Betrieb befindliche Schieferbruch in Bayern und europaweit der einzige **Schiefer-Untertagebau**. Die Hartsteinbrüche von Ottendorf bei Ludwigsstadt fördern Diabas und keine Schiefer. Schon zu Beginn des 18. Jahrhunderts wurde hier im Tagebau Schiefer gebrochen, der Untertagebau wurde 1857 aufgefahren, als Lothar Freiherr von Faber (1817–1896) die Abbaurechte erwarb; nach ihm wurde der Betrieb »Lotharheil« genannt. Nach seinem Tod verkaufte die Witwe das Bergwerk an die Schieferdeckereheleute Teichmann. Es hatte sich gezeigt, dass der Schiefer für die Schiefertafelproduktion letzlich etwas zu hart ist. Bis heute befindet sich Lotharheil in Familienbesitz der Teichmanns und es wird untertage abgebaut. Allerdings ist das Lotharheiler Material zur Herstellung von Dachschiefer, der nicht zu dick, doch auch nicht zu dünn sein darf, weniger geeignet. Er spaltet nur in dickere Schichten, womit bei der Herstellung von geeigneten Dachschiefern zu viel Bruch anfällt und somit die Wirtschaftlichkeit nicht gegeben ist. Bestens eignet er sich jedoch für Fußböden, Treppen, Fensterbänke und Tischplatten. In einem kleinen **Werksverkauf** kann man allerlei künstlerische Schiefergegenstände, Schultafeln etc. erwerben. Der Lotharheiler Schiefer ist ein Tonschiefer mit hohem Quarzgehalt, Tonmineral

Betriebsgebäude des Schieferbergwerks Lotharheil

ist vor allem Sericit (ein feinstschuppiger Hellglimmer), daneben enthält er Chlorit. Seine blaugraue Farbe ist durch kohlige Pigmente bedingt. Die 14 bis 20 Meter mächtigen Schichten sind fossilfrei. Das Ausgangsmaterial wurde landfern, in tieferen Meeresbereichen vor etwa 330 bis 360 Millionen Jahren im Unterkarbon abgelagert, verfestigt und bei der variskischen Gebirgsbildung verfaltet, wobei sich die Schichten aufstellten.

■ Das Langenautal

Zu den schönsten Tälern Oberfrankens zählt das Langenautal südwestlich von Geroldsgrün. Es zieht sich westwärts auf etwa acht Kilometern Länge bis nach Mauthaus an der Ködeltalsperre (→ S. 103), wo der Langenaubach in die Rodach mündet. Knapp einen Kilometer hinter dem Ort macht die Straße am Waldrand einen deutlichen Linksknick und führt bergab. Nach knapp 500 Metern hinter diesem Knick kommt man zu einem Abzweig, wo es nach links auf einem Waldweg zur Fliehburg Wallenrode geht. Auf der anderen Straßenseite führt ein kleiner, leicht zu übersehender Pfad (mit kleinem Wegweiser) in fünf Minuten Fußweg den Hang schräg hinauf zum **Kämmleinsfelsen**, von wo man einen wunderbaren Blick über das Langenautal hat. Ein Geheimtipp unter den Aussichtspunkten im Frankenwald. Die Straße führt passähnlich über zwei Haarnadelkurven hinab zum Langenaubach, wo bald das alte und malerisch verfallene **Forsthaus Langenau** erreicht ist. Ihm gegenüber entquillt in einem kleinen Brunnenhäuschen die **Max-Marien-Quelle**, ein Calcium-Magnesium-Säuerling. Schräg gegenüber dem Forsthaus führt der **Pechkratzerweg** wie der **Saar-Schlesienweg** südwärts, zur **Humboldt-Höhle**, der einzigen Tropfsteinhöhle des Frankenwalds, ausgewaschen in oberdevonischen Flaserkalken. 400 Meter Ganglänge sind von ihr vermessen. Das Höhleninnere ist gesperrt, nachdem wiederholt die Tropfsteine abgebrochen wurden und auch sonstige Zerstörungen erfolgten. Ein weiterer, ausgeschildeter Weg geht etwa 200 Meter talabwärts vom Forsthaus Langenau zur Höhle ab. Für beide erwähnte Wege ist eine Wanderkarte oder Wanderapp anzuraten.
Westlich des Forsthauses Langenau geht es durch ein breites, unberührtes paradiesisches Wiesental. Nach knapp zwei Kilometern kann man nach links über Wolfersgrün ins Tal der Wilden Rodach (→ S. 108) nach Schnappenhammer fahren, auch das ist eine herrliche Strecke, die in ihrem unteren Abschnitt durch das nicht minder zauberhafte Lamitztal (→ S. 111) verläuft.

Das idyllische Langenautal

▲ Karte S. 102

Bad Steben-Geroldsgrün

Staatsbad Bad Steben GmbH, mit Touristinformation (in der Wandelhalle), Badstraße 31, 95138 Bad Steben, Tel. 09288/9600. www.bad-steben.de

Gasthof Adelskammer, Dorfplatz 10, 95138 Carlsgrün, Tel. 09288/2440; mit zwei schönen geräumigen Ferienwohnungen, ab 50 €/Tag. Das urige Gasthaus ist berühmt für seine Klöße – Empfehlung des Autors. www.gasthof-adelskammer.de

Hotel Bad Stebener Hof, Oberstebener Str. 1 (Zufahrt über Badstraße 10), Tel. 09288/9579260; DZ 90 €. Gute Wellness-Pauschalpakete. www.bad-stebener-hof.de

Haus am Park Hotel Katharina, Hemplastr. 4, 95138 Bad Steben, Tel. 09288/97330; DZ ab 88 €, auch Ferienwohnungen. www.haus-katharina.de

Gasthof Pension Hubertus, Jean-Paul-Str. 3b, 95138 Bad Steben, Tel. 09288/97450; DZ ab 76 €. www.gasthof-hubertus-bad-steben.de

Therme Bad Steben, Badstr. 31 (Parkplatz Steinbacher Str.), 95138 Bad Steben, Tel. 09288/9600. Mit edlem Restaurant und Café Aquamarin (Tel. 9258500). www.therme-bad-steben.de www.aquamarin-badsteben.de

Schieferbergwerk Lotharheil, 95179 Geroldsgrün, Tel. 09267/91010. Werksverkauf Mo–Do 8–17 Uhr, Fr 8–14 Uhr oder nach Vereinbarung. **Kein Besucherbergwerk**! Betriebsbesichtigungen jedoch nach Vereinbarung möglich.

Von Lichtenberg nach Berg

Diese Nordostecke des Frankenwalds ist sicherlich eine seiner schönsten. Das altertümliche Städtchen Lichtenberg, hoch über den Talgründen der Selbitz und Saale gelegen, das wilde Höllental und eben das Saaletal selbst bieten eine abwechslungsreiche Landschaft.

Lichtenberg

Dieses kleine Städtchen ist mit seinem idyllischen **historischen Ortskern** um Marktplatz, Kirche und Schlossberg besonders sehenswert. Mit 1030 Bewohnern ist Lichtenberg die zweitkleinste Stadt Bayerns.

Am oberen Ende des Marktplatzes liegt der **Schlossberg**, vom Schloss sind allerdings nur einige Befestigungsfundamente und der Bergfried vorhanden. Es geht auf das 12. Jahrhundert zurück, war Sitz der Herzöge von Meranien, ab der Mitte des 13. Jahrhunderts der Grafen von Orlamünde und nach 1430 der Grafen von Waldenfels. Bis heute lebendig ist die Belagerung der Stadt durch die Nürnberger im Jahr 1444. Die Waldenfelser waren damals Raubritter, die immerwährend Kaufleute überfielen, weshalb die Nürnberger gegen sie zogen. Die Lichtenberger Bürger flüchteten ins Schloss, doch dieses wurde mit schwerer Artillerie, damals zentnerschwere Steinkugeln, beschossen. Doch dann ging wegen des strengen Winters den Nürnbergern der Nachschub aus. Kugeln, Pulver sowie Lebensmittel und Holz konnten nicht mehr herangeschafft werden. Als man hörte, dass Friedrich von Waldenfels mit einem Entsatzheer heranzöge, brachen die geschwächten Nürnberger die Belagerung ab. Die Waldenfelser bauten dann gut 100 Jahre später die doch arg ramponierte Burg in ein prächtiges Schloss um. 1634 wurde dieses niedergebrannt, danach zwar wieder aufgebaut, doch 1682 erneut durch Feuer zerstört. Vom **Turm**, der übrigens erst 1937 auf den Fundamenten des ursprünglichen Bergfrieds gebaut wurde und von den alten Mau-

In Lichtenberg

erresten hat man eine überwältigende Sicht über die Lande.

In Lichtenberg ließ sich 1909 der seinerzeit weltberühmte Violinist **Henri Marteau** (1874–1934) nieder. Er war mit dem aus Schwarzenbach am Wald stammenden Dirigenten Georg Hüttner (1861–1919), den er während einer Tournee kennengelernt hatte, gut befreundet. Hüttner hatte ihn 1909 in sein Lichtenberger Sommerhäuschen eingeladen, und Marteau fand das Städtchen wie seine Lage so hinreißend, dass er 1911 selbst hier ein Grundstück erwarb und im Jahr darauf eine Villa errichten ließ. Ausschlaggebend mag auch die Nähe zu Bayreuth gewesen sein. Henri Marteau, der als Achtjähriger 1882 der Uraufführung des »Parsifal« beiwohnen konnte, war seit frühester Jugend leidenschaftlicher Wagnerianer, für den es nun etwas ganz Besonderes war, in der Nähe von Bayreuth leben zu können. Das erworbene Haus war für Marteau meist nur Sommersitz, den großen Teil des Jahres lebte er als Konservatoriumsprofessor in Berlin oder befand sich auf Konzertreisen. Marteau veranstaltete hier viele Konzerte mit Freunden und Schülern, doch nach 1914 wurde er als französische Staatsangehöriger zum »Feind«, verlor seine Berliner Professur, saß in deutschen Internierungslagern ein, doch durfte dann auf sein Lichtenberger Grundstück zurückkehren, es aber nicht verlassen. Leider starb bald nach Kriegsende sein Freund Georg Hüttner. Mit einigem Erfolg konnte er in den 1920er Jahren an die Vorkriegs-Konzerttradition in seinem Haus anknüpfen. Gerade 60-jährig verstarb er am 4. Oktober 1934 in seinem Haus und wurde auf dem Lichtenberger Friedhof beigesetzt. Seine dreizehn Jahre jüngere Ehefrau überlebte ihn um 43 Jahre und fand 1977 ihre letzte Ruhestätte an der Seite ihres Mannes. Marteau hinterließ auch ein reiches, knapp 50 Werke umfassendes kompositorisches Werk, meist Werke für Violine in unterschiedlicher Besetzung, sowie Lieder. Die Villa des Komponisten in der Lobensteiner Str. 4 ist heute eine **internationale Musikbegegnungsstätte** mit Meisterkursen und Konzertveranstaltungen. Ein »Internationaler Violinwettbewerb Henri Marteau«, getragen vom Bezirk Oberfranken, versammelt alle drei Jahre junge Geigenkünstler.

Vor mehreren Jahren war Lichtenberg einige Monate lang täglich Gegenstand der regionalen wie überregionalen Berichter-

▸ Karte S. 115

stattung, nachdem hier 2001 die damals neunjährige Peggy Knobloch spurlos verschwunden war und die deutschlandweite Suche nach ihr kein Ergebnis brachte. Erst 2016 wurden ihre sterblichen Überreste bei Rodacherbrunn (etwa 12 Kilometer nordwestlich) gefunden. Ihr Mörder wurde bis heute nicht gefunden und die näheren Umstände des Verbrechens nicht aufgeklärt. Ein 2004 als Täter verurteilter geistig Behinderter ist in einem Wiederaufnahmeverfahren 2015 freigesprochen worden. Obwohl der wahre Mörder bis heute nicht gefunden wurde, erfolgte 2020 die Einstellung der Ermittlungen – nach fast 20-jähriger, letztlich erfolgloser Auswertung von rund 6400 Spuren, 250 Gutachten und nach 3600 Vernehmungen. Der Fall Peggy Knobloch ist eines der größten Mysterien der deutschen Kriminalgeschichte. Auf dem kleinen Friedhof an der evangelischen Kirche in Nordhalben befindet sich ein Gedenkstein für das unglückliche Kind.

Der Turm der Burgruine

Gedenktafel für Henri Marteau in Lichtenberg

Das Projekt Frankenwaldbrücke

Viel diskutiert wird zur Zeit die Errichtung zweier Fußgänger-Hängebrücken über Lohbach- und Höllental. Landkreis und Bürgermeister unterstützen deren Bau, im Sinne der Ankurbelung des Tourismus u.ä. (man erwartet bis zu 400 000 Besucher im Jahr!), Naturschützer möchten ihn verhindern. Im Sommer 2020 wurde jedoch durch den bayerischen Umweltminister Glauber die Baugenehmigung erteilt, doch ruhen die Arbeiten zur Zeit wegen Corona. Dieses Projekt »**Frankenwaldbrücke**« besteht aus der kleineren, 387 Meter langen Brücke über das Lohbachtal, deren westliches Ende bei der Burg sein wird, sie zieht sich hinüber auf den Bergrücken zwischen Lohbach- und Höllental. Von dort, mit etwas räumlicher Distanz, wird die Höllentalbrücke auf 1030 Metern Länge (!) das Höllental mit der Selbitz überspannen. Die Brücken werden Teil eines fünf Kilometer langen Wanderwegs sein, der von einem geplanten Besucherparkplatz am Frankenwaldsee zunächst zur Höllentalbrücke geht, über diese hinweg bis zur Höllentalterrasse (nocht nicht errichtet), wieder zurück und dann über die

Lohbachtalbrücke hinauf zur Burg und von dort durch die Stadt wieder zum Ausgangspunkt. Die Fertigstellung der Brücken ist bis Sommer 2023 geplant (www.frankenwald-bruecke.de).

Das Höllental

Über die Bahnhofstraße fährt man von Lichtenberg hinab ins **Selbitztal**. Kurz davor liegt links das **Besucherbergwerk Friedrich-Wilhelm-Stollen** (benannt nach dem zu Humboldts Stebener Zeiten regierenden Preußenkönig Friedrich Wilhelm II.) mit sehr gemütlichem Ausflugslokal und Biergarten. Der 1831 aufgefahrene Stollen war zunächst nicht unmittelbar eine Erzgrube, sondern von Alexander von Humboldt 40 Jahre davor als Untersuchung- und Wasserlösungsstollen projektiert. Im Lichtenberg-Issigauer Revier baute man bis 1858 Kupfer- und Eisenerz und im 20. Jahrhundert Flussspat ab. Gleich unterhalb des Besucherbergwerks kreuzt man die stillgelegte Linie der Höllentalbahn, die von Marxgrün bis Blankenstein verlief und von 1901 bis 1945 existierte, Güterverkehr fand zwischen Marxgrün und Lichtenberg noch bis 1971 statt. Zur Zeit diskutiert man die Wiederaufnahme der Strecke als Museumsbahn.

Die Selbitz hat sich hier zwischen Hölle und Blechschmidtenhammer auf etwa drei Kilometer Länge bis 170 Meter tief, steil und eng, in die Diabasgesteine eingeschnitten und das Höllental gebildet, eines der sehenswertesten Täler ganz Deutschlands (Parkplatz am alten Bahnhof Lichtenberg/Blechschmidtenhammer).

In **Hölle** gibt es eine **Mineralquelle**, die 1903 durch den Unternehmer und Mäzen **Anton Wiede** (1836–1911) mit einer 262 Meter tiefen Bohrung erschlossen wurde und deren Wässer als »Höllensprudel« bayernweit wie auch in Thüringen viel getrunken werden. Wiede hatte damals auch eine Kohlensäurefabrik und ein kleines Werkskraftwerk errichten lassen und das Quellwasser mit dieser Kohlensäure versetzt. Sein Sohn Fritz Wiede ist durch Straßen und den Wiedeturm bei Kemlas heute noch viel geehrt. Etwa 200 Meter von der Durch-

Brunnenhäuschen in Hölle

Karte S. 115

Im Höllental

gangsstraße in Hölle selbitzaufwärts (via Dr.-Fritz-Wiede-Str.) kommt man zum Quellhäuschen, zur Kohlensäurefabrik und zum Kraftwerk.

In Hölle überquert man sodann die Selbitz und geht auf der anderen, östlichen Seite (Humboldtstraße) über den Kanzelweg oder den Röhrensteig vorbei an Felsgruppen von wildester Schönheit zurück. Über den Kanzelweg kommt man zu den Felsen »König David« und »Hirschsprung« mit schöner Aussicht, und von dort hinab nach **Blechschmidtenhammer**, etwas unterhalb des Ausgangspunkts gelegen. Der Gasthof Blechschmiedenhammer (ander als der Ort geschrieben) ist ein traditionelles Ausflugslokal.

Hier liegt auch der stillgelegte **Bahnhof Lichtenberg**, jetzt **Infozentrum des Naturparks Frankenwald** und zum Höllental wie zur Höllentalbahn, die als großes realistisches Relief (wie bei einer Modelleisenbahn) maßstabsgetreu nachgebildet ist. Auch stehen hier alte Eisenbahnwagen der Höllentalbahn. Blechschmidtenhammer ist mit Bad Steben über einen neun Kilometer langen geologisch-bergbaukundlichen Lehrpfad verbunden.

Der 32 Kilometer lange **Selbitztalradweg** geht von Wüstenselbitz über Helmbrechts, Selbitz, Naila und das Höllental auf der alten Höllentalstraße bis zur Mündung direkt an der thüringischen Grenze (www.selbitztal.de).

Wanderwege im Höllental

Man kann vom Nordende des Tals an der **Selbitzmühle** (dort wo die Straße aus Lichtenberg herabkommend, den Knick macht) oberhalb der Selbitz südwärts über den fünfeinhalb Kilometer langen **Felsenpfad** hangauf und hangab Richtung **Hölle** spazieren, zusätzlich gibt es einen **Erlebnispfad Geologie und Bergbau**, der in Teilen auf dem Felsenpfad verläuft. Über den **Teufelssteg** kann man nach etwa zwei Dritteln des Wegs zum anderen Ende des Höllentals die Selbitz überqueren und auf dem anderen Ende wieder Richtung Norden nach **Blechschmidtenhammer** laufen.

Bequemer, aber vielleicht nicht so eindrucksvoll ist die **Höllentalwanderung**, wenn man auf der unbefestigten Trasse der **alten Höllentalbahn** läuft, die als Wanderweg ausgewiesen ist.

Natürlich kann man das Höllental auch **von Hölle** aus begehen, auch hier bestehen genug Parkmöglichkeiten.

Blankenstein

Unterhalb des Gasthofs Blechschmiedenhammer, wo die Straße scharf nach rechts umknickt, befand sich bis 1990 der Grenzzaun zur DDR, jetzt kann man hier gleich nach der Kurve hinüber nach Thüringen, nach Blankenstein fahren, geradeaus erkennt man noch die stark zugewucherte Trasse der Höllentalbahn nach Blankenstein. Die **Blankensteiner Papiermühle**, die seit 1881 bestand und eine Gründung des schon erwähnten Anton Wiede war, war bis 1990 ökologisch gesehen einer der größten Umweltverschmutzer der DDR. Die Fabrik existiert, in Teilen nach den Erweiterungen

Skulpturenpark in Eisenbühl

des 20. Jahrhundert ökologisch rückgebaut, als »Zellstoff und Papierfabrik Rosenthal« bis heute. Zwischen Blankenstein und Blankenberg fährt auf zwei Kilometern Länge über dem Felshang des Saaleufers mit originalen Fahrzeugen die **Feldbahn Blankenberg**, ein Rest der alten Werkbahn der Wiedeschen bzw. volkseigenen Papierfabrik. Die Werkbahn, die zunächst eine Pferdebahn war, blieb bis 1994 in Betrieb. Als Attraktion ein Geheimtipp! Info und Fahrzeiten unter: https://feldbahn-blankenberg.jimdofree.com/

Blankenstein ist traditioneller **Endpunkt des Rennsteigs**, der auf 170 Kilometern Länge vom Hörschelberg bei Eisenach bis nach Blankenstein quer durch Thüringen verläuft.

Wer nicht nach Blankenstein hinüber fährt, sondern rechts abbiegt, auf die Frankenwald-Panoramastraße (nicht zu verwechseln mit der Frankenwaldhochstraße), kommt nach knapp einem Kilometer zu einem ungewöhnlichen Denkmal. Es ist das »**Wanderdrehkreuz**«. Denn an dieser Stelle, beim Weiler **Untereichenstein** beginnen bzw. enden offiziell der Rennsteig, der Frankenweg, der Fränkische Gebirgsweg, der Frankenwaldsteig und der Kammweg (über den Erzgebirgskamm bis zur Elbe). Hier geht auch ein Brückchen über die Selbitz hinüber nach Blankenstein, wo es einen »Rennsteig-Park« gibt, der sich mit Infotafeln etc. dem berühmten Kammweg widmet. Gleich neben dem Wanderdrehkreuz führt ein Weg zum **Wiedeturm** auf dem 526 Meter hohen **Wolfstein** hinauf, ein viel besuchter Aussichtsturm (etwa 15 Minuten Fußweg), es gibt auch ein Stück weiter östlich des Drehkreuzes noch eine Aufstiegsmöglichkeit.

▶ Karte S. 115

■ Die Frankenwald-Panoramastraße

Die erwähnte Frankenwald-Panoramastraße verbindet Bad Steben, das Höllental, Blechschmidtenhammer, Eisenbühl, Joditz bis Hof. Ihr schönster Abschnitt ist aber der zwischen Blechschmidtenhammer und Eisenbühl. Auf ihr geht es unterhalb des Wiedeturms die Saale entlang, auf der anderen Seite grüßt von der Höhe Blankenberg herüber, dann passiert man Kemlas.

Hier kann man einen Abstecher nach **Issigau** machen (das direkt an der Kreisstraße Berg–Bad Steben liegt). Die dortige Pfarrkirche St. Simon und Judas stammt aus dem 16. Jahrhundert hat eine sehr schöne, bemalte Kassettendecke, sie ist auch äußerlich mit ihrem niedlichen Treppenturm hübsch anzusehen. Das Issigauer Schloss aus dem 16. Jahrhundert ist ein nur zweigeschossiger, langgestreckter Bau, wurde im 18. Jahrhundert umgebaut und ist nicht mehr ohne weiteres als Schloss zu erkennen. Es ist heute Gaststätte und Pension. Das Schloss im nahen **Reitzenstein** ist spätbarock, doch Ende des 19. Jahrhunderts stark verändert worden (Privatbesitz).

Zurück an der Saale führt die Panoramstraße alsbald hinauf nach **Eisenbühl**. Das kleine Dörfchen wird wegen seines **Eisenparks** viel besucht. Der hier ansässige frühere Arzt und seit langem als bildender Künstler tätige Prof. C. F. Claussen (geb. 1939) hat am Westrand des Dorfes eine **Skulptur-Landschaft** aus teils großdimensionierten farbigen Metallskulpturen geschaffen. Gemäß der Intention des Künstlers »ergründen sie die Grenzen der Sinne und Erkenntnis, sie sind Mythen- und Märchenwesen, Geister, Visionsträger und – natürlich! – Forscher zwischen Vergangenheit und

Endpunkt des Rennsteigs bei Blankenstein

Schloss Rudolphstein

Zukunft.« Die hochinteressanten und sehr phantasievoll gestalteten Figuren lohnen den Besuch sehr (www.c-f-claussen-eisenkunst.de).

Zwischen Eisenbühl und Hadermannsgrün zieht sich als Steigla über Reitzenstein und Steingrün der 10,5 Kilometer lange **Eisenparkweg**, offiziell liegt sein Anfangspunkt in der Ortsmitte von Hadermannsgrün.

Von Eisenbühl geht es hinab nach **Rudolphstein,** zwischen 1971 und 1990 als Autobahngrenzübergang an der A 9 nach Berlin wohl bekannt. Der dortige Gasthof Falter ernährte sich seinerzeit gut von den Reisenden der Busse im Berlin-Verkehr. Kurz vor und kurz nach Durchfahrung der »Zone«, wie man damals zu sagen pflegte, kehrten viele Reisende hier ein. Das kleine, hübsche Schlösschen aus dem 16. Jahrhundert, Gutshof genannt, gehörte den Herren von Hirschberg, jetzt ist es Hotel.

Als Geheimtipp eines Abstechers sei empfohlen: von Rudolphstein hinab zur Saalebrücke und hinüber nach **Sparnberg.** Das kleine Dorf lag bis 1990 in extremer Randlage im Grenzgebiet. Merkwürdigerweise hatte es jahrhundertelang, bis zum Anfang des 18. Jahrhunderts die

Stadtrechte. Sehenswert sind die Fresken in der gotischen Pfarrkirche St. Simon und Thaddäus, die erst 2000 freigelegt wurden.

Von hier fährt man direkt an der Saale entlang westwärts, vorbei an einem alten Alaunbergwerkstollen, auf schmaler, landschaftlich zauberhafter Straße – es ist der alte Kolonnenweg der DDR-Grenztruppe, bis nach **Pottiga**. Hier gibt es eine metallene Aussichtsplattform, eine Art Skywalk, die eine sehr schöne Übersicht über das Tal gibt (am südlichen Ende des Wiesenwegs – sich nicht von möglichen Durchfahrtsverbotsschildern schrecken lassen, man darf bis zum »Skywalk« fahren). Pottiga hat einen kleinen, verträumten Marktplatz – ohne jeden Laden oder Geschäft!

Berg

Hübsch ist hier das kleine Ensemble von **Rathaus** mit dem Torturm der Friedhofsbefestigung und **Pfarrkirche St. Jakobus**. Letztere beide gehen auf das 15. Jahrhundert zurück. Auf dem alten Friedhof direkt an der Pfarrkirche liegt (an der Südseite des Chores) **Johann Heinrich Scherber** (1761–1837) begraben, das Grab ist aber nicht mehr vorhanden. Er war von 1811 bis zu seinem Tode Pfarrer in Berg und wird auch heute noch auch als Lehrer und Heimatforscher geehrt. Sein bedeutendstes Werk sind die »Umsichten auf dem Ochsenkopf« (1811).

An der Issigauer Straße unweit der Kirche liegt der **Holzschuher-Park**, der alte aufgelassene Ortskirchhof. Auf ihm befand sich das Grab von **Heinrich Holzschuher** aus Wunsiedel (1798–1847), der 1826 die zweite und dritte Strophe des Weihnachtslieds »O du fröhliche« gedichtet hatte. Er war in einer frühen Form eines Sozialarbeiters tätig und kümmerte sich im Auftrag verschiedener lokaler Verwaltungen um schwer erziehbare Kinder, Waisenhäuser und Besserungsanstalten. Er verbrachte seine letzten Lebensjahre als Domänenverwalter des Guts Brandstein im nahen Bug.

Die Pfarrkirche St. Jakobus in Berg

▲ Karte S. 115

Lichtenberg bis Berg

Stadt Lichtenberg, Marktplatz 16, 95192 Lichtenberg, Tel. 09288/97370. www.stadt-lichtenberg.de

Gemeinde Berg, Kirchplatz 2, 95180 Berg, Tel. 09293/9430.www.berg-ofr.de

Burghotel, Schlossberg 1, 95192 Lichtenberg, Tel. 09288/5151; DZ ab 72 €. www.burghotel-keller.de

Gasthof und Pension Blechschmiedenhammer, Blechschmiedenhammer 2, 95192 Lichtenberg, Tel. 09288/487; DZ ab 54 €. www.blechschmiedenhammer.de

Gaststätte und Pension Schloss Issigau, Am Schloss 3, 95188 Issigau, Tel. 09293/7173; DZ 70 €. Sehr schöne historische Anlage. www.schloss-issigau.de

In Lichtenberg befindet sich am **Frankenwaldsee** einer der wenigen Campingplätze des Frankenwalds: Seestraße, 95192 Lichtenberg, Anmeldung bei der Stadt unter 09288/97370, Platzwart unter 09288/6870.

Ein weiterer Zeltplatz liegt am **Schloss Issigau**, s.o.

Restaurant Harmonie, Schlossberg 2, 95192 Lichtenberg, Tel. 09288/246. Recht edles, nicht ganz niedrigpreisiges Lokal mit gediegenem Ambiente. www.harmonie-lichtenberg.com

Café Alte Liebe, Humboldtstr. 19, 95119 Hölle (gehört zu Naila), Tel. 0175/7922412. In ehemaligem alten Bahnwärterhaus der Höllentalbahn.

Robert's Wurst, Fleisch und Brotzeiten, Hauptstr. 25, 95188 Issigau, Tel. 09293/8009344.

Besucherbergwerk Friedrich-Wilhelm-Stollen, F.-W.-Stollen 1, 95192 Lichtenberg, Tel. 09288/216; April–Okt., Führungen Sa, So und Fei 13 und 15 Uhr, dazu während der bayerischen Sommerferien Di 13 und 15 Uhr. Mit Gastronomie und Kinderbespaßung. www.friedrich-wilhelm-stollen.de

Internationale Musikbegegnungsstätte Haus Marteau, Lobensteiner Str. 4, 95192 Lichtenberg, Tel. 09288/6495. www.haus-marteau.de

Von Naila über Schwarzenbach am Wald nach Helmbrechts

Im Osten des Frankenwalds liegen mit Naila und Selbitz zwei etwas größere und mit Schauenstein, Schwarzenbach und Helmbrechts drei etwas kleinere Städte. Die Kreisstadt Hof ist nur etwa 15 Kilometer entfernt und die B 173, die Hof mit Kronach verbindet, ist die wichtigste Verkehrsverbindung dieser Gegend (abgesehen von der A 9). Dieser Teil des Frankenwalds ist daher naturgemäß dichter besiedelt und industrialisiert, was nicht bedeutet, dass es hier keine touristischen Attraktionen gibt. Vor allem befindet sich hier der höchste Berg des Frankenwalds, der bis 794 Meter Seehöhe hinaufragende Döbraberg.

Naila

Die 7600-Einwohner-Stadt war bis 1972 Sitz eines eigenständigen Kreises. Die Herkunft des ungewöhnlich klingenden Stadtnamens ist nicht gesichert, viele Nichteinheimische erinnert er an einen morgenländischen Frauenvornamen – von Leo Délibes, dem Schöpfer von »Coppelia« und »Sylvia«, gibt es auch ein Ballett »La Source«, deutsch »Naila, die Quellenfee«. Unfreiwillig war in einem Artikel der Bildzeitung 1980 Naila (Na-ila) nach Nordafrika verortet. Möglicherweise bedeutet der Name althochdeutsch »neulins« »neue kleine Ansiedlung«. Naila liegt verkehrsgünstig nahe der B 173 und im **Selbitztal**, das sich für viele Wanderungen etc. anbietet. Der

Selbitztalradweg führt durch die Stadt, die auch möglicher Ausgangspunkt für Touren in andere nahegelegene Regionen des Frankenwalds ist.

Vom Bahnhofsvorplatz bzw. Heimatmuseum aus geht ein **Geopfad** auf etwa sechs Kilometern Länge durch die Stadt und ihre nächste Umgebung.

Die neugotische Nailaer **Pfarrkirche St. Veit** hat einen architektonisch interessanten Turm, bemerkenswert ist auch der **Hochzeitsbrunnen** direkt vor der Kirche am Marktplatz, geschaffen von Margarete Wiggen (1923–1999).

Sehenswert ist in Naila das **Heimatmuseum** im Schusterhof. Hier ist neben dem viel bestaunten **Nailaer Tafeltuch** (4,57 x 1,83 m, von 1910) auch der Ballon ausgestellt, mit dem am 16. September 1979 zwei Familien eine spektakuläre Ballonflucht aus der DDR unternahmen und der damals nahe Naila nahe eines Waldgebiets niederging. Die beiden Pößnecker Familien Wetzel und Strzelcyk starteten auf einer Wiese im thüringischen Oberlemnitz, nordwestlich von Lobenstein, und legten in 28 Minuten die 18 Kilometer Luftlinie zurück.

Für Kinder attraktiv ist die **Parkeisenbahn** im Ortsteil Froschgrün (www.parkeisenbahn-naila.de). Sehr sehenswert ist das eingemeindete, etwa vier Kilometer südlich gelegene **Marlesreuth**. Die spätbarocke Pfarrkirche St. Simon und Juda hat eine schöne Innenausstattung, viel besucht ist das Weberhaus, das das damals kümmerliche Leben der Weber thematisiert, deren es im östlichen Frankenwald viele gab, denn die kargen Böden zwangen die Bevölkerung zur Hausweberei.

In Naila kam der als deutscher Innenminister (2011–2013) etwas glücklose Hans-Peter Friedrich (geb. 1957) zur Welt, persönlich zufriedener lebt er heute als Abgeordneter und seit 2017 als Vizepräsident des Bundestags. Im Ortsteil Marxgrün lebte der Künstler und Dürerpreisträger Max Escher (1901–1976), bedeutend sind vor allem seine Holzschnitte mit Darstellungen aus Frankenwald und Hofer Land.

▲ Karte S. 115

Selbitz

Die Stadt mit ihren 4250 Bewohnern ist von Naila nur knapp drei Kilometer entfernt. Sehenswert ist das kleine **Schulmuseum** mit historischem Klassenzimmer sowie im Gemeindeteil Neuhaus das einst den Herren von Reitzenstein gehörige spätmittelalterliche, doch später mehrmals veränderte **Schloss Neuhaus** (Privatbesitz). Wer genießen oder schlemmen will, besucht etwa zwei Kilometer östlich im Ortsteil **Dörnthal** die Metzgerei Strobel. Deren Weißwürste wie auch die Gelbwurst sind legendär.

Schauenstein

Die reizvolle kleine Stadt schmiegt sich an einen weithin sichtbaren, bis auf 606 Meter aufragenden Berghügel. Innerhalb des doch recht kleinen Ortes liegen zwischen Schloss und unterem Ortsende immerhin 120 Meter Höhenunterschied. Der idyllische **Marktplatz** ist durchaus sehenswert. Die **Pfarrkirche St. Bartholomäus** ist eine Saalkirche im sogenannten Markgrafenstil mit typischem Kanzelaltar. Oberhalb befindet sich das wuchtige **Schloss**, das auf das 15. Jahrhundert zurückgeht und u.a. das **Heimatmuseum** sowie das **Feuerwehrmuseum** beherbergt.

Im Gemeindeteil **Neudorf** lohnt der Besuch des **Weberhausmuseums**. In einem strohgedeckten ehemaligen Weberhaus vom Ende des 18. Jahrhunderts sind die Lebens- und Arbeitsbedingungen der Handweber dargestellt, wie sie um die Mitte des 19. Jahrhunderts in Neudorf lebten und wirkten. Damals gab es im Dorf bei 44 Haushalten 16 Weberfami-

Die Pfarrkirche von Schauenstein

lien im Haupterwerb und acht Bauernfamilien, die die Weberei im Nebenerwerb ausübten.

Sehr hübsch ist das **Lehstenbachtal**, über den **Museumsweg** kann man von Schauenstein am Rand dieses Tals in knapp anderthalb Stunden bis zum Naturbad Helmbrechts wandern und von dort auf der Trasse des Selbitztalradwegs zurück.

Der Döbraberg

Des Frankenwalds höchste Erhebung (794,6 m) ist zumindest von Norden her äußerlich wenig auffallend, es ist eine rundliche, flache Kuppe, die man meist nur wegen der auf ihr befindlichen kugelförmigen Radarstation registriert. Von Südwest, vom Tal der Wilden Rodach her, erhebt er sich zu erstaunlicher Größe und so stürzen seine Hänge nach Südwest steil in das Eisenbachtal ab. Geologisch ist der Döbraberg ein Härtling aus karbonischem Kieselschiefer, der der Abtragung weicherer Gesteine in der Umgebung Widerstand geleistet hat und so diese überragt. Der Name stammt aus dem Slawischen, »dobra« bedeutet so viel wie »gut« und sinngemäß so viel wie »mächtig«.

Auf dem Gipfel stehen der 18 Meter hohe **Prinz-Luitpold-Turm** (ursprünglich von 1902, heute ein schlichter Nachbau aus Edelstahl) und die erwähnte Radarstation. Seit 1961 betrieben die US-Streitkräfte diesen grenznahen Horchposten, den 1974 die Bundeswehr übernahm. Bis heute wird die Station u.a. zur zivilen Luftraumüberwachung genutzt. Wer mit dem Auto auf den Gipfel des Bergs fahren will, tut dies von Döbra aus (Straße »Am Döbraberg), die Zufahrt ist aber offiziell nur für Land- und Forstwirtschaft bzw. für Militärangehörige; direkt an dem Militärobjekt lässt sich parken, dann sind es noch fünf Minuten bis zum eigentlichen Gipfel, eher ein weiter, ebener Platz.

Für Mountainbiker ist der Döbraberg ein Paradies. Es gibt innerhalb eines weithin bekannten **Mountainbike-Zentrums** eine Fülle von »Fun Trails«. Auf der Webseite der Stadt Schwarzenbach a. W. gibt es genügend weitere Informationen. Im Winter ist der Berg ein beliebtes lokales **Skisportgebiet**.

Schloss Schauenstein dient heute als Museum

Südwestlich des Döbrabergs, bei der Bischofsmühle, entspringt die nur 21 Kilometer lange **Wilde Rodach**, die unterhalb von Wallenfels in die Rodach mündet (→ S. 108).

Um den Döbraberg, über Schwarzenbach hinaus bis ins Thiemitztal und das der Wilden Rodach gibt es **20 markierte und teils thematische Wanderwege**. Nirgendwo im Frankenwald gibt es eine größere Dichte von Wanderwegen als in dem erwähnten Gebiet. Bei den Tourismusverbänden in Naila und Schwarzenbach am Wald erhält man kostenlos gute Karten (→ S. 137).

Der Prinz-Luitpold-Turm auf dem Döbraberg

Schwarzenbach am Wald und Umgebung

Schwarzenbach hat eine nur kleine Innenstadt, doch ist es aufgrund der Eingemeindungen mit über 4200 Bewohnern ein Mittelzentrum. Zugegeben gibt es im Zentrum wenig, was man um jeden Preis gesehen haben muss. Alle historischen Gebäude wurden nämlich zusammen mit der Pfarrkirche durch die grimmige Feuersbrunst vom 8. August 1859, die den damaligen Marktflecken vollkommen einäscherte, vernichtet. Erst seit 1954 ist Schwarzenbach Stadt.

Sehr schön ist folgende **Rundfahrt**: von Schwarzenbach über die Kronacher Str. (nicht die B 173!) bis Schwarzenstein, dann hinab ins Tal der Wilden Rodach zur **Rauschenhammermühle**, einem traditionellen holzverarbeitenden Betrieb. Dort geht es über die Rodach und dann nach links flussaufwärts. Es ist eine unbefestigte Straße, doch für den öffentlichen Pkw-Verkehr freigegeben. Nach etwa zwei Kilometern kommt man hinter einem Floßteich zur unvergleichlich gelegenen **Bischofsmühle**, einer sehr guten Einkehrmöglichkeit mit schönem Biergarten. Nahe befindet sich die **Quelle der Wilden Rodach** und oberhalb der Bischofsmühle der Aussichtspunkt **Burgstall Rodeck** (nur geringste Mauerreste). Gleich hinter dem Lokal biegt man nach links ab und es geht durch wundervolle Waldlandschaften bis nach **Pillmersreuth**, gelegen an der Straße Schwarzenbach–Enchenreuth (entlang dieser unbefestigten Straße verläuft das Steigla Schwarzenbacher Weitblicke). Von hier kann man nach Schwarzenbach zurückfahren. Im Sommer 2020 war die Straße ab Rauschenhammermühle nicht gesperrt und trotz eines Sackgassenhinweises bis Pillmersreuth befahrbar.

▸ Karte S. 102, 115

Wanderwege um Schwarzenbach am Wald

Am Sportplatz (Schützenstraße) beginnt das Steigla **Schwarzenbacher Weitblicke**. Es ist 14,5 Kilometer lang, überwindet 375 Höhenmeter und in knapp fünf Stunden zu schaffen. Dann gibt es noch den

Geopfad Döbraberg-Eisenbachtal (u.a. die Kohlenkalke des Unterkarbons). Er beginnt an der Schwarzenbacher Kirche und führt im Uhrzeigersinn durch die nächste Umgebung der Stadt, zugänglich ist er auch vom Tal der Wilden Rodach, dort wo der Eisenbach mündet.

Bernstein am Wald und Umgebung

Der Ortsname hat natürlich nichts mit jenem am Ostseestrand gefundenen Schmuckstein aus dem Harz von Wäldern längst entschwundener Epochen zu tun, sondern bedeutet »Bärenstein«. In und um Bernstein gibt es einiges sehr Besuchenswertes. Im Ort selber lohnt die **Michaelskirche** mit ihrer reichen Innenausstattung, reizvoll ist das unweite **Thiemitztal**, das mit dem Pkw befahren werden kann, mit dem weithin geschätzten Gasthof Lorchenmühle (Tel. 09289/1307, www.lorchenmuehle.de). Ein sehr schönes Geotop ist der **Diabasbruch am Galgenberg**, der an der Straße von Bernstein zur B 173 hinab liegt. Bei den kissenförmigen Gesteinsformationen handelt es sich um sogenannte Pillow-Laven. Das Gestein extrudiert untermeerisch, teils an Hängen, teils in der Waagerechten am Meeresboden. Durch die Abschreckung und die damit verbundene schnelle Abkühlung kann der Magmenstrom abreißen, um die gerade ausgeflossene Schmelze bildet sich eine Kruste, es entsteht eine Art Kissen, doch im Inneren bleibt zähflüssige Schmelze, nachdringende Lava lässt die Kruste wieder aufplatzen und es entstehen neue kissenförmige Bildungen. Dieser untermeerische Vulkanismus fand hier vor 370 Millionen Jahren statt.

Nördlich des Orts steht bei Breitengrund oberhalb des Thiemitztals der älteste Baum Oberfrankens, eine **900jährige Eibe** (zu erreichen auch über das Steigla »Süßengutweg« oder von der letzten Kehre der Straße vor der B 173).

Unterhalb Bernsteins, an der B 173, liegt bei **Schübelhammer** der vormalige **Gasthof Fels** direkt über der Wilden Rodach. Leider hat das lange Jahrzehnte viel besuchte Traditionslokal geschlossen, an ihm vorbei geht über ein schmales Brückchen eine enge Straße hinauf nach **Köstenberg** und **Elbersreuth**, zwei weltferne Dörfchen, die man durchaus einmal aufgesucht und in Elbersreuth im Gasthaus Bodenschatz (Tel. 09222/1341,

Die idyllisch gelegene Bischofsmühle bei Schwarzenbach am Wald

Der ehemalige Gasthof Fels bei Schübelhammer

Geheimtipp des Autors) ein Bier zu sich genommen haben sollte. Die Zufahrt sollte besser via Presseck erfolgen, denn die kleine Straße ist für Pkw ungeeignet.

Presseck und Umgebung

In dieser Region des Frankenwalds befindet man sich zum Teil schon im Kreis Kulmbach, alles was südwestlich der Linie Presseck–Marktleugast liegt, ist nicht mehr dem Kreis Hof zugehörig. Es ist eine verhältnismäßig dicht besiedelte Gegend, größere Taleinschnitte fehlen hier weitgehend, man befindet sich auf einer jener so typischen Frankenwald-Hochflächen.

In Presseck lohnt der Besuch der **Pfarrkirche Zur Heiligen Dreifaltigkeit**. Sie weist im Inneren Fresken aus dem ersten Viertel des 16. Jahrhunderts auf, auch ist ihr Holzgewölbe kunstvoll bemalt. Am östlichen Ortsrand steht gleich neben dem Sportplatz auf dem 690 Meter hohen **Pressecker Knock** ein 20 Meter hoher Aussichtsturm.

Die Umgebung von Presseck, sei es im Westen, sei es im Osten ist eine stille, weite Landschaft. Sie lässt sich mit dem **Steigla Dreierknock** (11,2 km, 325 Höhenmeter) in knapp vier Stunden erkunden. Sicherlich gibt es keine besonderen ausgewiesenen Sehenswürdigkeiten, doch lohnt es, die Gegend auch mit dem Auto zu durchfahren: nach Reichenbach und Altenreuth im Westen, zum **Aussichtspunkt am Schnebeser Knock**, nach Trottenreuth, Schlackenreuth und Rützenreuth im Osten.

▲ Karte S. 102, 115

Sehenswert ist in **Heinersdorf** das Schloss, das auf das 15. Jahrhundert zurückgeht. Es ist seit 1823 im Besitz der Familie von Lerchenfeld.

Von **Enchenreuth** aus wirkt der Döbraberg besonders eindrucksvoll. Die Enchenreuther Pfarrkirche hat innen eine ganz besondere, ja angenehme Atmosphäre. Die Pfarrkirche St. Jakobus von 1784 brannte wie der gesamte Ort 1883 nieder, der jetzige Bau wurde gleich nach dem Feuer begonnen und 1885 geweiht. Enchenreuth, das sich im 16. Jahrhundert nicht der Reformation anschloss – obwohl es kein Bamberger Gebiet war – ist heute eine katholische Exklave.

Im nahen **Gösmes** stellt die Christuskapelle etwas Besonderes dar – sie entstand 1955 durch Umbau eines eingeschossigen Weberhäuschens. Der Turm wurde 1968 errichtet.

Helmbrechts

Mit fast 8500 Bewohnern ist Helmbrechts die größte Stadt im Osten des Frankenwalds. 1232 wurde der Ort erstmals erwähnt, seit 1422 hat er die Stadtrechte. Großbrände in den Jahren 1726, 1844 und 1871 zerstörten das meiste an älterer Bausubstanz, so dass Helmbrechts für die meisten Besucher auf den ersten Blick etwas gesichtslos wirkt. Doch gibt es durchaus einige hübsche Ecken wie um die **Pfarrkirche**, die Schul- und um die Luitpoldstraße, die den alten **Markt** der Stadt bildet. Sehr lohnend ist ein Besuch des **Buchcafés Bücherhof**, wo

Der Döbraberg von Enchenreuth aus gesehen

es eine sehr große Auswahl an antiquarischen Oberfrankenbüchern und dazu schmackhafte kleine Speisen gibt.

Helmbrechts war bis in die letzten Jahre ein Zentrum der Textilindustrie und schon im Mittelalter befanden sich hier Leinenwebereien, das **Oberfränkische Textilmuseum** gedenkt der großen Traditionen.

In einem Teich nordwestlich des Gemeindeteils **Wüstenselbitz** entspringt die 37 Kilometer lange Selbitz, die bei Blankenstein nach 221 Meter zurückgelegter Höhendifferenz in die Saale mündet. Entlang des kleinen Flusses verläuft der Selbitztalradweg, der von Helmbrechts über Naila und durch das Höllental (→ S. 126) führt.

Lohnend ist das Besteigen des 22 Meter hohen **Aussichtsturms** auf dem Kirchberg am westlichen Stadtrand auf 678 Metern, die Zufahrt erfolgt über die Georg-Seidel-Straße. Nicht weit davon stehen Denkmäler für Hermann Löns und für den größten aller Frankenwaldpoeten, den Helmbrechtser Dichter und Lehrer **Otto Knopf** (1926–2005), der auch unzählige kulturhistorische Plaudereien verfasst hat. Helmbrechts ist Geburtsort auch des Autors und Verlegers **Ernst Heimeran** (1902–1955), bis heute durch seine Feuilletons und seine heiteren Erzählungen und Romane deutschlandweit populär.

Bedeutung hat Helmbrechts inzwischen als **Kulturstadt**. Zu den überregional bekannten Veranstaltungsreihen »Kulturwelten« und »Herbstwelten« kommen jährlich knapp 14 000 Besucher zu gut 50 Veranstaltungen – ein Muss für Musik-, Kabarett- und Comedy-Fans.

Das Hallen-Wellenbad **Aquawell** zieht ganzjährig ebenfalls viele Besucher an (www.aquawell.info), auch gibt es ein Naturfreibad.

i Von Naila nach Helmbrechts

Ferienregion Selbitztal-Döbraberg im Naturpark Frankenwald, Bahnhofsplatz 1, 95119 Naila, Tel. 09282/6819 und 6829. www.selbitztal.de

Frankenwaldverein e.V., Karlsgasse 7, 95119 Naila, Tel. 09282/3646. www.frankenwaldverein.de

Touristinformation Schwarzenbach am Wald, Frankenwaldstr. 16 (im Rathaus), 95131 Schwarzenbach a. W., Tel. 09289/5043. www.schwarzenbach-wald.de

Stadt Helmbrechts, Luitpoldstr. 21, 95233 Helmbrechts, Tel. 09252/70150. www.stadt-helmbrechts.de

Hotel und Gasthof Grüner Baum, Marktplatz 5, 95119 Naila, Tel. 09282/963950; DZ 76 €, es gibt auch Pauschalangebote. www.gruener-baum-naila.de

Gasthof und Pension Goldene Krone, Bahnhofstr. 18, 95152 Selbitz, Tel. 09280/235. www.krone-selbitz.de

Landgasthaus Döbraberg, Zeppelinstr. 4, 95131 Schwarzenbach am Wald, Tel. 09289/9644625. https://landgasthaus-dobraberg.business.site/

Gasthaus Rodachtal, Zum Rodachtal 15, 95131 Schwarzenbach am Wald (Ortsteil Schwarzenstein), Tel. 09289/239; DZ ab 80 €. www.gasthof-rodachtal.de

Gasthof Bischofsmühle, Bischofsmühle 1, 95233 Helmbrechts, Tel. 09289/367; DZ ab 84 €. Empfehlung des Autors. www.gasthof-bischofsmuehle.de

Gasthof Pressecker Hof, Helmbrechtser Str. 2, 95355 Presseck, Tel. 09222/303; DZ ab 70 €. www.pressecker-hof.de

Hotel Restaurant Ostermaiers Waldeck, 95233 Edlendorf Nr. 12 (gehört zu Helmbrechts), Tel. 09252/7273; DZ 90 €. Gutes Restaurant, fränkische Spezialitäten, doch auch Steaks. www.ostermaiers-waldeck.de

Villa Weiß – Hotel mit Musik, Luitpoldstr. 10, 95233 Helmbrechts, Tel. 09252/9613912; DZ 104 €. Modernes Boutiquehotel mit Möglichkeiten, Musikworkshops zu veranstalten (Konzertflügel, Probenräume). Kein Restaurant. www.villa-weiss.de

Gasthof Roßner, Hofer Str. 35, 95233 Helmbrechts, Tel. 09252/5116; DZ 60 €. Gutbürgerliche Küche, gepflegtes Bier. Gutes fränkisches Gasthaus. www.gasthof-rossner.de

Napoleon's, vormals Gasthof Napoleon, Mühlberg 4, 95152 Selbitz, Tel. 09280/1660. Eine der besten Restaurant-Adressen des Ost-Frankenwalds. www.napoleons.de

Metzgerei Strobel, 95152 Dörnthal Nr. 71, Tel. 09280/5383, Fleisch- und Wurstwaren von höchster Güte, Imbiss. www.metzgerei-strobel.de

Der Bücherhof. Buch-Café und Antiquariat, Luitpoldstr. 22–24, 95233 Helmbrechts, Tel. 09252/357797. Bistro mit größtem Angebot an antiquarischer Oberfranken-Literatur in Nordostbayern. www.buecherhof.de

Museum Naila, Schleifmühlweg 11, 95119 Naila, Tel. 09282/8070; So 14–16 Uhr oder nach Voranmeldung. Themen u.a.: Bergbau, Schusterhandwerk, Näherei, Trachten und Brauchtum, Fluchtballon. www.museum-naila.de

Weberhaus Marlesreuth, Nailaer Str. 19, 95119 Marlesreuth, Tel. 09282/9638886 bzw. 09282/6829 und 6837; April–Okt. nach Voranmeldung, es ist eine Zweigstelle des Museums Naila. Mit Webvorführungen.

Schulmuseum, Am Schulhof 1 (alte Volksschule), 95152 Selbitz, Tel. 09280/704 (Museumsdirektor Herr Wolfrum) oder 6010 (Rathaus); nach Voranmeldung.

Oberfränkisches Feuerwehrmuseum und Heimatmuseum, Schlossplatz 1, 95197 Schauenstein, Tel. 0174/7865512 (Museumsleiter Herr Geißer) oder 09252/99600 sowie 6782 und 5243; April–Okt. So 13.30–17 Uhr (nicht Oster- und Pfingstsonntag). www.feuerwehrmuseum-oberfranken.de

Weberhausmuseum Neudorf, 95197 Schauenstein, Tel. 09252/35117 (Familie Ertl); 1. Mai bis Erntedankfest jeweils So und Fei 13–16 Uhr bzw. nach Vereinbarung.

Oberfränkisches Textilmuseum, Münchberger Str. 17, 95233 Helmbrechts, Tel. 09252/92430; März–Dez. Di–Fr 10–12 Uhr, Sa, So und Fei 10–16 Uhr. Entwicklung der oberfränkischen Textilproduktion von der Handweberei bis zur industriellen Weberei. Gezeigt wird der längste Schal der Welt, auch gibt es Sonderausstellungen. www.textilmuseum.de

Karte S. 115

Der Süden

Des Frankenwalds Süden ist ähnlich wie sein Osten nicht durch große Waldungen geprägt, sondern eine Landschaft der Hochflächen, in die sich hin und wieder kleine Flüsse tief eingeschnitten haben. Zum Westen hin fällt die Hochfläche mit bis zu 300 Höhenmetern Differenz an der sogenannten Fränkischen Linie ab (→ S. 154), hinab zum sogenannten Bruchschollen- oder Schichtstufenland, das mit seinen mesozoischen Gesteinen einen völlig anderen Untergrund als der Frankenwald hat. Während dieser im Norden und Osten durch karbonische Schiefer und devonische Diabase gekennzeichnet ist, liegen im Untergrund des Südens überwiegend die gegenüber denen des Frankenwalds und Fichtelgebirges fremdartigen Gesteine der sogenannten Münchberger Masse. Im folgenden Kapitel wird abschließend auch die Stadt Kulmbach behandelt. Zwar gehört sie im eigentlichen Sinn nicht mehr zum Frankenwald, doch ist sie wegen ihrer historischen Innenstadt und der gewaltigen Plassenburg durchaus sehenswert.

Um Stammbach und Wirsberg

Diese südöstliche Ecke des Frankenwalds bietet besonders für die geologisch Interessierten eine Besonderheit: den Aussichtsturm auf dem Weißenstein. Auch liegt hier der zweite der großen Wallfahrtsorte des Frankenwalds, Marienweiher. Eindrucksvoll ist die markante Geländestufe zum Vorland, die die Eisenbahn auf jener berühmten »Schiefen Ebene« bewältigt.

Stammbach

Sehenswert ist das klassizistische Innere der **Marienkirche** in Stammbach, die gegen 1825 nach einem Brand neu errichtet wurde. Der Deckenstuck und die weiß-hellblau bemalte Einrichtung strahlt etwas besonders Friedvolles aus.

Größte Sehenswürdigkeit ist aber der **Aussichtsturm** auf dem 668 Meter hohen **Weißenstein** südlich des Orts. Man befindet sich geologisch hier in der sogenannten Münchberger Masse (→ S. 25), die durch teils sehr seltene Gesteine gekennzeichnet ist. Der 1926 errichtete Aussichtsturm ist dabei weltweit der einzige aus Eklogit, einem rot-grünen Gestein, das in Deutschland nur an sehr wenigen Punkten vorkommt, u.a. hier am Weißenstein, und nur unter hohen Drucken und Temperaturen (über 10 kbar und 500 °C) durch Umkristallisation von Basalten in großer Tiefe entsteht. Auf dem Weißenstein gibt es eine kleine Einkehrmöglichkeit und Informations-

Der Aussichtsturm auf dem Weißenstein ist der weltweit einzige Turm aus Eklogit

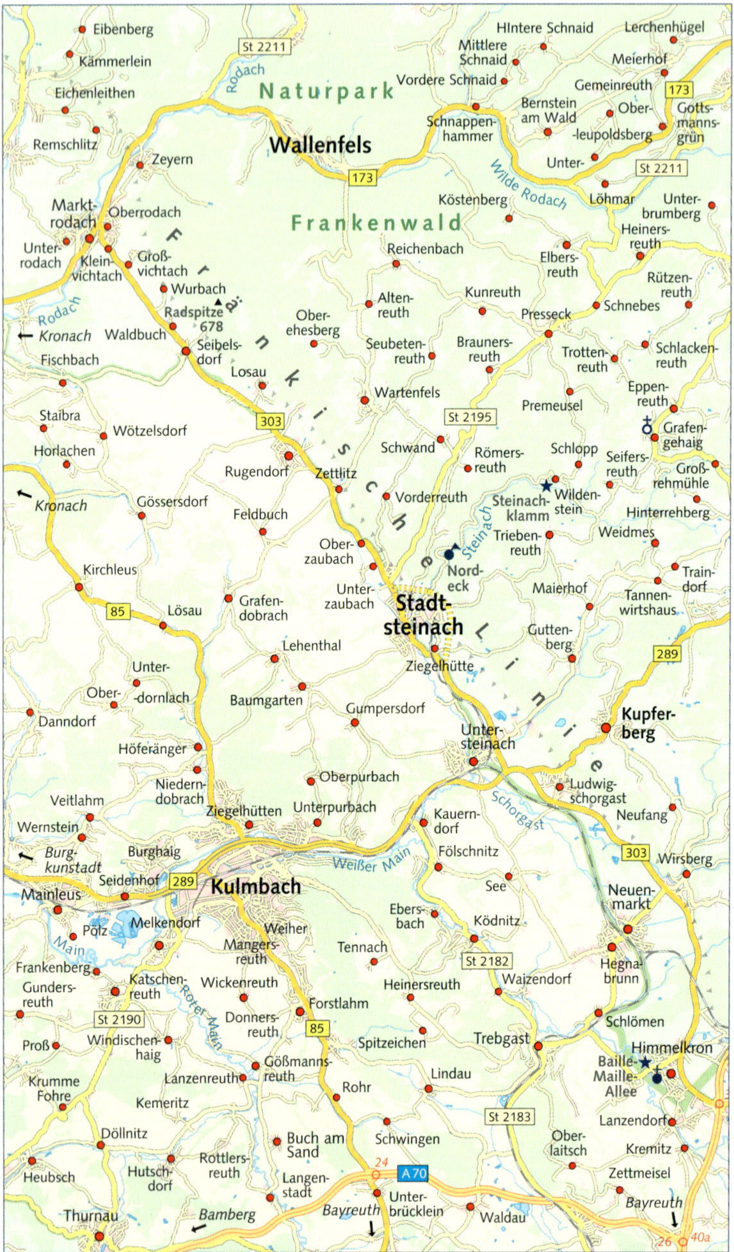

Kulmbach und der südliche Frankenwald

tafeln zu diesem besonders geschützten Geotop. Der 75 Kilometer lange **geologische Wanderweg Fränkisches Steinreich** beginnt am Großen Waldstein im Fichtelgebirge, geht über den Weißenstein nach Kupferberg und endet im Norden im Tal der Wilden Rodach bei Fels/Schübelhammer.

Marktschorgast

Der ausnehmend idyllische und stille Marktflecken lohnt in jedem Fall den Besuch. Die lange Reihe sandsteinerner Häuser entlang der Hauptstraße (Markt) entstand nach 1840, nach dem letzten der drei großen Brände des 19. Jahrhunderts, die Marktschorgast heimsuchten. Die **Pfarrkirche St. Jakobus** (Marktschorgast war bis 1803 bambergisch) ist spätgotisch, wurde später nach den Bränden verändert und von einer Wehrmauer mit Wehrturm umgeben. Sie steht oberhalb des malerischen Stöckleinsteichs.

Die evangelische **Dreifaltigkeitskirche** am Bahnhof wurde 1929 geweiht, bei ihr wurden im Inneren mehrere Gesteinsarten, die in der Umgebung vorkommen, verbaut.

An der Straße Unteranger gibt es einen kleinen sehenswerten **Kräutergarten** mit verschiedenen Heil-, Aroma- und Gewürzpflanzen. Auf dem Kapellenberg am westlichen Ortsrand steht die hübsche spätbarocke **Bergkapelle** von 1772. Wunderbar romantisch ist das **Felsennaturbad Goldbergsee** unweit des Bahnhofs. Landschaftlich höchst reizvoll ist auch der **Wanderweg entlang der Schorgast** nach Wirsberg (der »Nordweg«, etwa 4 Kilometer lang).

Im Empfangshaus des Marktschorgaster Bahnhofs gibt es ein von Mai–Okt. tägl. 9–17 Uhr frei zugängliches **Dokumentationszentrum zur Schiefen Ebene** (→ S. 144). Von hier führt ein technischer Lehrpfad nach Neuenmarkt. Bahn-

Stille Straße in Marktschorgast

hof, Güterschuppen und Wasserhaus bilden ein denkmalgeschütztes Ensemble. Vom Bahnhof fährt man über Bahnhofstraße und links abbiegend den Pulster Weg weiter und unterquert die Bahnlinie. Gleich nach dieser führt nach rechts ein unbefestigter Weg (Benutzung mit Pkw gestattet) die Bahn entlang hinab nach Himmelkron, teils verläuft der erwähnte technische Lehrpfad auf ihm. Entlang des

Kreuzgang im Kloster Himmelkron

▸ Karte S. 140

Wegs hat man an der »Schiefen Ebene« eindrucksvolle Blicke auf den Bahnkörper. Wer die Asphaltstraße weiterfährt, kommt unmittelbar an der A 9 nach **Rohrersreuth** und fährt hier halblinks entlang des Streitmühlbachs auf unbefestigtem Weg (es ist eine blau markierte Radwegtrasse) unter der A 9 hindurch und biegt gleich danach nach rechts ab, den Radweg verlassend. Jetzt geht es hinab ins Vorland, wieder unter der Autobahn hindurch, weiter den Streitmühlbach entlang, vorbei an einigen Teichen, hoch darüber steht auf festen Pfeilern die A 9 und bald ist Himmelkron erreicht. Geographisch-geologisch hat man den Frankenwald hinter sich gebracht und befindet sich jetzt im Fränkischen Schichtstufenland.

Himmelkron

Berühmt ist der Ort durch sein 1279 gegründetes **ehemaliges Zisterzienserinnenkloster**. Es bestand bis 1560 und wurde dann in eine Schule für Adelige umgewandelt. Seit Ende des 16. Jahrhunderts war es nach kleinen Umbauten Sommerresidenz bzw. Jagdschloss der Bayreuther Markgrafen bis zum Ende des 18. Jahrhunderts. Seit es 1893 wird es von der Diakonie Neuendettelsau als Heim für geistig Behinderte genutzt. Die ehemaligen Klostergebäude sind um zwei Innenhöfe angelegt. In den älteren »Oberen Hof« ist die Stiftskirche eingefügt, der größere unregelmäßig geformte Untere Hof wurde erst in der Markgrafenzeit geschlossen, in der um 1720 auch ein zusätzlicher Trakt errichtet wurde, der den »Roten Saal« birgt, einen Repräsentationsraum, der heute als Trauungszimmer und für Konzerte benutzt wird. In einem der Trakte des Oberen Hofs befindet sich das kleine **Stiftsmuseum**.

Die gotische **Stiftskirche** wurde nach 1698 barockisiert, wobei die äußeren gotischen Bauelemente noch deutlich erkennbar blieben. Im Mittelalter zunächst Gruftkirche der Grafen von Orlamünde (noch vorhanden ist das Grab des Otto III. (IV.) von Orlamünde (gest. 1285), nahm sie im 18. Jahrhundert u.a. die sterblichen Überreste einiger Bayreuther Markgrafen auf, so Georg Friedrich Karl (gest. 1735) und Friedrich Christian (gest. 1769). Deren Gruft wird heute Ritterkapelle genannt. In der Kirche befinden sich zahlreiche reichgeschmückte Epitaphien der Äbtissinnen wie auch von Mitgliedern des lokalen Adels. Sehenswert ist auch der gotische **Kreuzgang**, von dem an der südlichen Außenmauer der Kirche, d.h. dem Oberen Hof, ein Flügel erhalten ist und der u.a. durch seine Sandsteinreliefs künstlerische Bedeutung hat. Der sogenannte »Teufelsboden« oberhalb des Kreuzgangs zeigt phantasievolle Tiergestalten.

Besonders sehenswert ist die **Baille-Maille-Allee** jenseits des Weißen Mains. Die prachtvolle, knapp 800 Meter lange Lindenallee legte Markgraf Christian Ernst 1662/63 an. Sie war im 17. Jahrhundert als die schönste ihrer Art in ganz Europa gerühmt. Friedrich des Großen Schwester, die Bayreuther Markgräfin Wilhelmine, hielt sich hier besonders gerne auf. Man spielte hier Paille-Maille (engl. Pall Mall), einen Vorläufer des späteren Kricket. 1792 wurde die Allee gegen den Widerstand der Himmelkroner von preußischem Miliär abgeholzt – das Markgrafentum war gerade preußisch geworden. Durch den Holzverkauf sollten die Staatsfinanzen verbessert werden. 1986 wurde die Neupflanzung mit 160 Bäumen begonnen, 1992 war sie vollendet.

Die Baille-Maille-Allee in Himmelkron

■ Neuenmarkt

Neuenmarkt war und ist Endbahnhof für die »Schiefe Ebene«. Der Bahnknotenpunkt bzw. Abzweigebahnhof für die Strecken nach Kronach bzw. Bayreuth wurde in den 1840er Jahren als als bloßes Eisenbahnerdorf geschaffen. Sehenswert ist das dortige **Deutsche Dampflokomotiv-Museum** im vormaligen Bahnbetriebswerk, errichtet in und um den alten Ringlokschuppen. Gezeigt werden unter anderem 30 Dampfloks aus unterschiedlichen Epochen sowie verschiedene Salonwagen.

In der Stiftskirche von Himmelkron

Die »Schiefe Ebene«

Bayerns Herrscher Ludwig I. (reg. 1825–1848) erkannte früh die Bedeutung der Eisenbahn für den wirtschaftlichen Fortschritt seines Landes. Nachdem er bereits 1834 die Konzession für den Bau der ersten deutschen Eisenbahn von Nürnberg nach Fürth erteilt hatte, ließ er ab 1843 eine Bahntrasse von Lindau über Kempten–Augsburg–Nürnberg–Hof bauen, die sogenannte Ludwig-Süd-Nord-Bahn. Auf deren 53 Kilometer langem Teilstück Neuenmarkt–Hof hatte die Trasse an der Fränkischen Linie zwischen Neuenmarkt und Marktschorgast innerhalb von 6,8 Kilometern 158 Höhenmeter zu überwinden, was einer Steigung von im Bahnverkehr unerhörten 2,5 % (1:40) entspricht. Der Bau dieses Streckenabschnitts, von Anfang an die »Schiefe Ebene« genannt, gilt mit seinen Steindämmen, den insgesamt 1836 Meter langen Stützmauern und neun kunstvoll gemauerten Durchlässen und Einschnitten für die Zeit seiner Entstehung als großartige Ingenieursleistung. Die Granitquader wurden mühevoll aus den über 25 Kilometer entfernten Steinbrüchen am Schneeberg im Fichtelgebirge herangekarrt. Die Eröffnung der zunächst nur eingleisigen Strecke erfolgte am 1. November 1848, das zweite Gleis kam erst 1871 dazu. Noch heute fahren die Züge von Bamberg über Kulmbach nach Hof und weiter nach Sachsen über die steile Teilstrecke der »Schiefen Ebene«.

Zwei Kilometer unterhalb von Marktschorgast stehen an den Gleisen bei Rohrersreuth (Kilometer 79,7) zwei Pfeiler aus der Zeit des Kalten Kriegs, jeweils aus mehreren Betonsegmenten bestehend. Im Fall der Fälle hätten sie von Hohlräumen darunter gesprengt werden können, und der Beton wäre auf die Gleise gestürzt. Man glaubte, damit den Vormarsch der Truppen des Warschauer Pakts verhindern zu können. Im Wartesaal des stillgelegten Bahnhofs Marktschorgast, der Bergstation der »Schiefen Ebene«, gibt es eine Ausstellung zur »Schiefen Ebene« und ihren Konstruktionen. Ein acht Kilometer langer technischer Lehrpfad, der die betrieblichen und bautechnischen Besonderheiten erläutert, verläuft entlang der Steilstrecke zwischen den Bahnhöfen Neuenmarkt und Marktschorgast. Der Weg ist teilweise steil und gutes Schuhwerk ist erforderlich.

Ausstellung über die Schiefe Ebene im Bahnhof Marktschorgast

Das Rathaus von Wirsberg

Wirsberg

Der idyllisch gelegene traditionelle Luftkurort hat mit dem Ensemble des malerischen Marktplatz und der schlichten **Pfarrkirche St. Johannis** eine reizvolle Ortsmitte aufzuweisen. Die Kirche stammt aus dem 18. Jahrhundert und wurde wie viele Kirchen im ehemaligen Markgrafentum Brandenburg-Bayreuth im sogenannten Markgrafenstil errichtet. Sehenswert ist in der Kirche der Kanzelaltar des Hofer Meisters Wolfgang Adam Knoll (1709–1780). Von der barocken Steinbrücke über die Schorgast genießt man flussaufwärts ein idyllisches Häuserpanorama.

Nördlich oberhalb der Ortsmitte befinden sich die kümmerlichen Reste der 1554 während der »Alcibiadischen Wirren« von den Nürnbergern zerstörten **Burg Wirsberg**.

Vielbesucht ist das gleich unterhalb am Marktplatz gelegene edle Hotel-Restaurant »Posthotel« des bekannten Kochs und Moderators Alexander Herrmann. Etwa zwei Kilometer nördlich (Zufahrt über Neufang) liegt die **Ruine der Heilingskirche**, eigentlich ist nur noch die monumentale Giebelfront vorhanden. Die Heilingskirche war vermutlich schon im 14. Jahrhundert als Wallfahrtskirche erbaut, verfiel jedoch nach der Reformation schnell. 1564 wurde sie bis auf die Westwand abgetragen und die Steine zum Bau anderer Gebäude verwendet. Von hier hat man einen schönen Blick über das Umland.

Ähnlich ging es der **St. Leonhard-Kirche**, die um 1600 abgebrochen wurde, von ihr ist bis auf eine kleine Erhebung im Boden nichts mehr vorhanden. Der Zugang zu diese Stelle führt über den Weg zwischen den Häusern Kulmbacher Str. 30 und 36 in Wirsberg.

Ein Naturlehrpfad führt im **Kosertal** (nördlich Wirsbergs) zu den Stätten der historischen Serpentinschleiferei, die hier, im Einzelhof Einöde bei Cottenau, etwa zwischen 1800 und 1920 bestand. Der in Deutschland verhältnismäßig seltene Serpentinit (ein grünliches und im Verhältnis zu Granit etc. ziemlich weiches Gestein aus wasserhaltigen Mg-Fe-Sili-

Die Ruine der Heilingskirche

katen) ist als dekoratives und leicht zu bearbeitendes Material begehrt. Gewonnen wurde es vor allem auf dem Peterlesstein bei Kupferberg (s.u.).
Von den **Frankenwald-Steigla** gibt es hier den **Franzosenweg** (9 km, 3,5 Std., 250 Höhenmeter). Er führt durch die Täler der Schorgast und des Weißenbachs (Ausgangspunkt unterhalb des Wirsberger Rathauses, Herbert-Kneitz-Str. 7).

Zwischen Untersteinach und Marktleugast

Den Süden des Frankenwalds durchquert zwischen Münchberg und Untersteinach die B 289, mit der Kulmbach an das Hofer Land angebunden ist. Eindrucksvoll ist der Abfall des Frankenlands an der Fränkischen Linie (→ S.154), an der zwischen Kronach und Himmelkron das Grundgebirge des Frankenwalds wie eine Mauer aufragt.

■ Untersteinach und Ludwigschorgast

Die **Untersteinacher Pfarrkirche St. Oswald** geht auf das 14. Jahrhundert zurück und wurde, wie das immer hier so war, später mehrmals umgebaut, ihr heutiges Äußeres erhielt sie um 1520. Sie ist eine Wehrkirche mit Mauer und Wehrturm. Hübsch ist in **Ludwigschorgast** die Partie um das Rathaus (ehem. Gasthof zur Post) und dem Floriansbrunnen. Die schlichte Pfarrkirche St. Bartholomäus stammt aus dem frühen 16. Jahrhundert, ihr Turm ist in Gänze verschiefert.

■ Kupferberg

Mit nur gut 1000 Einwohnern ist Kupferberg eine der kleinsten Städte Deutschlands und zusammen mit Lichtenberg (→ S. 123) die kleinste Bayerns. Sehenswert sind die spätgotische **Pfarrkirche St. Veit** sowie die farbenfrohe **Nepomukstatue** an der Ecke Kulmbacher Str. und Spitalweg. Das alte **Heiliggeistspital** mit

In Ludwigschorgast

Spitalskirche St. Katharina (Kulmbacher Str. 34) hat eine aufwendige Fassade und wirkt eher wie ein Adelssitz.
Seit dem ersten Viertel des 14. Jahrhunderts wurde hier Kupfererz abgebaut, die reichste Zeit des Abbaus war das 16. und 17. Jahrhundert; beispielsweise konnten aus den 2600 Kilo Erz, die 1685 im St. Veit-Schacht gefördert wurden, 390 Kilo Rohkupfer gewonnen werden, was einem Kupfergehalt von 15 Prozent entspricht. Dies war fünfmal höher als der damalige Durchschnitt. Mehrmals gingen die Förderleistungen zurück, mehrmals wurde wieder begonnen, doch letztlich wurde der Kupferabbau 1940 vollends eingestellt. dass sich gerade hier soviel Erz findet, hat seinen Grund in der Lage an der Fränkischen Linie. Entlang dieser können sowohl mineralhaltige Thermalwässer leicht nach oben dringen (Bad Berneck), aber es konnten auch erzführende heiße Lösungen nach oben dringen und dabei das Nebengestein imprägnieren und ausfallen, womit kleinere Erzlagerstätten entstanden, wie beispielsweise auch die von Goldkronach.
Etwa 2,5 Kilometer nördlich von Kupferberg liegt an der B 289 der **Peterlesstein** (593 m). Er besteht aus dem grünlichen,

▸ Karte S. 140

in Deutschland ähnlich wie Eklogit sehr seltenen Serpentinit, der aufgrund seines Gehaltes an Magnetit sehr magnetisch ist. Serpentinit bzw. die ihn bildenden Serpentinminerale bestehen nur aus Eisen, Magnesium und Silikat, und enthalten kein Kalium, Natrium oder Aluminium, so dass eine herkömmliche Vegetation auf ihm nicht möglich ist. Dafür wachsen hier ganz andere, meist recht unbekannte teils recht seltsame Pflänzlein wie verschiedene Arten der Gattungen *Alyssum* (Steinkraut) und *Hybanthus* (Veilchengewächse) sowie *Asplenium cuneifolium* und *Asplenium adulterinum* (Streifenfarn). Diese tolerieren dafür die hohen Gehalte an Nickel und Chrom im Serpentin, die als Schwermetalle toxisch sind. Das Kupferberger Serpentinitvorkommen gehört geologisch zu der erwähnten Münchberger Gneismasse.

Guttenberg

In diesem recht hübschen Ort mit seinen engen Dorfgassen befindet sich der Stammsitz jenes berühmten gleichnamigen fränkischen Adelsgeschlechts. Das sogenannte **Untere Schloss** (Am Bienengarten 2) ist ein bescheideneres Gebäude und stammt aus dem frühen 18. Jahrhundert. Wohnsitz der Familie ist das **Schloss Neuguttenberg**, das aus einer Burg Altguttenberg hervorging, die im frühen 14. Jahrhundert errichtet wurde. Gegen 1500 hatte man gleich daneben eine Burg Neuguttenberg erbaut. Beide Burgen wurden 1523 vom Schwäbischen Bund zerstört, da die Herren von Guttenberg den damals landesweit gefürchteten Raubritter Thomas von Absberg (1477–1531) unterstützten. Altguttenberg wurde danach nicht mehr aufgebaut, Neuguttenberg immer wieder verändert, insbesondere nach einem Brand 1908. In Guttenberg gibt es noch andere Gebäude, die einst zum Schloss gehörten, beispielsweise das Haus Kirchweg 6, die alte Guttenbergsche Rentenverwaltung, auch Mittleres Schloss genannt, oder Hohberg 2, das frühere Gärtnerhaus, später Schule. Und im Vorhof des Schlosses steht auch noch das alte Kutschenhaus, das Balthasar Neumann 1731 entworfen hat.

Die Zerstörung der Burg Altguttenberg 1523

Der Frankenwald

Heute befindet sich das Schloss Guttenberg mit Inventar und Forstbetrieben im Besitz der »Freiherrlich von und zu Guttenberg'schen Privatstiftung« mit Sitz im steirischen Radmer. Im Schloss lebte bis zu seinem Tod der Chef des Hauses Enoch zu Guttenberg (1946–2018) mit seiner Familie. Er war als Dirigent europaweit sehr geschätzt. Bekannter ist zweifellos sein Sohn, Karl Theodor zu Guttenberg (geb. 1971). Er war von 2009 bis 2011 Bundesminister der Verteidigung, die nicht ganz geklärten Vorgänge um den Luftangriff auf Kunduz mit seinen vielen zivilen Opfern, doch vor allem die Plagiatsaffaire um seine Doktorarbeit zwangen ihn im März 2011 zum Rücktritt von allen politischen Ämtern. Ihm als politischem Transatlantiker gelang danach eine zweite politische Karriere.

Marktleugast und seine Umgebung

Zwischen Kupferberg und Münchberg ist **Marktleugast** (3100 Bewohner) die größte Ortschaft. Durchaus sehenswert ist hier die **Pfarrkirche St. Bartholomäus und Martin** von 1768 wegen ihres eindrucksvollen Deckengemäldes, das die Vierzehn Nothelfer zeigt.

Im Gemeindeteil **Neuensorg** (Seestraße) beginnt das **Steigla des Rehbachtalwegs** (7,7 km, zweieinhalb Stunden, 143 m Höhenunterschied). Am Westende des sehr romantischen Rehbachtals befindet sich die Forellenzucht mit Gaststätte und Biergarten **Kleinrehmühle** (Tel. 09255/7565, www.kleinrehmuehle.de), die auch über Weidmes mit dem Pkw erreichbar ist und sowohl zu Fuß als auch mit Auto ein beliebtes Ausflugsziel ist. Die Mühle wurde bereits 1683 erwähnt. Im Gemeindeteil **Hohenberg** steht die architektonisch interessante, etwas expressionistische **Kirche St. Josef** von 1929 mit einem Chor zwischen zwei Türmen.

Marienweiher

Marienweiher ist neben Glosberg bei Kronach (→ S. 65) der wohl bedeutendste Wallfahrtsort des Frankenwalds und wird jährlich von 8000 Pilgern besucht. Schon im 12. Jahrhundert befand sich hier ein Gotteshaus, das wahrscheinlich in den Hussitenkriegen (1420–1435)

Landschaft bei Guttenberg

▸ Karte S. 140

zerstört wurde, ein Nachfolgebau war gegen 1480 vollendet. In dieser Kirche lässt sich das heute noch verehrte Gnadenbild erstmalig nachweisen, wenngleich es Geschichten über ein älteres Gnadenbild gibt. So besagt die Legende über den Ursprung der Wallfahrten, dass Anfang des 12. Jahrhunderts ein sächsischer Fuhrmann im Straßenwirtshaus am Vordersee (die älteste Bezeichnung für Marienweiher) eingekehrt sei. In der Nacht wurde das Wirtshaus von Räubern überfallen, worauf sich der Fuhrmann voller Angst an die Gottesmutter gewandt habe und die Räuber verschwunden seien. Seinem Gelübde gemäß habe er ein Marienbild in einer hölzernen Kapelle aufgestellt. Bald sei diese Kapelle von Pilgern immer mehr besucht worden. Doch das heutige Gnadenbild ist eindeutig in das 15. und nicht in das 12. Jahrhundert zu datieren. Den Dreißigjährigen Krieg, der so viele Kirchen der Region zerstörte, überlebten Statue und Kirche unbeschädigt. Schon damals war die Wunderkraft des Gnadenbilds berühmt. So wurde immer wieder von einem jungen Marktleugaster namens Drescher erzählt. Der war während der Türkenkriege im 16. Jahrhundert in die Gefangenschaft der Osmanen geraten und sollte hingerichtet werden, wenn er nicht seinem katholischen Glauben abschwört. Er betete daraufhin zur Muttergottes von Marienweiher und fand sich nach einem kurzen Schlaf am Altar in der Kirche von Marienweiher wieder. Während des folgenden Gottesdienstes seien auch die Ketten, die er noch trug, ohne menschliches Zutun abgesprungen. Die Zahl der Wallfahrer nahm immer mehr zu, es wurde auch ein Franziskanerkloster gegründet. In Folge war zu Beginn des 18. Jahrhunderts die Wallfahrtskirche zu klein geworden. Der fürstbischöfliche Hofarchitekt Johann Adam

Die Basilika Maria Heimsuchung in Marienweiher

Küchel schuf sodann von 1740–1745 die Kirche in ihren heutigen Ausmaßen. Diese **Basilika Maria Heimsuchung** ist eine der vier »basilicae minores« des Bistums Bamberg. Der Titel »basilica minor« (kleine Basilika) wird vom Papst an besonders bedeutende Kirchenbauten verliehen. Überwältigend ist das lichtdurchflutete, wohlproportionierte Innere. Die eindrucksvollen farbenfrohen Deckenbemalungen bilden mit der gesamten Innenausstattung ein herrliches Gesamtkunstwerk. Das Gnadenbild im spätbarocken Hochaltar ist eine von unbekannter Hand geschnitzte Marienfigur, entstanden vermutlich nicht vor dem Bau der zweiten Kirche um 1480. Die Muttergottes steht auf einer Mondsichel, ihr Haar fällt lang herab, doch ist es von einem barocken Prunkgewand verdeckt (https://basilika-marienweiher.de).

Grafengehaig

Grafengehaig liegt etwa fünf Kilometer nördlich von Marktleugast herrlich am Hang. Viel besucht wird es wegen der eindrucksvollen **Wehrkirchenanlage**,

Die Wehrkirche von Grafengehaig

die mit dem Mesnerhaus von 1640 zu den besterhaltenen und schönsten ganz Deutschlands gehört. Schon im 11. Jahrhundert stand hier eine Kapelle, dann folgte im 13. Jahrhundert ein erster Kirchenbau, der im 14. Jahrhundert abbrannte. Es wurde eine zweite Kirche errichtet, die im 15. Jahrhundert wieder abbrannte, wobei Reste von ihr in den Bau der dritten und heutigen Heiliggeistkirche übernommen wurden. Die heutige Kirche wurde um 1450 vollendet. 1520 entstand die achteckige spätgotische Kanzel, im 17. Jahrhundert wurde die heute vorhandene teils naiv-freudige Ausmalung der Kirche geschaffen, der Hochaltar ist spätestes Barock von 1767. Die Wehranlage wurde in der Zeit der Hussitenkriege (1420–1435) geschaffen, umgab also schon den Vorgängerbau, wenngleich einige Forscher sagen, dass sie erst 1455, lange nach den Hussitenkriegen als Präventivmaßnahme für künftige Belagerungen entstanden sei. Es wird vermutet, dass es aus den Kellergewölben Grafengehaiger Häuser unterirdische Gänge bis zur Kirche gegeben hat, ein Beweis konnte bisher jedoch nicht erbracht werden. Die heutige Toranlage zu Kirche und Kirchhof wurde 1732 gebaut, davor bestand aber ein älterer Torbau. Das **Mesnerhaus** ist die frühere Schule von 1640. Leider lädt das Traditionsgasthaus »Zur Post« genau gegenüber zur Zeit nicht zur Einkehr ein.

Eine Fahrt über die **Frankenwaldebene** zwischen Grafengehaig, Eppenreuth, Buckenreuth und Enchenreuth bietet schönste Landschaftserlebnisse. Das **Steinachtal** bzw. die Steinachklamm südwestlich von Grafengehaig zählt zu den eindrucksvollsten Tälern Oberfrankens (→ S. 152) und der Besuch des Gasthauses Zeitler im nahen **Seifersreuth** ist ein authentischer Genuss.

Stadtsteinach und seine Umgebung

Die Lande um die ehemalige Kreisstadt Stadtsteinach, an der Fränkischen Linie unmittelbar am Frankenwaldabbruch gelegen, bieten großartige Natur- wie auch Architekturdenkmale: Die grandiose Steinachklamm, die Ruine Nordeck und das Schloss Guttenberg, um nur einige zu nennen. Überhaupt ist der entlang des Vorlands mit bis zu 300 Metern Höhenunterschied aufragende frankenwaldische Grundgebirgskomplex ein dominierendes Landschaftselement.

Stadtsteinach

Das beschauliche, vor sich hinträumende Städtchen mit seinen 3000 Seelen ist staatlich anerkannter Erholungsort und war durch die Jahrhunderte bis 1803 dem Fürstbistum Bamberg angehörig. Wie so viele Orte der Region wurde auch Stadtsteinach mehrmals von vernichtenden Bränden heimgesucht, das letzte Mal 1903, vermutlich aufgrund Brandstiftung durch zündelnde Kinder. Die heutige **Pfarrkirche St. Michael** ist ein neobarocker Bau von 1905. In der Nähe, etwas versteckt hinter dem Pfarrhaus und nicht gleich zu entdecken, steht die **Marienkapelle** aus dem Jahr 1690 mit einer Apsis aus dem 13. Jahrhundert. Sie ist der älteste erhaltene Bau Stadtsteinachs. Auf dem Marktplatz steht der **Marktbrunnen** aus dem 18. Jahrhundert mit einer Christophorusstatue, nicht weit davon befindet sich der **Andreasbrunnen** aus der gleichen Epoche. Nördlich des Marktplatzes befindet sich direkt an der Hauptstraße der langgezogene Komplex der sogenannten **Fronveste**, ein barockes Verwaltungsgebäude aus der fürstbischöflichen Zeit. Bis 1972 befand sich hier das Landratsamt, jetzt ist es Polizeiinspektion. Gambrinusjünger aus aller Welt eilen zur **Schübel-Brauerei**. Neben dem Verkauf edler Gerstensäfte, gibt es auch die Möglichkeit, an Brauereiführungen teilnehmen, es ist eine der letzten kleinen Privatbrauereien im Kulmbacher Land und Frankenwald.

Im Norden befindet sich oberhalb der Stadt auf 521 Metern Höhe der **Ringwall Grünbürg**, der in das 8. bis 10. Jahrhundert datiert wird. Die Zufahrt ist über die Alte Pressecker Straße möglich, etwa 800 Meter nach dem Ortsschild geht es nach links, es sind etwa 400 Meter Fußweg mit etwas Anstieg bis zur Grünbürg. Von dieser einst hölzernen Burg, die vermutlich Teil einer Reihe von Fliehburgen innerhalb der Grenzbefestigungen am Ostrand des Karolingerreichs war, sind heute drei Ringwälle vorhanden, ein oberer (innerer) mit den Ausmaßen 155 mal 85 Meter, vier Meter tiefer auf einer künstlich angelegten Geländestufe gibt es einen weiteren Ring und nochmals vier Meter tiefer eine dritte Umwallung, alle drei einst aus Pfählen, Flechtwerk und Erde geschaffen. Eine eindrucksvolle und geheimnisumwobene Anlage.

Die Ruine Nordeck

▲ Karte S. 140

Weg zum Ringwall Grünbürg

Steinachtal und Steinachklamm

Das schönste Naturerlebnis im Stadtsteinacher Raum bietet zweifelsohne das Steinachtal mit der Steinachklamm, letztere ist nur ein verhältnismäßig kurzer Talabschnitt an dessen Ende bei Neumühle. Über die Bahnhofstraße und die Hammergrundstraße fährt man nordostwärts aus Stadtsteinach heraus, und hält sich an der scharfen Rechtsbiegung der Hammergrundstraße an der Steinach entlang geradeaus. Man erreicht die Schneidmühle, ein historisches technisches Denkmal. Die **Schneidmühle** wurde 1980 nach 130 Jahren Betrieb stillgelegt. Ihre ursprüngliche Ausstattung mit Ofen, Schreibpult, Hocker, Hobelbank, Sägetisch etc. ist noch vorhanden. Die Mühle ist jederzeit zugänglich. Bei Schneidvorführungen (Info bei der Stadtverwaltung) kann der Schneidmüller vom Gatter aus über ein Hebelwerk den Schieber am Einlaufkanal des Mühlrades bedienen. Die Schneidmühle ist außerdem Ausgangspunkt des **Frankenwald-Steigla Zum Forstmeistersprung**, das durch und um das Steinachtal führt (s.u.). Durch das Steinachtal kann man (noch) mit dem Pkw fahren – wenngleich nur wenige Fahrzeuge diesen Verbindungsweg zwischen Stadtsteinach und beispielsweise Grafengehaig nutzen. Das Tal ist eine Domäne der Wanderer und Radfahrer.

Von der Schneidmühle geht es entlang der Steinach und ihrer Aue in das immer enger werdende Tal. Nach etwa zwei Kilometern ist beim Weiler **Oberhammer** die allgemein geschätzte **Waldschänke Steinachtal** (Tel. 09225/2669888) erreicht. Von dieser kann man in knapp zehn Minuten bequem bis zur **Ruine Nordeck** gehen, der Wanderweg steigt nur unwesentlich an. Die Burg wurde um 1100 durch die Grafen von Henneberg erbaut, war ab 1151 bambergisch und wurde dann 1483 während der Fehde zwischen den Fürstbischöfen und den Waldenfelsern zerstört. Sie wurde wiederaufgebaut und diente als bischöflicher Verwaltungssitz. Um die Mitte des 16. Jahrhunderts war sie ein Stützpunkt des berüchtigten Raubritters Thomas von Absberg, doch anders als die Burgen in Guttenberg (→ S. 147) wurde sie durch den Schwäbischen Bund nicht niedergebrannt. Ihre Zerstörung ließ aber nicht mehr lange auf sich warten, sie erfolgte 1525 im Bauernkrieg. Danach fand kein Wiederaufbau mehr statt. Die Burg ist eine der »romantischsten« Flecken im Frankenwald. Von den Wallresten blickt man auf den gesicherten runden Bergfried und die umliegende Landschaft – es ist eine der schönsten Ansichten der Region.

Von der Waldschänke sind es dann auf dem Fahrweg vier Kilometer bis **Wildenstein**. Kurz davor gabelt sich der Weg, rechts hinab geht es nach **Waffenhammer** (das dortige Till-Eulenspiegel-Museum wurde leider 2017 geschlossen) und zur **Klamm**, dies ist aber kein öffentlich befahrbarer Weg. Links geht es nach Wildenstein und zum **Wanderparkplatz Neumühle**, von dem aus die Klamm auch schnell und einfach besuchbar ist. 2008 wurden Steinachtal und Steinachklamm in die Liste der 100 schönsten Geotope Bayerns aufgenommen. Eine weitere Besonderheit im Steinachtal ist übrigens sein Mikroklima. Es ist schattig-kühl im Sommer und schattig-trocken im Frühjahr und Herbst.

Die Schneidmühle ist ein historisches technisches Denkmal

Die Fränkische Linie

Diese Bruchzone der Erdkruste zieht sich in NW–SO-Richtung von Kronach bis nach Weiden hin und ist bis in eine Tiefe von etwa 25 Kilometer existent. An ihr ist das nordostbayerische Grundgebirge (und damit unter anderem der Frankenwald, dessen geologische Südgrenze sie somit bildet) zwischen etwa 1000 und 10 000 Meter vertikalen Versatzes herausgehoben. Die Hebung begann vor etwa 100 Millionen Jahren und endete vor ungefähr 50 Millionen Jahren und ist in Zusammenhang mit der Alpenauffaltung zu sehen. Die Bruchzone selbst ist viel älter und geht auf die Zeit der variskischen Gebirgsgsbildung zurück, an deren Ende sie vor etwa 280 Millionen Jahren entstanden ist. Natürlich war die Hebung kein bloßer zweidimensionaler Prozess, da gleichzeitig auch die Gesteine des Mesozoikum (Erdmittelalter) aus der Trias teilweise unter die des Grundgebirges gedrückt wurden. So stoßen heute entlang der Fränkischen Linie jene Gesteine der Trias (das fränkische Schichtstufenland) direkt an die des viel älteren Grundgebirges von Frankenwald, Münchberger Masse und Fichtelgebirge.

Die Fränkische Linie ist im Landschaftsbild ein wichtiges morphologisches Element und an einer markanten Geländestufe deutlich zu erkennen, die zwischen Kronach und Goldkronach (Fichtelgebirge) landschaftsbestimmend ist. Die Berglandschaften des Frankenwalds liegen hier etwa 100 bis 300 Meter über dem mesozoischen Vorland. Mit seinen flachen Tafelbergen ist es vergleichsweise unbewaldet sowie durch reichen Ackerbau gekennzeichnet; der deutlich zertalte Wall des Grundgebirges östlich der Fränkische Linie durch weite und dichte Waldungen geprägt, wobei die landwirtschaftliche Nutzung deutlich zurücktritt. Parallel zu diesem Geländeabbruch, also genau entlang der Fränkischen Linie fließen zahlreiche kleinere Flüsse wie Schorgast und Steinach Richtung Kronach der Rodach zu.

An der Fränkischen Linie bei Rugendorf

Die Kirche in Rugendorf

Wanderwege im Steinachtal

Entlang des Tals verläuft ein **Geopfad** (15km, 5 Std., 456 Höhenmeter), der am Parkplatz an der Waldschänke Oberhammer beginnt und über die Ruine Nordeck zum Forstmeistersprung führt. An beiden sind Gesteine des Oberdevons (Diabas, Flaserkalk) aufgeschlossen. Dann geht es wieder hinab zur Steinach und flussaufwärts am Fuß des Teufelssteins vorbei bis nach Neumühle. Von dort läuft man über die Steinachklamm und zum Römersreuther Berg, dann zurück zum Oberhammer. Die Steinachklamm mit ihrem Quarzkeratophyr-Riegel (ein siliziumreiches vulkanisches Gestein aus dem Paläozoikum) bildet den thematischen und landschaftlichen Höhepunkt der Streckenführung.

Das **Frankenwald-Steigla Zum Forstmeister** (8,5 km, 3 Std., 330 Höhenmeter) beginnt und endet an der Schneidmühle. Es führt über den Aussichtspunkt Kanzel zur Wallanlage Grünburg und über Ortsteil Frankenreuth hinab ins Steinachtal und zurück zum Ausgangspunkt.

Rugendorf

Auch hier lohnt ein Stopp: die auf das 16. Jahrhundert zurückgehende evangelische **Pfarrkirche St. Erhard und Jakob** sowie das daneben stehende und 1555 etwa zur gleichen Zeit erbaute schlichte **Schloss** der Herren von Waldenfels bilden ein hübsches Ensemble. Das Schloss war ab 1628 bambergisch. Sehenswert ist auch die **500-jährige Dorflinde** vor der Kirche – überhaupt ist der Dorfplatz recht anheimelnd, störende stillose Nachkriegsbauten, die mit ihren Lamilux- und Eternitelementen viele Ortsbilder in Franken verschandeln, fehlen weitgehend. Nach dem Ortsteil Losau endet der Kreis Kulmbach, in Seibelsdorf im Rodachtal (→ S. 101) ist man wieder eindeutig im Bambergischen angekommen, das historische katholisch-evangelische Grenzgebiet hat man hinter sich gelassen.

Wartenfels

Hübsch und hübsch gelegen oberhalb des Zettlitzgrunds ist auch Wartenfels, oberhalb von Rugendorf. Hier wurde, anders als im nahen Rugendorf, die Reformation nicht durchgeführt. Man blieb katholisch. Die **neugotische Pfarrkirch**e stammt von 1864. Nur sehr spärliche Reste erinnern noch an die um 1325 erbaute **Burg** eines Reiwin von Wartenfels: ein Graben, Fundamente eines Rundturms und einer Kemenate. Reizvoll sind die Landschaftseindrücke entlang der Straßen nach Altenreuth/Geuser wie auch nach Seubethenreuth und Schwand.

Der Süden

Markt Marktschorgast, Marktplatz 17, 95509 Marktschorgast, Tel. 09227/9430-0. www.marktschorgast.de

Gemeinde Himmelkron, Klosterberg 9, 95502 Himmelkron, Tel. 09227/9310. www.himmelkron.de

Markt Wirsberg, Sessenreuther Str. 2, 95339 Wirsberg, Tel. 09227/93220. www.wirsberg.de

Stadt Stadtsteinach, Marktplatz 8, 95346 Stadtsteinach, Tel. 09225/957824. www.stadtsteinach.de

Landgasthof und Metzgerei Drei Kronen, Marktplatz 13–15, 95509 Marktschorgast, Tel. 09227/7061; DZ 70 €. Fränkische Speisen, hauseigene Metzgerei.

Hotel Gasthof Hereth, Hauptstr. 15, 95339 Wirsberg, Tel. 09227/94190; DZ ab 76 €. Grundgediegenes niveauvolles Haus. www.hotel-gasthof-hereth.de

Gasthof Schicker, Am Endelsbach 7, 95364 Ludwigschorgast; DZ 58 €, gut und günstig. www.gasthof-schicker.de

Landgasthof Haueis, Hermes Nr. 1, 95352 Marktleugast, Tel. 09255/245; DZ ab 74 €. www.landgut-hermes.de

Klosterbräu Marienweiher, 95352 Marienweiher Nr. 6, Tel. 09255/3719971; DZ 80 €. Mit Restaurant Il Greco. www.klosterbräu-marienweiher.de

Gasthof Zwei Linden, 95352 Marienweiher Nr. 14, Tel. 09255/243; DZ 56 €. Oberfränkische Spezialitäten. www.gasthof-zweilinden-marienweiher.de

Ferienhof Neumühle/Steinachtal, Neumühle 1, 95355 Presseck, Tel. 09222/9909444; DZ ab 52 €, FeWo ab 65 €. Hofladen (Käse und Wurst aus eigener Herstellung), im idyllischen Steinachtal. www.neumuehle-steinachtal.de

Hotel Berghof, 95355 Wartenfels Nr. 85, Tel. 09223/229; DZ ab 76 €. Mit stylischem Restaurant Ursprung, man veranstaltet auch Kochkurse, vom Guide Michelin mit einem »Bib Gourmand« bewertet. www.berghof-wartenfels.de

Karte S. 140

Campingplatz Stadtsteinach, Badstr. 5, 95346 Stadtsteinach, Tel. 09225/800394. Schöner und komfortabler Platz mit vielen Bäumen, direkt neben dem Freibad. Auch Schlaffässer und Matratzenlager. www.campingplatz-stadtsteinach.de

Biergarten Schlömener Tränke, Schlömen 5, 95339 Neuenmarkt, Tel. 01522/4434467. Einfach urig.

Gaststätte zum Hof-Fritz, Im Hof (oberhalb des Steinbruchs), 95362 Kupferberg. Einfaches fränkisches Wirtshaus, wie es leider nur noch wenige gibt.

Gasthaus Zeitler, 95356 Seifersreuth Nr. 13, Tel. 09255/1203. Einfaches Wirtshaus mit Top-Preis-Leistungsverhältnis.

Gasthof Weißes Rössl, Kulmbacher Str. 4, 95346 Stadtsteinach, Tel. 09225/272. Gegenüber der Kirche, gemütliche Gaststube, im Sommer Biergarten.

Stiftskirchenmuseum Himmelkron; Mai–Sept. nur So 13.30–16.30 Uhr, Führungen auf Anfrage unter Tel. 09227/93112. www.himmelkron.de

Deutsches Dampflokomotiv-Museum, Birkenstr. 5, 95339 Neuenmarkt. Tel. 09227/5700; Mitte März–Okt. Di–So 10–17 Uhr, Nov.–Mitte März Di–So 10–15 Uhr. www.dampflokmuseum.de

Bergbaumuseum Kupferberg, Wirsberger Weg 34, 95362 Kupferberg; April–Okt. Sa 13–17 und So/Fei 10–16 Uhr. www.bergbau-kupferberg.de

Frankenfarm Himmelkron, Bernecker Str. 40, 95502 Himmelkron, Tel. 09227/9420-0. Eigene Metzgerei, gut sortierter Hofladen mit Wurst-, Käse- und Brotspezialitäten, Restaurant. www.frankenfarm.de

Brauerei Schübel, 95346 Stadtsteinach, Knollenstr. 12, Tel. 09225/95590 oder 956482. Vorzügliche Biere und eigene Brennerei. www.schuebel-braeu.de

Kulmbach

Mag es auch nicht mehr unmittelbar zum Frankenwald gehören, ein Besuch Kulmbachs ist bei einer Reise in und durch den Frankenwald unerlässlich. Die Stadt liegt knapp zehn Kilometer vom geologisch-geographischen Südrand des Frankenwalds entfernt. Am Weißen Main gelegen, bildet sie mit der mehr als 100 Meter oberhalb auf einem Bergsporn mächtig die Lande überwachenden Plassenburg ein touristisches Ziel ersten Ranges. Obwohl Kulmbach nur 26 000 Bewohner hat, ist es nicht nur wegen dieser Festung, sondern auch wegen der weithin berühmten Brauereien (Kulmbacher Brau AG, Mönchshof) und Biere sowie der Bratwürste (die man an vielen Ständen in der Stadt an Ort und Stelle verzehren kann) weltweit bekannt. Besuchenswert sind die großartigen Museen im Mönchshof, die sich Brot, Bier und Gewürzen verschrieben haben. Die Kulmbacher Bierwoche zieht jedes Jahr im August 100 000 Besucher an – neun Tage wird getrunken, gegessen, gesungen, getanzt und geliebt (www.kulmbacher-bierwoche.de).

Um Kulmbach gibt es zwei der vielbegangenen **Frankenwald-Steigla**: der eine ist der **Rehberg-Weg** (11 km, 3,5 Stunden, 303 Höhenmeter), der große Teile des Stadtgebiets und die Plassenburg bzw. deren östliche Umgebung abdeckt, genau wie der **Ebersbacher Weg** (10 km, 3 Std., 195 m Höhenunterschied). Ausgangspunkt für beide Wege ist die Plassenburg.

Aus der Stadtgeschichte

Schon im 10. Jahrhundert bestand eine kleine dörfliche Siedlung, die um 1030 im Besitz der Grafen von Schweinfurt war. 1028 wurde ein Name »kulma« erstmals in einer Schenkungsurkunde erwähnt, gemeint war damit ein Bach, der von einem Berg herabströmt. Gegen Ende des 11. Jahrhunderts starben die Schweinfurter Grafen aus, der größte Teil des heutigen nordöstlichen Bayern kam durch Erbvertrag an die Grafen von Dießen-Andechs. Etwa um 1130 entstand eine erste Festung, die sich aber nach Meinung einiger Historiker nicht an der Stelle der späteren Plassenburg befand. Dort, wo sich heute die Obere Stadt befindet, wurde eine zur Burg gehörende Siedlung angelegt, die 1231 die Stadtrechte erhielt. Seit 1180 trugen die Andechser den Titel Herzö-

Blick vom Schießgraben auf Petrikirche und Plassenburg

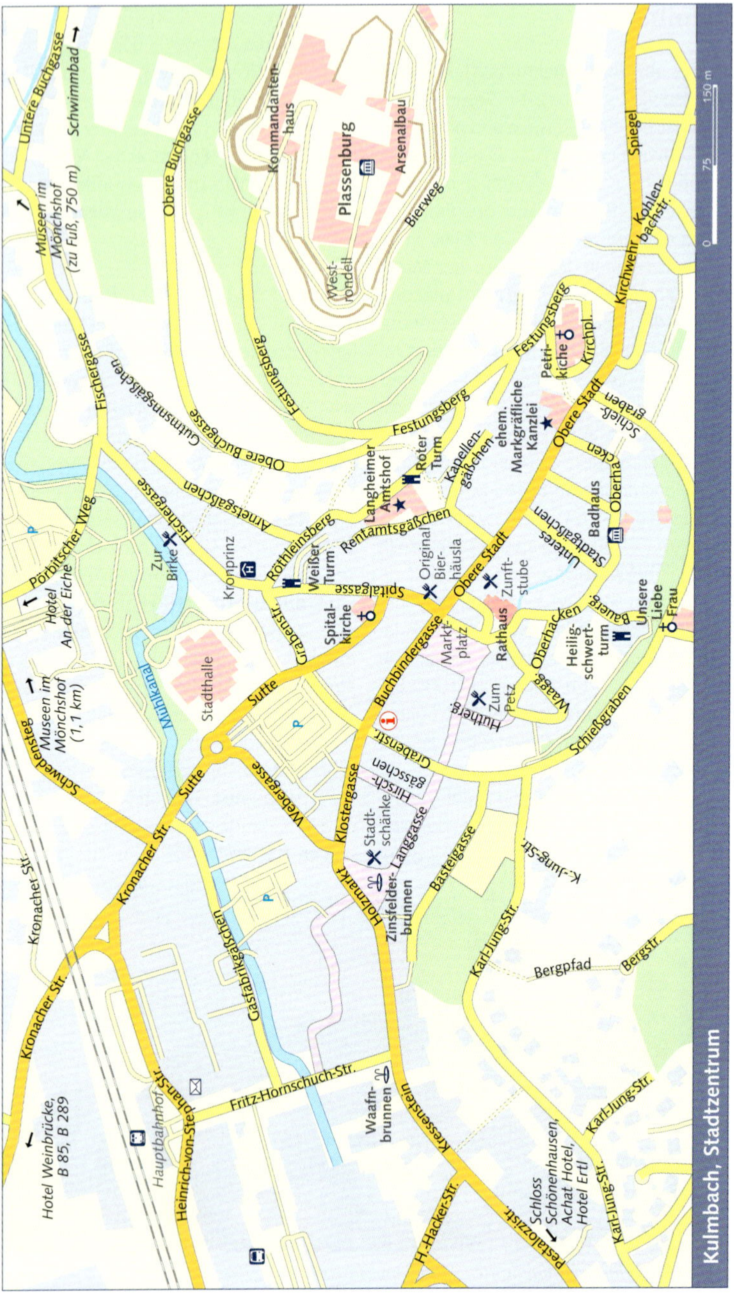
Kulmbach, Stadtzentrum
0
75
150 m
Plassenburg
Kommandantenhaus
Arsenalbau
Westrondell
Bierweg
Festungsberg
Obere Buchgasse
Untere Buchgasse
Schwimmbad
Museen im Mönchshof (zu Fuß, 750 m)
Museen im Mönchshof (1,1 km)
Fischergasse
Gutmannsgäßchen
Arnetsgäßchen
Pörbitscher Weg
Hotel An der Eiche
Zur Birke
Kronprinz
Röthleinsberg
Weißer Turm
Spitalgasse
Spitalkirche
Grabenstr.
Rentamtsgäßchen
Langheimer Amtshof
Roter Turm
Kapellengäßchen
ehem. Markgräfliche Kanzlei
Petrikiche
Kirchpl.
Kirchwehr
Kohlenbachstr.
Spiegel
Obere Stadt
Schießgraben
Oberhacken
Badhaus
Unteres Stadtgäßchen
Original Bierhäusla
Zunftstube
Rathaus
Marktplatz
Buchbindergasse
Unsere Liebe Frau
Heiligschwertturm
Bauergasse
Waaggasse
Zum Petz
Hutherig
Stadthalle
Mühlkanal
Sutte
Webergasse
Klostergasse
Hirschgässchen
Langgasse
Stadtschänke
Zinsfelder-brunnen
Holzmarkt
Basteigasse
K.-Jung-Str.
Karl-Jung-Str.
Bergpfad
Bergstr.
Schwedensteg
Kronacher Str.
Gasfabrikgäßchen
Fritz-Hornschuch-Str.
Waafnbrunnen
Kressenstein
Hauptbahnhof
Heinrich-von-Stephan-Str.
Hotel Weinbrücke, B 85, B 289
H.-Hacker-Str.
Pestalozzistr.
Schloss Schönhausen, Achat Hotel, Hotel Ertl

ge von Andechs-Meranien (gemeint ist Marano zwischen Venedig und Triest) und gegen 1240 entstand der Vorgängerbau der heutigen Plassenburg. Doch mit dem Tod des letzten Andechs-Meraniers 1248 war dieses Geschlecht im Mannesstamm, wie es immer so wohlklingend heißt, ausgestorben.

Nach langen Erbstreitigkeiten übernahmen 1260 die aus Thüringen stammenden Grafen von Orlamünde Kulmbach und seine Umgebung und entwickelten eine reiche Bautätigkeit. Die neue Plassenburg wurde dann gegen 1290 vollendet, auch wurde 1279 das Kloster Himmelkron (→ S. 142) gegründet. 1340 war auch der letzte Orlamünder **Otto VI.** (1297–1340) kinderlos verstorben und die hohenzollerischen Burggrafen von Nürnberg wurden per Erbvertrag neue Landesherren.

Mit der Übernahme der Kurwürde und des Besitzes der Mark Brandenburg durch **Burggraf Friedrich VI.** (als Kurfürst und Markgraf von Brandenburg nannte er sich Friedrich I.) im Jahr 1415 trugen auch die fränkischen Hohenzollern den Titel Markgraf. 1430 wurde Kulmbach wie der größte Teil des späteren Oberfranken durch die Hussiten verheert, viele Städte gingen in Flammen auf. Die fränkischen Lande der Hohenzollern wurden anders als die brandenburgischen gemäß der Erbfolgeregelung des Kurfürsten **Albrecht Achilles** 1486 aufgeteilt – in das Fürstentum Brandenburg-Ansbach und das Fürstentum Brandenburg-Kulmbach. 1528 wurde in der Kulmbacher Petrikirche der erste protestantische Gottesdienst in der Markgrafenschaft gefeiert. Eine wilde Epoche, in der Kulmbach und das Land sehr zu leiden hatten, waren die Jahre des Markgrafen **Albrecht Alcibiades** (1522–1557), der ab 1541 regierte. Dieser wollte ganz Franken unter seine Herrschaft bringen, vor allem auch die Fürstbistümer Bamberg und Würzburg einnehmen, den Katholizismus bekämpfen und ein eigenständiges protestantisches Herzogtum Franken schaffen. Im Rahmen des Zweiten Markgrafenkriegs verbündeten sich die beiden Bistümer, nahmen die Nürnberger mit in die Allianz und zogen ihrerseits in die Albrechtschen Lande. Am 26. November 1553 wurde Kulmbach eingenommen, die Stadt geplündert und die Plassenburg belagert, die aber bis zum 22. Juni 1554 gehalten werden konnte und erst dann kapitulierte. Im November wurde sie von der Soldateska der Allianz niedergebrannt. Die Schlacht ist übrigens im Zinnfigurenmuseum auf der Plassenburg in einem Diorama nachgestellt. Markgraf Albrecht wurde in die Reichsacht gesetzt, sein gesamtes Besitztum durch Kaiser Ferdinand I. eingezogen, er floh nach Baden, wo er 1557, gerade 35-jährig starb. Das Hausarchiv der Hohenzollern wurde nach Bamberg verschleppt.

Unter Albrechts Nachfolger, **Markgraf Georg Friedrich** (reg. 1557–1603) herrschte im Markgrafentum Brandenburg-Kulmbach lange Zeit Frieden. Doch Kulmbach und die Plassenburg lagen zu Beginn von dessen Regierungszeit in Trümmern. 1559 begann man mit deren Wiederaufbau, wobei eine der großartigsten Renaissance-Burganlagen Europas entstand. Und auch Kulmbach selbst erstand wieder. Unter Georgs Friedrichs Nachfolger, **Markgraf Christian** (reg. 1603–1657) wurde der Sitz des Landesherrn nach Bayreuth verlegt, danach aber mehrmals zurück nach Kulmbach, vor allem da im Dreißigjährigen Krieg Bayreuth gefährdeter war. 1642 wurde die Residenz jedoch endgültig nach Bayreuth verlegt und Kulmbach hatte seine politische Bedeutung verloren. Das Markgrafentum hieß jetzt Brandenburg-Bayreuth.

1791 trat **Markgraf Alexander** (reg. seit 1769) sein Land in einem Geheimvertrag gegen die Zahlung einer lebenslangen Leibrente an Preußen ab. Er hatte keine Kinder und damit wäre Brandenburg-Bayreuth nach seinem Tode ohnehin an die brandenburgische Linie der Hohenzollern gefallen. Der Grund für diese vorzeitige Aktion war, dass er seine langjährige Mätresse Elizabeth Craven geheiratet hatte und mit ihr nach England ging, wo er 1806 starb. Im Zug der **Napoleonischen Kriege** wurde Kulmbach 1806 von den Franzosen besetzt, dabei die Befestigung der Plassenburg teilweise geschleift. In Folge der naploeonischen Wirren wurde das Markgrafentum Bayreuth liquidiert und das Territorium an Bayern angegliedert. Großes wirtschaftliches Wachstum bewirkte 1846 der Anschluss der Stadt an die **Ludwig-Süd-Nord-Bahn** (Lindau–Augsburg–Nürnberg–Bamberg–Kulmbach–Hof). Das Brauwesen, das seit dem Mittelalter eine nicht unwesentliche Bedeutung hatte, wuchs an – gegen 1890 gab es 28 Brauereien in Kulmbach. Das Kriegsende

Denkmal für Hans von Kulmbach vor dem Kulmbacher Rathaus

Karte S. 158

Ehemaliges Badhaus in der Straße Oberhacken

und den Einmarsch der Amerikaner erlebte Kulmbach unzerstört, doch wurde in den 1960er Jahren manch hübsches, aber baufällig gewordenes Haus der Innenstadt abgerissen – um beispielsweise Raum für den Zentralparkplatz oder die Stadthalle zu machen.

Bedeutende Kulmbacher

Hans Suess, genannt **Hans von Kulmbach** (um 1480–1522): Mitarbeiter Albrecht Dürers, schuf u.a. den Nikolaus- und den Annenaltar der Nürnberger Lorenzkirche sowie den Katharinenaltar der Marienkirche in Krakau.

Johann Eck (um 1494–1554): fränkischer Reformator, nicht zu verwechseln mit Johannes Eck, dem katholischen Theologen und Gegner Luthers.

Caspar Vischer (1510–1579): Architekt, unter Markgraf Georg Friedrich »Oberster Baumeister«, schuf den Schönen Hof und die Schlosskapelle der Plassenburg sowie andere Profan- und Kirchenbauten in Franken.

Thomas Gottschalk (geb. 1950): Berufsjugendlicher, Moderator und Schauspieler, verbrachte seine Kinderjahre in Kulmbach.

Die Weiße Frau

Mit dem Besitzwechsel der Stadt von den Orlamündern zu den Hohenzollern erblühte die Phantasie des Volks und es entstand die Sage, wonach die Witwe des letzten Orlamünders Otto namens Kunigunde von Orlamünde (1303–1382), feurig entbrannt, sich mit Albrecht dem Schönen, dem Sohn des Burggrafen Friedrich V., verbinden wollte. Als dieser ihr aber sagen ließ, dass dem vier Augen im Wege stünden – Albrecht dachte an seine Eltern – brachte Kunigunde, ihre Kinder mit einer Nadel um, die sie ihnen in die Köpfe stach, weil sie dachte, diese stünden der Verbindung im Wege. Albrecht sagte sich voll Zorn von ihr los, Kunigunde unternahm eine Pilgerfahrt nach Rom und erlangte vom Papst die Vergebung ihrer Sünden, mit der Auflage, ein Kloster zu stiften und dort einzutreten. Zur Buße rutschte sie auf den Knien von der Plassenburg in das Tal und gründete das Kloster Himmelkron. Die beiden Kinder und ihre mordende Mutter wurden im Kloster begraben. Doch sie fand keine Ruhe, begann als »Weiße Frau« umherzuwandern und erschien den Hohenzollern als unheilverkündendes Gespenst jeweils kurz vor schrecklichen Ereignissen.

Die Sage hat aber keine direkte reale Grundlage, da Kunigunde und Otto kinderlos waren und Himmelkron schon 1279 gegründet wurde. Kunigunde starb 1382 in Großgründlach, gelegen zwischen Nürnberg und Erlangen, wo sie auf dem Dorfkirchhof ruht. Nahe Großgründlach hatte sie 1343 ein Kloster Himmelthron gegründet (1523 aufgelöst, 1723 zum Schloss umgebaut).

Nach Berichten gab und gibt es bis in unser Jahrhundert Erscheinungen von ihr auf der Plassenburg, auf dem Orlamündischen Schloss Burg Lauenstein sowie bis 1945 auch im Berliner Schloss. Dort erschien Kunigunde jeweils vor dem Tod von Friedrich I. und Friedrich Wilhelm II. sowie 1888 vor dem Ende Friedrichs III. Im Jahre 1806 tauchte sie auf Schloss Heidecksburg bei Rudolstadt auf, wo sich Prinz Louis Ferdinand (1772–1806) aufhielt, der tags darauf in der Schlacht von Saalfeld fallen sollte. Doch gibt es »Weiße Frauen« auch in Zusammenhang mit anderen Adelshäusern europaweit.

Kunigunde von Orlamünde

Unteres Stadtgässchen in der Altstadt

Sehenswürdigkeiten

Wenngleich die Innenstadt nicht in der Gänze ein geschlossenes historisches Stadtbild aufweist, da viele Bausünden der Nachkriegszeit stören, gibt es doch einige schöne Ensembles. So vor allem um den Marktplatz, die Straße Obere Stadt, der Röhrenplatz, die Spitalgasse und die Straße Oberhacken sowie um Röthleinsberg und Fischergasse. Auch entlang des Schießgrabens gibt es viele hübsche Blicke, vor allem auf die Reste der Stadtmauer und natürlich hinauf zur Plassenburg. Die meisten Bürgerhäuser gehen auf das 16. und 17. Jahrhundert zurück, aus der Zeit vor dem Markgrafenkrieg gibt es so gut wie keine erhaltenen Bauwerke.

Vom Zentralparkplatz gehen wir über die Spitalgasse zur 1739 vollendeten **Spitalkirche**, die 1885 innen neugotisch erneuert wurde. Sie ist eine der typischen Markgrafenkirchen. An der Stelle des mittelalterlichen Spitals steht jetzt ein Seniorenheim.

▸ Karte S. 158

Danach kommt man zum Marktplatz. In seiner Mitte steht der **Luitpoldbrunnen** von 1896, errichtet zu Ehren des damaligen bayerischen Landesherrn, des Prinzregenten Luitpold (1821–1912). Das **Rathaus** aus dem Jahr 1752 entstand mit zwei Jahrhunderten Pause als Nachfolgebau des 1553 zerstörten Alten Rathauses. Es hat eine eindrucksvolle Rokokofassade. Rechts vom Eingangsportal ist die sogenannte Kulmbacher Elle (83 cm) in die Wand eingelassen, links der Kulmbacher Fuß (29 cm).

Rechts vom Rathaus, an dessen Südseite ein Denkmal für den großen Maler Hans von Kulmbach steht, geht man durch die Straße Oberhacken durch ein ruhiges Viertel. Unterwegs kommt man am Badhaus aus dem späten 14. Jahrhundert vorbei (Oberhacken Nr. 34).

Wenn man die Obere Stadt erreicht, die historische Haupt- und Geschäftsstraße, geht man rechts bis zur **Petrikirche**, eine spätgotische Hallenkirche. Sie ist die evangelische Pfarrkirche Kulmbachs, erstmalig in der Hussitenzeit zer-

Der Luitpoldbrunnen auf dem Marktplatz

Blick von der Plassenburg auf die Altstadt von Kulmbach

stört, dann ein weiteres Mal 1553, der Wiederaufbau war 1560 vollendet, der Turm 1568. Hundert Jahre später erhielt das Langhaus ein Tonnengewölbe. Um 1880 erfolgte eine neugotische Umgestaltung des Inneren. Immerhin blieb der frühbarocke Hauptaltar erhalten. Ungewöhnlich ist die Turmuhr: anstelle von Ziffern stehen die Buchstaben W-A-C-H-E-T B-E-T-E-T. Vor der Kirche steht das **alte Landgericht**, erbaut von 1561 bis 1563 als Markgräfliche Kanzlei (Obere Stadt 33) von Caspar Vischer.

Von der Oberen Stadt gehen wir gegenüber dem Haus Nr. 10 durch das schmale Rentamtsgässchen hinauf, an der Gabel nach links, vorbei am ehemaligen **Langheimer Amtshof**, der heute Sitz von Forschungs- und Bildungseinrichtungen wie der Akademie für Neue Medien ist. Einst war dies der Klosterhof der Zisterzienser von Kloster Langheim bei Lichtenfels. Das um 1680 erbaute Gebäude stellte eine katholische Exklave im protestantischen Kulmbach dar. In dem eindrucksvollen Komplex gibt es angeblich viele geheime Räume und Gänge, auch unterirdische Stollenanlagen. Rechts oberhalb des Langheimer Amtshofs steht der **Rote Turm**, eine von fünf erhaltenen Türmen der Stadtbefestigung. Ungewöhnlich ist sein geschweifter Spitzhelm.

Entlang des Langheimer Amtshof führt ein schmales Gässchen dann bergab, durch idyllische, patinierte, verwunschene Eckchen der Stadt, die hier kaum ein Tourist besucht. Schließlich erreicht man am **Weißen Turm** die Spitalsgasse. Links geht es vorbei an der Spitalskirche wieder auf den Marktplatz.

Die neugotische **Kirche Unserer Lieben Frauen** (1894) liegt gegenüber am **Schießgraben**, am anderen Ende der historischen Innenstadt. In de Nähe befindet sich mit dem **Heiligschwertturm** ein weiterer Turm der alten Stadtbefestigung. Mag die Kirche im Inneren auch nicht so sehenswert sein, so hat man doch von dieser Ecke der Stadt einen wunderbaren Blick auf die Plassenburg, auf die Petrikirche, den Roten und den Weißen Turm und den Langheimer Amtshof. Unterhalb des Schießgrabens gibt es einen Fußweg direkt entlang der Stadtmauer.

An der Ecke Kressenstein/Fritz-Hornschuch-Straße steht der von Ursula Wolf (1920–2015) entworfene Bürgerbrunnen, eine ihre spätesten Arbeiten. Die Skulptur besteht aus vier miteinander plaudernden Menschen unbestimmter Geschlechtszugehörigkeit, genannt die »**Waafn**«. Das Verb »waafn« bedeutet im Fränkischen plaudern, sich zwanglos unterhalten, aber auch Klatsch und Tratsch weiterzgeben. Eine »alta Waafn« ist ein Mensch, der Unsinniges redet, aber auch einer, der klatschsüchtig ist. Der Brunnen will Kommunikationsformen aus früheren Jahrhunderten lebendig machen, wo sich am Dorfbrunnen die Frauen getroffen haben, um alle möglichen Neuigkeiten auszutauschen und eben auch ein wenig, »a weng« zu »ratschn« und zu »waafn«.

Etwas außerhalb liegt in Kulmbachs Ortsteil Melkendorf auf einer markanten Landspitze zwischen dem Zusammenfluss von Weißem und Rotem Main das **Schloss Steinenhausen**. Es geht auf das

In der Oberen Stadt

▲ Karte S. 158

Portal im Schönen Hof

13. Jahrhundert zurück und gehörte bis 1935 dem bekannten fränkischen Adelsgeschlecht der Guttenbergs. Nach dem Dreißigjährigen Krieg arg ramponiert, entstand ab 1720 auf dem mittelalterlichen Fundament ein barocker Repräsentationsbau. Während des Kriegs befanden sich im Schloss einige zivile Dienststellen, nach 1945 diente es als Altersheim, 1987 übernahm es das Land Bayern, heute ist es Sitz einer Außenstelle des bayerischen Landesumweltamtes.

Die Plassenburg

Zur Plassenburg gelangt man am besten mit einem Pendelbus, der sommers am Zentralparkplatz an der Stadthalle abfährt (www.stadtbus-kulmbach.de). Außerhalb der Saison kann man mit eigenem Pkw über die äußerst steile Straße Festungsberg bis in den Kasernenhof (Unteren Hof) der Burg fahren, wo sich ein Parkplatz befindet, in den Sommermonaten ist dies nur Mobilitätseingeschränkten erlaubt.

Geschichte und Architektur

Die auf 435 Metern, also 130 Meter oberhalb des Kulmbacher Marktplatzes liegende Burganlage wurde 1135 erstmals erwähnt. Einige Forscher nehmen an, dass sich diese erste Burg etwa 1300 Meter östlich der heutigen befunden hat – doch kann dies nicht als gesichert angenommen werden. Die Landes- und Burgherren waren zu jener Zeit die Grafen von Andechs-Meranien. Um 1230 wurde aber an der heutigen Position eine Burg errichtet, allerdings dauerte deren Fertigstellung sehr lange und sie war zum Zeitpunkt des Todes des letzten der Meranier 1248 nicht vollendet. Das geschah erst unter der Regentschaft der Orlamünder, die 1260 nach zwölfjährigem Erbfolgestreit in den Besitz von Land und Burg gekommen waren. Wie die Burg damals ausgesehen hat, lässt sich kaum rekonstruieren. Graf **Otto VI. von Orlamünde** verpfändete sie vermutlich wegen Geldschwierigkeiten zusammen mit Kulmbach und Berneck 1338 an den Burggraf Johann II. von Nürnberg – somit fiel sie nach dem Tod Ottos, der kinderlos war, an die Nürnberger Burggrafen und somit an die Hohenzollern. Ein Erbfolgegesetz des Burggrafen Friedrich V. teilte die fränkischen Lande der Hohenzollern in zwei spätere Markgrafenschaften – das »Fürstentum oberhalb des Gebirgs« (die Markgrafschaft Kulmbach bzw. Brandenburg-Kulmbach) und die spätere Markgrafschaft Brandenburg-Ansbach. Bis zur Zerstörung 1554 blieb die Plassenburg repräsentativer Herrschaftssitz der fränkischen Hohenzollern.

Unter **Markgraf Georg dem Frommen** (1484–1543) erfolgte der Umbau der Plassenburg zu einer Festung – die Lage auf dem strategisch so bedeutsamen Berg rief direkt danach. Angeblich war sie damals das größte Festungsbauwerk im Heiligen Römischen Reich. Es entstand u.a. einige Geschützrondelle und die »Hohe Bastei« oft auch Große Bastei genannt, als zentrales Festungsbollwerk. Sie sollte die Burg nach Osten, gegen den höher gelegenen Buchberg schützen.

Der Kommandantenbau der Plassenburg

Die Ägide von Georgs Neffen **Albrecht Alcibiades** (reg. 1541–1557) brachte für Burg und Stadt Kulmbach die größte Katastrophe ihrer Geschichte. Es war das ersehnte Ziel des glühenden Protestanten Albrecht, ganz Franken zu einem protestantischen Herzogtum unter seiner Regentschaft zu machen und dabei die Fürstbistümer Würzburg und Bamberg zu zerschlagen und auch sich der freien Reichsstadt Nürnberg zu bemächtigen. Albrecht zog gegen alle drei zu Felde, doch diese schlossen sich zu einem Bündnis gegen den Markgrafen zusammen. Der Krieg wird daher auch Bundesständischer Krieg bzw. Markgrafenkrieg genannt. Das Bündnis belagerte 1553/54 sieben Monate lang Kulmbach und die Plassenburg. Die Stadt ging dabei in Flammen auf, die Burg kapitulierte am 21. Juni 1554. Anschließend wurde sie geplündert und einige Monate später, am 21. Oktober 1554 innen ausgebrannt, die Brunnen vergiftet und was noch stand, gesprengt. Albrecht Alcibiades floh, kam in die Reichsacht und verstarb 1557 kinderlos in Pforzheim, im »elendt«, wie man damals sagte.

Nach einer Übergangsphase kam das Markgrafentum an **Markgraf Georg Friedrich** aus der Ansbacher Linie. Georg Friedrich, der das Glück hatte, 46 Friedensjahre bis 1603 zu regieren, ließ schnell den Wiederaufbau vorantreiben – es entstand das heutige Aussehen der Anlage. Der Neubau sollte nicht nur Festung, sondern auch repräsentativer, zeitgemäßer Herrschaftssitz sein, in all seiner Renaissancepracht geschaffen von Oberbaumeister Caspar Vischer.

Beeindruckendste Baueinheit der Plassenburg ist sicherlich der **Schöne Hof** mit seinen für die Renaissance so typischen **Arkadengängen** an drei Seiten sowie den prächtigen **Portalen** – das Eingansgportal, das Westportal sowie das der Schlosskirche. Reliefbrustbilder antiker Helden wie von Gestalten der griechischen und römischen Mythologie säumen die Felder zwischen den Arkadenbögen. Dazu kommen Wappen, Waffen, Schilde, Engelsköpfe, Teufelsgrimassen und vieles mehr, wobei sich kein einziges Motiv wiederholt. Die Säulenreihe an der Nordseite des Schönen Hofs sind die sogenannten **Meraniersäulen.** Sie haben aber nichts mit jenem Adelsgeschlecht zu tun. Woher der Name kommt, ist unklar – sicher ist nur eines, dass sie die Zerstörung der Burg 1553/54 überlebt haben und die einzigen unmittelbar erkennbaren Reste des Vorgängerbaus sind – wahrscheinlich stammen sie aus der Zeit des Markgrafen Albrecht Achilles, der von 1464 bis 1486 regierte. Caspar Vischer, der auch die ansbachische Landesfestung Wülzburg erbaute, schuf die **Schlosskapelle** der Plassenburg in Form einer Querhauskirche, d.h. das Querhaus ist länger als das Langhaus, in der Vierung steht die Kanzel, womit Gottes Wort in die Mitte des gesamten Konzepts gestellt ist.

Der Schöne Hof und die Wohngebäude waren 1575 im wesentlichen vollendet, an den **Festungswerken** wurde bis in das erste Jahrzehnt des 17. Jahrhunderts weiter gebaut, dann bereits unter Georg Friedrichs Nachfolger, Markgraf Christian. Der ließ 1608 auch die Hohe bzw. **Große Bastei** wieder aufbauen und ließ ihr ein höchst eindrucksvolles, manieristisches Tor vorsetzen (das Christianstor im unteren Hof). Markgraf Christian sitzt auf einem sich aufbäumendem Ross. Die Architektur mit Säulen vor den Nischen ist noch beste Renaissance, doch der Reiter bereits deutliches Barock. Dieses Tor führt heute jedoch ins Nichts, in einen unbedeutenden Raum. Denn die Bastei wurde 1809 genauso wie große Teile des Festungsanlagen geschleift. Was übrig

▶ Karte S. 158

Das Christianstor

blieb, wurde im 19. Jahrhundert beim Umbau der Plassenburg zum Zuchthaus abgetragen. Immerhin einige der Innengänge sind noch vorhanden, können aber nicht betreten werden.

Markgraf Christian hatte aber 1604 seine Residenz nach Bayreuth verlegt, das ihm als Stadt besser gefallen hat, zog aber nach dem großen Bayreuther Brand 1605 wieder auf die Plassenburg zurück. Während des Dreißigjährigen Krieges fühlte sich der Markgraf mit seinem Hof dort besser aufgehoben. Und tatsächlich wagten die kaiserlichen Heere niemals, die als uneinnehmbar geltende Plassenburg anzugreifen. Im Jahre 1642 zog man endgültig aus Kulmbach weg und wieder nach Bayreuth, das jetzt durch die Anwesenheit des markgräflichen Hofs aufblühte. Kulmbachs Bedeutung wie auch die der Burg als Herrschaftssitz ging schnell zurück.

Gute 100 Jahre lang ereignete sich auf der Burg kaum Nennenswertes, doch stellte **Markgraf Friedrich III.** 1744 fest, dass die Burg den Anforderungen einer zeitgemäßen Festung nicht mehr standhalten konnte. So ließ er im unteren Hof den Kommandantenbau im Stil der Epoche erweitern, gut 40 Jahre später entstand unter Markgraf Alexander dort noch die Kleine und Große Kaserne. Damit war die Blütezeit der Burg aber endgültig beendet.

Napoleon belagerte während seines Kriegs gegen Preußen die Plassenburg 1806, am 24. November kapitulierte ihre Besatzung, einige Monate später wurden die wesentlichen Festungsbauwerke geschleift. 1810 wurde die Markgrafschaft Teil Bayerns. Die Burg wurde neuer Verwendung zugeführt.

Von 1817 bis 1928 war die Plassenburg **Strafanstalt**, von 1862 bis 1909 gar Zuchthaus. Bei diesem Umbau wurde auch die alte Hohe Bastion großenteils zerstört bzw. bis zur Unkenntlichkeit verändert. In den 1920er Jahren begann man mit dem Aufbau des Zinnfigurenmuseums.

Ab 1937 befand sich auf der Plassenburg die **Reichsschule der deutschen Technik**, die zur »Organisation Todt« (OT) gehörte, dabei wurden alle Um- und Zubauten aus der Gefängniszeit eliminiert, die Burg erhielt äußerlich ihr altes Gesicht wieder.

Schwere Einschnitte brachte die **Nachkriegszeit**: Beim Einmarsch der Amerikaner plünderten die Soldaten die Sammlungen der Burg, und als bald darauf Flüchtlinge aus den deutschen Ostgebieten hier untergebracht wurden, kam es erneut zu Zerstörungen des Mobiliars wie auch der Bausubstanz. Zwar können die markgräflichen Wohnräume heute besichtigt werden, doch haben sie nur noch wenig an von hier stammendem Interieur, die meisten Einrichtungsgegenstände kommen aus anderen Schlössern und Burgen. 90 Prozent der Zinnfigurensammlung ging damals verloren. In den Räumen des Haupthauses, dort wo sich einst die markgräflichen Wohnräume befanden, wurden Schlafsäle eingerichtet, doch reichten deren Trennwände nicht bis an die Decke, auch waren sie teilweise nicht heizbar. Im Schönen Hof befand sich eine hölzerne Latrine. Der Aufenthalt dauerte für manche Vertriebene Jahre, bis neuer Wohnraum geschaffen werden konnte.

In den 1950er Jahren wurde die **Zinnfigurensammlung** neu aufgebaut, mit 300 000 Figuren ist sie die größte der Welt. Später entstanden mit dem **Armeemuseum Friedrich der Große** und dem **Museum Hohenzollern in Franken** weitere viel besuchte Sammlungen.

Im Schönen Hof

▸ Karte S. 158

Kulmbach

PLZ: 95326
Vorwahl: 09221
Touristinformation Kulmbach, Buchbindergasse 5, Tel. 95880.
www.kulmbach.de
Tourismus Kulmbacher Land, Konrad-Adenauer-Str. 5, Tel. 707110.
www.landkreis-kulmbach.de

Hotel Kronprinz, Fischergasse 4–6, Tel. 92180; DZ ab 99 Euro. Zentral, mit Café.
www.hotel-kulmbach.eu
Hotel-Gasthof Weinbrücke, An der Weinbrücke 5, Tel. 8785108; DZ 75–95 €. Etwas westlich außerhalb (B 289) am Weißen Main.
www.weinbruecke.de
Hotel Ertl, Hardenbergstr. 3, Tel. 974000; DZ 90 €. Traditionshaus am Kulmbacher Stadtpark.
www.hotel-ertl.de
Achat Hotel, Luitpoldstr. 2, Tel. 6030; DZ ab 75 €, Frühstück p.P. 17 €. Modernes, stylishes Flair, gutes Restaurant.
www.achat-hotels.com

Zunftstube, Obere Stadt 4, Tel. 83377. Traditionelles viel gerühmtes Wirtshaus.
Stadtschänke, Holzmarkt 3, Tel. 4507.
www.stadtschänke-kulmbach.de
Restaurant zum Petz, Langgasse 3, Tel. 2531. Super lecker!
Gasthaus zur Birke, Fischergasse 17, Tel. 3914552. www.zur-birke-kulmbach.de
Original Bierhäusla, Spitalgasse 2, Tel. 8041713. Außenterrasse und große Essensauswahl. Viel besucht – Reservierung angeraten.

Museen im Kulmbacher Mönchshof, Hofer Str. 20, 95326 Kulmbach, Tel. 80514; Di–So 10–17 Uhr und nach Vereinbarung.
www.kulmbacher-moenchshof.de
Bayerisches Bäckereimuseum: Themen: Landwirtschaft und Mühlenwesen, Backöfen und Backstuben, Brot anderer Länder, Brot im Alltag, Ernährungsphysiologie etc.
www.bayerisches-baeckereimuseum.de
Bayerisches Brauereimuseum: Geschichte der Braukunst, Bierkultur, Brauereiarchitektur. Tages-Bierseminare, Bierproben etc.
www.bayerisches-brauereimuseum.de
Deutsches Gewürzmuseum: Gewürzpflanzen, Gewürzkarawanen, Mythos und Magie der Gewürze in Vergangenheit und Gegenwart in Botanik, Wissenschaft und Heilkunst.
Dann gibt es noch ein MÜPAZ, ein *Museumspädagogisches Zentrum* für Kinder und Erwachsene (Vorträge, Backkurse, Kochaktionen usw.); im Mönchshof gibt es auch eine **Braugaststätte mit gläsernem Sudwerk**, Di–So 11–22 Uhr, Tel. 80529.
www.mönchshof.de
Plassenburg, Festungsberg 26, 95326 Kulmbach. www.plassenburg.de
Museen auf der Plassenburg: April–Okt. tgl. 9–18 Uhr, November bis März tgl. 10–16 Uhr.
Markgräfliche Wohnräume vom 16.–18. Jahrhundert
Deutsches Zinnfigurenmuseum auf der Plassenburg, Tel. 947505. 300 000 Einzelfiguren in 150 Dioramen mit Szenen aus allen Jahrhunderten der Geschichte. Mit Gießvorführungen und Zinnfigurenverkauf. Regelmäßige Sonderausstellungen.
Landschaftsmuseum Obermain, Tel. 804571. Kunstgeschichtliche Exponate aus dem Obermaingebiet, Stadtgeschichte, Herrschaftsgeschichte der Plassenburg.
Museum Hohenzollern in Franken, Tel. 8220-0, in den originalen Wohnräumen aus dem 16. und 17. Jahrhundert
Armeemuseum Friedrich der Große, Tel. 8220-0. Preußische Militaria von 1701 bis 1806, Truppengattungen der Infanterie und Kavallerie, soziales Gefüge der Truppe. Schusswaffen, Blankwaffen, Fahnen und Gemälde
www.armeemuseum-plassenburg.de

Hof und sein Umland sind mehr als Bayerns nordöstlichste Ecke. In der Mitte zwischen München und Berlin und damit in der Mitte Europas gelegen, ist es eine Kulturlandschaft von verstecktem Reiz, den es zu entdecken lohnt.

Am Untreusee südlich von Hof

BAYERISCHES VOGTLAND

Land und Leute

Das Bayerische Vogtland ist jene Region, wo Franken zu Ende geht. Zugegeben ist es die äußerlich möglicherweise untypischste Landschaft überhaupt, wenn man an Franken denkt. In vielen Franken-Reiseführern wird es nicht einmal dem Namen nach erwähnt. Das »Land oberhalb des Gebirgs« wie dieser Teil bzw. die ganze Markgrafschaft Brandenburg-Kulmbach in alter Zeit benannt wurde, ist kulturgeschichtlich wie geographisch weit entfernt von den weinseligen Maingefilden, von der sandsteinernen barocken Heiterkeit Würzburgs und Unterfrankens; weit weg liegt die mittelfränkische Fachwerkromantik beispielsweise Ansbachs und Eschenbachs oder die machtvoll-bürgerliche, merkantil blühende Urbanität der ehemals freien Reichsstadt Nürnberg. Wenig gemeinsam hat Bayerns Nordosten mit der architektonischen Fülle und dem geschichtlichen Atem Bambergs und den elysäischen Gefilden des oberen Maintals. Östlich des Frankenwalds und nördlich des Fichtelgebirges gelegen, angedrückt an die Grenzen zu Sachsen und Böhmen, war diese Region jahrhundertelang Grenzland, am verstörendsten zwischen 1945 und 1990, als undurchdringliche Befestigungen das Land im Norden und Osten von seinen Nachbarn trennten.

Doch von den Herrschern aus dem Norden hat es seinen Namen: die Vögte von Weida, das etwa 50 Kilometer nördlich gelegen ist, beherrschten von 1248 bis 1373 eine Region, die heute auf thüringisches, sächsisches sowie böhmisches Gebiet verteilt ist und eben auch – aber »net bloß a bissla« – auf bayrischem Territorium liegt.

Es ist ein herbes Land, auf den ersten Blick bietet es wenig Anziehendes, nur wenig, was ein gebildeter Reisender glaubt, gesehen haben zu müssen. Den Besucher erwartet, gemessen an anderen fränkischen Regionen, ein rauheres Klima, auf den kargen Böden ist die Landwirtschaft vergleichsweise nicht übermäßig ertragreich, es gibt nicht viele größere Wälder, als liebenswertes, zu bevorzugendes Feriengebiet bezaubert es bei erster vorsichtiger Annäherung **noch** nicht. Bis auf 600 Meter wölbt sich die Landschaft hinauf, die seit einigen Jahren mit dem von Marketingleuten nicht ganz gelungen erfundenen Retorten-Topos »Hochfranken« bezeichnet wird. Wie schrieb Fontane einst im Vorwort zu seinen »Wanderungen durch die Mark Brandenburg«: »Wer in der Mark reisen will, der muss zunächst Liebe zu Land und Leuten mitbringen, mindestens keine Voreingenommenheit. Er muss den guten Willen haben, das Gute gut zu finden, anstatt es durch krittliche Vergleiche tot zu machen« – was für den Frankenwald wie auch das Hofer Land unwidersprochen angewendet werden kann. Und Fontane fuhr bzgl. der Mark fort – hier paraphrasiert: *»Es ist mit der*

Die ehemalige deutsch-deutsche Grenze bei Untertiefengrün

▲ Karte hintere Umschlagklappe

An der Saale in Hof

nordostoberfränkischen Natur wie mit manchen Frauen. »Auch die häßlichste – sagt das Sprichwort – hat immer noch sieben Schönheiten.« Ganz so ist es mit dem Land an der oberen Saale. Nur sehr wenige Punkte sind so arm, dass sie nicht auch ihre sieben Schönheiten hätten. Man muss sie nur zu finden verstehen. Wer das Auge dafür hat, der wag' es und reise.

Lernen wir diesen Landstrich kennen!

Geographie und Geologie

Das Hofer Land bzw. das Bayerische Vogtland liegt im äußersten Nordosten Bayerns. Es ist im Norden durch die Landesgrenzen zu Thüringen und Sachsen gesäumt, im Osten zu jener zur Tschechischen Republik, im Süden durch das Granitmassiv des Fichtelgebirges. Im Westen ist die Abgrenzung zum Frankenwald nicht einfach, landschaftlich gehen beide nahtlos ineinander über. Das Bayerische Vogtland, identisch mit dem Begriff Hofer Land, nimmt den größten Teil des Landkreises Hof ein, zu diesem gehört auch der Ostteil des Frankenwald sowie einige Regionen die geologisch zur Münchberger Masse gehören. Aus reisepraktischen Gründen wurde innerhalb der Kapitel des vorliegenden Buchs als Grenzlinie zwischen Frankenwald und Bayerischem Vogtland in ganz profaner Art die Autobahn A 9 festgelegt.

Größte Städte des Bayerischen Vogtlands sind Hof (ca. 47 000 Seelen) und Münchberg (10 100 Seelen), wichtigster Fluss ist die insgesamt 413 Kilometer lange Sächsische Saale, die am Nordrand des Fichtelgebirges, am Waldstein, entspringt und über Zell, Weißdorf und Schwarzenbach Richtung Hof fließt. Etwa zwölf Kilometer nördlich, bei Hirschberg, wird sie Grenzfluss zwischen Thüringen und Bayern, bei Blankenstein biegt sie ins thüringische Innere ab. Sie durchströmt zwar nicht den Freistaat Sachsen, fließt jedoch durch heute thüringische Gebiete, die einst den sächsischen Herrschern (Wettiner etc.) gehörten. Sie strömt durch das Bayerische Vogtland zwischen ihrer Quelle und der thüringischen Grenze auf 57 Kilometern Länge wobei sie im Oberlauf stark mäandert. Das Saaletal ist im Norden des Hofer Lands das wichtigste morphologische Element – ähnlich wie beim Frankenwald ist das Bayerische Vogtland weitgehend eine

Hochebene – mit einem Niveau meist um 500 Meter – die vom Saaletal tief eingekerbt ist. Entlang des Flusses zieht sich der Saale-Radweg, seine 54 ersten Kilometer liegen im Bayerischen Vogtland (www.saaleradweg.de)
Der Untergrund des Hofer Lands ist etwas einfacher zu beschreiben als der des Frankenwalds. Im Südwesten sind es die Metamorphite der Münchberger Gneismasse (→ S. 25), die sich nordostwärts bis nach Hof hinziehen. Zwischen Hof und dem Fichtelgebirge treten in Form eines gleichsam von Nordost nach Südwest gerichteten Keils schwach metamorph überprägte Sedimentite des Altpaläozoikums als Phyllite auf.
Das das Hofer Land im Süden begrenzende Fichtelgebirge ist großenteils aus Granitplutonen aufgebaut. Die granitischen Magmen drangen im späten Varistikum vor 280 Millionen Jahren bis in etwa fünf Kilometer Erdtiefe auf und erstarrten sehr langsam. Durch die alpidische Faltung, vor etwa 60 bis 25 Millionen Jahren wurden sie nach und nach an die Oberfläche gehoben und erodiert. Im Norden hat das Hofer Land Anteil an der Vogtländischen Diabasmulde. Die Diabase sind im Oberdevon untermeerisch ausgeflossene ehemalige Basalte, die durch den Kontakt mit dem Meerwasser reagierten, wobei neue Mineralvergesellschaftungen entstanden (die grünlich gefärbten Minerale Chlorit und Epidot) und inzwischen auch gealtert sind, wodurch es ein zweites Mal zu einer Änderung des Mineralbestands kam. Bei Feilitzsch sind diese Diabase eindrucksvoll in einem Steinbruch aufgeschlossen.

Literatur

Zweifellos ist die größte dichterische Persönlichkeit Oberfrankens der aus Wunsiedel stammende **Johann Paul Friedrich Richter** (1763–1825), der sich Jean Paul nannte und einer der größten Prosaisten deutscher Sprache war. Zu seiner Zeit viel gelesen, bewundert, höher als Goethe gestellt, wird er heute mehr bewundert als gelesen. Denn sein vertrackter Stil macht es auch dem gutwilligsten Leser nicht leicht, seinen Gedanken und Schilderungen zu folgen. Er lebte zeitweise in Hof, in Joditz und in Schwarzenbach an der Saale und verbrachte seine letzten 20 Lebensjahre in Bayreuth. Zumindest Joditz und Hof finden in einigen seiner Werke eine Reflektion (→ S. 205).
Literarischen Niederschlag fanden das Hofer Land und seine Menschen vor allem in heiteren Mundarterzählungen des 20. Jahrhunderts, wie sie u.a. die Kurzgeschichten von **Gert Böhm** (geb. 1940) zeigen, die er wöchentlich als Glosse im Hofer Dialekt, der bei ihm leider durch viele Rehauer Brocken kontaminiert ist, unter dem Titel »Hofer Spaziergänge« seit 1966 im Hofer Anzeiger (heute Frankenpost) publiziert und die inzwischen fast alle in Buchform erschienen sind. Voll grotesker Situationskomik, doch nie bissig, manchmal etwas gesucht humorig zeichnet Böhm ein Bild vom Leben und Wesen der nordostoberfränkischen Menschen, denen er sich wohlwollend verbunden sieht, daher vermeidet er jede Art von Sozialkritik. Diese Hofer Mundartglossen gibt es jetzt seit 100 Jahren. Denn Böhm hatte einen Vorgänger in **Karl Roeder** (1890–1975), der ähnliche Kurzgeschichten ebenfalls als »Hofer Spaziergänge« im Hofer Anzeiger seit 1920 veröffentlichte. Roeder aber griff in seinen Geschichten sehr oft zeitgeschichtliche Probleme wie Inflation oder Arbeitslosigkeit auf und nahm dazu kritisch Stellung. Ähnlich geartet ist die Sammlung »Die Sach werd´ aus. Taten und Meinungen der Frau Pensel«, wobei letztere eine meist etwas grimmige, doch auch weise Hofer Hausfrau ist. Erwäh-

▶ Karte S. hintere Umschlagklappe

Gedenktafel für Jean Pauls Mutter an der Lorenzkirche in Hof

nenswert ist in diesem Zusammenhang auch das Buch »Weltpolertik: Eingriffe und Erlebnisse des Herrn Johann gen. Friedrich Quetschenendner«. Letzteres entstand während des Dritten Reichs, als Roeder Chefredakteur des Hofer Anzeiger war, und ist eine Gratwanderung zwischen noch parteigenehmer nicht zu scharfer Kritik und berechtigter Anklage gegen die Ungerechtigkeiten des Regimes.

Romane und Erzählungen in der Form von Heimatliteratur, wie man es beispielsweise aus dem Bayerischen und dem Böhmerwald oder dem Alpenraum kennt, gibt es aus dem Hofer Land nicht. Es gibt auch nur einige wenige Beispiele von Fichtelgebirgsliteratur, die aber hier nicht näher dargestellt werden, da das Fichtelgebirge nicht Bestandteil dieses Buchs ist. Daher seien nur diese kurz erwähnt: **Gottfried Flammberg** (eigentlich August Ebrard, 1818–1888) mit seinem historischen Roman »Der Feilenhauer« (1914) und der 2017 publizierte Roman »Waldsteinnebel« des jungen Heimatforschers und Heimatpflegers **Adrian Roßner** (geb. 1992), dem es in seinem Buch gelingt, einen authentische Atmosphäre des Fichtelgebirges und vor allem der Stadt Münchberg mit einer atemlos vorantreibenden Handlung zu verbinden.

Bildende Kunst

Von größter Bedeutung für den Kirchenbau im späten 17. und im 18. Jahrhundert war die Bildhauer- und Bildschnitzerwerkstatt der Familie Knoll. Bei sehr vielen Dorfkirchen des Hofer Lands und des östlichen Frankenwalds stammt die Innenausstattung – vor allem die Kanzeln und die Taufengeln – aus der Hofer Künstlerwerkstatt Knoll. Die Bildschnitzer **Johann Nikolaus Knoll** (1667–1735) und sein Sohn **Wolfgang Adam Knoll** (1709–1780) sind die bedeutendsten bildenden Künstler der Region im ausgehenden Barockzeitalter. Die Kanzelaltare u.a. von Schauenstein, die Innenausstattung der Kirchen in Joditz und Köditz stammen vom Vater, der Sohn schuf in Regnitzlosau und Wirsberg, in

Innenausstattung in der Kirche von Kirchgattendorf von Wolfgang Adam Knoll

Kirchgattendorf und Geroldsgrün herausragende Schöpfungen.

Georg Könitzer (1818–1885) aus Hof war Maler und Fotograf und setzte seine Heimatstadt und ihre Umgebung in die Mitte seines Schaffens. In unzähligen Zeichnungen, Radierungen und anderen Grafiken stellte er die oberfränkische Natur wie auch die Städte in fast naturalistischer Weise dar, doch immer auch poetisch überhöht.

Das Hofer Museum Bayerisches Vogtland birgt Gemälde mehrerer aus Hof stammender weniger bekannter Künstler, darunter **Friedrich Unger** (1811–1858) oder **Franz Wilhelm Voigt** (1867–1945). Unger hat nur ein sehr kleines, im Stil nazarenisches Werk hinterlassen, Voigt war Impressionist – ein besonderer Bezug zum Hofer Land ist bei beiden jedoch nicht festzustellen.

Der gebürtige Züricher und seit den 1930er Jahren in Ostpreußen lebende **Rolf Burchard** (1914–1983) kam nach dem Krieg als Vertriebener nach Hof, wo er als strenger gymnasialer Kunsterzieher wirkte und den Anstaltszöglingen des Schiller-Gymnasiums auch die Liebe zur deutschen Sprache vermittelte. Ein großer Teil seines Oeuvres entstand vor 1945 in seiner Wahlheimat und nicht von ungefähr gilt er bei alten Ostpreußen als einer der bedeutendsten Maler dieses Landes im 20. Jahrhundert. Doch haben nicht wenige seiner Aquarelle und Ölbilder das Hofer Land und seine Menschen zum Thema. Sein umfangreiches Gesamtwerk ist in Gänze bis heute nur wenig gewürdigt.

Anton Richter (1900–1962) aus Schwarzenbach a.d. Saale, war ein Nachfahre der Familie Jean Pauls. Er war Landschaftsmaler, widmete sich aber auch dem Volksleben seiner Heimat. Richter schuf unter anderem Ölbilder, Kohlezeichnungen und Linolschnitte, doch auch verschiedene Freskoarbeiten für öffentliche Bauten. Stilistisch ist er ein sehr später Abkömmling des Impressionismus, der durch expressionistische Elemente individualisiert ist.

Karl Bedal (1914–1999) genoss als Zeichner, Graphiker und Holzschneider im Hofer Land großes Ansehen, er war daneben auch denkmalpflegerisch tätig. Seine zahlreichen Darstellungen von Szenen aus dem Volksleben zählen zum besten fränkischer bildender Kunst. Seine Arbeiten und Buchillustrationen ebenso wie seine Kreationen für den Tourismus prägen das Erscheinungsbild der Region.

Der aus Böhmen als junger Mann 1946 vertriebene Maler **Emil Ressel** (1921–1991) war lange Verwaltungsbeamter in Hof. Seine künstlerische Frühzeit war durch naturalistische Darstellungen (Aquarelle, Porträts) mit Schwerpunkt Hof und Umland gekennzeichnet, ab den 1960er Jahren verschrieb er sich einem landschaftsmalerisch mehr abstrahierenden künstlerischen Ausdruck, der verstärkt außerdeutsche Motivik aufgenommen hatte und ökologische Probleme zu einem zentralen Thema werden ließ.

▶ Karte hintere Umschlagklappe

Hof und seine Umgebung

»Hof – in Bayern ganz oben« war seit den 1970er Jahren ein griffiger werbender Slogan für die Stadt. Das bis in die 1960er Jahre vor allem von der Textilindustrie geprägte Hof war in den ersten beiden Nachkriegsjahrzehnten kaum für Besucher attraktiv. Abgelegen im Zonenrandgebiet, in den Reiseführern über Franken nicht einmal erwähnt, führte es ein Schattendasein. Doch seit den 1970er Jahren änderte sich das rasch. Die Hofer Filmtage ziehen seit damals alljährlich Ende Oktober weltweit ein cineastisches Publikum an. Das Theater Hof machte mit unkonventionellen Inszenierungen von sich reden, die Hofer Symphoniker, damals nur ein eher provinzielles Ensemble, sind heute eines der bayerischen Spitzenorchester. Naherholungsgebiete wie der Untreusee im Süden der Stadt oder der Tauperlitzer See entstanden – überhaupt wurde Hof seit der Wende 1989 zu einem Ort hoher Lebensqualität. In der räumlichen Mitte zwischen Berlin und München gelegen, gleich weit von Würzburg und Dresden entfernt, die böhmischen Bäder liegen gleichsam vor der Haustür, ist die Stadt mit ihren knapp 47000 Bewohnern attraktiver denn je.

Wurst aus Hof

Mancher seinerzeit »progressive« Student, der vor 40 Jahren froh war, endlich die nach seinem Empfinden spießig-miefige Stadt verlassen zu können, ist in fortgeschrittenen Jahren nach erreichtem Karriereziel nach Hof zurückgekehrt, wohl erkannt habend, dass Hof mit seinem reichen kulturellen Angebot, mit seiner landschaftlich doch gar nicht so unattraktiven Umgebung Berlin, Frankfurt, München oder Köln sehr wohl gleichwertig ist, wenn nicht sogar vorzuziehen ist.

Dazu kommt die Kulinarik. Gelten Altbayern und Franken gemeinhin als Lande schmackhafter Küche, gilt das in Hof in herausragender Weise – trotz der qualitativ eher schlechten Böden, die gemeinhin für das Entstehen kulinarischer Besonderheiten hinderlich sind. Die regionalen Speisen und vor allem die Wurstwaren der zahlreichen Hofer Metzger suchen in Geschmack und Güte ihresgleichen. Viele ehemalige Hofer, die es durch die Zeiten ins »elendt« verschlug (wie man in alten Zeiten das nähere und weitere Ausland wertfrei nannte – davon kommt übrigens auch der Name), lassen sich von Hofer Metzgereien Wurstpakete schicken. Viele beispielsweise in Berlin lebende Ex-Hofer sind völlig zu Recht der Ansicht, dass die Berliner Wurst zumindest für den Menschen ungenießbar ist.

Zugegeben war Hof zu keiner Zeit der jüngeren Geschichte ein touristisch vielbesuchter Ort. Es war jahrhundertelang Grenzstadt, oft belagert und einige Male zerstört, dazu niemals Residenz irgendeines Duodezfürsten und damit anders als Kulmbach oder Coburg ohne nennens- und sehenswerte Bauten, doch dafür ein Ort der Industrie und des Handwerks.

Die Braukunst war in Hof in besonderem Maße vertreten. Zu Beginn des 20. Jahrhunderts gab es in Hof zwölf Brauereien, heute leider nur noch zwei, dafür zwei der besten überhaupt: Scherdel-Bräu und Meinel-Bräu. Die Hofer Textilindustrie, die auf die Tuchmacher des 16. Jahrhunderts zurückgeht, hatte bis in die 1980er Jahre europaweit einen hervorragenden Ruf. Hof blieb bis zum Ende des 20. Jahrhunderts ein Zentrum der bayerischen Textilindustrie, galt daher noch in den 1980er Jahren als graue Industriestadt, in der es gemeinhin wenig zu sehen gäbe, vor allem da ein Brand 1823 alle historische Bausubstanz vernichtet hatte. Der große Strukturwandel der 1970er und 1980er Jahre brachte es jedoch mit sich, dass sich Hof zu einer bayernweit herausragenden Kulturstadt wandelte – ähnlich wie das oberösterreichische Linz, das sich seit den 1990er Jahren von einer düsteren Stahlkocherstadt zu einer internationalen Kulturmetropole mauserte. Die Hofer Symphoniker wie das Theater zählen zu den bedeutendsten deutschen Kulturträgern und die Hofer Filmtage, die 1969 aus einem Kurzfilm-Festival entstanden, sind Magnet für Cineasten aus aller Welt. Die Hofer Filmtage gelten inzwischen als wichtigste deutsches Filmfestival nach der Berlinale (hofer-filmtage.com). Die moderne Freiheitshalle ist bei Kulturschaffenden und Eventmanagern ein besonders attraktiver Veranstaltungsort.

Kaum bekannt ist, dass Theodor Fontane in einem zugegeben weniger populären seiner Gedichte auch Hof erwähnt. In »Hubert in Hof« von 1887 schildert er den Aufenthalt eines Malers namens Hubert im Wartesaal des Hofer Hauptbahnhofs während einer Eisenbahnfahrt von München nach Berlin. Die Bahnlinie war nämlich so zugeschneit, dass kein Zug mehr fahren konnte. Während des Aufenthalts konnte Hubert, wie Fontane ausführte, im Wartesaal u.a. die hervorragenden bairischen (gemeint sind fränkische, doch Theodor wusste das nicht) Würste genießen und an einer fröhlichen Skatrunde teilnehmen. Und trotz allen langen Wartens fuhr jener Hubert mit schöner Erinnerung an Hof wieder ab. Und so ist es bis heute geblieben. Aus Hof fährt niemand mit schlechten Erinnerungen weg – meint zumindest der Autor.

Stadt- und Landesgeschichte

Um 1230 gründete **Herzog Otto I. von Meranien** (gest. 1234) auf einer Geländestufe oberhalb einer Saalewindung die sogenannte Neustadt, gelegen zwischen dem heutigen Oberen und Unteren Tor, der Lessingstraße und dem Geländeabfall zur Saale. Sie wurde an bisher unbebautem Gelände angelegt. Ihr ging eine

Otto I. von Meranien

▲ Karte hintere Umschlagklappe

etwa 800 Meter südlich gelegene, ältere Siedlung voraus, deren Mittelpunkt die Lorenzkirche und die heutige Straße Pfarr gewesen ist. Hier befand sich schon im Frühmittelalter ein kleiner Ort, in den Chroniken »Curia Variscorum«, »Hof der Varisker«, genannt. Er war nach einem germanischen Stamm benannt, der im damaligen Nordgau, also dem gesamten Norden Bayerns, siedelte. Aus diesem »Hof« entstand im 10. Jahrhundert das Dorf Rekkenze, das seinen Namen nach dem Flüßchen Regnitz trug, das hier unweit in die Saale mündet und 1214 urkundlich erwähnt wurde. Dieses wurde nach 1230 zur »Alten Stadt«, woran noch der heutige Straßenname »Altstadt« erinnert. Der Name Hof bzw. seine lateinische Übersetzung »curia« erscheint erst ab Mitte des 13. Jahrhunderts in auf die Neustadt bezogenen Urkunden. Als 1248 die Meranier im Mannesstamme erloschen, belieh nach einer durch einen Erbschaftsstreit bedingten Pause (siehe auch Geschichte Kulmbachs) der deutsche König Konrad IV. die **Vögte von Weida** mit dem Land und dem Hochgericht. Von den Vögten von Weida rührt auch der Name »Vogtland«. Dessen Hauptorte waren damals Gera, Greiz, Plauen und eben auch Weida, das Hofer Land war im südlichen Randgebiet jenes Vogtlands gelegen.

Hof wird hohenzollerisch

1373 verkaufte Vogt Heinrich VII., der »Rote Vogt«, das Hofer Land an den Burggrafen **Friedrich V. von Nürnberg,** einen Hohenzollern. Es war eine Situation ähnlich der des Kulmbacher Landes, das schon 1240 aufgrund des Aussterbens der Orlamünder an die Burggrafen von Nürnberg gegangen war. Mit diesem Besitzwechsel wurde das Hofer Land Teil der Burggrafschaft Nürnberg und blieb damit über 430 Jahre hohenzollerisch. Entscheidend war dann das Jahr 1415, als die Hohenzollern unter **Burggraf Friedrich VI.** in den Besitz der Markgrafentums Brandenburg gelangten (als Markgraf und Kurfürst nannte er sich Friedrich I.) und jetzt zwei voneinander getrennte Herrschaftsgebiete besaßen: die fränkischen und die brandenburgischen Territorien. 1430 durchzogen die Hussiten das spätere Oberfranken und wüteten schrecklich. Hofs legendärer Stadtchronist Enoch Widman vermerkte dazu: »sie haben gemeine Stadt semptlich vergewaltsamet, geplündert, viel Volks erschlagen..., alte und newe Stadt zu grundt außgebrannt, auch die kirchen nicht verschonet und allen kirchenschmuck hinweggenommen.« Markgraf Friedrich I. gewährte der Stadt daraufhin für zehn Jahre Steuerbefreiung, um den Wiederaufbau zu fördern.

Gemäß eines Erbgesetzes von **Markgraf Albrecht Achilles** (gest. 1486) wurde das fränkische Gebiet nach dessen Tod geteilt: in das spätere Markgrafentum Brandenburg-Ansbach und das Markgrafentum Brandenburg-Kulmbach, genannt das Gebiet »oberhalb des Gebirgs«, zu dem auch somit das Hofer Land gehörte. 1495 entstand das »Gemeine Pfennig-Register«, wenn man so will das erste Hofer Adressbuch. Es verzeichnete alle steuerpflichtigen Bewohner und deren Berufe und Adressen.

Zu Beginn des 16. Jahrhunderts war Hof durch seine Lage ein wichtiger Handelspunkt geworden. Hier kreuzten sich viele wichtige Verkehrswege (wie es auch heute noch der Fall ist) – von Böhmen nach Frankfurt, von Nürnberg nach Leipzig (Via Imperii) etc. Führend war in Hof die Tuchmacherei und 1535 gab es in Hof 200 Meister dieser Zunft. Seit 1529 fanden in der Stadt evangelische Gottesdienste statt – überhaupt war es eine Zeit geistiger Blüte, die ihren Höhe-

An der Saale, im Hintergrund die Michaeliskirche

punkt 1546 in der Gründung des »Höfischen Gymnasium Albertinum« fand – dem heutigen Jean-Paul-Gymnasium, das damit eine der ältesten höheren Lehranstalten Frankens ist.

Der Zweite Markgrafenkrieg

Große Wirren brachten die Jahre nach 1550, es war die Epoche des **Markgrafen Albrecht Alcibiades** (reg. 1541–1557). Dieser versuchte seine Macht und seine Territorien zu vergrößern, den Katholizismus zu bekämpfen und sich dabei der Fürstbistümer Würzburg und Bamberg wie auch der freien Reichsstadt Nürnberg zu bemächtigen und ein hohenzollersches Herzogtum Franken zu begründen. Dies musste von heutiger Warte aus misslingen. Albrecht belagerte in dem nun folgenden Zweiten Markgrafenkrieg Städte in ganz Franken und nahm auch viele außerhalb gelegene Orte wie Hambach und Speyer ein, die er brandschatzte und zerstörte. Am 9. April 1553 wurde er bei Sievershausen nahe Hannover von dem sogenannten bundesständischen Heer vernichtend geschlagen, einem breiten Bündnis, wie es heute heißen würde, miliärischer Einheiten der beiden Fürstbistümer, Nürnbergs, des Kurfürsten Moritz von Sachsen und des Herzogs Heinrich von Braunschweig. Das bundesständische Heer griff dann seinerseits die markgräflichen Städte an. So wurde Hof im August/September 1553 von den Truppen des Burggrafs Heinrich Reuß von Plauen belagert und schließlich nach starken Zerstörungen am 27. September eingenommen. Über Albrecht wurde die Reichsacht verhängt, er bemühte sich erfolglos um einen ehrenvollen Friedensschluss und starb schon 1557.

Hof im Dreißigjährigen Krieg

Die Jahre bis zum Dreißigjährigen Krieg, unter den **Markgrafen Georg Friedrich und Christian** waren eine Epoche des Friedens. Zu Beginn des 17. Jahrhunderts schuf Magister **Enoch Widman** (1551–1615), Rektor des Gymnasiums und Stadtschreiber, seine »Chronik der stat zum hoffe«, in der er deren Geschichte bis 1592 behandelt und dann kurz vor seinem Tode noch einen Appendix verfasst, der die Jahre bis 1612 beschreibt. Die Zeit des **Dreißigjährigen Kriegs** brachte für das protestantische Hof Jahre des Unheils und der Verwüstung. Die

▶ Karte hintere Umschlagklappe

ersten 14 Jahre brachten noch keine Berührung mit feindlicher Soldateska, doch vernichtete ein Brand 1625 weite Teile der Stadt. Erst 1632 brach das Kriegsgewitter mit voller Wucht über Hof herein. Während sich der Protestant Gustav Adolf von Schweden und der kaiserliche Generalissimus Wallenstein bei Zirndorf gegenüberstanden, durchzog des letzteren **General Heinrich von Holck** (Holk) (1599–1633), ein besonders grausamer Heerführer, die Lande und plünderte auch Hof und das Umland. Der Brandschatzung entging die Stadt nur durch hohe Kontributionszahlungen. Wallenstein selbst zog am 9. Oktober 1632 in Hof ein und drei Tage später nach Sachsen weiter. Holk, der jetzt auch Sachsen ausplünderte und brandschatzte, starb am 9. September 1633 unweit von Hof an der Pest. Sein Leichnam wurde im Jahr darauf in seine Heimat Dänemark überführt. Bis 1648 durchlitt Hof die Greuel des Dreißigjährigen Krieges wegen seiner Lage in der Mitte Deutschlands in besonderem Umfang. Durchziehende versprengte Soldateska machte sogar die Innenstadt zum Kampfgebiet, als ein schwedischer Major 1643, der sich in Hof einquartiert hatte, einen privaten, mit seinen Heerführern nicht abgesprochenen Festungskrieg mit heranrückenden kaiserlichen Truppen begann. Dabei wurde besonders der Westen der Neustadt Hofs zerstört.

Hof im 18. Jahrhundert

Wie so viele Städte im Heiligen Römischen Reich lag auch Hof 1648 vernichtet darnieder – in ganz Deutschland dauerte es bis zum 19. Jahrhundert, bis alle Schäden und Verwüstungen des Dreißigjährigen Kriegs getilgt waren. Und oft flog nach einer kleinen Phase erfolgreichen Wiederaufbaus der Rote Hahn auf die Dächer Hofs und vernichtete, was mit so viel Mühe neu erstanden war – so die Großbrände von 1690, 1722 und 1743. Der Brand von 1743 zerstörte unter anderem das Schloss, ein zugegeben eher bescheidener Bau und der Amtssitz des lokalen brandenburgisch-bayreuthischen Statthalters, das danach nicht mehr aufgebaut wurde.

Der **Siebenjährige Krieg** brachte Hof wieder eine Leidenszeit. Denn **Markgraf Friedrich III.** (reg. 1735–1763) musste als Reichsfürst des Heiligen Römischen Reiches an dessen Krieg gegen das Königreich Preußen teilnehmen. Das war schwierig für ihn, da er als Hohenzoller nun gegen Hohenzollern kämpfen sollte, und vor allem, da seine Gemahlin, die berühmte und heute in den fränkischen Landen noch populäre Markgräfin Wilhelmine, die Schwester Friedrichs des Großen war. Hof wurde nach 130 Jahren wieder von Soldaten heimgesucht, geplündert, musste Kontributionen zahlen, Getreide und Lebensmittel abgeben und 1759 zwei Belagerungen des preußischen Heeres mit allen Zerstörungen erleiden. Letzlich war aber diese Leidenszeit im Vergleich zu der nach 1632 eher zu ertragen.

Hof wird preußisch

Im Jahre 1792 gelangte das Markgrafentum Brandenburg-Kulmbach bzw. -Bayreuth durch einen Geheimvertrag an das Königreich Preußen. Denn der letzte **Markgraf Karl Alexander** (oft nur Alexander genannt), der seit 1769 die beiden fränkischen Markgrafentümer regierte, verkaufte 1791 seine im gleichen Jahr vereinigten Markgrafschaften Brandenburg-Ansbach und Brandenburg-Bayreuth (bis 1643 Brandenburg-Kulmbach) gegen eine hohe Leibrente an Preußen. Der kinderlose Herrscher hatte es vorgezogen (da mit seinem Tode seine Gebiete ohnehin an Preußen gefallen wären), vorzeitig abzudanken und mit seiner englischen Geliebten sich in deren Heimat abzusetzen. Somit wurde am 18. Januar 1792 der Preußenkönig **Friedrich Wilhelm II.** Landesherr von Hof, nachgefolgt 1797 von König **Friedrich Wilhelm III.** Die Bürgerschaft sah diesen Wechsel nicht ungern, Karl Alexander war nie sonderlich beliebt gewesen und jetzt zum Königreich Preußen zu gehören wertete das Selbstverständnis der Hofer auf.

Hof gerät an Bayern

Doch dauerte die jetzt einsetzende kulturell-wirtschaftliche Blüte nicht lang. Preußens Niederlage gegen Napoleon in der Schlacht von Jena und Auerstädt im Herbst 1806 führte zu einer teilweisen Zerschlagung des Königreichs und Abtrennung einiger Provinzen. Napoleon selbst kam übrigens zweimal nach Hof: 1812 auf dem Weg nach Russland und 1813 auf dem Weg zur später so genannten Völkerschlacht bei Leipzig Die beiden fränkischen Markgrafschaften wurden nach nur sehr kurzer de-jure-Angliederung an Frankreich mit dem Juli 1810 an das erst seit 1805/06 bestehende Königreich Bayern angeschlossen. Es hätte der Beginn einer weiteren wirtschaftlich-kulturellen Blütezeit Hofs werden können, wenn nicht am 4. September 1823 der durch die Fahrlässigkeit einer Dienstmagd entstandene **größte Stadtbrand** der jüngeren Geschichte Hofs dieses vollständig vernichtet hätte. Rathaus, Michaeliskirche, die Bürgerhäuser – die ganze Neustadt wurde ein Raub der Flammen. Der Türmer der Michaeliskirche, Christoph Klauß, starb auf dem Turm, den er wegen der Rauchentwicklung nicht mehr rechtzeitig verlassen konnte, in Ausübung seines Amts – zu viel Zeit hatte er auf die Alarmierungen der Bürgerschaft verwandt. 1824 begann der Wiederaufbau in der heute noch bestehenden klassizistischen dreistöckigen Bauweise, wie sie am schönsten die Ludwig- und in Teilen die Karolinenstraße zeigen.

1848 erhielt Hof **Eisenbahnanschluss** an die bayerische Ludwig-Süd-Nord-Bahn zwischen Lindau und Hof sowie an die sächsische Linie Leipzig–Hof. Der erste Bahnhof war ein Kopfbahnhof und befand sich am heutigen Konrad-Adenauer-Platz, an der Stelle der jetzigen Stadtpost. Der Bahnhof konnte wegen der hohen Frequentierung der erwähnten Strecken bereits 30 Jahre nach seinem Bau seinem Zweck nicht mehr genügen. Zudem verfünffachte sich zwischen 1850 und 1900 die Einwohnerschaft. So errichtete man damals gute zwei Kilometer südlich des bisherigen Bahnhofs einen neuen Hauptbahnhof, nun einen Durchgangsbahnhof, der in seinen besonderen Ausmaßen auch künftigen, noch weiter gesteigerten Anforderungen dienen sollte.

Stadtwappen am Rathaus

▲ Karte hintere Umschlagklappe

In der Ludwigstraße

In der Tat wirkt dieses Bahnhofsgebäude sowie die Gleisanlagen für eine Mittelstadt wie Hof viel zu groß.
Um 1900 wurde das Gebiet der **einstigen Altstadt**, südlich des Oberen Tors gelegen, nach umfangreichen Abrissmaßnahmen völlig neu bebaut, was heute bei auswärtigen Reisenden zu Verwirrung führt. Denn die »Altstadt« ist mit ihren Gebäuden als Straßenzug nun bedeutend jünger als die »Neustadt« um Ludwig- , Karolinen- und Klosterstraße. 1891 wurde für die durch königlich-bayerische Beamte und Arbeiter aus Böhmen angewachsene katholische Gemeinde Hofs im Zuge dieser Neubebauung die die Altstadt dominierende Marienkirche vollendet.

Nationalsozialismus und Krieg

Während der Zeit des Nationalsozialismus waren die meisten der damals etwa 80 Hofer Juden schon 1938 emigriert, zu Beginn des Zweiten Weltkriegs wohnten nur noch acht Juden in der Stadt, die bald deportiert und ermordet wurden. Im Ortsteil Moschendorf existierte vom September 1944 bis April 1945 ein Außenlager des oberpfälzischen KZ Flossenbürg mit etwa 100 Häftlingen.
Große Schäden verursachte am 14. April 1945 ein amerikanischer Bombenangriff in der Fabrikvorstadt und der Leimitzer Straße; am 8. April wurde bei einem weiteren Bombenangriff das Bahnhofsviertel von US-Flugzeugen, die sich auf dem Rückweg von dem Dresdner Bombardement befanden, angegriffen und die Bahnhofstraße großenteils zerstört. Am 15. April nahmen amerikanische Truppen die Stadt ein, nachdem noch am gleichen Tag ein Bombenangriff erfolgt war, der den Ortsteil Unterkotzau mit der dortigen Eisenbahnbrücke vernichtet hatte.

Hof in der Nachkriegszeit

Die Nachkriegssituation, die Hof aus der Mitte Europas in eine extreme Lage ins damalige Zonenrandgebiet verschob und der Stadt das nördliche und östliche Hinterland raubte, brachte stärkste wirtschaftliche Einschnitte. Das Moschendorfer Lager wurde zum Durchgangslager für Vertriebene aus den deutschen Ostgebieten und dem Sudetenland. Es hatte bis 1962 Bestand. Ab 1948 betrie-

ben die Amerikaner am Westrand der Stadt einen militärischen Posten, gleich daneben befand sich auch eine Sendestation des RIAS.
1989 geriet Hof für kurze Zeit in die große Politik: Alle damaligen Sonderzüge, die ab dem 1. Oktober insgesamt 13 600 DDR-Bürger aus Prag (mit nochmaliger Durchfahrt durch die DDR) in den Westen brachten, erreichten als erste bundesdeutsche Stadt Hof, wo sich auf dem Bahnhof manch herzzerreißende Szene abgespielt hat.
Hofs Bevölkerung nahm in der Nachkriegszeit verhältnismäßig stark ab, von den 1960er Jahren, wo die Stadt teilweise über 60 000 Bewohner hatte, über das Jahr 1989, wo noch 52 000 Seelen in ihr lebten, bis heute, wo die Bevölkerung auf gerade 46 000 Menschen zusammengeschrumpft ist.

■ Bedeutende Hofer (Auswahl)

Johann Christian Reinhart (1761–1847): Maler und Zeichner, wirkte seit 1789 in Rom und war einer der geschätztesten Künstler seiner Zeit. In seinen heroischen Landschaftsbildern verbindet er Klassizismus und Romantik. Er ist in Rom auf dem Cimitero acattolico, dem protestantischen Friedhof, begraben.
Johann Wolfgang Döbereiner (1780–1849): Chemiker in Jena, entwarf vor Mendelejew ein erstes Modell des Periodensystems und war bahnbrechend in der Erforschung der Katalyse von Platinmetallen.
Johann Georg August Wirth (1798–1848): demokratischer Politiker, kämpfte seit 1833 für mehr bürgerliche Rechte und Pressefreiheit in Deutschland und war Mitveranstalter des Hambacher Fests. Er starb kurz nach der Revolution 1848. Ein begehbares Denkmal befindet sich vor der Hofer Freiheitshalle in der Kulmbacher Straße.

▲ Karte hintere Umschlagklappe

Original Hofer Rindfleischwurst

Hofer kulinarische Spezialitäten

Hof hat für eine Stadt dieser Größe eine verhältnismäßig hohe Dichte an Metzgereien, die nicht alle selbst schlachten, doch selber herstellen – und anderswo sämtlich Bio-Fleischerläden genannt würden. Unter den bayernweit gerühmten Hofer Wurstwaren ist die **Hofer Rindfleischwurst** eine besondere Delikatesse. Man erhält sie *ausschließlich* in den Metzgereien Hofs und des unmittelbaren Umlands, sie ist außerhalb des Landkreises Hof nicht im Verkauf. Es ist eine intensiv rot gefärbte, fettarme Streichwurst, die ein Hofer Metzgermeister namens Militzer 1950 erfand. Sie wird aus dem Magerfleisch und dem Rückenspeck von Rindern und Schweinen zubereitet. Sie wird über Buchenholz bei maximal 30 Grad geräuchert und ist feinwürzig mit leichter Pfeffernote. Einige Metzger setzen etwas Paprikapulver hinzu. Seit 2011 ist die Hofer Rindfleischwurst eine eingetragene europäische Genussmarke sowie namensrechtlich geschützt und darf nur in Hof und seiner Umgebung hergestellt werden. Ein »Verein Freunde der Hofer Rindfleischwurst« hütet ihr Erbe (www.freunde-der-hofer-rindfleischwurst.com).

Von höchster Güte ist der **Hofer Fleischkäse**, anderswo meist Leberkäse genannt, obwohl sein Brät gar keine Leber enthält. Einen **Leberkäse** im engeren Sinn gibt es in Hof auch, es ist ein Fleischkäse mit bestimmtem Leberanteil, der deshalb eine bräunlich-grünliche Färbung hat. Warm gegessen ist er für Gourmets ein Hochgenuss.

Die nicht weniger delikaten **Hofer Bratwürste** (»Brodwärscht«) sind rohe, feine Bratwürste, nicht vorgebrüht, lang und dünn, aus magerem Schweinefleisch mit etwas Rindfleischzusatz. Man isst sie meist als Paar im aufgeklappten Brötchen mit Senf (»Sempft«), auf den Volksfesten der Region sind sie das beliebteste, wenn man so sagen darf »Fast-Food-Essen«. Die Bratwürste gibt es in den Metzgereien inzwischen in verschiedenen Varianten, als Kalbsbratwurst, Knoblauchbratwurst etc.

Beliebt ist in Hof auch die mild-aromatische **Gelbwurst** (mit und ohne Petersilie), eine sehr helle Brühwurst in gelber Kunststoffhaut, hergestellt aus zerkleinertem Brät von sehnenarmen Schweinefleisch und -bauch und angeblich bei Kindern sehr beliebt. Sie ist der Lyoner verwandt, nur hat letztere wegen des Pökelsalzes einen deutlichen Rotstich. Für die erwähnten fünf Wurstsorten hat jeder Metzger sein eigenes, geheimes Rezept.

Ein ganz typisches althergebrachtes Gericht Hofs und des Hofer Lands sind die **»Schnitz«**, ein Gemüseeintopf mit oder ohne Fleischeinlage, das wahlweise auch mit Pilzen zubereitet wird, dann heißen sie »Schwammaschnitz«. Verschiedene Gemüsesorten wie Kohlrabi, Sellerie, Lauch, doch immer auch Kartoffeln werden kleingeschnitten (daher der Name »Schnitz«) und in Wasser mit Gemüse- oder Fleischbrühwürfel gekocht. Je nach Wunsch kann eine kleine Menge Rindfleisch mitgekocht werden. Die Hofer Hausfrau liebt es, dabei ausreichend Majoran hinzuzufügen. Die Schnitz lassen sich gut in großen Mengen vorkochen, dann portioniert einfrieren und aufzutauen. Sie lassen sich ein bis zwei Jahre ohne Geschmacksverlust einfrieren.

Der »Wärschtlamo«

Weltweit einzigartig sind die Hofer Wärschtlamänner (Würstchenmänner). Sie haben einen mobilen Stand an einem allerdings festen Standort, gehen somit nicht durch die Straßen, sondern nehmen ihre Gerätschaften abends einfach mit. 2021 feiert man in Hof das 150-jährige Jubiläum der Wärschtlamänner.

Bereits 1871 hatte eine Metzgerei den durchaus fortschrittlichen Gedanken, einen mobilen Wurstverkäufer durch die Straßen zu schicken. In einem dafür besonders entwickelten Messingkessel, der mit einem Schulterriemen getragen

Denkmal für den Hofer Wärschtlamo

wurde, wurden die Würstchen über Holzkohle erhitzt, aber nur durch Dampf und nicht im Wasser, was den Kessel leichter machte und insbesondere das Aroma schützte. Der Wärschtlamo trägt bis heute seine charakteristische Arbeitskleidung (»Wärschtlamo-Oziezeich«): eine weiße Schütze (»weißa Scherzn«), eine lederne, feste Jacke (»lederna Juppm«) und eine Kappe, die unterschiedlich aussehen kann (»a Petsch«). Verkauft werden Wiener (Wienerla), Bauern (anderswo Debrecziner genannt), Knacker (Gnagger, anderswo Bockwürste geheißen) und Weißa (Weißwürste). Sie werden in der Hand (also to go, wie man heute sagt) jeweils als Paar im aufgeschnittenen Brötchen mit »Sempft« verzehrt. Auf besonderen Wunsch gibt es auch, aber das ist völlig untraditionell, Ketchup. Der gemeine ältere Hofer gibt seine Bestellung beim Wärschtlamo wie folgt auf: »Grißgott, iech mejchert (höflicher wäre »kriechert«, mundartlicher Konjunktiv zu kriegen=bekommen) a poor Wienerla mit Sempft.« Ein älterer, bereits nicht mehr aktiver Wärschtlamo kommentierte dann immer freundlich und leutselig grummelnd: »Mhmh, einmoll nooch Wien« oder »Mhmh – a poor Schlawiner«. So war das alte Hof. Die Wärschtlamänner gelten als kulinarische Boten Hofs und sind daher als Traditionseinrichtung sakrosankt, wie die Auseinandersetzung um ein mögliches neues Wärschtlamologo im Winter 2020/21 in Hof zeigen konnte. Die Jubiläums-Festlichkeiten sind durch die Coronaseuche zwar stark eingeschränkt, doch wie wichtig man kulturgeschichtlich das Jubiläum nimmt, beweist allein ein Leitspruch des Festkomitees: »150 Jahre Wärschtlamo. Mit Jubelsenf und Jubelpraline. Eine Kindheit in Hof ist eine Kindheit mit Wienerla – das verbindet Generationen.« Am Sonnenplatz erwartet ein freundlicher **granitener Wärschtlamo** seit über 65 Jahren Jahren lächelnd seine Kundschaft. Bereits seit 1997 gibt es übrigens einen Wärschtlamo mit türkischen Wurzeln – kann es ein schöneres Beispiel für gelebte Integration geben?

Echter Hofer Wärschtlamo

▲ Karte hintere Umschlagklappe

Das Hofer Bier

Nicht vergessen sei das Hofer Bier. Wenngleich heute nur noch zwei, allerdings hervorragende, Biersorten in Hof hergestellt werden, nämlich Scherdel (www.scherdel-bier.de) und Meinel (www.meinel-braeu.de), besaß die Stadt vor hundert Jahren insgesamt zehn Brauereien: Bavaria (1885–1995), Bürgerbräu (1864–2007), Deininger Kronenbräu (1854–1995), Löwenbräu (1847–1978), Meinel Bräu (seit 1731), Scherdel Bräu (seit 1831) Schmidt's Heiner Bräu (1847-1972), Weizenbierbrauerei Carl Schuster (1863–1912), Brauerei Weidner (1867–1975) und Zeltbräu (1850–2010).

Gerstengetränke haben in Hof eine besondere Tradition. Dazu gehört auch der sogenannte **Schlappentag**. Dieser Hofer »Nationalfeiertag« zählt zum Immateriellen Bayerischen Kulturerbe und geht auf das Jahr 1432 zurück, als Hof von den Hussiten zerstört war und von Markgraf und Kurfürst Friedrich I. Steuerfreiheit für zehn Jahre erhielt.

Im Gegegnzug musste die Stadt zu künftiger Verteidigung eine eigene Schützengilde aufstellen, die sich zumeist aus Handwerkern rekrutierte. Diese mussten an sehr häufig stattfindenden frühmorgendlichen Schießübungen teilnehmen, zu denen sie oft, um nicht zu spät zu kommen, noch in ihren häuslichen Holzschuhen (den »Schlappen«) erschienen. Die Schützengilde erhielt als besonderes Privileg das Braurecht. Für den alljährlichen Haupt-Schießtag, dem 1. Sonntag nach Trinitatis (2. Sonntag nach Pfingsten), wurde daher ein besonderes Bier gebraut – das später so genannte »Schlappenbier«. Und seit 1432, also seit 589 Jahren, wird dieser Tag als Festtag mit Umzügen der Schützengilde mit »Brodwärscht« und jenem bis heute nur für diesen Tag hergestellten Schlappenbier begangen.

Die Marienkirche in der Altstadt von Hof

Ein Rundgang durch die Innenstadt

Um Altstadt und Lorenzkirche

Wir beginnen in der Altstadt, der Straße mit der wichtigsten Fußgängerzone Hofs. Unter Altstadt verstand man ursprünglich jene Siedlung, die bereits vor der Erbauung der Neustadt vor 1230 südlich von dieser existierte.

Am Südende der Altstadt steht die neugotische **St. Marienkirche**, vollendet 1891. Hof ist Sitz des nordöstlichsten Dekanats des Erzbistums Bamberg. In der Kirche wird des Berliner Dompropsts Bernhard Lichtenberg gedacht, der im Dezember 1943 auf dem Transport in das KZ Dachau während eines Zughalts in Hof gestorben war. Rechts der Kirche, am Sonnenplatz, steht das **Wärschtlamo-Denkmal** von 1955 des Hofer Künstlers Alfred Pflüger, das jene weltweit einzigartige Hofer Würstchen-To-go-Verkaufskultur würdigt.

Links der Marienkirche geht man durch die Lorenzstraße hinab zur **Lorenzkirche**, der ältesten Kirche Hofs. Sie geht auf das 13. Jahrhundert zurück, doch erhielt ihr heutiges Aussehen beim Umbau 1823. Der Kirche stiftete der Hofer Ple-

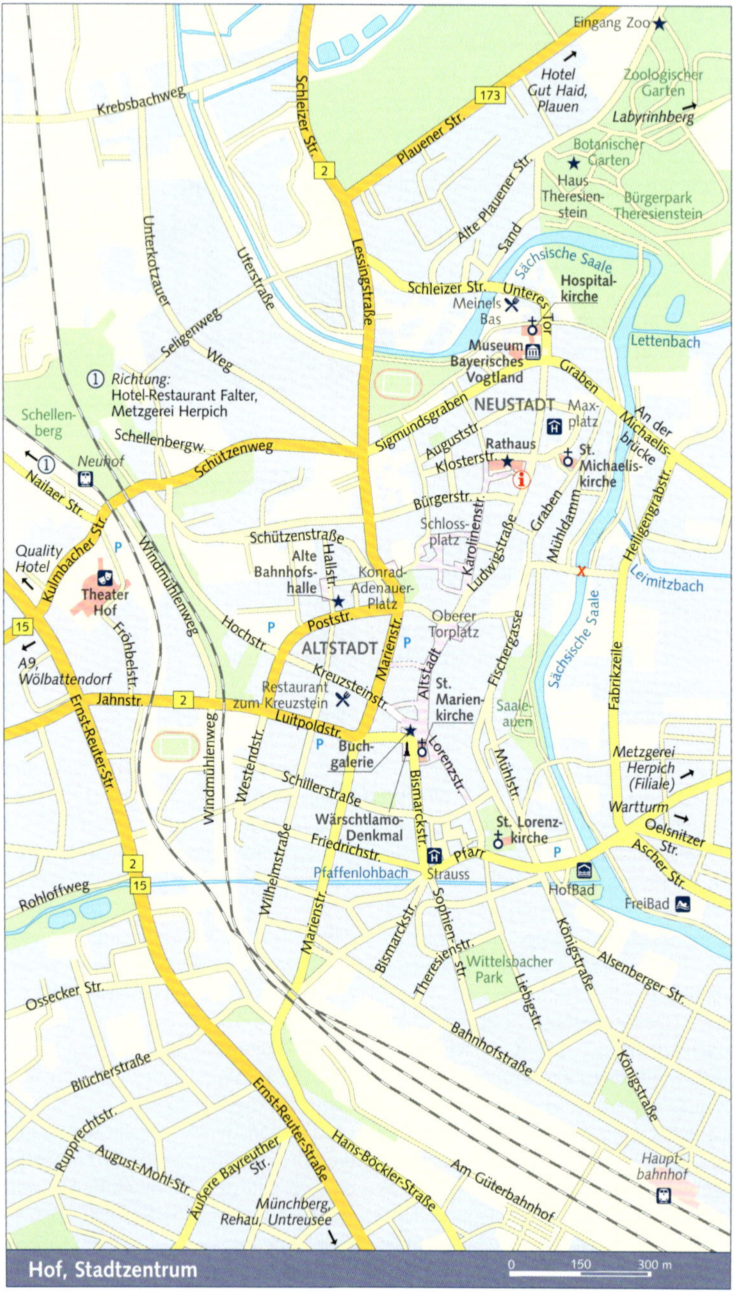

Hof, Stadtzentrum

ban (Pfarrer) Hertnid von Stein (1427–1491) um 1480 einen Flügelaltar aus Lindenholz mit fünf Tafeln. Das zentrale Tafelbild des Altars zeigt Hertnid kniend zwischen dem Kaiserpaar Heinrich und Kunigunde. An der Nordseite der Kirche ist eine Tafel angebracht, die an die auf dem alten Friedhof beigesetzte Mutter des Dichters Jean Paul erinnert. Neben der Kirche steht das Kantorat, ein Fachwerkhaus aus dem Jahr 1700. Bis 1878 war der Lorenzfriedhof der Hauptfriedhof Hofs, wenngleich die Michaeliskirche die Stadtkirche war.

Die Lorenzstraße mündet in die **Pfarr**, an der Ecke zu dieser Straße befand sich zu Hertnids Zeit der Pfarrhof des Plebans, heute steht hier die sogenannte **Inkurabel**, bis ins 19. Jahrhundert der Pfarrhof. Von der Lorenzkirche gehen wir durch das kurze **Lorenzgässchen** zum Mühlberg, biegen rechts ab, hinunter zur **Mühlstraße**, und gehen hier nach links, nordwärts. Zwischen den Häusern Nr. 4 und Nr. 6 zweigte der einst feucht-finstere **Mühlwinkel** ab, durch den Abriss der Häuserseite an der Mühlstraße existiert die alte düstere Gasse nicht mehr. Wir laufen die Mühlstraße weiter, die alsbald zur **Fischergasse** wird. Nach etwa hundert Metern gehen wir an einer Gabelung nach links über den **Rähmberg** hinauf wieder zur Straße Altstadt, die wir an deren nördlichen Ende, am ehemaligen **Oberen Tor** erreichen.

Durch die **Poststraße** gehen wir westwärts bis zum **Konrad-Adenauer-Platz**, dem ehemaligen Postplatz. An der Stelle der heutigen Stadtpost stand seit 1848 Hofs erster Bahnhof, ein Kopfbahnhof, der aber 1880 durch den heutigen Hauptbahnhof ersetzt wurde. Hinter der Post steht am Hallplatz noch die **alte Einsteighalle des Bahnhofs** von 1848, die heute von der Feuerwehr genutzt wird. Ein Stück weiter, Poststr. 10, existiert noch ein Lagergebäude der Bahn aus jener Zeit. Am Westrand des hier befindlichen Parkplatzes sieht man noch einen Tunnel, durch den die Züge den Bahnhof verließen. An der Ecke Hallplatz/Hallstraße befand sich die alte Hofer Synagoge, ausgebrannt im November 1938 und danach niedergerissen.

In der Altstadt, der Fußgängerzone von Hof

Bayerisches Vogtland

Die Neustadt

Wir gehen zurück zum Oberen Torplatz und dann nach links in die ehemalige Neustadt hinein. Hier beginnen mit der Karolinen- und der Ludwigstraße die beiden wichtigsten Nord-Süd-Straßen der ehemaligen Neustadt. Die **Ludwigstraße** trug bis 1824 den Namen Oberer bzw. Unterer Markt und zeichnet sich durch ihre schöne geschlossene klassizistischen Bebauung aus.

Wir gehen bis zum **Rathaus**, den eindrucksvollen Renaissancebau schuf 1563 bis 1566 Nickel Hofmann aus Halle. Leider wurde auch das Rathaus Opfer des großen Brandes von 1823, doch äußerlich in angelehnten alten Formen danach wieder aufgebaut. Lohnend ist die Besteigung des **Rathausturms** (152 Stufen, Eingang Klosterstraße, April–Okt. Mo–Fr 8–17, Sa 10–13 Uhr). Am Turm befindet sich das Wappen des Freiherrn von Welden, der 1823 Regierungspräsident des Mainkreises war, dem administrativen Vorläufer des heutigen Oberfranken. Vor dem Rathaus steht der **Gesellschaftsbrunnen** der Köditzer Künstlerin Margarete Wiggen von 1979.

Die hier beginnende **Klosterstraße** führte zum heute nicht mehr vorhandenen Kloster (Franziskaner- und Klarissenorden), das von 1290 bis zur Reformation bestand. Es heißt, dass aus der Schafzucht der Nonnen die im 14. Jahrhundert beginnende Textil- bzw. Tuchherstellung in Hof hervorgegangen sei. Die Klosterkirche, auf die die Klosterstraße direkt zulief, wurde 1902 wegen Baufälligkeit abgerissen und an ihrer Stelle eine Schule errichtet.

Auf der anderen Seite der Ludwigstraße steht die evangelische Hauptkirche Hofs, die **St. Michaeliskirche**. Sie wurde von 1380 bis 1386 als dreischiffige Hallenkirche erbaut und um die Mitte des 15. Jahrhundert erweitert. Der um 1465 in

▶ Karte S. 188

Michaeliskirche und Rathaus

der Werkstatt von Hans Pleydenwurff geschaffene und seinerzeit viel bewunderte Hofer Altar wurde 1811 in die Münchner Alte Pinakothek gebracht – zu seinem Glück, denn der große Brand zerstörte 1823 auch die Michaeliskirche, die bis 1829 in äußerlich sehr schmuckloser Form wieder aufgebaut wurde, und auch im Inneren eher asketisch wirkt. Am rechten Turm der Michaeliskirche befindet sich in mittlerer Höhe genau auf der Kante eine Kugel, die noch von der Belagerung 1553 herrührt. Sie ist wahrscheinlich beim Wiederaufbau wieder eingesetzt worden.

Links von der Kirche geht es zum alten Marktplatz Hofs, dem heutigen **Maxplatz**. Lohnend ist der Besuch des **Wochenmarkts**, wo viele regionale Spezialitäten angeboten werden (Mi 7.30–12 Uhr, Sa 7–13 Uhr). Bis zu seiner Umbenennung 1824 hieß der Maxplatz, etymologisch unklar, **Orla**. Der Orlasteig führt heute noch vom Maxplatz hinab zum

Graben. Außerhalb der Marktzeiten ist es eine der stillsten Ecken der Innenstadt. Über die Maxgasse gehen wir zurück zur Ludwigstraße und diese weiter hinab. Im Haus **Ludwigstr. 18** (Gedenktafel) brach am 4. September 1823 jene vernichtende Feuersbrunst aus. Haus Nr. 1 am unteren Ende ist das alte **Hauptzollamt**, erbaut 1802 bis 1808 als Stadtpalais des Kaufmanns Jacob Heinrich Püttner. Wichtig zu wissen ist, dass genau gegenüber, im Haus Ludwigstraße 4, im Jahr 1971 Hofs erster Sex-Shop eröffnet wurde, damals betont lusthemmend »Fachgeschäft für Ehehygiene« genannt. Mit der Kreuzung Ludwigstraße-Graben-Sigmundsgraben sind wir am **Unteren Tor** angekommen, wo sich auch das **Museum Bayerisches Vogtland** befindet. Hier war das mittelalterliche Hof zu Ende. Wie überall in deutschen Städten, befand sich jenseits der Stadtmauer, aus Gründen der Seuchenhygiene, das Hospital. Das **Hofer Hospital** geht auf das Jahr 1268 zurück, von diesem ältesten Bau blieb jedoch original nur einiges Mauerwerk, das im Haus Unteres Tor 9 verbaut ist. Die Hospitalgebäude gingen großenteils durch Um- und Anbauten im Komplex Unteres Tor 5–11 auf. Hier befindet sich auch das **Reinhart-Cabinett**, eine bedeutende Sammlung von Gemälden des Landschaftsmalers Johann Christian Reinhart. Es ist die größte Sammlung von dessen Werken außerhalb der Münchner Neuen Pinakothek.

Sehr sehenswert ist die **Hospitalkirche**, die ebenso im letzten Drittel des 13. Jahrhunderts erbaut wurde und damit die zweitälteste Kirche der Stadt ist. Nach der Zerstörung im Hussitenkrieg wurde sie 1464 neu gebaut und erhielt 1557 ihren eindrucksvollen Marienaltar, der 1511 für eine Kapelle der Michaeliskirche geschaffen wurde, doch wegen der Reformation dort nicht mehr aufgestellt wurde. Geschaffen wurde er von dem Zwickauer Meister Michael Heuffner. Der Altarschrein zeigt in der Mitte Maria mit dem Kind, links die heilige Katharina, rechts die heilige Barbara. Ein nicht minder großes Kunstwerk ist die Kassettendecke von 1689 mit ihren 90 Bildtafeln, die der Hofer Maler Heinrich Lohe schuf. Die Tafeln zeigen Szenen aus dem Alten und Neuen Testament. Der Schalldeckel der Kanzel stammt von dem berühmten Johann Adam Knoll. Die Kirche ist außerhalb von Gottesdiensten auf Anfrage geöffnet (Mo und Fr 9–11 Uhr sowie Di und Do 9–12 und 13–16 Uhr, Pfarramt Unteres Tor 9, Tel. 09281/2868). Unmittelbar nördlich von der Hospitalkirche, dort wo heute der Radweg verläuft, floß einst ein Saalearm, der zu Beginn des 20. Jahrhunderts zugeschüttet wurde und an dem die heute lange verschwundene Hospitalmühle stand.

Von der Hospitalkirche gehen wir zurück in die Ludwigstraße und biegen hinter Haus Nr. 12 in die **Auguststraße** ein, einst Juden- bzw. Mordgasse genannt. Im Mittelalter war sie verrufen, angeblich sollen alle Seuchen der Stadt von hier ihren Ausgang genommen haben, auch spukten hier allerlei dämonische Gestalten. Die Auguststraße endet am **Gymnasiumsplatz**, am heutigen **Jean-Paul-Gymnasium**. In der Mitte des Komplexes steht noch das inzwischen umgebaute erste Schulgebäude aus dem Jahr 1546 (mit Türmchen), gegründet von Markgraf Albrecht Alcibiades, daher auch Gymnasium Albertinum einst genannt. Oberfrankens großer Dichter Jean Paul (eigentlich Johann Paul Friedrich Richter) besuchte diese Lehranstalt von 1779 bis 1781, ebenso waren u.a. Johann Christian Reinhart, Karl Ludwig Sand (der Mörder Kotzebues) und der Psychologe Alexander Mitscherlich Eleven des Gymnasiums.

Vom Gymnasiumsplatz laufen wir über die Theaterstraße an der Stelle des früheren Klosters vorbei, wo sich heute eine Grundschule und das Gesundheitsamt befindet, passieren die Straße Klostertor und gehen weiter bis zum **Schlossplatz**. Vom einstigen Hofer Schloss, das 1743 nach einem Brand nicht mehr aufgebaut wurde, ist bis auf ganz wenige Mauerreste in der Theaterstraße nichts mehr zu finden. Es war seit dem 13. Jahrhundert ein eher bescheidener Bau und Sitz des lokalen Amtmanns des jeweiligen Landesfürsten. Am Haus Schlossplatz 12 ist eine Tafel angebracht, der wir staunenden Auges entnehmen, dass hier das Haus gestanden hat, in dem Jean Paul zeitweise wohnte. Von hier gehen wir durch das **Jean-Paul-Gässchen** zurück zum Oberen Tor und zur Altstadt, in der viele der für Hof so typischen Wärschtlamänner auf uns warten und wir uns, hungrig geworden, mit einem »Poor Wienerla mit Sempft« stärken können.

Sehenswürdigkeiten außerhalb der historischen Innenstadt

Das **Gründerzeitviertel** beiderseits der **Marienstraße** und vor allem die **Königstraße** nahe dem Hauptbahnhof bieten viele durchaus beachtenswerte architektonische Details, die aber im Rahmen dieses Buches nicht dargestellt werden können. In der oberen Königstraße zeigen einige Baulücken Ecke Moltkestraße noch die Kriegszerstörungen an. Das noch vor fünfzig Jahren mehr als triste Proletarierviertel um Alsenberger Straße, Landwehr-, Sedan- und Orleansstraße ist heute von einer multikulturellen, bunten und vielfältigen Lebenswelt erfüllt, nachdem sich seit Mitte der 1960er Jahre die nach Hof wegen der Arbeitsmöglichkeiten in großer Zahl zugeströmten türkischen Gastarbeiter hier niedergelassen hatten.

▸ Karte S. 188

Nur wenig nördlich der Innenstadt liegt auf einer Anhöhe über dem Saalebogen der **Stadtpark Theresienstein**, zu erreichen über Vorstadt – Sand – Schlagbaum – Alte Plauener Straße. Bayerns ältester Bürgerpark wurde 1819 eröffnet und gilt als eine der schönsten Parkanlagen Bayerns. Bis 1836 hieß er Fröhlichenstein und erhielt dann nach einem Besuch der Königsgattin Therese seinen heutigen Namen. Als Landschaftspark bietet er reizvolle Naturimpressionen, an seinem West- und Nordrand befinden sich ein Botanischer und ein Geologischer Garten, die tagsüber frei zugänglich sind, sowie ein kleiner **Zoo**, dessen Eingang in der Alten Plauener Straße liegt. Das in einem Stilgemisch aus Schloss und Jugendstilvilla erbaute **Haus Theresienstein** ist des Sommers ein Restaurant mit Gartenlokal sowie eine Ausstellungs- und Verkaufsgalerie des lokalen Kunstvereins. Viel besucht sind die zu dieser Jahreszeit vor dem Haus stattfinden Promenadenkonzerte. Etwa einen Kilometer nördlich des Theresiensteins liegt der **Labyrinthberg**, den man zu Fuß vom Zoo oder vom Ende der Alten Plauener Straße in etwa 15 Minuten erreichen kann. Auf ihm steht eine zwischen 1877 und 1893 erbaute künstliche Burgruine mit Aussichtsturm. Woher der Name »Labyrinth« kommt, ist aber nicht eindeutig belegbar.

Das älteste, unverändert erhaltene Bauwerk Hofs ist der knapp zehn Meter hohe **Wartturm** im Osten der Stadt. Er wurde 1498 und 1502 gebaut; Markgraf Friedrich ließ damals an der Grenze seiner Herrschaft ein System von Wachtürmen errichten, die über Licht- und Schallsignale miteinander in Verbindung standen. Von ihm hatte und hat man einen schönen Blick auf Hof, leider ist sein Inneres und die Plattform am Dach nicht zugänglich. Zu erreichen über die Oelsnitzer Straße, dann über den Radweg HO 13 zu Fuß. Der Sage nach führen unterirdische Gänge von ihm in die Stadt hinein, was aber unwahrscheinlich ist, da der Turm nicht verteidigt werden kann, und mögliche Feinde über diesen Gang hätten nach Hof eindringen können.

Hofs sicherlich meistbesuchte Sehenswürdigkeit ist der **Untreusee**, gelegen etwa fünf Kilometer südlich außerhalb des Stadtzentrums. Er ist etwa zwei Kilometer lang und durchschnittlich 700 Meter breit. Der Ende der 1970er Jahre als Stausee für den Niedrigwasserausgleich in der Saale geschaffene Gewässer bietet beste Wassersport- und Naherholungsmöglichkeiten. Eine Seegaststätte mit Biergarten direkt am Ufer, ein sieben Kilometer langen Rundweg um den See und die Möglichkeiten zum Schwimmen, Rudern, Segeln, Surfen, Tretbootfahren – Motorboote sind verboten – machen den Untreusee zu einem mehr als attraktiven Ort. Auch für Kinder ist es ideal: Es gibt einen Waldseilpark und einen großen Spielplatz (www.untreusee.de).

Im Osten und Süden von Hof

Wenngleich es in Hofs unmittelbarer Umgebung keine überregional attraktiven Sehenswürdigkeiten geben mag, so finden sich doch einige hübsche Dorfkirchen in jenem für das hohenzollernsche Oberfranken so typischen Markgrafenstil des 18. Jahrhunderts mit Kanzelaltar. Fast immer stammt die Innenausstattung mit Kanzel und Taufengel aus der Hofer Künstlerwerkstatt Knoll. Der Bildschnitzer Johann Nikolaus Knoll (1667–1735) stattete zusammen mit seinem Sohn Wolfgang Adam (1709–1780) viele der Dorfkirchen des Hofer Lands aus.

Kirchgattendorf

Als eines der hübschesten Dörfer des nördlichen Oberfranken gilt Kirchgattendorf (Teil der Katastralgemeinde Gattendorf) und seine **Pfarrkirche** als eine der schönsten weit und breit. Ungewöhnlich ist der Turm durch seine Position an der Seite des Langhauses. Berühmt ist der **Kirchgattendorfer Altar** im Bamberger Dom. Diesen eindrucksvollen spätgoti-

Die untere Ludwigstraße und das Haus Theresienstein

schen Marienaltar (um 1510), der sehr renovierungsbedürftig war, verkaufte die Kirchengemeinde, die in jenen Jahren an Geldmangel litt, 1919 nach Steinwiesen im Rodachtal; von dort wurde er 1920 nach Bamberg weiterveräußert. Doch auch ohne diesen Altar ist die Kirchgattendorfer Kirche sehr sehenswert. Sie entstand im 18. Jahrhundert im Markgrafenstil durch Umbau einer spätgotischen Vorgängerin. Das Chorgestühl ist noch von 1509, es wurde von der Familie v. Sparneck gestiftet, von der auch Wappenschilde vorhanden sind. Vater und Sohn Knoll schufen den Taufengel und den Kanzelaltar im Jahre 1754.

Kirchgattendorf ist einer der wenigen im Deutschland außerhalb der Alpen noch zu findenden Dörfer ohne Durchgangsstraße. Der asphaltierte Weg aus Neugattendorf endet hier. Über den **Jakobsweg Vogtland** kann man ins etwa drei Kilometer entfernte **Trogenau** wandern, wo es mit der Gaststätte Wolfrum eine hervorragende Einkehrmöglichkeit gibt (Tel. 09294/288, www.gasthof-wolfrum.de).

Um Sachsgrün und Wiedersberg

Ein zumindest für Autofahrer wie Radler sehr schöner Ausflug geht von Neugattendorf über die Oelsnitzer Straße auf sächsisches Gebiet. Man gelangt hier ins alte DDR-Grenzgebiet, wohin bis 1990 keiner, der dort nicht wohnte, einreisen durfte und das glücklicherweise auch in den 30 Jahren danach von aller Bausparkassenromantik verschont blieb. Man durchfährt zauberhaft kleine Dörfer, in denen trotz aller Freude der Bewohner an Renovierungen die Zeit stehengeblieben zu sein scheint.

Von **Neugattendorf** fährt man zunächst bis **Gassenreuth** und biegt dort nach links ab. Es geht auf schmaler, aber guter befestigter Straße entlang des Feilebachs zunächst nach **Sachsgrün**. In der Ortsmitte steht die ehemalige Wasserburg, aus der nach ihrem Einsturz 1859 ein Herrenhaus hervorging, dessen heutiges Aussehen aus den 1930er Jahren stammt. Weiter nach Nordwesten kommt man zum Ortsteil **Loddenreuth**, von hier geht am Ortsende nach der Rechtskurve der Hauptstraße ein Weg nach links (kleines Schild) zur Wüstung **Troschenreuth**. Das Dorf wurde 1972 wegen der Nähe zur Demarkationslinie abgetragen. Vom Rittergut sind geringe Mauerreste vorhanden. Für den, der sich mit der innerdeutschen Grenze beschäftigt, lohnt der Besuch dieser Stelle.

Am Untreusee

▲ Karte hintere Umschlagklappe

Die Kirchgattendorfer Kirche

Nach Loddenreuth kommt **Wiedersberg**, ein ebenfalls sehr idyllischer, fast weltferner Ort. Wiedersberg liegt zwar in Sachsen, war aber lange eine sogenannte »Streitpfarre«, deren Patronat sowohl von den sächsischen als auch den fränkischen Landesherren eingefordert war. Daher gibt es hier in der Pfarrkirche St. Michaelis ebenfalls einen Knollschen Kanzelaltar. Die Kirche sollte in den 1980er Jahren gesprengt werden und entging diesem Schicksal nur aufgrund der Ereignisse des Jahres 1989.

Oberhalb des Dorfes liegen auf 490 Metern Höhe die Reste der **Burg Wiedersberg** mit rekonstruiertem Torturm. Die. Anlage war seit 1357 wettinischer Besitz und sächsische Grenzburg und ist seit etwa 1500 verfallen. Der kurze und nicht anstrengende Aufstieg lohnt, man fühlt sich an der Ruine wie in das Mittelalter versetzt. Hinter Wiedersberg ist bald die B 173 Plauen–Hof erreicht, in Richtung Plauen kommt man zur Straße nach **Heinersgrün**, ein weiteres äußerst reizvolles Dorf (→ S. 198).

Auf dem Rückweg nach Hof lohnt der Abstecher nach **Gumpertsreuth** ins »Alte Haus«, das sich Bauernhofcafé und Brotzeitstube nennt.

Döhlau und seine Umgebung

Die **Döhlauer Pfarrkirche** geht auf das 15. Jahrhundert zurück und hat wie fast alle Dorfkirchen des Hofer Lands einen barocken Kanzelaltar. Etwas kunstvoller ist die Dorfkirche St. Martin des eingemeindeten **Kautendorf**, wo mehrere Wappenensembles auffallend sind. An der Decke mit Blickrichtung Altar befindet sich das Wappen der Familie von Kotzau, auch gibt es einige Wappen von Angehörigen der Hohenzollern.

Im Gemeindeteil **Tauperlitz** wurde 1888 **Thea von Harbou** geboren, Schauspielerin, Drehbuchautorin und Schriftstellerin. Ihr Vater, ein verarmter Baron, war hier Oberförster, doch verließ die Familie die Gegend sehr bald. Thea von Harbou schrieb die Drehbücher für viele Stummfilme des großen Regisseurs Fritz Lang, so zu »Metropolis«, »Der müde Tod«, »Frau im Mond«, »Die Nibelungen«. Mit Fritz Lang, der 1933 in die Emigration getrieben wurde, war sie von 1922 bis 1933 verheiratet. Thea von Harbou war unermüdlich auch als Drehbuchautorin von Tonfilmen tätig: »Der alte und der junge König« (Hans Steinhoff 1935), »Der zerbrochene Krug (Gustav von Ucicky 1937, mit Emil Jannings) u.v.m. Sie starb 1954 in Berlin.

Die Sachsgrüner Wasserburg um 1850

Der Fernwehpark in Oberkotzau

Ein viel besuchter kleiner Badesee (mit Strand und Liegewiesen) ist der künstlich angelegte **Quellitzsee** in Tauperlitz, der durch Aufstauung des gleichnamigen Bachs entstanden ist.

■ Oberkotzau

Nur wenige Kilometer südlich Hofs gelegen und inzwischen fast mit diesem zusammengewachsen, lohnt hier ein Stopp wegen einer ganz besonderen Sehenswürdigkeit. Seit 2017 befindet sich im Oberkotzauer **Summa Park** auch der vielbesuchte **Fernwehpark**, der von Hof hierher umzog. Er ist eine der meistbesuchten Attraktionen des Hofer Lands. Es handelt sich dabei um eine umfangreiche Freiluft-Kollektion von annähernd 1000 Ortstafeln und Wegweisern aus aller Welt, begründet von dem Filmemacher und Globetrotter Klaus Beer 1999. Zusammen mit einem Amphitheater für Events, an denen regelmäßig viele Prominente teilnehmen, ist die Anlage ein Gesamtkunstwerk, das frei zugänglich ist. Klaus Beers Absicht war, ein »völkerverbindendes Friedensprojekt« zu gestalten, wobei zusätzlich »Star-Schilder« von 400 Prominenten in Art eines »Walk of fame« sowie Handabdrücke diesen Ansatz verstärken (Fabrikstraße 11, 95145 Oberkotzau, www.fernweh-park.de).

Der kleine historische Kern Oberkotzaus liegt nicht an der auffallend hässlichen Durchgangsstraße, sondern jenseits der Saale. Viel Älteres ließ der Brand des Marktfleckens 1852 nicht übrig, auch das auf das Mittelalter zurückgehende Schloss der Herren von Kotzau wurde fast neu errichtet. Das eindrucksvolle, klassizistische Gebäude ist heute Behindertenheim. Die gotische **Pfarrkirche St. Jakobus** ist besonders sehenswert, da das Langhaus und der achteckige Chorraum einen deutlichen Winkel bilden. Denn letzterer mit Kuppel wurde erst 1935 innerhalb eines architektonisches Experiments angebaut.

Im Ortsteil **Fattigau** gibt es mit der Schloßbrauerei Stelzer einen Hersteller vorzüglicher Bio-Biere, die vor Ort auch gekauft werden können. Der traditionelle und vielbesuchte Braugasthof wartet zur Zeit auf einen neuen Pächter.

▲ Karte hintere Umschlagklappe

Hof und seine Umgebung

PLZ: 95028; **Vorwahl**: 09281

Touristinformation Hof, Ludwigstr. 24 (am Rathaus), Tel. 8157777. www.hof.de

www.stadtmarketing-hof.de: Wichtige Seite über alles, was in und um Hof bedeutend ist und sich ereignen möchte. Veranstaltungen aller Art etc.

Parkmöglichkeiten: Parkhaus Altstadt-Passage (Marienstraße 11), Großparkplatz Poststraße, Parkplatz Kreuzsteinstraße. Hofs Stadtväter haben in der Innenstadt ein vertracktes System von Einbahnstraßen entworfen. Es ist für den auswärtigen Besucher daher ohne Navi meist nicht möglich, in Hofs Innenstadt auf direktem Weg zu den jeweiligen Zielen zu gelangen. Dazu kommen wechselnde Sperrungen wichtiger Brücken, wobei bei einer davon (Mittlerer Anger) vermutlich nicht vorgesehen ist, die schon jahrelang ruhenden Sanierungsarbeiten wieder aufzunehmen.

Landhotel Gut Haidt, Plauener Str. 123, Hof-Haidt, Tel. 7310; DZ ab 103 €. www.landhotel-gut-haidt.de

Hotel Strauß, Bismarckstr. 31, Tel. 972-0630; DZ 80 €. www.hotel-strauss-hof.de

Hotel Restaurant Falter, Hirschberger Str. 6, Tel. 76750; DZ ab 86 €. Beste fränkische Küche, Braten, Fisch- und Lammgerichte, Steaks. Nördlich der Innenstadt an der Saale. www.hotelfalter.de

Quality Hotel Hof, Ernst-Reuter-Str. 137, Tel. 820640; DZ ab 90 €. www.soibelmanns.de

Landgasthof Grüne Linde, Alte Helmbrechtser Str. 30, 95030 Hof-Wölbattendorf, Tel. 67466; DZ ab 95 €. www.landgasthof-gruenelinde.de

Landgasthof und Gästehaus Puchta, Alte Helmbrechtser Str. 34, 95030 Hof-Wölbattendorf, Tel. 67422; DZ ab 45 €. www.gaestehaus-puchta.de

Altes Haus, 95185 Gumpertsreuth Nr. 6, Tel. 09281/47489. Brotzeitstube und Bauernhofcafé, zwei große Ferienwohnungen. www.alteshaus-markstein.de

Restaurant zum Kreuzstein, Kreuzsteinstr. 23, Tel. 840292. Fränkische Küche mit hohem Niveau, dazu Steaks und Fischgerichte, auch Vegetarisches. www.zum-kreuzstein.de

Meinel's Bas, Vorstadt 13, Tel. 141366. Brauereigaststätte mit Hofs schönstem Biergarten, Frühstücksangebot ab 9 Uhr. www.meinels-bas.eu

Museum Bayerisches Vogtland, Sigmundsgraben 6, Tel. 8152700; Di–Fr 10–16, Sa-So 13–18 Uhr, Themen: naturkundliche Sammlung, Grenzöffnung 1989, Flucht und Vertreibung 1945/46, Stadt- und Landschaftsgeschichte. www.museum-hof.de

Reinhart-Cabinett, Unteres Tor 5a, Tel. 1402711; Fr–So 14–17 Uhr. Gemälde des aus Hof stammenden Landschaftsmalers Johann Christian Reinhart. www.kulturkreis-hof.de

Zoologischer Garten, Alte Plauener Straße 40, Tel. 85429; tgl. 9–18 Uhr (Sommer), 9–16 Uhr (Winter). Einziger Zoo Oberfrankens. www.zoo-hof.dee

Buchgalerie im Altstadt-Hof, Altstadt 36, Tel. 5406622. Liebenswerte kleine Buchhandlung, fachkundige und charmante Inhaberin, gegenüber der Marienkirche. https://buchgaleriehofsaale.de

Metzgerei Herpich, Leopoldstr. 1 (Tel. 66012) und Gabelsbergerstr. 22 (Tel. 45674). Mit Imbissangebot. Zweifelsohne eine der besten Metzgereien Frankens und somit ganz Deutschlands. www.herpich.de

Metzgerei Lochner, Unteres Tor 2, Tel. 16926. Ein Geheimtipp unter den Hofer Metzgereien.

Metzgerei Max, Quetschenweg 32 und Altstadt 14 (Schlemmerpassage), Tel. 70900; hier gibt es u.a. international prämierte Rindfleischwurst. www.max-wurst.de

Im Norden des Hofer Lands

Zwischen der Stadt Hof und der sächsischen bzw. thüringischen Landesgrenze im Norden liegen maximal etwa zehn Kilometer. In diesem schmalen, bis 1989 völlig abgelegenen Landstrich gibt es neben schöner Landschaft auch einiges historisch sehr Interessante wie das berühmte, einst zwischen der DDR und der Bundesrepublik geteilte Dorf Mödlareuth. Und unmittelbar auf der anderen Seite der Grenze locken schöne Dörfer, verwunschene Ruinen und friedlich dahinträumende kleine Kirchen. Durch diesen Teil des Landkreises Hof verläuft von Kirchgattendorf bis Mödlareuth auf 23 Kilometer Länge der **Radwanderweg Bayerisches Vogtland**.

Ein Abstecher nach Sachsen

Wer das Hofer Land bereist, ist gut beraten, auch einen Abstecher nach Sachsen in das ehemalige Grenzgebiet zu machen. Von Hof geht es über die B 173 über die ehemalige Grenze. Dann biegt man nach etwa zwei Kilometern links nach Heinersgrün ab.

Die St.-Clara-Kirche von Heinersgrün

▲ Karte hintere Umschlagklappe

Das Hermann-Vogel-Haus in Krebes

Heinersgrün und Krebes

In dem sehr schön gelegenen Ort **Heinersgrün** gibt es ein Renaissance-Gutshaus der Familie von Feilitzsch mit schlossartigen Ausmaßen. Es diente in den letzten 70 Jahren verschiedenen Zwecken und Herren: der Roten Armee, den Grenztruppen der DDR, der Post der DDR, als Gaststätte, heute ist es Wohnhaus.

Ein wunderbares Fotomotiv ist die **St. Clara-Kirche**, die oberhalb Heinersgrüns auf einem 540 Meter hohen Hügel steht. Sie war im 13. Jahrhundert von Nonnen des Hofer Clarissinnenklosters errichtet worden, mehrmals umgebaut und war seit 1529 Begräbnisstätte der Heinersgrüner Herren von Feilitzsch. Der Aufstieg zu ihr lohnt wegen der herrlichen Aussicht. Von Heinersgrün geht es weiter Richtung Gutenfürst. Man unterquert die A 9, gleich dahinter steht noch ein Wachturm der DDR-Grenzbefestigung. Am Ortsrand von **Gutenfürst**, das bis 1989 ein Eisenbahn-Grenzbahnhof) war, fährt man nach rechts nach **Krebes**. Auch das ist ein sehr idyllischer, stiller, verträumter, ja poetisch zu nennender Ort. Kein Wunder, dass sich hier der aus Plauen stammende Maler **Hermann Vogel** (1854–1921) niedergelassen hatte und den Ort zum Treffpunkt eines Künstlerkreises machte. Vogels Wohnhaus, das einem seiner gemütvollen Bilder direkt entnommen zu sein scheint, birgt jetzt ein kleines Museum. Hermann Vogel widmete sich als Ölmaler und Zeichner vor allem idyllischen Szenerien, darin ist er ein später Verwandter Ludwig Richters und Moritz von Schwinds. Vom Haus des Künstlers führt auch ein Wanderweg hinüber zu den Burgsteinruinen.

Am Burgstein

Etwa einen Kilometer östlich von Krebes liegen die beiden **Kirchenruinen** des Burgstein, eine der unbekanntesten, aber vielleicht zauberhaftesten Ruinenidylle Deutschlands. Sie sind etwa 300 Meter von der Straße entfernt. Ein historischer Lehrpfad führt durch das Areal. Bei den beiden Ruinen handelt es sich nicht um Reste von Burgen – wenngleich es auf den ersten Blick so aussehen mag –, sondern um die Ruinen zweier Kirchen. 1474 fand nachweislich nach einer Marienerscheinung eine erste Wallfahrt zu einer Kapelle statt, aus der bis 1477 eine größere Wallfahrtskirche hervorging. Diese ist die westliche, auf einem Diabasfels höher gelegene und eindrucksvollere der beiden Ruinen. Die zweite, östlicher, etwas niedriger positionierte der beiden Burgsteinkirchen wurde für die umliegenden Dörfer zu Beginn des 16. Jahrhunderts als Pfarrkirche gebaut. Doch mit der einsetzenden Reformation und dem Niedergang des katholischen Wallfahrtsbrauchtums begannen Wallfahrtskirche wie auch Pfarrkirche zu verfallen. 1540 erfolgte ein Teilabriss beider Kirchen, die man dann, warum auch immer, als Ruinen stehen ließ und die nach und nach weiter zerfielen. Die Liebe des 19. Jahrhunderts zur Ruinenromantik ließ ein Gasthaus erstehen, das bis zum Zweiten Weltkrieg ein beliebtes Ausflugslokal war und in dem Hermann Vogel mit seinen Kunstenthusiasten regelmäßig gezecht hat. Mit Ende des Zweiten Weltkriegs geriet das Burgsteingebiet in die Sperrzone zur bundesrepublikanischen Grenze und wurde für alle auswärtigen

Die Ruine Burgstein war einst eine Wallfahrtskirche

Das idyllisch gelegene Krebes

Besucher unzugänglich. Heute umweht wieder eine geheimnisvolle Stimmung den einsamen Ort. Und sicherlich wallt in der Dämmerung schemenhaft oft manch verwunschener Mönch durch die so mystisch wirkenden Ruinen.

Ein schön zu begehender **Burgsteinweg** verbindet Krebes (Vogel-Wohnhaus) mit den beiden Ruinen und führt weiter nach Ruderitz.

Ruderitz und Geilsdorf

Von den Burgsteinruinen geht es ostwärts, bergab nach **Ruderitz,** einem der schönsten vogtländischen Dörfer. Uraltes Straßenpflaster, teils von Moos überzogen; links und rechts der Straße wirken die Gehöfte wie verwunschen. Doch nirgendwo gibt es Verfall, längst vergangene Zeiten scheinen unangreifbar konserviert zu sein. Unbedingt sollte man in Ruderitz im Historischen Gasthof einkehren. Einen sehr schönen Blick hat man von der tiefsten Stelle des Orts, an der Brücke über den Kemnitzbach.

Dann fährt man steil auf alter Pflasterstraße hinauf und erreicht nach etwa zweieinhalb Kilometern **Geilsdorf**. Hier steht in der Ortsmitte die pittoreske Ruine eines Renaissance-Wasserschlosses aus der Zeit um 1670, das seit Ende des 19. Jahrhunderts nach und nach zerfiel. Von Geilsdorf geht es vorbei an der **Neumühle**, wo eine heilende Mineralquelle entspringt, geologisch ein etwas abgelegener Ausläufer der böhmischen Mineralquellen von Franzens- und Marienbad. Dann erreicht man unter der grandiosen Brücke der A 9 über die Weiße Elster (hier rechts ein hübsch gelegener Imbiss) bei Pirk die B 173, auf der man wieder nach Hof fahren kann.

Über Feilitzsch nach Mödlareuth

Auf dieser Tour geht es zum nördlichsten Punkt des Hofer Lands und danach sicher zu seinem kuriosesten.

Feilitzsch und Trogen

Feilitzsch ist namengebender Stammsitz der in Oberfranken, im Vogtland doch auch in München (Feilitzschplatz) weit verbreiteten gleichnamigen Uradelsfamilie. Sie stammte ursprünglich aus dem thüringischen Veilsdorf bei Hildburghausen und kam im 13. Jahrhundert mit den Vögten von Weida ins Land und gründete damals Feilitzsch. Die Familie unterstützte im 16. Jahrhundert Martin Luther mit Geld wie auch ideell und war somit für die Ausbreitung der Reforma-

▶ Karte hintere Umschlagklappe

tion im Vogtland bedeutsam. Geschichtlich wichtigster Angehöriger war **Urban Caspar von Feilitzsch** (1586–1649), markgräflich-brandenburgischer Kanzler, beigesetzt in der von ihm gestifteten Kirche in Kürbitz bei Plauen.

Leider ist das Feilitzscher Barockschloss aus dem Jahr 1745, das auf einem Vorgängerbau des 13. Jahrhunderts errichtet wurde, für die Öffentlichkeit nicht zugänglich. Nach dem Tod des letzten hier wohnenden Familienmitglieds im Jahre 2019 soll es eine neue Nutzung bekommen, doch ist darüber noch nichts bekannt.

Feilitzsch, obwohl ein Ort von über 1200 Bewohnern, hat keine eigene evangelische Kirche, sondern ist seit Jahrhunderten nach **Trogen** eingepfarrt, wo sich zwei weitere Schlösser der Patronatsfamilie von Feilitzsch befinden; die Pfarrkirche, vollendet 1752, mit Chorturm (nach Osten) und Kanzelaltar ist eine typische oberfränkische Markgrafenkirche. Sehenswert ist auf dem Trogener Friedhof das Mausoleum der Familie von Feilitzsch aus der Zeit um 1870, das in Details recht aufwendig gestaltet ist.

Eine verfallene Wasserburg im nahen **Zedtwitz** (Stammsitz der gleichnamigen Familie) wurde 1839 zu einem klassizistischen Schloss umgebaut und ist heute Seniorenheim. Bereits um 1100 existierte diese Wasserburg, in den Hussitenkriegen wurde sie zerstört und dämmerte dann 400 Jahre als Ruine dahin.

Wer übrigens in Feilitzsch beste fränkische Küche genießen will, kehrt in der »Berggaststätte« ein.

Der Dreifreistaatenstein

Um den Dreifreistaatenstein

Über **Unterhartmannsreuth**, wo es mit dem »Gasthaus zur blühenden Linde« ein uriges Lokal gibt, kommt man nach **Münchenreuth**. Hier biegt man Richtung Grobau ab, und dann nach etwa 600 Metern links (Wegweiser) zum **Dreifreistaatenstein** – dem einzigen seiner Art in Deutschland. Vom Ende des befestigten Wegs sind es noch 300 Meter auf einem Fußpfad bis zu diesem historischen Grenzstein. An dieser Stelle stoßen die heutigen Freistaaten Thüringen (einst das Fürstentum Reuß, FR), Sachsen (einst Königreich, KS) und Bayern (KB) zusammen, es ist gleichzeitig der nördlichste Punkt des Landkreises Hof. Man befindet sich hier am »Grünen Band«, jenem ehemaligen Grenzstreifen der DDR-Staatsbefestigung zwischen dem Dreiländereck bei Hof und Lübeck, der durch seine jahrzehntelange Unzugänglichkeit seit 1990 zu einem besonderen Biotop werden konnte.

Mödlareuth

Von **Münchenreuth** mit seiner sehr hübschen kleinen Dorfkirche vom Ende des 18. Jahrhunderts fährt man auf schmaler Straße über eine einsame, im Winter sturmumtobte und tief verschneite Hochebene in das zweieinhalb Kilometer entfernte Mödlareuth. Das Dorf wurde vor 1989 viel besucht auf der bayerischen Seite und nach 1989 viel besucht von allen Richtungen. Denn Mödlareuth liegt beiderseits des Tannbachs, der 1810 im

Gebiet östlich von Hirschberg durch einen bürokratischen Akt rein praktisch-pragmatisch als Grenze zwischen dem Königreich Bayern und dem Fürstentum Reuß (Thüringen) festgelegt wurde. Von damals bis 1945 hatte dies de facto kaum Auswirkungen oder Beschwerlichkeiten für das Leben der Bevölkerung. Zum Gottesdienst ging man ins bayerische Töpen, das einzige Wirtshaus befand sich im Thüringischen.

Doch ab 1945 kam Thüringen zur sowjetischen Besatzungszone und Bayern zur amerikanischen. Die Grenze zwischen beiden deutschen Staaten verlief ab 1949 mitten durch den Ort – irgendwelche Bemühungen zur lokalen Grenzkorrektur oder zum Gebietsaustausch wurden beiderseits überraschenderweise nicht initiiert, wie es im Frankenwald bei ähnlichen Gegebenheiten der Fall war (Falkenstein, → S. 88). Ab 1952 wurde die innerdeutsche Grenze befestigt und in Mödlareuth wurde entlang der Grenze zunächst ein unüberwindlicher Bretterzaun gebaut, 1958 ein Stacheldrahtzaun. Die Gebäude, die direkt an der Grenzlinie standen (wie die in der Straße nach Münchenreuth) wurden seitens der zonalen Machthaber abgerissen. Bei allen dieser Häuser wies der Hauseingang zur bayerischen Seite, das Haus konnte nur von dieser betreten werden, doch das Haus stand der Grenzlinie gemäß in Gänze auf der anderen Seite. Der thüringische Teil Mödlareuths kam im inneren Sperrgebiet des Grenzgebiets zu liegen, wohin nur die wenigen Personen reisen durften, die hier wohnten und auch das nur mit vielen Kontrollen und Genehmigungen. 1966 wurde der Zaun durch eine Mauer aus Betonplatten ersetzt, die der von Berlin glich, nur um ein geringes niedriger war. Es ist ein Wunder, dass der DDR-Teil von Mödlareuth, der damals im Bezirk Gera lag, bis 1989 nicht abgerissen wurde bzw. die Bewohner ausgesiedelt wurden, wie es vielen anderen grenznahen Dörfern ergangen ist. Mödlareuths bayrischer Teil, ein Dorf von gerade 30 Bewohnern, wurde mit seiner Mauer zu einer unikalen touristischen Attraktion, auch kamen Politiker aller Couleur aus dem In- und Ausland hierher, die dann ihre »Abscheu« über die unmenschlichen Grenzanlagen bekunden durften. Bereits Weihnachten 1989 war ein Grenzübergang für Fußgänger eröffnet, durch den in jenen bewegten Tagen Tausende schritten und die jeweils andere Seite besuchten. Heute gehört der thüringische Teil zur Stadt Gefell, der bayerische zur Gemeinde Töpen.

Die Situation Mödlareuths in der unmittelbaren Nachkriegszeit war übrigens Gegenstand des mehrteiligen Fernsehfilms »Tannbach – Schicksal eines Dorfes« (2014). In Mödlareuth spielten auch einige Szenen der Tatort-Folge »Transit ins Jenseits« von 1976, in der innerdeutsche Fluchthilfe das zentrale Thema war.

Ein **Museum** dokumentiert das Grenzsystem, die jüngere Geschichte des Orts und seine besondere Position an der Nahtstelle der großen Machtbereiche. Vieles an **originaler Grenzbefestigung** wurde nach 1990 nicht abgerissen und

Reste der Grenzzauns bei Mödlareuth

▲ Karte hintere Umschlagklappe

Am deutsch-deutschen Museum in Mödlareuth

ist jetzt als Freilichtbereich Teil dieses deutsch-deutschen Museums Mödlareuth. Man sollte einen Besuch des Orts nicht versäumen!

Von Mödlareuth kann man auf der thüringischen Seite, vorbei an den Grenzanlagen und einem völlig verrotteten Wohnhaus der Familien der Grenzer bis nach **Juchhöh** an der B 2 fahren, wo es ein empfehlenswertes Wirtshaus gibt. Juchhöh und sein bayerisches Pendant Töpen waren bis 1971 Grenzübergangsstelle auch für den Berlin-Verkehr, da die Saalebrücke an der A 9 noch in Trümmern lag. Erst mit deren Wiederaufbau und Eröffnung fand mit gleichzeitiger Ratifizierung des Viermächte-Abkommens für den Berlin-Verkehr ein seitens der DDR erleichterter Transitverkehr nach West-Berlin statt – nur noch Passkontrolle, ohne jedwede Gepäck- oder Zollkontrolle.

■ Töpen

Alternativ kann man auch direkt nach **Töpen** fahren, das durch die gewaltigen Produktions- und Lagerhallen des Bioprodukte-Herstellers »Dennree« aus der Ferne alles andere als ländlich-dörflich aussieht und eher wie ein rheinisch-westfälisches Industriegebiet wirkt. Hier lebte von 1786 bis 1789 der größte Dichter Oberfrankens, der sprachgewaltige **Jean Paul**, als Hauslehrer der Familie Oerthel im Unteren Schloss. In Jean Pauls Erzählung »Des Rektors Florian Fälbel und seiner Primaner Reise nach dem Fichtelberg« – gemeint ist das Fichtelgebirge – kommt die Gruppe auch durch Töpen. In der **Pfarrkirche** sind der Kanzelaltar aus der Knollschen Werkstatt und der Epitaph eines 1574 gestorbenen Herrn von Zedtwitz sehenswert. Die Trasse der B 2, die durch Töpen führt, ist seit alters die kürzeste und damit wichtigste Fernstraßenverbindung zwischen Nürnberg und Leipzig sowie weiter nach Potsdam und Berlin.

Das nahegelegene, zu Töpen gehörende **Isaar** hat ein hübsches, still-verträumtes Ortsbild.

Von Hof nach Hirschberg

Links und rechts der Saale lassen sich natürlich auch viele schöne Eindrücke erleben: eine Wehrkirche, idyllisch gelegene Gasthöfe, ein Dichtermuseum und nicht zuletzt das Saaletal, das kurz vor Hirschberg recht steile und hohe Uferhänge zeigt. Über die B 173 fährt man zunächst nach Köditz.

Köditz und Umgebung

Hier lohnt die **Pfarrkirche St. Leonhard den Besuch.** Sie ist eine Wehrkirche mit Mauer und einem recht unüblichen überdachten Brückenzugang. Ihr fehlt ein eigentlicher Turm, sie hat nur einen allerdings ziemlich großen Dachreiter. Im Inneren ist sie recht farbig gestaltet, ein Unikat ist der schwebende und für die Handlung herunterzulassende Taufengel (1769) von Wolfgang Adam Knoll (wie könnte es anders sein). Ungewöhnlich ist auch der vor dem Chor mittig stehende Altar.

Über Scharten fahren wir nach **Saalenstein**, dort hinunter bis zum Fluss. Dort befindet sich auf der anderen Seite (Fußgängerbrücke) das Wirtshaus **Fattigsmühle**, sehr idyllisch zwischen Fluss und Felsenwand gelegen. Von der Fattigsmühle empfiehlt es sich, eine kleine Wandertour Richtung Hof zum nahen Hirschstein, einer markanten Felsformation, zumachen (mit grüner oder blauer Markierung). Die Fattigsmühle ist mit dem Pkw auch von Isaar aus zu erreichen.

Joditz

Das hübsche Dörfchen lohnt den Besuch unbedingt. Hier erinnert ein liebevoll gestaltetes privates Museum an den Dichter **Jean Paul**, der in Joditz seine Kindheit verbrachte, da sein Vater hier von 1765 bis 1776 Ortsgeistlicher war. Vor der Kirche gibt es einen Gedenkstein, am Pfarrhaus eine Gedenktafel. Joditz ging durch Jean Paul in die literarische Unsterblichkeit ein: in seiner Autobiographie, der »Selberlebensbeschreibung« erinnert er sich seiner Joditzer Kinderzeit und insbesondere in dem kleinen Prosawerk »Leben des vergnügten Schulmeisterlein Maria Wutz in Auenthal« (1793) setzte er Joditz, das er darin Auenthal nennt, ein überzeitliches literarisches Denkmal. Ein in den 1970er Jahren innerhalb ei-

Der Auensee bei Joditz

ner Saaleschleife angelegter künstlicher See, der **Auensee**, ist ein sehr beliebtes Naherholungsgebiet, auch gibt es hier einen der wenigen Campingplätze im nördlichen Oberfranken. Lohnend ist der Spaziergang von der Saalebrücke am rechten Saaleufer flussabwärts bis zum Aussichtspunkt **Jean-Paul-Felsen** oder weiter bis zur am anderen Ufer liegenden Lamitzmühle – es sind sehr schöne kurze Touren. Auch vom Auensee aus lassen sich diese beiden Punkte erreichen. In Joditz gibt es mit dem Gasthof Krauß (Auenthalstube) einen der besten Gasthöfe des Hofer Gebiets, gleich gegenüber liegt der Gasthof Frank, ein nicht minder empfehlenswertes Lokal.

In Joditz beginnt der **Jean-Paul-Weg**, der auf 37 Etappen und gut 200 Kilometer Wegstrecke alle wichtige Stationen im Leben des Dichters berührt und in Sanspareil bei Bayreuth endet. Seine erste Etappe führt nach Hof, auf genau dem gleichen Weg, den der kleine Johann Paul Friedrich damals wenigstens einmal wöchentlich zurücklegte, wenn er in Hof seine Großeltern mütterlicherseits besuchte.

▲ Karte hintere Umschlagklappe

Jean Paul

Für heutige, auch literarisch und geschichtlich vorgebildete Leser ist die Lektüre von Werken Jean Pauls eine unerwartete Tour de Force. Vor lauter Fabulierfreude verliert der Verfasser zu oft die Richtung des Handlungsablaufs, die unzähligen Anspielungen, Zitate aus anderen Werken der Weltliteratur, Querverweise etc. ermüden auch den gutwilligsten Literaturfreund der Jetztzeit. Jean Pauls für Heutige meist nicht mehr verständliche Metaphern, Allegorien, Topoi, Parabeln etc. wie auch sein versponnenes Sinnieren erschwert die Lektüre und lassen bald, bei aller Liebe zum Autor, die Lesefreude erlahmen. Jean Paul, der selber ungeheuer belesen war, setzt bei seinen Lesern eine ähnlich umfassende Allgemeinbildung voraus. Vor 200 Jahren schien eine solche aber zumindest im Bürgertum nichts Außergewöhnliches gewesen zu sein. Denn der Autor genoss als Literat zu Lebzeiten höchsten Ruhm, fast gierig wurden seine jeweiligen neuen Romane etc. erwartet. 1795 wurde Jean Pauls Roman »Hesperus« *»zum Modebuch des Jahres, sein Autor mit einem Schlage berühmt. Diese Mischung von bürgerlicher Tugendhaftigkeit, Gefühlsseligkeit, scharfer Gesellschaftskritik und revolutionärem Geist trifft so genau den Nerv der Zeit, dass die gebildeten Kreise Deutschlands sich, oder vielmehr ihre Träume von sich, wiedererkennen können«*, wie es sein Biograph Günter de Bruyn ausdrückte. Präzise und wie ein Sensor registrierte er das geistige und politische Geschehen in seiner Epoche, das er teils grotesk und teils tragisch überhöht in seinen Büchern darstellte.

Es gab wahrscheinlich in seiner Zeit keinen sprachgewaltigeren Dichter als ihn, eines seiner darin eindrucksvollsten Prosastücke (und oft Schullektüre) ist die »Rede des todten Christus vom Weltgebäude herab, dass kein Gott sei«. Zeitweise wurde Jean Paul in der damaligen Wertschätzung über Goethe gestellt. Mit ungeheurer Empathie konnte er Frauenfiguren gestalten, insbesondere im »Siebenkäs«. Nie zuvor waren in der deutschen Literatur weibliche Charaktere mit einer solchen psychologischen Tiefe versehen worden (bei gleichzeitigen ironischen Sticheleien) wie in Jean Pauls ersten Romanen. Zumindest anspruchsvolle Frauen waren daher von diesem Autor gleichsam verzückt, baten ihn um Rendezvous oder zumindest um ein Haar als anbetungswürdiges Souvenir. Um die Wünsche all seiner ihn Anbetenden zu erfüllen, schaffte sich der Autor, der nur schütteres Kopfhaar besaß, einen Pudel an. Trotz der vielen ihn anschmachtenden Damen war er alles andere als ein Womanizer.

Der Dichter kam als Johann Paul Friedrich Richter am 21. März 1763 in Wunsiedel zur Welt. Schon zwei Jahre danach zog die Familie (der Vater war Landgeistlicher) nach Joditz, 1776 nach Schwarzenbach. Mit dem Rehauer Pfarrer Johann Erhard Vogel begann ein erster Gedankenaustausch über Philosophie. 1779 bezog Johann Paul das Hofer Gymnasium. Doch der Tod des Vaters im gleichen Jahr stürzte die Familie in große Not. 1781 ging er nach Leipzig, um dort auf Wunsch der Mutter Theologie zu studieren, eine Disziplin, die im aber nicht zusagte. Jetz entstanden erste satirische schriftstellerische Arbeiten, die keinen rechten Erfolg beim Publikum hatten. 1784 brach er das Studium ab und kehrte nach Hof zur Mutter zurück, wo er als gescheiterter Student mancherlei Schmähung ausgesetzt war und ein unglückliches, heute würde man sagen perspektivloses Leben führte.

1787 erhielt er eine gering besoldete Hauslehrerstelle bei dem Gutsbesitzer Oerthel in Töpen, was seine finanzielle Situation etwas besserte, 1790 ging er als Hauslehrer nach Schwarzenbach – wo seine ersten und ihn bekannt machenden Romane entstanden.

»Die unsichtbare Loge« (1793), wo er sich als Autor erstmalig Jean Paul nannte, und »Hesperus« (1795) machten ihren Verfasser mit einem Schlag berühmt. »Hesperus« wurde nach Goethes »Werther«, der 20 Jahre davor erschienen war, zum größten buchhändlerischen Verkaufserfolg in Deutschland im 18. Jahrhundert!

Freilich ist das dickleibige Buch für uns Heutige kaum genießbar. Zu sprunghaft ist die kaum in kurzen Worten zu schildernde Handlung, der Dichter wird von seinen Einfällen so heftig heimgesucht, dass er sie kaum bändigen kann und von einem Bild zum anderen taumelt. Und es ist voll zeitgebundener, ohne dicken Erläuterungsapparat kaum erklärbarer Anspielungen. Jean Paul, der viele seiner Einfälle aus der täglichen Lektüre anderer Bücher wie Zeitungen bezog, machte sich auf kleinen Zetteln fortwährend Notizen, die er in seine Romane einarbeitete. Seine Zettelkästen, von denen er bei seinem Tod 194 noch unverarbeitete hinterließ, sind legendär.

Charlotte von Kalb, die Dichterin und Freundin Schillers wie Goethes, lud den jungen, ihr noch unbekannten Autor 1796 nach Weimar ein, die Begegnung mit dem damals an erster Stelle in Deutschland befindlichen Musenhof ließ den Dichter 1798 dorthin übersiedeln. Von Geldproblemen war nun nicht mehr die Rede. Jean Paul war durch den »Hesperus« ein vermögender Mann geworden. Der »Siebenkäs« von 1797 (mit vollständigem, befremdenden Titel »Blumen-, Frucht- und Dornenstücke oder Ehestand, Tod und Hochzeit des Armenadvokaten F. St. Siebenkäs im Reichsmarktflecken Kuhschnappel«), hatte seinen Ruhm noch vermehren können. In diesem Roman spielt die Szenerie seiner Jugend eine nicht unbedeutende Rolle – Kuhschnappel ist Hof!

Jetzt konnte der Dichter den erotischen Nachstellungen seiner Verehrerinnen nicht mehr entrinnen, es kam zu mehreren Ver- doch auch Entlobungen. Auf dem Höhepunkt seines Ruhms zeigte sich die preußische Königin Luise als eine seiner Leserinnen. Während eines Besuches in Berlin im Jahr 1800 lernte er Caroline Mayer kennen, erstens deshalb und da auch Königin Luise sein Verweilen dort wünschte, zog er m Herbst 1800 nach Berlin und heiratete Caroline im Jahr darauf. Eine große Liebesheirat scheint es nicht gewesen zu sein, in seinen letzten Jahren war Caroline nur Staffage seiner Existenz. Und in Berlin fühlte er sich nicht wohl. Bereits 1801 zog das Paar nach Meiningen und 1803 nach Coburg. In diesen Jahren entstanden die Romane »Titan« (1803) und

Das Jean-Paul-Museum in Joditz

»Flegeljahre« (1805), mit denen er unerwartet nicht mehr an die früheren Erfolge anknüpfen konnte. Die Literaturgeschichte schätzt jedoch diese beiden Bücher höher als die älteren Romane. 1804 wechselten er und Caroline erneut den Wohnsitz, um sich in Bayreuth niederzulassen, wo Jean Paul bis zu seinem Tod eher zurückgezogen lebte. Zwar war er produktiv wie bisher, doch war der Zenit des literarischen Ruhms deutlich überschritten, wenngleich er viele Ehrungen erhielt: so 1817 den Ehrendoktortitel der Universität Heidelberg, sehr geschätzt war er bei den Burschenschaften aufgrund politischer Stellungnahmen (»Dämmerungen für Deutschland«), die in ihn einen Vorkämpfer für ein demokratisches Deutschland sahen. Und vielgelesen war der Hesperus immer noch, nur verkauften sich die neuesten Bücher des Autors weniger gut, was sicherlich mit geändertem Publikumsgeschmack nach den napoleonischen Kriegen zu tun hatte. Denn es lässt sich feststellen: Künstlerisch machte Jean Paul keinerlei Wandel durch, von der »Unsichtbaren Loge« (1793) bis zum letzten vollendeten Roman, dem »Komet« (1822), ist ein stilistischer Unterschied nicht auszumachen.

Täglich spazierte er von seiner Wohnung in der Innenstadt zum etwa drei Kilometer entfernten Wirtshaus Rollwenzelei im Osten außerhalb der Stadt. Dort hatte er seit 1809 sein eigenes Dichterstübchen und schuf dort seine Werke – bezeichnenderweise nicht in der ehelichen Wohnung. Das dunkle Bayreuther und Kulmbacher Bier hatte es ihm angetan. Der übermäßige Genuss dieser Getränke ließ den Dichter nach und nach aufschwemmen, auch litt er in seinen letzten Lebensjahren an der Wassersucht. Er alterte rasch und der unerwartete Tod seines 18-jährigen Sohnes Max 1821 verdüsterte seine letzten Jahre. 1823 begann er zu erblinden und starb im 63. Lebensjahr am 14. November 1825. Er liegt auf dem Bayreuther Stadtfriedhof begraben.

»Erinnerung ist das einzige Paradies, woraus wir nicht vertrieben werden können«, ist wohl der bekannteste Aphorismus von Jean Paul. Er war der erste freischaffende Schriftsteller der deutschen Literatur, unabhängig von Mäzenen, keinem Fürstenhof unmittelbar verpflichtet. Wie Hölderlin oder Kleist lässt er sich keiner literarischen Richtung zuordnen. Den Vertretern der Weimarer Klassik blieb er ein Fremdling. Auf Schiller wirkte er »wie einer, der vom Mond gefallen ist«. Obwohl er keine Gedichte hinterließ, die vertont werden konnten, hatte seine Prosa eine große Wirkung auf Musiker wie vor allem Robert Schumann und Gustav Mahler, die er gedanklich prägte. Bis zum heutigen Tag wurden von großen und kleinen Tonkünstlern Instrumentalwerke geschaffen, denen Werke Jean Pauls zugrunde liegen bzw. Prosatexte, denen Musik unterlegt ist.

Weder frömmelnder Römling noch Aufklärer, weder Idealist noch Realist, weder Klassiker noch Romantiker, steht Jean Paul zwischen allen Strömungen. Er war Jean Paul, und etwas anderes wollte er nicht sein. Wer sich seinem Werk annähern will, lese sein populärstes und einigermaßen zugängliches »Leben des vergnügten Schulmeisterleins Maria Wutz in Auenthal«, in das Joditzer Kindheitserinnerungen eingegangen sind, oder versuche es mit der »Selberlebensbeschreibung« sowie mit »Des Rektors Florian Fälbel und seiner Primaner Reise nach dem Fichtelberg«, auch hier ist das Hofer Land zum Teil Ort der Szenerie. Des weiteren gibt es Anthologien mit Auszügen aus den Romanen oder einzelnen Aphorismen wie die von Hermann Hesse im Insel-Verlag herausgegebene Sammlung »Der ewige Frühling«.

Zwischen Lamitz und Tiefengrün

Knapp zwei Kilometer hinter Joditz kommt man nach Lamitz, hier sollte man rechts Richtung Lamitzmühle abbiegen. Vom Weg dorthin und von den Höhen über der Saale hat man einen sehr schönen Blick über das Tal. Die **Lamitzmühle** ist ein einsames, etwas unheimlich wirkendes Privatgehöft, an dem die Straße endet. Hinter Lamitz geht es nach links, nach **Gottsmannsgrün**, einem jeden fränkischen Bierfreund durch das Gottsmannsgrüner Bier bekannt, das hier seit 1535 hergestellt wurde, seit 2010 jedoch beim Bürgerbräu in Naila gebraut wird. Die ehemalige Brauerei befindet sich um einen schlossähnlichen Ansitz, der von 1318 bis 1615 den Herren von Dobeneck gehörte, danach wechselten die Eigentümer und damit auch die Braurechte sehr oft. Geblieben ist durch die Zeiten der Name »Gottsmannsgrüner« – ein oberfränkisches Bier von Weltruf. Im nahen **Schnarchenreuth** ist das vormalige spätbarocke Schloss sehenswert. Es ist völlig zerfallen, 2004 erwarb es der Künstler Johnny B. Good, um ab 2020 ein Kulturzentrum entstehen zu lassen. Leider wurde durch Corona jede weitere Planung zunichte gemacht. Wer durch das nahe **Bruck** fährt, sollte es sich nicht nehmen lassen, von dort noch einen Kilometer nach **Steinbühl** weiterzufahren. Hier befindet sich das weit und breit im Landkreis gerühmte Landgasthaus Schimmel.

In **Tiefengrün** trifft man auf ein weitere Stätte bester fränkischer Gastronomie, die »Hulda«. Von hier geht es verhältnismäßig steil bergab, bis zur Kühnmühle an der Saale, wo bis 1989 eine Mauer den Straßenverlauf unterbrach. Denn hier begann der DDR-Bezirk Gera, heute beginnt hier der Freistaat Thüringen und gleich hinter dem Fluss lag und liegt das 2000-Einwohner-Städtchen Hirschberg.

Empfehlenswert: der Gasthof Hulda in Tiefengrün

▲ Karte hintere Umschlagklappe

Hirschberg

Hirschberg an der Saale war bis 1989 nur Transitreisenden als DDR-Grenzübergang an der A9 ein Begriff. Das kleine Städtchen mit seinen damals knapp 3000 Bewohnern lag im inneren Sperrgebiet und war somit für niemanden, der nicht dort wohnte, zugänglich. Seit 1741 existierten in Hirschberg Gerbereien, womit die die Lederherstellung für etwa 250 Jahre der wichtigste Wirtschaftszweig wurde. Vor dem Zweiten Weltkrieg beschäftigte die Lederfabrik Knoch 1500 Mitarbeiter und war damit einer der größten Arbeitgeber im östlichen Thüringen und Vogtland. Jährlich wurden 600 000 Rinderhäute verarbeitet, 480 000 zu Sohlenleder, 20 000 zu Oberleder und gut 100 000 für Schuhe. Nach 1945 existierte die Lederfabrik als VEB weiter, doch nur noch mit 900 Beschäftigten, auch wurde nur noch Oberleder produziert. Viele der Arbeitskräfte kamen bis dato aus Bayern, vor allem aus Tiefengrün. Im Jahre 1992 kam das Aus für den Betrieb, dann erfolgte bis 1996 der Abriss der inzwischen sehr maroden Werksgebäude,

Auf dem Gelände der ehemaligen Lederfabrik in Hirschberg

die teils noch aus dem 19. Jahrhundert stammten. Nur das Verwaltungsgebäude blieb erhalten, heute ist hier das sehr sehenswerte **Ledermuseum** untergebracht. Hinter dem Museumsgebäude stehen drei bemerkenswerte Statuen aus dem Jahr 1937, die sich vormals an einem der abgerissenen Werksgebäude befanden. Die steinernen Handwerker sind erstens ein Scherer beim Entfleischen der Rindshaut, dann ein Arbeiter mit der Äscherzange sowie ein weiterer Arbeiter, der das Firmenwappen »HK« trägt. Alle drei tragen die typische Bekleidung, eine Lederschürze sowie Holzschuhe mit Stulpen.

Wie in Berlin und Mödlareuth gab es auch in Hirschberg eine Mauer. Sie wurde 1966 errichtet, war 1400 Meter lang und schirmte die direkt an der Saale gelegenen Fabriksgebäude und einige wenige Wohngebäude von der Saale ab. Denn auf deren Mitte begann das Territorium der Bundesrepublik.

Bekanntester Sohn Hirschbergs war neben dem Lederfabrikanten Johann Philipp Knoch (1779–1858), der das Werk begründete, ein eher unrühmlicher Charakter, nämlich der NS-Gauleiter von Sachsen, Martin Mutschmann (1879–1947).

Die Stadtsilhouette wird durch das hoch über dem Saaletal befindliche **Schloss** geprägt. Der schlichte Bau aus dem Jahr 1679 war bis 1920 Sitz der Adelsfamilie Reuß, danach zu einem Wohnhaus verändert. Heute immer noch Wohnhaus, wirkt es ziemlich vernachlässigt. Die evangelische **Pfarrkirche St. Katharina** entstand 1842 auf den Fundamenten eines spätgotischen, abgebrannten Vorgängerbaus. Hirschberg ist mit seinem morbiden Charme durchaus sehenswert. Das **Kulturhaus** von 1949 war seinerzeit das erste in der ganz jungen DDR erbaute Haus dieser Art. Die kleine **Innenstadt** um Kirche, Marktstraße und Kirchgasse wirkt beschaulich, doch beunruhigend verlassen. Es gibt kaum noch Geschäfte, hie und da lugt Verfall aus den Mauern und selten sieht man Menschen. Aber ein Besuch der Stadt ist empfohlen – ihre so unwirkliche Atmosphäre, in der längst vergangene Jahrzehnte wie eingefroren vor uns entstehen, verleihen Hirschberg eine ganz eigentümliche Attraktivität.

Sehr lohnend ist ein **Spaziergang am Saaleufer** flussaufwärts. Unterhalb der Kirche liegt direkt am Saaleufer die Brauhausgasse und der Saale-Orla-Wanderweg. Man fährt bis zum Parkplatz am Ostende der Brauhausgasse und spaziert unterhalb des wuchtig aufragenden Schlossbergs den Fluss entlang, man kommt zur Wenzelshöhle, wo im späten Mittelalter der Böhmenkönig Wenzel Zuflucht gefunden haben soll, dann geht es durch das Naturschutzgebiet Hag über einen metallenen Hängesteg am Fluss weiter bis zur berühmten **»Saalebänk«**, der wohl längsten und aus einem einzigen Stamm gezimmerten Sitzbank Europas. Sie wurde 1991 gebaut und ist genau 30,125 Meter lang, 92 Personen sollen nebeneinander auf ihr Platz finden.

Hirschberg liegt heute wieder im Abseits, was keinesweg der eifrig dagegen ankämpfenden Stadtverwaltung geschuldet ist. Obwohl es seit 1989 aus dem Würgegriff des Grenzsperrgebiets befreit ist, scheint es, als habe es durch die Wiedervereinigung nichts gewonnen. Der Stadt wurde nicht nur 1994 der Eisenbahnanschluss genommen, ebenfalls verlor sie ihre direkte Anbindung an die nur wenige Kilometer entfernte A 9 an der damaligen Anschlussstelle Hirschberg/Lobenstein, die heute nicht mehr existiert. Auch hat Hirschberg keine größeren Durchgangsstraßen mehr; bis in die 1990er Jahre verlief die B 90 von Rudolstadt über Lobenstein über die erwähnte Autobahnausfahrt durch die Stadt nach Juchhöh, doch wurde ihre Trasse dann einige Kilometer nach Norden verlegt. Die alte Straße hatte zwischen Hirschberg und Juchhöh nicht die für eine Bundesstraße geforderte Mindestbreite und wurde zu

Die Saalebänk bei Hirschberg

▲ Karte hintere Umschlagklappe

einer gemeinen Landstraße degradiert). Auf eben dieser Straße, die als Hofer Straße steil mit 20 Prozent Steigung aus Hirschberg empor zum Schloss führt (vor der Schlosszufahrt steht ein eindrucksvolles Kriegerdenkmal), fährt man weiter, vorbei an dem weltfernen, fast verwunschen dahindämmernden **Venzka,** bis Juchhöh, wo die B 2 erreicht ist, über die man nach Hof zurückkehren kann.

Im Norden des Hofer Lands

Gemeinde Feilitzsch, Hauptstr. 28, 95183 Feilitzsch, Tel. 09281/7351-0. www.feilitzsch.de

Stadtverwaltung Hirschberg, Marktstr. 2, 07927 Hirschberg, Tel. 036644/300. www.stadt-hirschberg-saale.de

Gaststätte und Pension An der Lohmühle, Bahnhofstr. 21a, 07927 Hirschberg, Tel. 036644/21424, Zimmerpreise auf Anfrage. www.saalerast.de

Hotel Kleeblatt, Gartenstr. 1, 07927 Hirschberg, Tel. 036644/434870; DZ 60-65 €. www.hotel-kleeblatt.de

Campingplatz Auensee, Am Auensee 1, 95189 Joditz, Tel. 09295/381. www.auensee-camping.de

Historischer Gasthof, 08538 Ruderitz Nr. 8, Tel. 037433/18705. www.gasthof-ruderitz.de

Berggaststätte, Schulstr. 4, 95183 Feilitzsch, Tel. 09281/43199. Sehr beliebtes Speiselokal, kulinarisches Eldorado des nördlichen Hofer Lands. www.berggaststaette-feilitzsch.de

Gasthaus zur blühenden Linde (früher auch genannt der »Wert´s Nickl«), 95183 Unterhartmannsreuth (Gem. Feilitzsch), Birkenweg 1; Do–Mo ab 17 Uhr. Hier sitzen die, die immer hier sitzen.

Gasthaus zum Grenzgänger, 07926 Mödlareuth Nr. 17 (Stadt Gefell), Tel. 036649/79256. Die gastronomische Top-Adresse in Mödlareuth.

Gasthaus Juchhöh, 07927 Juchhöh (Stadt Hirschberg), Tel. 036649/80007. Vielbesuchtes gutbürgerliches (Speise)-Wirtshaus.

Gasthaus Fattigsmühle, 95183 Fattigsmühle Nr. 34 (Gem. Töpen), Tel. 09295/521. Mit Biergarten in schöner Lage.

Gasthof Krauß – Auenthalstube, Schlegelweg 1, 95189 Joditz, Tel. 09295/915910. Hervorragende fränkische Küche. www.gasthof-krauss.de

Gasthof Frank, von-Stein-Str. 5, 95189 Joditz, Tel. 09295/357. Ebenfalls ganz hervorragende fränkische Küche.

Landgasthaus Schimmel, 95180 Steinbühl Nr. 1 (Gem. Berg), Tel. 09293/351. www.schimmel-steinbuehl.de

Gasthaus zur Hulda, Tiefengrüner Str. 1, 95180 Tiefengrün (Gem. Berg), Tel. 09293/637. Alles vom Wild, Rind, Schwein, Geflügel mit Klößen, am Mittwoch gibts gebackenes Blut (»Schwaaß«). www.gasthaus-zur-hulda.de

Hermann-Vogel-Haus, Burgsteinstr. 5, 08538 Krebes (Katastralgemeinde Burgstein), Tel. 03741/703222; Do–So 10–16.30 Uhr. www.vogtlandmuseum-plauen.de

Deutsch-Deutsches Museum, 95183 Mödlareuth Nr. 13, Tel. 09295/1334; März–Okt. Di–So 9–18 Uhr, Nov.–Febr. Die–So 9–17 Uhr. Gedenkstätte mit Ausstellungen und Kinosaal, Freigelände mit originalen Sperranlagen, Wachtürmen etc. www.museum-moedlareuth.de

Jean-Paul-Museum, Schlegelweg 2, 95189 Joditz, Tel. 09295/8188; geöffnet nach Vereinbarung. www.jean-paul-museum.de

Museum für Gerberei und Stadtgeschichte (Ledermuseum), Saalgasse 2, 07927 Hirschberg, Tel. 036644/43139 bzw. 43020; zukünftige Öffnungszeiten standen im FJ 2021 noch nicht fest. www.museum-hirschberg.de

Rehau und der Osten des Hofer Lands

Der östliche Teil des Hofer Lands nimmt kulturgeschichtlich-geographisch eine Übergangsstellung ein. Die Sprache der Einheimischen ist nicht mehr das rauhe hoferische Fränkisch, sondern durch allerlei Dehnungen und andersartige Vokalfärbungen aufgeweicht und steht damit dem alten Egerländer Dialekt weitaus näher als dem Hoferischen. Überhaupt ist Rehaus nächstgelegene Stadt das böhmische Asch (heute Aš, Tschechien). Ganz in der Nordostecke des Hofer Lands liegt bei Prex das viel besuchte Dreiländereck Sachsen-Bayern-Böhmen, oft Ort von grenzüberschreitenden, die Annäherung von deutschen und tschechischen Menschen fördernden Volksfesten.

Rehau

Rehau (9400 Bewohner) wurde erstmals 1234 als Resawe erwähnt, was zeigt, dass der Name trotz der Darstellung im Stadtwappen nichts mit Reh oder Aue zu tun hat, sondern tatsächlich vom slawischen »rezawe« kommt, was in etwa Waldrodung bedeutet. Rehaus Geschichte deckt sich in groben Zügen mit der Hofs, und genau wie dieses wurde es im 19. Jahrhundert vollständig zerstört, nachdem es am 6. September 1817 vollständig niederbrannte. Der planmäßige Wiederaufbau von 1818 bis 1824 ließ eine klassizistische Modellstadt entstehen, mit damals zeitgemäßen Brandschutzanforderungen, bestimmter Straßenbreite und ausschließlich aus Stein. Die Häuser sollten ein einheitliches Aussehen haben und ihre Dachtraufen parallel zur Straße verlaufen. Die Stadt entstand mit schachbrettartigem Straßengrundriss somit ganz neu am Reißbrett. Architekt war der aus Hof stammende **Johann Wilhelm Baumann** (1771–1828), wobei geplant war, Baumanns modernes, bisher nie angewandtes Konzept im Falle weiterer Brände auch auf andere Städte zu übertragen. Doch Rehau blieb die einzige Planung, die realisiert wurde, obgleich noch zu Baumanns Lebzeiten auch manch andere bayerische Stadt abbrannte.

Wenn man früher Gutes über einen irgendwie bedeutenden Menschen des frühen 19. Jahrhunderts äußern wollte, schrieb man »Goethe hat ihn gelobt« – im Falle Rehaus ist dies ähnlich. Dem Schriftsteller hatte bei seinem Besuch 1821 – während einer Reise in die böhmischen Bäder – der Wiederaufbau so gefallen, dass er in höchsten Tönen davon schwärmte. Konnte sich Baumann eine bessere Wertschätzung wünschen? Eine »Baukondukteur-Baumann-Allee« erinnert in einem Rehauer Siedlungsvorort an den genialen Stadtplaner.

Rehau ist heute ein weltweit bekannter Industriestandort und Stammsitz des Kunststoffherstellers REHAU (vormals Rehau plastics), ein weiteres Rehauer Unternehmen produziert den vielverwendeten Kunststoff Lamilux (transparente, gewellte Platten). Bis 1992 war Rehau neben Selb und Schönwald auch ein wichtiger Standort der Porzellanherstellung (Zeh-Scherzer).

Sehenswert sind der **Maxplatz** und dessen klassizistisch-einfache Bebauung wie die der Seitengassen. Am Maxplatz befindet sich das **alte Rathaus** und in einem die Traufhöhe der Häuserzeile ästhetisch sehr störend überschreitenden Nebengebäude das **Heimat- und Puppenmuseum**. An dessen Seite ist das Gedicht »avenidas« des seit langem in Rehau lebenden Poeten Eugen Gomringer angebracht. Dieses Gedicht war seit 2011 als Wandschrift an der Alice-Salomon-Hochschule in Berlin zu lesen, musste aber nach bilderstürmerischem Furor, wegen

▲ Karte hintere Umschlagklappe

des Vorwurfs »sexistisch« zu sein, 2017 dort abgenommen werden und ist jetzt am Rehauer Museum zu sehen.

Im Ortsteil **Wurlitz** (etwa 5 km südwestlich) gibt es einen der ganz wenigen deutschen Steinbrüche, wo **Serpentinit** abgebaut wird, ein seltenes, sehr dekoratives grünes Gestein, das geologisch der Münchberger Gneismasse zuzuordnen ist (→ S. 25). Der Erfinder der in den USA berühmten Wurlitzer-Orgel, Rudolph Wurlitzer (1831–1914), stammte jedoch nicht von hier, sondern aus Schöneck in Sachsen.

Bedeutende Rehauer

Hans Vogt (1890–1979): geboren im Ortsteil Wurlitz, Tonfilmpionier und Erfinder des heute noch verwendeten Lichttonverfahrens.

Karl Angermann (1902–1987): humoristisch-nachdenklicher Heimatdichter, vielgelesen war im Hofer Land vor 50 Jahren sein Buch »Allerlei Sachen zum Ergötzen und Lachen«.

Hans Grimm (1905–1998): Tonmeister und Filmregisseur. Sein Sohn Oliver spielte als Kinderstar zusammen mit Heinz Rühmann 1957 in »Wenn der Vater mit

Das Gedicht »avenidas« von Eugen Gomringer hat Zuflucht in Rehau gefunden

dem Sohne« (berühmtes Lied »La-Le-Lu, nur der Mann im Mond schaut zu«).

Helmut Rothemund (1929–2004): Politiker, bayerischer SPD-Vorsitzender 1977–1985.

Eugen Gomringer (geb. 1925): Poet, Begründer der »Konkreten Poesie«, zwar nicht in Rehau geboren, doch einige Jahre hier künstlerisch wirkend.

Regnitzlosau und das Dreiländereck

Es ist der nordöstlichste Landstrich Bayerns. Vor 1989 befand sich diese Region, die voll großer Waldungen ist, in einem Dornröschenschlaf; auch jetzt ist es immer noch eine stille Landschaft.

Regnitzlosau

In der 2000-Einwohner Gemeinde, in der es noch zahlreiche auf das 18. Jahrhundert zurückgehende Bauernhäuser gibt, ist die **St.-Ägidius-Kirche** sehr sehenswert. 1703 vollendet, geht sie jedoch auf einen spätgotischen Bau zurück, der später erweitert und umgebaut wurde. Wie fast alle Kirchen der Region weist sie einen Kanzelaltar auf, geschaffen 1743 in der Hofer Werkstatt der Familie Knoll. Heinrich Andreas Lohe und Nikolaus Walther schufen 1672 (hinterer Teil) und 1745 (vorderer Teil der Decke) die über hundert bemalten Tafeln der Kassettendecke wie die an den Emporen. Sie zeigen Szenen aus dem Alten wie Neuen Testament sowie Wappen der Herren von Reitzenstein und von Feilitzsch. Das rotbraun marmorierte Gestühl aus dem 18. Jahrhundert verstärkt mit seinem Rankenwerk den lebendigen und farbenfrohen Charakter des Kircheninneren.

Das Schloss am Hohenberg im Nordosten des Orts war im Besitz der erwähnten Familien. Viele Jahrzehnte war es Kreis-Altersheim. 1958 brannte es aus, bereits etwas verfallen, und wurde dann abgetragen. Geblieben sind ein Rest des Eingangsportals (neben dem Haus Hohenberg 1) und der Park.

Viel besucht wird wegen der bekannt guten Küche der Gasthof Raitschin im gleichnamigen Ortsteil, etwa anderthalb Kilometer südlich gelegen. Nicht weniger empfehlenswert ist der Gasthof Wolfrum in Trogenau, etwa zwei Kilometer nördlich, berühmt durch den selbstgemachten Kochkäse.

Um das Dreiländereck

Lohnend ist ein Ausflug nach **Nentschau**, das nordöstlichste Dorf Bayerns. Hier gibt es mit der Bäckerei Bayreuther (Tel. 09294/1232) eine Bäckerei nach guter alter Art mit Ware bester Qualität. Gerühmt ist vor allem der Blechkuchen – aus dem ganzen Landkreis Hof kommen Kunden hierher. An der Straße nach **Prex** befindet sich am Ortsausgang das sehr sehenswerte und wahrscheinlich einzige und originale reetgedeckte Anwesen Bayerns. Vom unweiten Prex fährt man über **Oberzech** zum **Dreiländereck**, wo im Tal der Südlichen Regnitz (Rokytnica) Sachsen, Böhmen und Bayern aneinanderstoßen. Auf böhmischer Seite befand sich bis 1946 der Weiler **Kaiserhammer**, an den nur noch etwas Mauerwerk erinnert. Hier findet alljährlich Anfang Juli das Kaiserhammerfest statt, ein von Menschen beiderseits der Grenze organisiertes kleines Volksfest, das inzwischen eine Tradition ist und Bewohner zusammenführt. Auf der bayerischen Seite erinnert das **Grab eines unbekannten Soldaten** an einen der vielen jungen Männer, von denen gerade in dieser Ecke im April 1945 viele ihr Leben lassen mussten.

Keinesfalls sollte man es versäumen, in **Oberprex** am südlichen Ortsausgang dem **Gasthaus zur Linde** (Tel. 09294/1513) und seiner Wirtin Rosi einen Besuch abzustatten. Ein authentischeres, urigeres

Im Inneren der St.-Ägidius-Kirche

Lokal wird sich im ganzen Landkreis, ja in ganz Oberfranken kaum finden lassen. Gerühmt wird Rosis selbstgemachter Kochkäse, ein aus Quark hergestellter, streichfähiger Sauermilchkäse, der im allgemeinen auf Brot gegessen wird.

Die erwähnte Südliche Regnitz heißt in ihrem oberen Lauf **Zinnbach** und bildet zwischen dem Dreiländereck und Fassmannsreuth die Grenze zu Tschechien. Bekannt ist der Bach durch die seltene in diesem Gebiet noch vorkommende **Flussperlmuschel**, die unter strengstem Schutz steht. Über die Einöden **Schanz** oder **Timpermühle** kann man von der Straße Oberprex–Sigmundsgrün zum Zinnbach gelangen. An der **Huschermühle** (zu erreichen über Prex und Kirchbrünnlein) gibt es eine Flussperlmuschelzuchtstation des BUND, die von einem Flussperlmuschelzuchtstationsvorsteher geleitet wird. Etwa 30000 Muscheln bewohnen um das Dreiländereck den Grenzbach (www.muschelmühle.de).

Sehr lohnend ist die landschaftlich sehr schöne gut sieben Kilometer (einfache Strecke) lange **Wanderung vom Dreiländereck ins tschechische Hranice**, das ehemalige Roßbach, wo man im Gasthaus Sokolovna (Ul. Sportivní Nr. 745)

▲ Karte hintere Umschlagklappe

einkehren kann. Kürzer ist jedoch die Rundtour vom Dreiländereck über Trojmezi. Eine Wanderkarte oder geeignete App ist anzuraten!

Rehaus östliche und südliche Umgebung

Rehaus Osten liegt bereits sehr nahe der tschechischen Grenze. Es ist eine Gegend tiefer Waldgebiete, einsam, unberührt und daher für manche melancholische Reisende besonders anziehend. Im Süden von Rehau liegt Pilgramsreuth, kulturgeschichtlich bedeutend und mit einer der schönsten oberfränkischen Kirchen.

Um Schönlind und Neuhausen

Etwa acht Kilometer östlich von Rehau, unweit der Straße nach Neuhausen, liegt einsam im Wald das urige **Gasthaus »Rauhe Schänke«** (Schönlind 23, Tel. 09287/9988511), ein Geheimtipp des Autors. Entlang des östlichen Teils dieser Straße verläuft die Grenze zu Tschechien unmittelbar am Straßenrand.

Ein interessantes **Wanderziel** ist der nahe gelegene westlichste Punkt Tschechiens, zu erreichen in knapp drei Kilometer Wanderung über den **Ostweg des Fichtelgebirgsvereins** (FGV). Die Tour (rote Markierung) beginnt an der Straße nach Neuhausen, unweit des Abzweigs zur Rauhen Schänke, und geht dann nordwärts bis zu jenem weit nach Bayern hineinragenden Landzipfel. Eine gute Wanderkarte oder die kostenlose App »mapy.cz« ist zu empfehlen. Eine hölzernes Brücklein überquert an dieser Stelle den die Grenze markierenden Mähringsbach. Unweit davon befand sich mit **Mähring** (heute Wüstung Ujezd) der westlichste Ort Böhmens. Besuchenswert ist auch das weltfern-abgelegene **Neuhausen**, auf bayerischem Gebiet unmittelbar an der Grenze. Von hier führen schöne Rad- und Wanderwege die Grenze entlang (Ostweg des FGV), bzw. direkt hinüber ins Böhmische nach Asch.

Pilgramsreuth

Unmittelbar vor dem Ort, etwa drei Kilometer südlich von Rehau, befindet sich rechts an einem Baum ein **Steinkreuz**, von dem eine Tafel vermeldet, dass an dieser Stelle 1812 ein General der Armee Napoleons auf dem Weg nach Russland gestorben sein soll.

Höchst sehenswert ist in der Ortsmitte die evangelisch-lutherische **Pfarrkirche St. Erhard**, eine der schönsten und prächtigsten Dorfkirchen ganz Deutschlands. Sie weist Freskenreste aus spätgotischer

Die Kanzel in der Kirche von Pilgramsreuth

Der Große Kornberg im Vorfrühling

Zeit und eine reiche Ausstattung aus der Zeit um 1700 von großer einheitlicher Wirkung auf. Im Jahre 1473 war der Bau des Langhauses abgeschlossen, aus dieser Zeit dürfte der Großteil der Wandmalereien stammen. Genau genommen sind es keine Fresken, sondern **Secco-Malereien** (also auf trockenem Putz). Es sind dabei 16 Figuren bzw. Szenen freigelegt, unter anderem ein eindrucksvolles **Christophorusbild**.

Zu erwähnen ist aber vor allem eine seltene Darstellung des sogenannten **Volto Santo**, gleich links vom Altar. Bei einem Volto Santo ist Christus nicht als ans Kreuz geschlagen dargestellt, sondern stehend vor dem Kreuz gleichsam als Überwinder. Zum Volto Santo ist auch das Spielmannswunder dargestellt – vor dem Kreuz musizierte einst ein armer Spielmann, den Christus mit seinem herabgeworfenen goldenen Schuh entlohnte. Darufhin wurde der arme Musikant des Diebstahls bezichtigt, konnte aber seine Unschuld beweisen, in dem er erneut vor dem Kreuz aufgeigte und dann von Christus einen zweiten Schuh erhielt. Nach anderer Anschauung ist die Darstellung aber kein Volto Santo, sondern eine der heiligen Kümmernis. Diese war eine Prinzessin, die von ihrem Vater zwangsverheiratet werden sollte, sich zum Christentum bekehrte und in den Kerker kam. Sie bat Gott um Verunstaltung, um vor Nachstellungen ihres Bräutigams sicher zu sein, daraufhin ließ Gott ihr einen Bart wachsen. Ihr wütender Vater ließ sie allerdings ans Kreuz schlagen, und höhnte dabei, dass sie nun ihrem himmlischen Bräutigam nachfolgen könne. Auch bei der Kümmernislegende erzählt man sich das Spielmannswunder. Das Pilgramsreuther Bild ist eine nördlich der Alpen sehr seltene Darstellung und von besonderem kunsthistorischen Rang. Sehr bedeutend ist auch der **Altar** des Bayreuther Bildhauers Elias Räntz von 1710/11 mit Darstellungen aus dem neuen Testament – vom Abendmahl bis zum himmelfahrenden Christus. Die Kanzel, die auf Moses Schultern ruht, ist in Gänze von der Treppe bis zum Schalldeckel reich an Figuren und Ornamenten; die Brüstungsflächen der Emporen tragen 76 gemalte Szenen. Die Kirche enthält weiterhin eine gotische Sakramentsnische, die bilderreiche Barocktaufe von 1719, des weiteren einen Taufstein aus dem 15. Jahrhundert, einen Pfarrstuhl von 1692, Holzfiguren (Maria, Katharina, Barbara) aus einem spätgotischen Flügelaltar sowie Grabplatten aus den Jahren 1717/18. Die Kirche ist von April bis Oktober täglich von 10 bis 18 Uhr geöffnet.

▲ Karte hintere Umschlagklappe

Links neben der Kirche steht das **Kartoffeldenkmal** von 1990. Kaum jemand weiß, dass in Pilgramsreuth bereits hundert Jahre, bevor es Preußenkönig Friedrich II. in seinem Land anordnete, regulärer Kartoffelanbau erfolgte. 1646 hatte der Bauer Hans Rogler die bis dahin unbekannten Kartoffelpflanzen von einem Besuch in Böhmen mitgebracht. Sie sind dorthin vermutlich kurze Zeit davor, während des Dreißigjährigen Krieges, durch holländische Soldaten gebracht worden, die sie wiederum in ihrer Heimat von Seeleuten im Überseehandel bekommen hatten. Auf den kargen Böden des nördlichen Fichtelgebirges sollen die Kartoffeln prächtig gediehen sein. König Friedrich II. hat dann bei einem Besuch seiner Schwester, der Bayreuther Markgräfin Wilhelmine, 1743 die Kartoffel kennengelernt und sich entschieden, sie auch im Brandenburgischen als Volksnahrung anbauen zu lassen. Ein ostelbischer Gutsbesitzer soll damals über die neue Ackerfrucht geäußert haben: »Für'n Menschen is' sie unjenießbar, doch für's Jesinde 'ne vorzügliche Speise.«

Lohnend ist die Wanderung auf den knapp drei Kilometer entfernten, 826 Meter hohen **Großen Kornberg**, den nordöstlichsten Ausläufer des Fichtelgebirges. Er hat einen Nebengipfel, den **Hirschstein**, wo sich die kargen Reste einer Burg befinden, die schon im 14. Jahrhundert zerstört wurde. Auf dem Kornberg steht die Schönburgwarte, ein 1954 gebauter, 26 Meter hoher Aussichtsturm. Auch gibt es einen inzwischen militärisch nicht mehr genutzen Aufklärungsturm der Bundeswehr, vor 1990 nur wenige Kilometer von der Nato-Ostgrenze gelegen.

Rehau und der Osten

Tourismus-Infozentrum Rehau, Maxplatz 7 (im Alten Rathaus), Tel. 09283/4609. www.stadt-rehau.de

Hotel Restaurant Krone, Friedrich-Ebert-Str. 13, 95111 Rehau, Tel. 09283/8995206; DZ ab 70 €. Durch die Jahrzehnte erstes Haus am Platze. www.hotel-rehau.de

Hotel Restaurant Fränkischer Hof, Sofienstr. 19, 95111 Rehau, Tel. 09283/8530; DZ ab 89 €. www.fraenkischer-hof-rehau.de

Landgasthof Grüner Baum, Niedernberg 3, 95194 Regnitzlosau, Tel. 09294/9740; DZ ab 45 €. Gute fränkische Küche, familiär. www.gruener-baum-losau.de

Gasthof Hotel Raitschin, Raitschin 4, 95194 Regnitzlosau, Tel. 09294/975000. Ebenfalls bekannt gute fränkische Küche, Übernachtungspreise auf Anfrage. www.raitschin.de

Gasthaus Wolfrum, 95194 Trogenau Nr. 5, Tel. 09294/288. www.gasthof-wolfrum.de

Gasthaus zur Linde, 95194 Oberprex Nr. 82 (Gemeinde Regnitzlosau), Tel. 09294/1513; Do–So 10–13 und 16–23 Uhr. Spezialität Kochkäse. Geheimtipp des Autors.

Gasthaus Rauhe Schänke, 95111 Schönlind Nr. 23 (Stadt Rehau), Tel. 09287/9988511. Geheimtipp des Autors.

Gaststätte Luding, 95111 Pilgramsreuth, Tel. 09283/1550. Authentisches Lokal mit zwei freundlichen Wirtinnen. Hervorragende Hausmannskost.

Museum Rehau, Maxplatz 7, 95111 Rehau, Tel. 09283/4609; Mo–Fr 10–14 Uhr und So 14–17 Uhr. Historische Drogerie und Schmiede, Puppenmuseum, Ausstellungen zu Hans Vogt und zur Modellstadt, schlesische Sammlung, Roßbacher Weberstube etc. www.stadt-rehau.de

Kunsthaus Rehau, Kirchgasse 4, 95111 Rehau, Tel. 09283/899485; Mi–Sa 14–18 Uhr. Konstruktiv-konkrete wie auch abstrakte Ausstellungen und Lesungen. www.kunsthaus-rehau.de

Um Schwarzenbach und Münchberg

Der Süden des Landkreises Hofs berührt den Fuß der Fichtelgebirgsgipfel. Hier trifft man erneut den großen Jean Paul und begegnet in Münchberg einem bis heute wichtigen Standort der Textilindustrie.

Schwarzenbach an der Saale

Das unscheinbare Städtchen besitzt mit dem Comic-Museum eine europaweit einzigartige Einrichtung, doch nicht nur deswegen lohnt ein Besuch dieses Landstrichs. Schwarzenbach ist mit knapp 7000 Bewohnern nach Münchberg, Rehau und Helmbrechts die viertgrößte Stadt im Landkreis Hof (Hof selbst ist kreisfrei). Als Hauptsitz des international agierenden Vliesstoffproduzenten Sandler ist es ein wichtiger Industriestandort. Seine kleine historische Innenstadt beiderseits der Saale ist durchaus sehenswert.

Sehenswürdigkeiten

Das **Gebäude in der Färberstraße 7** ist das Stammhaus der Familie Richter, also der des großen **Jean Paul**, der in Wunsiedel geboren wurde, doch von 1776 bis 1779 und von 1790 bis 1794 in Schwarzenbach gelebt hat. Aus dieser Familie kommt auch der spätimpressionistische Schwarzenbacher Landschaftsmaler **Anton Richter** (1900–1962).

Die **Pfarrkirche St. Gumbertus** stammt aus der ersten Hälfte des 19. Jahrhunderts und ist neogotisch ausgestattet. Unterhalb von ihr steht der langgestreckte, zweistöckige Bau des **vormaligen Schlosses**, das einst ein Ansitz der Familie Schönburg-Waldenburg war und heute als Rathaus dient. Zusammen mit einigen früheren Wirtschaftsgebäuden bildet es ein reizvolles Ensemble.

Das **Alte Rathaus** am Marktplatz 5 hat eine Tordurchfahrt, durch die einst mit der Strobelsgasse die Straße nach Hof verlief. Es geht auf das 13. Jahrhundert zurück, erhielt seine heutige Form jedoch Ende des 18./Anfang des 19. Jahrhunderts. Es beherbergt eine Kunstgalerie.

In Schwarzenbach lebte und arbeitete seit 1933 **Erika Fuchs** (1906–2005), die seit der Nachkriegszeit legendär gewordene Übersetzerin der amerikanischen Walt-Disney-Comics und Chefredakteurin des Ehapa-Verlags Stuttgart, der die

Schwarzenbach an der Saale

▲ Karte hintere Umschlagklappe

Hommage an das Lebenswerk von Erika Fuchs in Schwarzenbach an der Saale

deutschen Micky-Maus-Hefte herausgab. Erika Fuchs ließ in ihre Übersetzungen Familien- und Ortsnamen der Schwarzenbacher Gegend einfließen. Tick, Trick und Track beispielsweise fahren durch das Schübelsgässchen in die Hollerschlucht, Donald Duck verspielt sein Geld im Casino von Weißenstadt und der Entenhausener Tierarzt heißt wie der Schwarzenbacher Dr. Deininger. Geistreich änderte die promovierte Kunsthistorikerin oft Zitate der Klassik ab, zum Beispiel, wenn Donalds Neffen den Schwur tun: »Wir wollen sein ein einig Volk von Brüdern, in keiner Not uns waschen noch Gefahr.« Ihre Übersetzungen machten den sogenannten »Inflektiv« populär, also die Reduktion des Verbs auf seinen Stamm, womit in den Sprechblasen sowohl lautmalerisch (dröhn, ratter) als auch gedanklich (grübel, sinnier) bestimmte Vorgänge illustriert werden. Nicht selten wird die im jeweiligen Zusammenhang erforderliche Verbkonjugation einfach durch den Inflektiv dargestellt, wenn über einem dahinbrausenden Auto einfach »ras« steht. Germanisten nennen den Inflektiv deswegen gerne scherzhaft »Erikativ«. Erika Fuchs liegt auf dem Schwarzenbacher Friedhof begraben. Ihr zu Ehren eröffnete

Die Zerstörung der Wasserburg Weißdorf durch den Schwäbischen Bund

die Stadt Schwarzenbach 2015 das **Erika-Fuchs-Haus. Museum für Comic und Sprachkultur**, das von den Donaldisten aus aller Welt besucht wird. Auch steht gleich an der Saalebrücke eine entenartige Skulptur im Fluss.

■ Rund um Schwarzenbach

In den Ortsteilen **Martinlamitz** (Pilgramsreuther Str. 7) und **Langenbach** (Nr. 2) gibt es schöne, für das Hofer Land so typische Wohnstallhäuser. In **Stobersreuth** zeigt Haus Nr. 8 eine granitene Türrahmung, die – ungewöhnlich – ein Oberlicht aufweist.

Ein beliebtes Naherholungsgebiet ist der 1977 fertiggestellte, etwa 1,2 Kilometer lange wie breite **Förmitzspeicher** bei Hallerstein, der die Saale bei Niedrigwasser ausgleichen soll und auch zur Energiegewinnung dient. Sein Zulauf erfolgt durch die Bäche Förmitz und Lamitz. In **Hallerstein** gibt es ein hübsches kleines Geschäft, wo regionale Bioprodukte etc. erhältlich sind.

Eine sehr schöne Gegend ist der Nordwesten Schwarzenbachs um die einsamen Dörfer Fletschenreuth, Gottfriedsreuth, Wölbersbach und Oberpferdt.

Weißdorf und Umgebung

In Weißdorf ist das **Wasserschloss** sehenswert. Die einstige Wasserburg der Herren von Sparneck – Sparneck liegt nur zweieinhalb Kilometer südlich – wurde 1523 durch den Schwäbischen Bund im Zuge von dessen Kampf gegen das Raubrittertum niedergebrannt. Die die Geburt ihres Kindes erwartende Burgherrin hoffte, durch ihr Verbleiben im Schloss die Zerstörung verhindern zu können, doch es half nichts. Die Mutter und das Neugeborene mussten das Schloss verlassen. Ab 1543 erfolgte ein Wiederaufbau und 1606 die Erweiterung. Seit 1853 befindet es sich im Besitz der später geadelten Familie Leuckart aus Dresden. Sehr sehenswert ist die **Pfarrkirche St. Maria**, erbaut zwischen 1470 und 1500, wegen ihrer Säulenmalereien, alle vier das

▶ Karte hintere Umschlagklappe

Kreuzgewölbe tragenden Säulen zeigen spätgotische, holzschnittartige Darstellungen. Auch die Emporengemälde sind sehr sehenswert.

Nördlich von Weißdorf liegt die **Ruine Uprode**, einer der einsamsten Orte des Hofer Lands, gelegen auf 603 Metern. Man erreicht sie über die von der B 289 abzweigende Straße nach Oppenroth, ein Parkplatz liegt direkt am Abzweig. Etwa 300 Meter nach dem Abzweig geht nach rechts ein Waldweg ab; in etwa zehn Minuten ist die Ruine über einen ausgeschilderten Fußweg zu erreichen. Die Burg war wie die in Weißdorf im Besitz der Sparnecker und wurde genau wie diese am 15. Juli 1523 durch den Schwäbischen Bund zerstört. Bis auf einige Mauerreste und Gräben ist nur noch wenig vorhanden, doch umweht die Ruine der Atem vergangener Jahrhunderte. Zwei Holzschnitte aus dem nämlichen Jahr, geschaffen von Hans Wandereisen, zeigen das Niederbrennen beider Burgen.

Der kleine Ort **Oppenroth** ist sehr idyllisch und lohnt wegen des Gasthauses »Zur Burgruine« den Besuch. Auch von hier ist die Ruine in etwa einer Viertelstunde erreichbar.

Zwischen Weißdorf und Münchberg liegt das kleine **Wulmersreuth** mit seinem großen Dorfweiher, weithin bekannt durch den vielbesuchten Gasthof Walther.

Münchberg und Umgebung

Münchberg ist mit über 11 000 Bewohnern die größte Stadt des Landkreises Hof. Bereits 1298 erhielt es, damals Besitz der Herren von Sparneck, die Stadtrechte. Seit dem späten Mittelalter war das Textilgewerbe der wichtigste Wirtschaftszweig. Es bestanden Webereien und Färbereien als Handwerksbetriebe, denen sich ab dem 19. Jahrhundert Spinnereien in industriellem Umfang anschlossen. In Münchberg ist Bayerns einzige Textil-Hochschule etabliert, eine Außenstelle der »Hochschule für Angewandte Wissenschaften Hof«.

Wiederholte Stadtbrände durch die Jahrhunderte ließen in Münchberg kaum ältere Bausubstanz erhalten bleiben, das älteste Gebäude ist die **Friedhofskirche** von 1745; die **neugotische Stadtpfarr-**

Der Weg zur Ruine Uprode

Am Kirchplatz in Münchberg

kirche wurde erst 1872 vollendet. Die **neoromanische katholische Pfarrkirche** in der Kulmbacher Str. 72 stammt aus dem Jahr 1906. Doch sollte man es keineswegs versäumen, einen Bummel durch die beschauliche **Innenstadt** um Kirchplatz, Oberer Graben, Schulgasse und Ludwigstraße zu machen. Es sind melancholische Straßen, es gibt hier keine Läden, nur ein Bestattungshaus und das Büro eines Migranten-Interessenverbands. Das lebendige Münchberg befindet sich unterhalb der Altstadt, links und rechts der **Pulschnitz**, entlang derer es einige reizvolle Winkel gibt, insbesondere die **Lindenstraße**.

Am nördlichen Stadtrand steht der auffällige, 23 Meter hohe **Rohrbühlturm** (mit Aussichtsplattform), zu erreichen über die Dr.-Martin-Luther-Straße. Er bietet einen schönen Blick auf Fichtelgebirge und Frankenwald und ist eigentlich ein Gefallenen-Ehrenmal aus dem Jahr 1935, konzipiert im damals erwünschten Stil. Geöffnet ist er von Ostern bis Oktober.

Automobilisten war die **Münchberger Senke** bekannt, eine Gefällestrecke der A9 mit Geschwindigkeitsreduzierung zwischen den Ausfahrten Münchberg Nord und Münchberg Süd, die durch das Tal der Pulschnitz führte und auf der es aufgrund von häufigem Nebel zu vielen Unfällen kam, von denen der vom 19. Oktober 1990 der schwerste war. Gegen 8.30 morgens fuhren in einer Nebelbank 121 Fahrzeuge aufeinander, es gab 10 Tote. Nach 1998 wurde mit dem Bau einer Talbrücke das Unfallrisiko gesenkt, die Fahrbahn liegt jetzt 20 Meter oberhalb des Talgrunds, doch ereignete sich nochmals eine Massenkarambolage. Am 11. April 2003 fuhren bei starkem Schneefall 182 Fahrzeuge ineinander, glücklicherweise diesmal ohne Tote.

▶ Karte hintere Umschlagklappe

■ Kleinlosnitz

Etwa fünf Kilometer südlich von Münchberg befindet sich in Kleinlosnitz das **Oberfränkische Bauernhofmuseum**. Es ging aus einem strohgedeckten Vierseithof aus dem 18. Jahrhundert hervor, den ein Verein, gegründet von dem namhaften Graphiker und Heimatforscher Karl Bedal, seit 1974 sanierte. 1983 wurde der Hof der Öffentlichkeit zugänglich gemacht. Bis zum Jahr 2000 kam noch ein Nachbarhof hinzu, auch wurden weitere einzelne Gebäude von anderen Standorten in Nordostoberfranken hierher übertragen. Es gibt fünf museale Gebäude, die jeweils unterschiedliche Handwerke und landwirtschaftliche Tätigkeiten thematisieren: den Dietelhof (Vierseithof von 1790, Strohdächer, Fachwerk), ein Flachsbrechhaus (Dörrofen, Flachsbearbeitung), ein Bienenhaus, einen alten Wirtschaftshof (Brotzeitstüberl) und ein Handwerkerhaus von 1785. Daneben kann man ein Windrad von 1893 bestaunen sowie erfahren, wie einst Terpentin und Öl aus Pech aus Baumrinden hergestellt wurde. Auch gibt es Obstwiesen, auf denen über Streuobstanbau und alte Obstsorten informiert wird.

Konradsreuth

Der Autor hofft, dass ihm die Konradsreuther nicht allzu böse sind, wenn er sie hier im Buch mit Münchberg verortet, wo Konradsreuth doch eine eigenständige Großgemeinde mit über 3000 Bewohnern ist. Sehenswert ist hier die **Pfarrkirche** mit ihrer Wehrmauer, die zeigt, dass das Gotteshaus auf das späte 15. Jahrhundert zurückgeht. Das Innere aus dem 18. Jahrhundert ist in zarten Pastelltönen gehalten, sehenswert ist der Taufengel – natürlich von Johann Nikolaus Knoll –und der Kanzelaltar. Das Schloss Konradsreuth ist ein schlichter Ansitz, bis heute im Besitz der Familie von Reitzenstein. Sehenswert ist auch ein typisches Weberhaus (Blütenweg 6) mit Frackdach (bei einem solchen Dach fehlt darunter auf einer Traufseite das Geschoss, meist ist dies die Hausrückseite). Im Gemeindeteil **Ahornberg** gibt es mit den Gasthöfen Sack und Gebhardt zwei sehr zu empfehlende Lokale.

Schwarzenbach und Münchberg

Tourismusinformation Schwarzenbach a.d. Saale, Ludwigstr. 4, Tel. 09284/93331. www.schwarzenbach-saale.de

Stadt Münchberg, Ludwigstr. 15, 95213 Münchberg, Tel. 09251/8740. www.muenchberg.de

Gasthof Pension Walther, 95237 Wulmersdorf Nr. 17 (Gem. Weißdorf), Tel. 09251/99260; DZ ab 65 €. Herausragende fränkische Küche. Geheimtipp! www.gasthof-walther.de

Hotel Restaurant Roßner, Kulmbacher Str. 16, 95213 Münchberg, Tel. 09251/1510; DZ ab 90 €. www.hotel-rossner.de

Hotel Garni Wauer, Bismarckstr. 9, 95213 Münchberg, Tel. 09251/1482; DZ 70–85 €

Teschners Herrschaftliche Gastwirtschaft, Seulbitzer Str. 3, 95126 Schwarzenbach (Ortsteil Förbau), Tel. 09284/8012588. Neufränkisch und international. www.teschners-herrschaftliche.de

Gasthof zum Hirschen, Münchberger Str. 1, 95237 Weißdorf, Tel. 09251/4489905. Donnerstags gibt es die beliebten »Rippla«.

Restaurant Bayerischer Hof, Klosterplatz 2, 95213 Münchberg, Tel. 01515/8713005. www.bayerischer-muenchberg.de

Gasthaus Metzgerei Gebhardt, Dorfplatz 2, 95176 Ahornberg (Gem. Konradsreuth), Tel. 09292/228. www.gasthaus-gebhardt.de

Gasthof Sack, Dorfplatz 4, 95176 Ahornberg (Gem. Konradsreuth), Tel. 09292/271. www.gasthof-sack.de

Metzgerei Rainer Lottes, Bahnhofstr. 9, 95213 Münchberg, Tel. 09251/5025. Besonders der Kalbskäse und die Rindfleischwurst sind phantastisch. Tägliche Mittagsmenüs. www.lottes.de

Erika-Fuchs-Haus. Museum für Comic und Sprachkunst, Bahnhofstr. 12, 95126 Schwarzenbach, Tel. 09284/9498120; Di–So 10–18 Uhr. Unikales Museum, das sich der Duck-Familie in Entenhausen wie auch der genialen von 1951 bis 1988 als Übersetzerin der Donald-Duck-Geschichten tätigen Sprachvirtuosin Erika Fuchs widmet. Reichhaltiges Angebot an Duckiana im Museumsladen. www.erika-fuchs.de

Oberfränkisches Bauernhofmuseum, 95235 Kleinlosnitz Nr. 5 (Gemeinde Zell), Tel. 09251/5325; Mai–Sept. Di–Fr 10–16 Uhr, Sa und So 10–17 Uhr; Febr.–April und Okt.–Mitte Nov. Di–Fr 13–16 und Sa/So 13–17 Uhr. Mit gemütlicher Brotzeitstube (www.barbaraheim.de). www.kleinlosnitz.de

Regio-Markt Genussladen, 95126 Hallerstein Nr. 36 (Stadt Schwarzenbach), Tel. 09284/9499676. Regionale Spezialitäten, fränkisches Handwerk, – besondere Empfehlung des Autors. www.genussladen.shop

Sie liegen so nahe beieinander und sind doch so verschieden: das Coburger Land ist anmutig, voll fruchtbarer Äcker, sein Klima mild. Überall trifft man auf heitere klassizistische Herrensitze. Der höher gelegene Frankenwald dagegen ist vom Klima her rauh, wirkt unnahbarer doch auch unberührter

Die Veste Coburg thront hoch über der Stadt

EIN AUSFLUG NACH COBURG UND INS COBURGER LAND

Die Stadt Coburg

Westlich an den Frankenwald ohne deutlich erkennbare Grenze anschließend, ist das Coburger Land doch von ganz anderem Charakter. Es ist heiter und anmutig, hat fruchtbare Äcker, liebliche Hügel und flache Täler – ganz im Gegensatz zu jenem kühlen Land dunkler Wälder, das in alter Zeit seinen Bewohnern nur ein bescheidenes Auskommen ermöglichte. Von Mitwitz im Osten, über Neustadt im Nordosten, entlang der thüringischen Grenze bis Rodach im Nordwesten, dann südlich bis Seßlach und wieder nach Osten erstreckt sich diese Region, die im heutigen Landkreis Coburg repräsentiert wird. Von den rauhen Frankenwaldhöhen kommend, meint man hier schon, jenes »typische«, idyllische Franken der Weinberge und Fachwerkhäuser erreicht haben, doch ist man, historisch gesehen, in Thüringen angekommen, da das Coburger Land erst seit 1920 zu Bayern gehört. Mit über 41 000 Bewohnern ist Coburg nach dem knapp 100 Kilometer entfernten Hof die größte Stadt in Oberfrankens Norden. Es liegt geographisch im südlichen Vorland des Thüringer Walds, etwa 20 Kilometer westlich des Frankenwalds und etwa 20 Kilometer nördlich des Mains auf 292 Metern Seehöhe. Coburg liegt an der Itz, einem 80 Kilometer langen linken Nebenfluss des Mains, der nahe dem thrüringischen Eisfeld entspringt. Die Itz ist auch Namengeberin eines fränkischen Dialekts, der um das gesamte Itztal gesprochen wird.

Wegen seines geschlossenen historischen Stadtbildes, in dem profane wie geistliche mittelalterliche Bauwerke mit solchen der Renaissance zusammen mit Bauten der Neogotik harmonisch koexistieren und vor allem wegen der gewaltigen Renaissance-Veste Coburg, die sich über der Stadt erhebt, zählt Coburg zu den sehenswertesten Städten Deutschlands. Als Residenzstadt der Herzöge von Sachsen-Coburg und Gotha war es besonders im 19. Jahrhundert ein Treffpunkt der internationalen Hautevolée. Breiteren Volksschichten ist Coburg heute eher als Sitz eines der größten deutschen Versicherungsunternehmen bekannt, der HUK Coburg.

▲ Karte S. 230

Aus der Stadt- und Landgeschichte

Erste Erwähnung fand die Stadt als »Koburk« 1056 in einer Urkunde des Erzbischofs Anno von Köln, der 1074 auf dem Festungsberg auch ein Kloster gründete. Als eigenständige Siedlung bestand es zunächst neben dem älteren Dorf Trufalistat, das bald in »Koburk« aufging. In der ersten Hälfte des 13. Jahrhunderts waren die ersten Herrscher – wie auch in Kulmbach und Hof – die Meranier, ih-

Das Judentor ist eines von drei erhaltenen Stadttoren

Erker am Stadthaus

nen folgten 1265 die Herren von Henneberg nach. 1331 erhielt Coburg das Schweinfurter Stadtrecht. Aufgrund eines Erbvertrags kam die Stadt 1365 an das Haus Wettin.

Das Coburger Land wird wettinisch

Die Wettiner trugen ihren Namen von der Burg Wettin bei Halle und waren und sind eines der bedeutendsten Geschlechter des deutschen Hochadels. Sie beherrschten weite Teile der heutigen Bundesländer Thüringen, Sachsen-Anhalt, Sachsen und Bayern und stellten im Mittelalter vielerorts die Markgrafen. 1485 erfolgte die Spaltung in zwei Hauptlinien. Die ernestinische beherrschte die thüringischen Lande, die albertinische jene Gebiete, die heute zum Freistaat Sachsen gehören. Das Haus Wettin stellte aber nicht nur deutsche Fürsten, aus ihm gingen auch Könige von Portugal, Belgien, Bulgarien und vor allem Großbritannien hervor. Das britische Haus Windsor ist aus dem wettinischen Haus Sachsen-Coburg und Gotha entstanden. Wegen der Gegnerschaft im Ersten Weltkrieg entschlossen sich die damaligen Royals ihren deutschen Familiennamen abzulegen und nannten sich ab 1917 nach ihrem Hauptsitz Windsor. Queen Elizabeth II. ist folgerichtig eine Wettinerin, eine Nachfahrin derer von Sachsen-Coburg und Gotha. Albert von Sachsen-Coburg und Gotha (1819–1861), der Ehemann der Queen Victoria, ist der Ur-Urgroßvater der heutigen Königin von England.

Seit 1430 ist der heilige Mauritius Schutzpatron der Stadt und als »Coburger Mohr« an vielen Tafeln oder in Skulpturen dargestellt. Der aus Nordafrika stammende Heilige ist dunkelhäutig – seine Darstellung als Mohr wurde 2020 von einigen Eiferern als »rassistisch« gebrandmarkt und es wurde die Entfernung sowohl der Skulpturen wie auch der Darstellung im Wappen gefordert. Der Sturm legte sich jedoch bald.

Coburg wird Residenzstadt

Nach der wettinischen Teilung 1485 kam das Coburger Land an den ernestinischen Landesteil. Im ganzen Wettinerland wurde 1524 mit der Reformation die evangelische Konfession eingeführt, in Folge weilte Martin Luther 1530 ein halbes Jahr zu seinem Schutz auf der Veste, nachdem er am Reichstag in Augsburg wegen der über ihn verhängten Reichsacht nicht hatte teilnehmen dürfen. 1542 wurde Coburg unter Herzog Johann Ernst (1521–1553) erstmalig wettinisch-ernestinische Residenzstadt, unter ihm wurde das alte Barfüßerkloster, das wegen der Reformation überflüssig geworden war, zu seiner Residenz umgebaut, zum späteren Stadtschloss Ehrenburg. Denn diesen Namen trägt es erst seit dem Umbau unter Herzog Ernst I.

Seit 1586 existierte innerhalb der ernestinischen Lande ein selbstständiges Herzogtum Sachsen-Coburg. Unter Herzog Johann Casimir (1564–1633), der ab 1586 Landesherr war, durchlebten Stadt und Land eine kulturelle Blütezeit, in der

Statue des Herzogs Casimir am Gymnasium

viele Repräsentationsbauten entstanden, so u.a. das Regierungshaus (1601, heute Stadthaus) am Marktplatz, das heute noch existierende Gymnasium Casimirianum (1605) und das Zeughaus (1621). Die Veste Coburg wurde verstärkt und zeitgemäßen Verteidigungserfordernissen angepaßt. Die Zeit Johann Casimirs war aber auch eine Epoche wild-fanatischer Verfolgung angeblicher Hexen mit bis zum Beginn des Dreißigjährigen Krieges etwa 230 Prozessen.

Eine geschickte Bündnispolitik Johann Casimirs hielt zunächst die Schrecken dieses Kriegs von den Coburger Landen ab. Aber 1634 konnte nach längerer Belagerung durch kaiserliche Truppen unter General Guillaume de Lamboy die bis dahin unbezwungene Veste wie die Stadt eingenommen werden. Sie wurde dabei schwer zerstört und konnte damit gute 50 Jahre nicht als Residenzstadt dienen. Erst unter Herzog Albrecht (1648–1699) wurde Coburg 1680 wieder Herzogssitz. Unter ihm erfolgte der Wiederaufbau des 1690 durch einen Brand erneut zerstörten Schlosses Ehrenburg. Der Tod des kinderlos verstorbenen Fürsten brachte Erbstreitigkeiten mit sich, die erst 1735 beigelegt wurden. Mit diesem Jahr kam Coburg an das (natürlich ebenfalls ernestinische) Herzogtum Sachsen-Saalfeld, womit das Fürstentum Sachsen-Coburg-Saalfeld entstanden war, dessen Herrschaftssitz Coburg wurde bzw. blieb und das bis 1826 Bestand hatte. Zu größeren Katastrophen kam es in jenen 90 Jahren nicht, keine Stadtbrände, keine allzu nachhaltigen Molesten durch napoleonische Truppen.

1803/04 lebte Oberfrankens großer Poet Jean Paul (→ S. 205) in Coburg, als kurze Zwischenstation, um sich dann endgültig in Bayreuth niederzulassen.

Das Herzogtum Sachsen-Coburg und Gotha

Nachdem 1825 Herzog Friedrich IV. von Sachsen-Gotha-Altenburg kinderlos gestorben war, wurde das Land im Teilungsvertrag von Hildburghausen geteilt: Altenburg kam an Sachsen-Hildburghausen und Gotha an Sachsen-Coburg-Saalfeld. Dessen Landesherr Herzog Ernst (1784–1844) musste zwar auf Saalfeld verzichten, war aber jetzt, mit dem Jahr 1826, Herzog Ernst I. von Sachsen-Coburg und Gotha, das de jure ein nicht vereinigtes Doppelherzogtum war und vom Herzog in Personalunion regiert wurde. Dieses Staatsgebilde war folgerichtig in seinem Territorium auch nicht zusammenhängend. Mit Coburg und Gotha existierten zwei Residenzstädte und zweimal jährlich zog der gesamte Hof- und Regierungsapparat von der einen in die andere. Auch gab es zwei Hoftheater. In beiden Städten gab es jeweils eigene Landtage und natürlich ebenfalls separate Landesverwaltungen.

▲ Karte S. 230

Schon vor der Personalunion hatte Herzog Ernst eine bedeutsame Bautätigkeit begonnen. Das Schloss Ehrenburg wurde im Stil englischer Neogotik umgebaut, es entstand das heutige Antlitz des Schlossplatzes und des Hofgartens. Eine erneute Blütezeit von Stadt und Land war die knapp 50 Jahre, von 1844 bis 1893 währende Regierungszeit Herzogs Ernst II. Durch die Anbindung an die Eisenbahn 1858 kamen jetzt öfter die außerdeutschen wettinischen Verwandten in die Stadt. Coburg wurde ein Treffpunkt des europäischen Hochadels. So kamen 1892 anlässlich der Hochzeit des Großfürsten von Hessen-Darmstadt Englands Queen Victoria, der deutsche Kaiser Wilhelm II. und Russlands späterer Zar Nikolaus II. nach Coburg.

Eine Kuriosität ist, dass der Walzerkönig Johann Strauß 1886 coburgischer Staatsbürger wurde, nachdem er seinen Austritt aus dem Habsburgerreich erklärt hatte. Denn er plante seine dritte Hochzeit und als österreichischer Staatsangehöriger konnte er sich von seiner zweiten Ehefrau zivilrechtlich nicht trennen, was aber deutschen Bürgern möglich war. So heiratete er 1887 in Coburg 62-jährig in der Hofkapelle des Schlosses Ehrenburg die erst 31 Lenze zählende Adele Deutsch, nachdem er vorher noch zum Protestantismus übergetreten war.

Kanaldeckel mit dem Coburger Stadtwappen

Mit dem Ende des Ersten Weltkriegs kam es wie überall im Deutschen Reich zur Abdankung des Adels. Sachsen-Coburgs und Gothas letzter Herzog Eduard (1884–1954), der seit 1900 regierte, trat am 13. November 1918 zurück. Aus dem Herzogtum entstanden noch im November die Freistaaten Coburg und Gotha. Der Herzog erhielt eine Abfindung, seine Ländereien und Schlösser gingen im Sommer 1919 in den Besitz des Freistaats Coburg über.

Das Coburger Land zwischen Thüringen und Bayern

Die Regierung des neuen Freistaats glaubte in jener wirtschaftlichen Nachkriegsniederung nicht an dessen ökonomische Überlebenskraft und suchte die Vereinigung mit einem anderen Land, u.a. dem Land Thüringen, das durch Zusammenschluss der verschiedenen wettinischen Herzogtümer im Mai 1920 entstehen sollte. Eine Volksabstimmung am 30. November 1919 erbrachte jedoch den Wunsch von 88 Prozent der Stimmberechtigten, nicht dem thüringischen Zusammenschluss beizutreten – man sah sich nicht nur geographisch seit langem eher zu Franken hingezogen. Und allein der Coburger Dialekt zeigt, wo die Gegend hingehört – eben nicht zu Thüringen.

Über einen Staatsvertrag erfolgte am 1. Juni 1920 die Vereinigung des Freistaats Coburg mit dem nach Ende der Monarchie ebenfalls Freistaat gewordenen Bayern. Während des Zweiten Weltkriegs war Coburg vom Luftkrieg nur vergleichsweise wenig betroffen, nur etwa vier Prozent aller Gebäude wurden zerstört, auch kam es beim Einmarsch der Amerikaner zu keinerlei Endkämpfen.

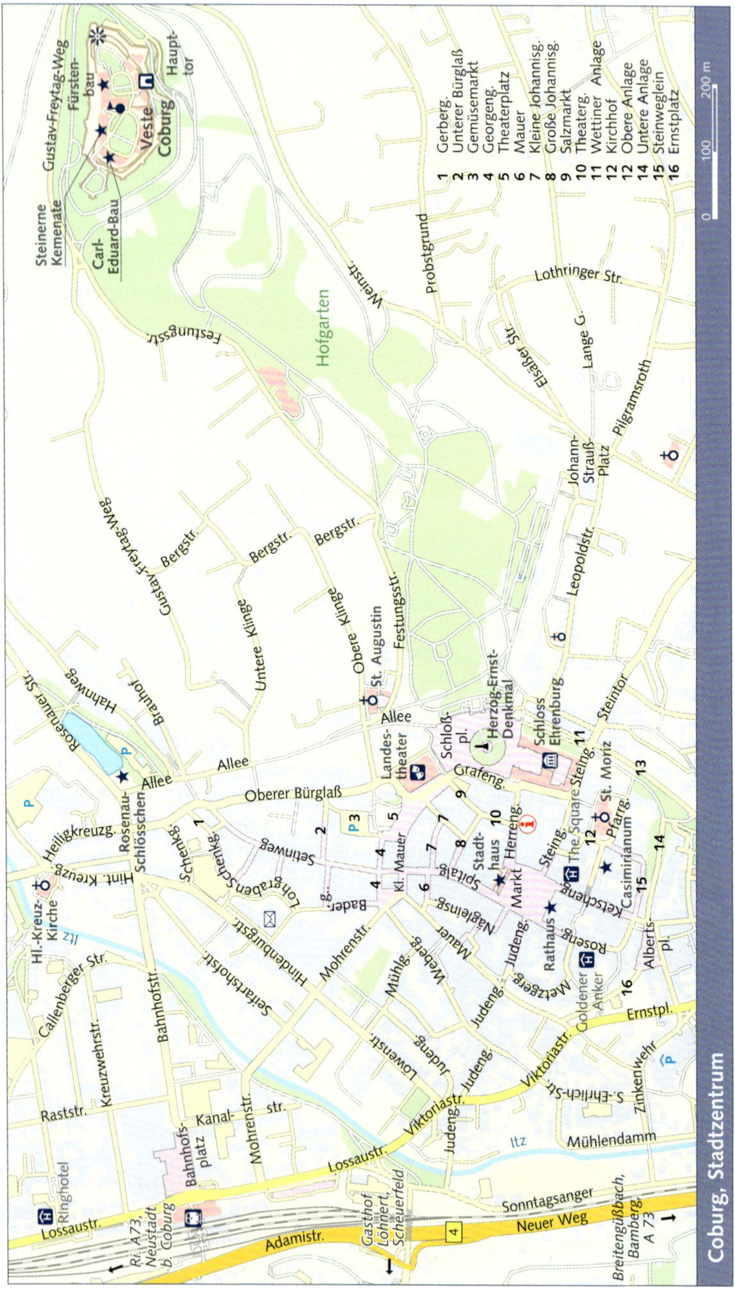
Coburg, Stadtzentrum
0
100
200 m
1 Gerberg.
2 Unterer Bürglaß
3 Gemüsemarkt
4 Georgeng.
5 Theaterplatz
6 Mauer
7 Kleine Johannisg.
8 Große Johannisg.
9 Salzmarkt
10 Theaterg.
11 Wettiner Anlage
12 Kirchhof
12 Obere Anlage
14 Untere Anlage
15 Steinweglein
16 Ernstplatz

Die weitreichendste Folge der zunächst nur administrativ bedeutsamen Entscheidung von 1920 war, dass das Coburger Land 1945 nicht Teil der sowjetischen Besatzungszone bzw. der DDR wurde, was der Entwicklung von Stadt und Land eine ganz andere Richtung gegeben hätte. Coburg und sein Umland wären zu nicht unerheblichem Teil im Grenzsperrgebiet zu liegen gekommen – wie Sonneberg und Heldburg. Dafür verlor die Stadt Coburg fast Dreiviertel ihres Hinterlands. Im wesentlichen entspricht der heutige Landkreis Coburg in der Ausdehnung dem alten Freistaat Coburg, nur Seßlach gehörte damals nicht dazu. Von Anfang an gehörte der Kreis dem Regierungsbezirk Oberfranken an.

Die Veste Coburg

Wie eine Krone liegt sie auf 464 Metern Seehöhe, 130 Meter über der Stadt Coburg. Die Veste darf man getrost als eine der schönsten und eindrucksvollsten Anlagen ihrer Art ganz Europas betrachten. Als künstlerisch vollendeter Renaissancebau sucht die niemals eingenommene Anlage ihresgleichen. Kulturgeschichtlich ist sie nicht zuletzt durch den Aufenthalt Luthers bedeutsam, der hier vom April bis Oktober 1530 lebte und durch den sie eine der wichtigsten Luther-Gedenkstätten wurde. Größte Bedeutung haben auch ihre Kunstsammlungen mit einem Münzkabinett (20 000 Objekte), einer Autographensammlung (7000 Objekte), einem Kupferstichkabinett (220 000 Objekte), eine Waffensammlung (10 000 Objekte), eine Glassammlung und natürlich vielen Gemälden und Skulpturen, darunter solche von Cranach, Dürer und Riemenschneider.

Festungsgeschichte

Als Besitzung der Herzöge von Meranien wurde sie 1225 erstmalig erwähnt, vermutlich bestand jedoch eine (wahrscheinlich hölzerne) Festung an dieser Stelle schon im 10. Jahrhundert. Mehrmals wechselten im 13. und 14. Jahrhundert

Die Veste Coburg im 16. Jahrhundert

Fachwerk und Renaissance am Coburger Markt

die Besitzer: Nach den Meraniern kamen die Henneberger, dann die Brandenburger, wieder die Henneberger und dann 1353 die Wettiner.

Im 13. Jahrhundert bestand die spätere Veste aus einer Hauptburg mit Bergfried, Palas und Kapelle und einer westlich vorgelagerten Vorburg. Gegen 1430 ließen die Wettiner den Palas erweitern und einen dreifachen Befestigungsring hinzufügen, die äußere Mauer wies neun Rondelle auf, sechs davon sind heute noch vorhanden. Gegen 1500 wurden nach einem Brand das Hohe Haus (Zeughaus) und der Fürstenbau erneuert. Im April 1530 sollte Luther den sächsischen Kurfürsten Johann zum Reichstag nach Augsburg begleiten. Doch Luther stand unter dem Kirchenbann sowie in der Reichsacht und es wäre sehr unvorsichtig gewesen, sich frei dort zu zeigen. Er entschloss sich daher, bis zur Rückkehr des Kurfürsten auf der sicheren, nicht in katholischem Gebiet liegenden späteren Veste Coburg zu bleiben. Luther beriet aber den protestantischen Kurfürsten weiterhin, brieflich bestand während dessen Abwesenheit ein enger Kontakt zwischen beiden. Fast ein halbes Jahr dauerte es bis zur Rückkehr des Kurfürsten. Luther schrieb in jenen Monaten verschiedene »sermones«, übersetzte altgriechische Fabeln des Äsop und Teile des Alten Testaments ins Deutsche. Wahrscheinlich entstand Luthers bekanntestes Lied »Ein feste Burg ist unser Gott« auf der Veste Coburg. Der Kurfürst kehrte am 1. Oktober zurück, zusammen mit ihm verließ Luther die Veste und fuhr zurück nach Wittenberg.

Nach 1530 erfolgte ein weiterer Ausbau des bisherigen kursächischen Schlosses Coburg (wie es bisher hieß) zu einer wirklichen Landesfestung. Das war nötig geworden, weil die inzwischen 100 Jahre alten Verteidigungsanlagen der neuesten Militärtechnik nicht mehr standgehalten hätten. Bis zum Beginn des Dreißigjährigen Krieges baute und veränderte man ohne Unterlass, immer wieder entstanden weitere Bastionen, wurden Befestigungsmauern verstärkt und Fallgatter, Eisentore, Laufgänge und Pechgruben angelegt. 1635 war die Veste, wenn auch nur für kurze Zeit, von den kaiserlichen Truppen belagert, doch sie konnte bis auf die Vorburg nicht eingenommen werden. In der zweiten Hälfte des 17. Jahrhundert erfolgte der Bau des prunkvollen barocken Eingangsportals und abermals eine Erneuerung ihres Verteidigungssystems, doch sollte das nicht mehr nötig sein.

Im 18. Jahrhundert wurde der Burg ihr militärischer Rang genommen. Einige Gebäude der Veste wurden gegen 1782 zum Zuchthaus, bewacht von der bisherigen Festungsgarde. Im 19. Jahrhundert hatte die Veste nach der Auflösung des Gefängnisses 1802 keine Funktionen mehr und begann zu verfallen, bis Herzog Ernst I. um 1810 die Wiederherstellung anordnete. Ähnlich wie es bei Burg Lauenstein der Fall war, erfolgte ein Wieder- bzw. Neuaufbau im Stile einer imaginären Mittelalterromantik, wobei man allerdings Festungsgraben und -wall einebnete. Dann nahm die Burg 1838 die Kunstsammlungen der Herzöge auf. Auch unter dem Nachfolger von Ernst I., seinem Sohn Herzog Ernst II., setzten sich nach 1844 die Umbauten fort. Einige innerhalb der Veste übriggebliebene mittelalterliche Fachwerkbauten wie auch manches während der Gefängniszeit Zerfallene wurde abgetragen und durch neugotische Bauten ersetzt. Auch die Lutherkapelle erstand neogotisch wieder.

Ein zweiter Umbau durch den berühmten Burgenbaumeister Bodo Ebhardt ließ zwischen 1909 und 1923 diese historisierenden Bauten wieder verschwinden. Jetzt wurde versucht, nach alten Vorlagen ein möglichst realistisches historisches Aussehen der Veste zu rekonstruieren, wobei die sparsame Verwendung jüngerer Stilelemente nicht verpönt war. Im April 1945 erhielt die Veste durch amerikanischen Beschuss Schäden insbesondere am sogenannten Herzoginbau; in den Nachkriegsjahren erfolgte daher eine weitere, diesmal denkmalgerechtere Sanierung unter der Direktion der bayerischen Schlösserverwaltung. Die herzogliche Familie besaß auch nach 1918 das Wohnrecht in der Veste, erst mit dem Tod von Prinz Friedrich Josias im Jahr 1998, dem Chef des Hauses Sachsen-Coburg und Gotha, erlosch dieses. Das Jahr 2007 brachte dann den Abschluss aller vorgesehenen Wiederherstellungs- und Sanierungsmaßnahmen.

Von Anfang April bis Anfang November fährt der **Veste-Express**, eine Bimmelbahn, jede halbe Stunde vom Marktplatz/Herrngasse in 10 bis 15 Minuten hinauf zur Veste. Abfahrtspunkt ist die Touristeninformation in der Herrngasse. Weitere Info unter 0177/6623535 und unter www.geckobahn.de.

■ Ein Rundgang durch die Veste

Über die steinerne Brücke – einst eine Zugbrücke – von 1859 über den teilweise aufgefüllten Burggraben kommt man zum barocken **Prunktor** von 1671. Dahinter liegt der zweite Befestigungsring, dessen Ringmauer man durch das **Haupttor** von 1669 (Jahreszahl auf dem Radabweiser) durchschreitet. Dann geht es in einem Tunnelgang unter dem **Torturm** hindurch. Er entstand 1856 während des neugotischen Umbaus, Bodo Ebhardt ließ ihn 1911 ummanteln und die neogotischen Elemente entfernen. Die Kosten übernahm Zar Ferdinand von Bulgarien, ebenfalls ein Mitglied der herzoglichen Familie- daher wird der Turm oft Bulgarenturm genannt.

▸ Karte S. 230

Tor im Innenhof der Veste

Der Tunnelgang steigt an und an seinem Ende ist der Hof der Veste erreicht. Unmittelbar vor dem Besucher steht der **Fürstenbau** mit der Schlosskirche, die als Lutherkapelle bekannt ist. Der Fürstenbau mit seinen markanten Fachwerkerkern und -giebeln ist der im 15. Jahrhundert umgebaute Palas aus dem 13. Jahrhundert. Er wurde zu Beginn des 20. Jahrhunderts renoviert und war die Wohnung des letzten regierenden Herzogs Carl Eduard. Er birgt heute einen Teil der weltweit bedeutenden Kunstsammlungen, auch können die sehr sehenswerten herzoglichen Wohnräume besichtigt werden. Die rechts angebaute **Schlosskirche** entstand 1909 bis 1913 auf dem Grundriss der ersten mittelalterlichen Schlosskirche und zwar durch Umgestaltung der neogotischen Schlosskirche von 1851, die ihrerseits aus diesem mittelalterlichen Vorgängerbau hervorgegangen war.

Rechts der Schlosskirche liegt die **Hohe Bastei** aus dem 16. Jahrhundert, von der man einen herrlichen Blick in die nördlichen Umlande Coburgs hat. An der Bastei steht die Bronzeskulptur »Licht und Kraft« (1913) von Hans Klett. Der Blick von der Bastei beginnt im Nordwesten am Goldbergsee, hinter ihm erheben sich in der Ferne die beiden Gleichberge. Im Halbrund übersieht man im Norden das Industriegebiet um das Itztal, im Nordosten liegt am Fuß des Festungshügels die frühere berühmte Brauerei Scheidmantel mit ihren braun-ziegelroten Gebäuden, in der Ferne erhascht man am Westrand von Rödental das Schloss Rosenau und ganz in der Ferne im Nordosten liegt am Hang Sonneberg. Blickt man nach Süden, erkennt man in etwa zwei Kilometer Entfernung den Eckardtsberg (434 m) mit dem markanten Eckardtsturm.

Links an den Fürstenbau schließt sich die »**Steinerne Kemenate**« an. Sie stammt im Kern aus dem 13. Jahrhundert und wurde zu Beginn des 16. Jahrhunderts umgebaut. Der Treppenturm an der Westseite – mit Lutherrelief von 1930 – wurde erst 1924 erbaut. Der lateinische Spruch unter dem Lutherrelief lautet in der Übersetzung: »Ich werde nicht sterben, sondern leben und die Werke des Herrn verkündigen«, es ist eine Zeile aus dem 117. Psalm. In der Steinernen Kemenate befinden sich u.a. die Gemäldesammlung, das Lutherzimmer mit Bohlendecke und Tür noch original aus Luthers Zeit sowie die Waffensammlung. Eindrucksvoll ist das Jagdintarsienzimmer mit seinen 60

Der Fürstenbau mit der Schlosskirche

Der Carl-Eduard-Bau

Tafeln und einer der schönsten Renaissance-Innenarchitekturen Deutschlands. Im westlichen Teil des Hofs der Veste steht der **Carl-Eduard-Bau**, zur Gänze ein Neubau von 1924 an Stelle der »Roten Kemenate« aus der Mitte des 16. Jahrhunderts. Das Gebäude war 1945 beschädigt worden, heute ist es Museumscafé und Shop und beherbergt die Glassammlung und das Kupferstichkabinett. Gegenüber, zur Stadt hin, steht das **Hohe Haus**, das Zeughaus aus der Zeit um 1500, das mehr oder weniger unverändert blieb.

Quer zu den beiden letztgenannten Gebäuden schließt der **Herzoginbau** die Repräsentationsbauten der Veste im Westen ab. Ursprünglich ein Getreidespeicher aus dem 16. Jahrhundert, wurde er 1921 umgebaut und 1945 wie der Carl-Eduard-Bau beschädigt. In ihm sind heute die Wagen und Schlitten des herzoglichen Fuhrparks sowie Jagd- und Schützenwaffen untergebracht, auch befindet sich hier die Rüstkammer. Der Herzoginbau ist unmittelbar an die Festungsmauer gebaut, flankiert wird er links vom **Blauen Turm** mit dem ältesten sichtbaren Mauerwerk der Veste aus der Zeit um 1230. Der obere Teil des Turms stammt aus der Zeit um 1570, seine sogenannte »Welsche Haube« - ein glockenförmiger Turmabschluss- aus den Jahren um 1620. Rechts steht der **Rote Turm** von 1914, erbaut über dem Fundament des 1663 eingestürzten Vorgängerbaus.

Ein Tunnel führt unter dem Herzoginbau zur **Bärenbastei** von 1614. Auch von ihr hat man grandiose Blicke auf die Umlande - diesmal über die westlichen.

Ein Rundgang durch Coburgs Innenstadt

Coburgs wichtigste Sehenswürdigkeiten um Marktplatz, Pfarrkirche und Schlossplatz liegen nahe beieinander und lassen sich bequem auf der im folgenden geschilderten Wanderung besuchen.

Um den Markt

Man beginnt am besten am **Markt**, der schon im 15. Jahrhundert angelegt war und bereits damals gepflastert, was im Spätmittelalter in deutschen Städten noch recht selten war. Sieben Gassen führen zu ihm. An seiner Nordostseite steht eines der Coburger Wahrzeichen, das **Stadthaus**. Es wurde 1601 von Herzog Johann Casimir als herzogliche Kanzlei errichtet und zählt mit der reich verzierten Fassade und den Außenmalereien zu den eindrucksvollsten Profanbauten der Renaissance in Deutschland. Die runden Erker an der Ecke zur Spitalgasse und zur Herrngasse sind dabei ein besonders schmuckes Bauelement, seine Form ist als »Coburger Erker« bekannt geworden. Charakteristisch dafür ist eine tragende Säule, die Zweistöckigkeit und der Abschluss durch eine Welsche Haube. Im Innern ist das Stadthaus 1896 und 1957 völlig umgebaut worden.

In der Mitte des Platzes steht das **Prinz-Albert-Denkmal**. Königin Victoria von England stiftete es 1865 dem Heimatort ihres aus Coburg stammenden, 1861 nur 42-jährig verstorbenen Ehemanns.

An der Südwestseite des Marktes steht das **Rathaus**, stilistisch eine seltsame Mischung aus Renaissance- und Barockelementen, ebenfalls mit Coburger Erkern. 1577 bis 1580 errichtet, wurde es im um 1750 barockisiert und zu Beginn des 20. Jahrhundert nochmals verändert. Über dem Dreiecksgiebel befindet sich seit 1622 eine Figur des Stadtheiligen

Das Stadthaus am Coburger Marktplatz

▲ Karte S. 230

Das Rathaus

St. Mauritius, die einen 31 Zentimeter langen Marschallstab in der Hand hält. Diese 31 Zentimeter sind im übrigen das Normalmaß der weltberühmten **Coburger Bratwurst**, die auf dem Marktplatz in einem Traditionsstand verkauft wird. St. Mauritius ist nochmals am linken Erker an der Ecke zur Ketschengasse dargestellt, unter ihm steht der Rathausbaumeister Hans Schlachter. Sehr sehenswert ist im Inneren der 27 Meter lange und 13 Meter breite Ratssaal.

Im Westen des Marktes führt die Judengasse zum im frühen 14. Jahrhundert erbauten **Judentor**, einem der drei erhaltenen Stadttore.

Im **Haus Markt 9** (Ecke Nägleinsgasse) kam am 7. Oktober 1835 der Komponist Felix Draeseke zur Welt (gest. 1913). Mit seiner eher klassizistischen Tonsprache galt er bis vor 60 Jahren noch als einer der größten deutschen Komponisten des 19. Jahrhunderts. Heute ist er, warum auch immer, fast vergessen.

An der Ostseite des Marktes steht an der Ecke zur Steingasse die **Hofapotheke**, erbaut zwischen 1450 und 1500, die Apotheke zog aber erst 1543 ein. An der Hausecke steht auf einer Mondsichel eine Marienfigur mit dem Jesuskind, rechts von ihr befindet sich ein reichverzierter Erker. Man sollte unbedingt den hier nach alter Rezeptur hergestellten Hoflikör probieren. In dieser Ecke des Marktes steht auch der Spenglerbrunnen von 1620, charakteristisch ist sein Mauritiusstandbild.

Sehenswert ist Haus Nr. 11 in der nahen **Herrngasse** – es ist der schöne Renaissancebau des 1621 errichteten vormaligen **Zeughauses**, heute Sitz des Staatsarchivs Coburg.

Zweimal pro Woche findet auf dem Markt, gleichsam die »Gute Stube« Coburgs, der Wochenmarkt statt, und auch sonst herrscht hier emsiges Treiben. Lohnend ist auch ein Besuch bei Nacht – der Platz ist ganz eigentümlich ausgeleuchtet.

Um Stadtpfarrkirche und Gymnasium Casimirianum

Vom Rathaus geht es die Ketschengasse nach Süden. Sehenswert ist die Nr. 7, das prachtvolle **Münzmeisterhaus**, ein Bürgerhaus aus dem Jahr 1444. Man biegt links in die Neugasse ab und findet unter Hausnummer 1 die »Steinerne Kemenate«, vermutlich das älteste Haus der Stadt, aus dem 13. Jahrhundert. Weiter die Neugasse entlang kommt man zur **Stadtpfarrkirche St. Moriz**. Die Kirche war ursprünglich Klosterkirche des heute nicht mehr existierenden Benediktinerklosters Peter und Paul, das 1525 aufgelöst und dessen Gebäude nach und nach bis ins 19. Jahrhundert abgebrochen wurden. Sie wurde zwischen 1320 und 1586 mit Unterbrechungen gebaut, das älteste Bauelement ist der Ostchor von 1330. Der Nordturm wurde um 1460 vollendet und erhielt 1586 eine Türmerstube und eine Welsche Haube, der Südturm blieb unvollendet. Zwischen beiden besteht ein feingegliederter Mittelbau. Ganz ungewöhnlich ist, dass die

Das Herzogsgrab in der St.-Moriz-Kirche (Detail)

Kirche mit 33 Metern breiter denn im Mittelschiff hoch ist. Rechts vom Eingangsportal stehen Adam und Eva (die Figur wirkt ganz leicht rachitisch), links Maria und Maria Magdalena.

Herzog Johann Casimir ließ 1585 im Langhaus die hölzerne Decke von 1540 mit einem Kassettenmuster bemalen. Er bestimmte die Morizkirche auch zur herzoglichen Grablege. Dabei wurde 1598 der Hochaltar entfernt und durch einen prunkvollen, 13,66 Meter hohen und 6,55 Meter breiten, fünfstöckigen, von Säulen getragenen **Epitaph** aus Heldburger Alabaster (ein feinkörniger Gips) für seinen Vater Herzog Johann Friedrich II. (genannt der »Mittlere«) ersetzt, der 1595 gestorben war. Bei den betenden Figuren im unteren Bereich des Epitaphs handelt es sich um Herzog Johann Friedrich den Mittleren (knieend, in der Mitte), rechts von ihm seine erste Gemahlin Agnes von Hessen und die zweite, Elisabeth von der Pfalz. Links vom Herzog befinden sich seine beiden schon als Kinder verstorbenen Söhne Johann Friedrich und Friedrich Heinrich, links von diesen seine Söhne Johann Casimir (mit Schärpe), der das Epitaph hat errichten lassen und dessen jüngerer Bruder Johann Ernst. Das Relief gleich erhöht dahinter zeigt die Überführung der Gebeine des alttestamentarischen Patriarchen Joseph in das kanaanäische Grab.

Vor bzw. unter dem Epitaph befand sich fast einhundert Jahre lang die herzogliche Grablege, bis 1687 die Särge in eine eigenständige **Gruft** unter dem Chorraum verlegt wurden. Bis 1860 wurden die Coburgischen Herzöge hier beigesetzt. In dieser Gruft befindet sich auch der Sarkophag von Herzog Albrecht (1648–1699), der nach dem Brand 1690 das spätere Schloss Ehrenburg wiedererrichten ließ. Die metallenen Grabplatten neben dem Epitaph sind ebenfalls bemerkenswert: zunächst die ganz linke, plastisch gearbeitete für Herzog Johann Casimir, ein Werk des Coburger Erzgießers Georg Werther. Daneben die zweiteilige, gravierte Platte für seinen Bruder Johann Ernst (1566–1636) An der Südwand befindet sich die Tafel für Johann Friedrich den Mittleren, daneben die seiner Frau Elisabeth von der Pfalz, die beide von dem Nürnberger Gießer Benedikt Wurzelbauer nach einem Entwurf von Peter Sengelaub 1595 erstellt wurden.

▶ Karte S. 230

Vor dem Epitaph steht der aus Ahornholz geschaffene **Volksaltar** von 2016. Zwischen 1740 und 1742 erfolgte eine teilweise Barockisierung des Kircheninneren. Leider wurde dabei das meiste der gotischen Innenausstattung entfernt, wie beispielsweise die Kanzel, auf der Luther noch gepredigt hatte. Von der älteren Ausstattung ist neben einigen Freskenrelikten nur der Grabstein für einen Ritter Albrecht von Bach (gest. 1441) und das farbige Taufbecken von 1539 noch vorhanden. Während des barocken Umbaus wurden zweigeschossige Emporen eingebaut, da die Kirche nun viel mehr an Gläubigen aufzunehmen hatte, als es in der Zeit ihrer Errichtung der Fall war. Gegenüber dem Portal der Morizkirche steht der zweigeschossige, mit schönen Renaissancegiebeln geschmückte Bau des 1605 eingeweihten **Gymnasium Casimirianum**, erbaut von Peter Sengelaub. An seiner Ecke, der Kirche zugewandt, steht eine Statue des Schulgründers Herzog Johann Casimir. Durch die Jahrhunderte wurde die Schulanlage bis heute baulich immer wieder erweitert – es ist heute ein größerer Gebäudekomplex, der sich entlang der Gyymnasiumsgasse bis zum Steinweglein hinzieht.

Schloss Ehrenburg (Ostflügel)

Schlossplatz und Hofgarten

Über das Kirchgäßlein, die Steingasse und die Rückertstraße gelangt man zum sicherlich eindrucksvollsten Platz Coburgs, dem Schlossplatz. Ihn säumt an der Südseite mit seiner eindrucksvollen neogotischen Fassade **Schloss Ehrenburg**. Es war das Residenzschloss der Herzöge von Sachsen-Coburg und ging nach 1543 aus dem Komplex des davor aufgelösten Franziskanerklosters hervor. Durch dessen Umbau entstand bis etwa 1560 ein dreiflügeliges Schloss, ein Ostflügel fehlte, da es direkt an die damalige Stadtmauer gebaut war. Den Südflügel ließ Herzog Johann Casimir 1590 ausbauen, wodurch ein weiterer Innenhof entstand. Herzog Albrecht III. legte dann 1680 den sehr weitläufigen Hofgarten an, der sich bis zur Veste hinauf erstreckt, die somit durch einen Grüngürtel direkt mit dem Stadtzentrum verbunden ist. Ein Großbrand vernichtete 1690 das Schloss, doch Herzog Albrecht nahm sogleich einen Neubau in Angriff, diesmal in den Formen des inzwischen modern gewordenen Barock. Damit erhielt das Schloss seinen im wesentlichen bis heute erhaltenen neuen Grundriss mit einem nach Norden offenen Hof. Der neue Ostflügel war Gästen vorbehalten, im Westflügel befanden sich Repräsentationsräume und die Schlosskapelle, einzig der von dem Vorgängerbau teilweise erhaltene Südflügel (überwiegend noch in Renaissanceformen) wurde zum Hauptflügel des neuen Schlosses. Nach Plänen von Karl Friedrich Schinkel ließ Herzog Ernst I. (1784–1844) ab 1810 dem Barockbau ein neues, dem damaligen Zeitgeschmack angepasstes Aussehen geben. Bei der Außenansicht griff man auf neugotische (»Tudorgotik«) Formen zurück, im Inneren herrschte der Klassizismus preußischer Spielart vor. Nach insgesamt über 30-jähriger Bauzeit war 1843 ein grandioses Ensemble entstanden, das erst jetzt seinen heutigen Namen erhielt und das durch den bis 1857 ebenfalls neu gestalteten Schlossplatz und dem ebenfalls neu gedachten **Hofgarten**, der jetzt zum englischen Landschaftspark verwandelt war, eine triumphale Überkrönung erfuhr. Die britische Königin Victoria weilte sehr oft auf Schloss Ehrenburg. Zu ihrer Bequemlichkeit wurde in ihren Räumen 1860 das damals erste »Wasserclosett« auf dem europäischen Kontinent eingebaut – es durfte nur von ihr benutzt werden.

Sehr sehenswert sind die **Schlosskirche** sowie der **Riesensaal** mit seinen 28 Altanenfiguren, die beide noch aus der Barockzeit stammt; der **Thronsaal** ist in prächtigem Klassizismus gehalten. Außerdem beherbergt das Schloss die 400 000 Bände umfassende **Landesbibliothek Coburg**. Doch allein schon sein neugotisches Äußere macht das Schloss Ehrenburg zu einer Attraktion ersten Ranges.

Östlich des Schlosses steht an der Straße Wettiner Anlage noch der **ehemalige Marstall** von 1685, erbaut in bester Renaissance-Manier, heute Amt für Digitalisierung. In der Mitte des Schlossplatzes steht das **Denkmal für Herzog Ernst I.**, das Ludwig Schwanthaler aus München schuf und das1849 eingeweiht wurde.

Den Osten des Schlossplatzes bildet ein langgestreckter Arkadenkomplex über den man in den höher gelegenen und bergansteigenden 30 Hektar großen **Hofgarten** gelangt. Herzog Albrecht ließ ihn gegen 1680 als terrassierten Hanggarten anlegen. Er gilt als eine der schönsten Parkanlagen Deutschlands. Seine ältesten Bauten sind zwei Gartenpavillons von 1754. Unter Herzog Ernst I. wurde er um 1817 zum Landschaftspark umgestaltet, die Arbeiten waren in Gänze erst unter Herzog Ernst II. 1857 vollendet, im gleichen Jahr wurde der Park auch für die Öffentlichkeit freigegeben. An seinem nordwestlichen Rand steht das **Naturkundemuseum** (Festungsstraße), und gleich oberhalb des Schlossplatzes ehrt ein Denkmal den Vollender des Parks, Herzog Ernst II. Durch den Park läßt es sich wunderbar zur Veste aufsteigen.

▲ Karte S. 230

An der Westseite des Schlossplatzes (Grafengasse) steht ein Gedenkstein für **Melchior Franck** (1580–1639), den Hofkapellmeister des Herzogs Johann Kasimir. Sein Wohnhaus befand sich an dieser Stelle. Melchior Franck ist der wahrscheinliche Schöpfer der Melodie von »O Tannenbaum«, die 1613 in einer von ihm herausgegebenen Liedersammlung erstmals erschien.

An der Nordseite des Schlossplatzes befindet sich das **Landestheater**, eröffnet 1840. Es ist ein sogenanntes Dreispartentheater und eine der bedeutendsten bayerischen Bühnen. Rechts von ihm steht das **Edinburgh-Palais** (heute Sitz der IHK), erbaut 1846 für den Diplomaten und Politiker Karl August von Wangenheim, von dem es 1865 Prinz Alfred von Edinburgh erwarb. In der neugotischen **Pfarrkirche St. Augustin** (hinter dem Palais an der Festungsstraße) ruhen

Jugendstil in der Spitalgasse

Das Landestheater Coburg

15 katholische Angehörige des Hauses Coburg, darunter Zar Ferdinand von Bulgarien (1861–1948, reg. 1908–1918).

Am Theaterplatz

An das Landestheater schließt in Verlängerung des Schlossplatzes der Theaterplatz an. Er entstand zur gleichen Zeit wie das Theater im Jahre 1840 durch Auffüllung des Stadtgrabens und das Schleifen der Stadtmauer. An der Nordseite des Platzes steht das Prinz-Josias-Denkmal. **Prinz Friedrich Josias von Sachsen-Coburg-Saalfeld** (1737–1815) stand in österreichischen Diensten und zeichnete sich im Siebenjährigen Krieg als tapferer wie auch leutseliger Heerführer aus. Unter Kaiser Franz II. war er der letzte Generalfeldmarschall des Heiligen Römischen Reichs. Dem Ansehen und der Verhandlungsführung des Prinzen war es zu verdanken, dass die Franzosen 1806 bei der Besetzung Coburgs auf die Plünderung verzichteten. Gleich dahinter liegt das Bürglaß-Schlösschen (heute Standesamt), ein klassizistischer Bau aus der zweiten Hälfte des 18. Jahrhunderts. Es war der Wohnsitz des Prinzen. Der Theaterplatz ist einer der lebendigsten Orte der Stadt – hier gibt es eine Fülle von Bars, Cafés und neben dem Bürglaß-Schlößchen einen traditionellen Biergarten. Über die Straße Kleine Mauer, die auf den Fundamenten der ehemaligen Stadtbefestigung liegt, kommen wir zum Spitaltor, dem zweiten der noch vorhandenen Stadttore und gehen über die Spitalgasse zurück zum Markt.

Sonstige Sehenswürdigkeiten

Auch außerhalb des inneren Stadtmauerrings gibt es in Coburg viel Sehenswertes, vor allem ist es Jugendstil- und Neogotik-Architektur. Und in der näheren Umgebung gibt es einige besuchenswerte Schlossanlagen, meist aus dem 19. Jahrhundert.

Der Jugendstil in Coburg

Coburg weist einige sehr sehenswerte Jugendstilgebäude auf, so u.a. das Haus Spitalgasse 19 (nahe dem Markt, heute Deutsche Bank), das ehemalige Kaufhaus Moses Conitzer, errichtet 1908. Des weiteren das sogenannte »Sonnenhaus« von 1902 (Alexandrinenstr. 4, am Rosengarten) und das Wohn- und Geschäftshaus Bahnhofstr. 10–12.

Neugotik in Coburg

Der neugotische Ring

Coburgs neugotischer Bebauungsring ist architektonisch etwas Einzigartiges. Ein annähernd geschlossenes Ensemble neugotischer Bauwerke existiert entlang des Verlaufs der früheren Stadtmauer, wobei sehr oft Mauerreste das Fundament der Bürgerhäuser sind. Wie ein Gürtel umschließt dieser Straßenzug vom Ernstplatz über Albertplatz, Untere/Obere Anlage, den Schlossplatz und die Allee bis zur Rosenauer Str. auf etwa zwei Kilometern Länge die Innenstadt. Diese umspannende Reihe neogotischer Bauten bildet einen architektonischen Kontrapunkt zu den engen Innenstadtgassen und somit eine besondere Urbanität. Europaweit gibt es kaum ein anderes neogotisches Ensemble von solcher Geschlossenheit.

Um den Albertsplatz

Gleich südlich des ehemaligen inneren Stadtmauerrings liegt an der Ketschengasse der Albertsplatz. Auch er ist von mächtigen neugotischen Gebäuden gesäumt – die Lutherschule und die ehemalige Bonbonfabrik Weiß. Südöstlich des Platzes liegt an der Unteren Salvatorgasse der **Salvatorfriedhof** (erbaut 1494) und die **Salvatorkirche** von 1662. Weiter stadtauswärts wird die Ketschengasse zur Ketschendorfer Straße. An deren Ecke zur Kasimirgasse steht das **Ketschentor**, ein Teil der äußeren Stadtbefestigung und das dritte und letzte der noch existierenden Coburger Stadttore.

▲ Karte S. 230

Außerhalb der historischen Innenstadt

Die **Heilig-Kreuz-Kirche** (Hintere Kreuzgasse) ist ein gotischer Bau vom Anfang des 15. Jahrhunderts mit unvollendetem Glockenturm. Die Kirche wurde Mitte des 16. Jahrhunderts durch ein Hochwasser zerstört und teilweise ganz neu errichtet. Der Marienaltar von 1515 befindet sich heute in den Kunstsammlungen der Veste, der noch vorhandene Renaissance-Taufstein kam 1691 aus der Schlosskapelle der Ehrenburg in die Kirche.

Über die Seidmannsdorfer Straße gelangt man zum **Eckardtsturm** auf dem Eckardtsberg (432 m) im Osten von Coburg. Hier ließ Herzog Ernst II. 1873 einen neugotischen, doch mittelalterlich wirkenden 21 Meter hohen Aussichtsturm erbauen, der von der Veste aus gut zu sehen ist, und seinerseits beste Blicke auf die Veste bietet (Schlüssel vorher beim Hochbauamt Coburg, Steingasse 18, Tel. 859651 abholen). Die Mühe lohnt.

Sehr sehenswert ist an der Rosenauer Straße/Ecke Allee das sogenannte **Rosenau-Schlösschen** (nicht zu verwechseln mit dem herzoglichen Schloss Rosenau im nahen Rödental), nach der Steinernen Kemenate und dem Münzmeisterhaus das drittälteste Profangebäude der Stadt, erbaut um 1435. Den prächtigen Fachwerkbau in seiner idyllischen Umgebung sollte man unbedingt sehen. Als ein Wasserschlösschen stand es im ausgehenden Mittelalter einst inmitten des heute nur noch an seiner Ostseite vorhandenen Ritterteichs und war nur über eine Zugbrücke zu erreichen.

Im Ortsteil Ketschendorf (Parkstr. 2) steht das neugotische **Schloss Ketschendorf**, erbaut 1868 durch die Baronin von Ketschendorf, die 1865 geadelte Opernsängerin Rosine Stolz (1815–1903) alias Victoire Noël. Seit den 1950er Jahren war es bis 2010 Jugendherberge, jetzt ist es Schulungszentrum eines Unternehmens. Neugotisch ist auch **Schloss Falkenegg** (Falkeneggstr. 10, Familie von Lederstеger-Falkenegg, heute evangelischer Kindergarten) im Ortsteil Neuses. Es hat einen sehenswerten Bergpark und entstand 1891.

Das bedeutendste alle Coburger Schlösser ist das ebenfalls neogotische **Schloss Callenberg** (Callenberg 1), das auf einem bewaldeten Hügel im Stadtteil Beiersdorf liegt, im Nordwesten Coburgs. Es beherbergt die ehemals herzoglichen **Kunstsammlungen** und das **Deutsche Schützenmuseum**. Der dreiflügelige Bau aus dem Mittelalter wurde 1857 durch Herzog Ernst II. (reg. 1844–1893) neogotisch umgebaut und besteht aus einem unteren und einem oberen Teil. Die Schlosskapelle stammt im Kern noch aus dem 16. Jahrhundert und hat noch ihre Innenausstattung aus jener Epoche, sie ist aber äußerlich neugotisch. In der Nähe befindet sich der 1944 angelegte Friedhof der Familie Sachsen-Coburg und Gotha; die davor (ab 1860) Verblichenen sind im Herzoglichen Museum am Glockenberg in Coburg beigesetzt. Der letzte Herzog, Eduard, liegt auf dem Callenberger Friedhof. Sehr sehenswert ist der großartige englische Landschaftspark – die Schlossanlage ist als Gesamtkunstwerk eine der bedeutendsten touristischen Attraktionen des Coburger Lands. Dann gibt es noch ganz am Ostrand der Stadt **Schloss Neuhof** (Neuhofer Str. 10), das ebenfalls mittelalterlich ist, 1866 neugotisch verändert wurde und heute eine Klinik für Suchtkranke beherbergt.

Schloss Callenberg

Zu erwähnen sei noch, dass der im Deutschland des 19. Jahrhunderts neben Heinrich Heine meistgelesene und meistgewürdigte Lyriker und Orientalist **Friedrich Rückert** (geb. 1788 in Schweinfurt) von 1821 bis zu seinem Tod am 31. Januar 1866 im heutigen Coburger **Ortsteil Neuses** gelebt hat. Sein Wohn- und Sterbehaus ist erhalten (Friedrich-Rückert-Str. 13), hier gibt es auch ein kleine Gedächtnisstätte und auf dem Neuseser Friedhof liegt er begraben. Gustav Mahler vertonte Rückerts »Kindertotenlieder«, die er nach dem Tod seiner beiden eigenen Kinder dichtete. Auch Franz Schubert und Robert Schumann vertonten viele seiner Gedichte. Rückert, der 44 Sprachen beherrschte, hinterließ ein großes, vor allem lyrisches Gesamtwerk, Prosa gibt es von ihm kaum. Ältere Leser haben sicherlich manch Rückertsches Gedicht noch in ihrer Schulzeit lernen müssen. Rückert war nicht zuletzt berühmt durch seine einfühlsamen Übersetzungen persischer, arabischer, indischer und chinesischer Lyrik und Epen. Jedes Jahr verleiht die Stadt Coburg den Friedrich-Rückert-Preis an Autoren, deren sprachliche Wurzeln im mittleren Osten liegen.

Coburg

PLZ: 96450
Vorwahl: 09561
Coburg Tourist Information, Herrngasse 4, Tel. 89-8000. www.coburgmarketing.de
Von Anfang April bis Anfang November fährt der **Veste-Express**, eine Bimmelbahn, jede halbe Stunde vom Markt/Ecke Herrngasse in 10 bis 15 Minuten hinauf zur Veste. Abfahrtspunkt ist die Touristeninformation. Weitere Info unter 0177/6623535 und unter www.geckobahn.de
Parkmöglichkeiten: Parkhaus Post, Hindenburgstr. 8; Parkplatz Vorderer Floßanger; Tiefgarage Albertsplatz, Goethestr. 9, Parkplatz Ketschenanger (Ecke Schützen- / Bamberger Straße)-

Ringhotel Stadt Coburg, Lossaustr. 12, Tel. 8740; DZ 120–150 €. Mit gemütlichem Restaurant Backstüble.
www.hotel-stadt-coburg.de
Hotel Goldener Anker, Rosengasse 14, Tel. 55700; DZ 80–120 €. Nur 100 m vom Markt entfernt, mit Steakhaus.
www.goldener-anker.de
Hotel-Gasthof Löhnert, Schusterdamm 28, Tel. 83360; DZ 51–77 €, mit Frühstück jeweils 5 € mehr. www.hotel-loehnert.de
Hotel The Square, Ketschengasse 1, Tel. 705852-0; DZ ab 70 € ohne Frühstück. Direkt am Markt, ohne Restaurant.
www.thesquare.de

Brauhaus zu Coburg, Nägleinsgasse 4, Tel. 7059192. Fränkische und bayerische Speisen. https://brauhaus-coburg.de
Bratwurstglöckle, Kleine Johannisgasse 5, Tel. 75270.
Gasthaus Hopfen und Malz, Oberer Bürglaß 12, Tel. 2480225. Fränkische Gerichte, fränkische Biere und Weine.
Restaurant Loreley, Herrngasse 14, Tel. 7958242. 400-jährige Coburger Gasthaustradition. www.coburg-loreley.de
Restaurant und Bar Heimatliebe, Theatergasse 1, Tel. 7334012. Coburgs einzige Location, die niveauvolle Gastronomie, Bar und Club vereint.
www.heimatliebe-coburg.de

Veste Coburg, Tel. 879-48, Kunstsammlungen unter 879-0; Apr.–Okt. tägl. 9.30–17 Uhr, Nov.–März Di–So 13–16 Uhr, geschlossen an Silvester und den Weihnachtstagen.
Schloss Ehrenburg, Schlossplatz 1, Tel. 8088-32; jeweils Di–So Apr.–Sept. 9–18 Uhr, Okt.-März 10–16 Uhr, Führungen stündlich. www.sgvcoburg.de
Schloss Callenberg, Callenberg 1, Tel. 55150; April-Okt. Di–So 11–17 Uhr, Nov.–März Di–So 13–16 Uhr. Führungen So und Fe bzw. auf Anfrage. Herzogliche Kunstsammlungen und Deutsches Schützenmuseum. www.schloss-callenberg.de
Naturkunde-Museum Coburg, Park 6, Tel. 8081-0; tägl. 9–17 Uhr. Erdgeschichte sowie Tier- und Pflanzenwelt Oberfrankens.
www.naturkunde-museum-coburg.de
Coburger Puppenmuseum, Rückertstr. 2–3, Tel. 891480; Apr.–Okt. tägl. 11–16 Uhr, Nov.–März Di–So 11–16 Uhr. Puppengeschichte von der Porzellan- bis zur Barbiepuppe.

April Frühlingsfest.
Juli Samba-Festival, die weltweit größte Sambaparty außerhalb Brasiliens.
www.samba-festival.de
Schlossplatzfest mit lokaler Gastronomie vom Besten.
www.schlossplatzfest-coburg.de
Juli/August HUK-Coburg Open Air Sommer (internationale Pop- und Rock-Darbietungen mit namhaftesten Künstlern.
September Coburger Museumsnacht.
https://museumsnacht-coburg.de
Coburger Klößmarkt, buntes, auch kulinarisches Programm auf dem Markt, leider ist seine Zukunft ungewiss.
November/Dezember Coburger Weihnachtsmarkt auf dem Markt.
https://coburger-weihnachtsland.de

▶ Karte S. 230

Im Coburger Umland

Natürlich bietet auch die weitere Umgebung von Coburg viele Sehenswürdigkeiten, darunter viele Schlösser, attraktive Museen und zauberhafte, kleine, wie unberührt wirkende, idyllische Städtchen.

Im Osten

Die Gegend zwischen Coburg und der Kreisgrenze zu Kronach ist landschaftlich zwar schön, aber besonders um die B 303 doch auch recht verbaut und durch viele kleinere Betriebe nicht unwesentlich industrialisiert. Dennoch gibt es mehrere besuchenswerte Orte.

■ Schloss Rosenau

Etwa vier Kilometer nordöstlich der Coburger Innenstadt gelegen, ist Schloss Rosenau in Unterwohlsbach (Katastralgemeinde Rödental) ein besonderes Kleinod. Es ist die Geburtsstätte von Prinz Albert von Sachsen-Coburg und Gotha, dem Ehemann der britischen Königin Victoria, der hier am 26. August 1819 zur Welt kam. Wie es auch dem Coburger Schloss Ehrenburg widerfuhr, wurde auch Rosenau auf Wunsch von Herzog Ernst I. im neugotischen Stil von 1806 bis 1817 umgebaut. Es liegt auf einem Hügel oberhalb der Itz. Ursprünglich im 14. Jahrhundert erbaut, gehörte es anfangs den Herren von Rosenau und war zu Beginn des 17. Jahrhunderts an Herzog Johann Casimir verkauft worden, da die Rosenauer verarmt waren. Dennoch gelang ihnen 1637 der Rückkauf, bis sie 1704 endgültig gezwungen waren, es zu veräußern und es der österreichische Diplomat und Vogelkundler Ferdinand von Pernau als Sommersitz erwarb. Nach dessen Tod kam Schloss Rosenau, das bis dahin nur einige geringe frühbarocke Renovierungen und Umbauten erfahren hatte, wieder an die Herzogsfamilie. Um die Mitte des 19. Jahrhunderts lebte der damals berühmte Reiseschriftsteller Friedrich Gerstäcker mehrere Jahre als Gast von Herzog Ernst II. auf dem Schloss. 1920 wurde es von der Coburger Landesstiftung übernommen, heute ist es im Besitz des Freistaats Bayern und seit 1990 restauriert und

Schloss Rosenau

Museum. Besichtigt werden können u.a. die herzoglichen Wohnräume mit teils originaler Innenausstattung.
Sehr sehenswert ist auch der als englischer Landschaftspark angelegte **Schlosspark** mit Teehaus, Kavaliershaus und Schweizerhaus (Meierei), auch wenn er leider nur noch ein Fünftel der ursprünglich konzipierten Fläche umfasst. Am Südrand des Parks befindet sich das **Europäische Museum für Modernes Glas**, das u.a. sehr sehenswerte Kollektionen von Gebrauchsglas und Glas-Skulpturen zeigt.

Neustadt bei Coburg

Neustadt (15 100 Bewohner) und das thüringische Sonneberg, die nur etwa vier Kilometer auseinanderliegen, sind seit alters eine geographische Einheit, aber auch seit etwa 1700 wirtschaftlich auf das engste verbunden. Die Spielwarenherstellung, die in Sonneberg seit dem 17. Jahrhundert existierte, kam zu Beginn des 18. Jahrhunderts auch nach Neustadt, wo sie im 19. Jahrhundert der hauptsächliche Wirtschaftszweig war. Überwiegend wurde in Heimarbeit produziert. Allerdings brach mit dem Ende des Ersten Weltkriegs die Blütezeit der Stadt ab – die sehr stark exportorientierte Spielzeugproduktion verlor viele ihrer Absatzmärkte, da die vormaligen Abnehmerländer jetzt begannen, die Eigenproduktion aufzubauen. Neustadt geriet nach 1945 durch seine Grenzlage nochmals ins Abseits. In Sonneberg – vor 100 Jahren »Weltspielwarenstadt« genannt –, florierte die Spielwarenherstellung nicht nur bis 1990, da sehr vieles in die sozialistischen Bruderländer exportiert wurde, sondern tut dies bis heute. **Das Deutsche Spielwarenmuseum in Sonneberg**, das hier seit 1901 besteht, thematisiert Geschichte, Produktion und Produkte dieser Industrie. In Neustadt gibt es mit dem **Museum der Deutschen Spielzeugindustrie** (mit Trachtenpuppenmuseum) ein Pendant dazu. Jedes Jahr findet zudem ein siebentägiges **Puppenfestival** statt, neben Live-Musik, Straßenkunst und Flohmärkten gibt es zusätzlich Puppensammlerbörsen sowie die Möglichkeit, hinter die Kulissen von Puppen- und Spielzeugfabriken zu schauen (www.puppenfestival-neustadt.de). In Neustadt findet man sogar noch einen richtigen Puppendoktor.
Ein Brand vernichtete 1839 die Stadt Neustadt vollständig, daher gibt es nur sehr wenig sehenswerte historische Architektur. Der Neubau der **Stadtkirche St. Georg** bezog 1848 Mauerreste und den Turmstumpf mit ein. Die obere Hälfte des Turms erinnert jedoch eher an den Turm eines neugotischen Märchenschlosses, als an den eines Gotteshauses. Vielleicht ist die Kirche gerade daher sehenswert. Den Brand unversehrt überstanden hatte die damals außerhalb der Stadt stehende und im Markgrafenstil 1757 erbaute **Auferstehungskirche** (Friedhofskirche, Eisfelder Str. 3), ein Saalbau mit Dachreiter.

Sonnefeld

An der B 303, ziemlich genau in der Mitte zwischen Coburg und Kronach liegt Sonnefeld (4600 Bewohner). Hier ist das ehemalige **Kloster Sonnefeld** die bedeutendste Touristenattraktion. Das 1260 gegründete Zisterzienserinnenkloster bestand bis 1525, die Klosterkirche wurde 1540 zur evangelischen Pfarrkirche. Diese einschiffige Kirche, die wie die Klostergebäude im Dreißigjährigem Krieg niederbrannte, zeigt ein ungewöhnliches Aussehen, da der hochgotische Ostchor das ältere im Übergang der Romanik zur Gotik entstandene Langhaus um etwa fünf Meter überragt. Das Langhaus sollte vermutlich ebenfalls im neuen Stil umgebaut werden, was dann aber nicht

▲ Karte vordere Umschlagklappe

Die Klosterkirche in Sonnefeld

erfolgte, sei es wegen der Hussitenkriege und dann schließlich wegen der Reformation. Dieses seltsam Unvollendete macht den äußeren Reiz des Kirchenbaus aus. Im Chorraum befindet sich die Grabplatte der 1613 verblichenen Herzogin Anna von Sachsen, die die erste Ehefrau des Coburger Herzogs Johann Casimir war. An der Ostwand des Chors befinden sich drei Grabsteine: der der Äbtissin Anna von Henneberg (gestorben 1363) und die des Ritters Hans von Schaumberg (ein Wohltäter des Klosters) wie auch seiner Frau, alle drei Epitaphien sind etwa um 1380 entstanden. Durch den Umbau von 1856 erhielt die Kirche eine eher schmucklose neugotische Innenausstattung. Direkt hinter der Südwand der Kirche liegt der ehemalige Kreuzgang, heute eine Grünanlage, doch durch den Brunnen in der Mitte noch als solcher erkennbar.

Gestungshausen

Aus dem zu Sonnefeld eingemeindeten Ort Gestungshausen (etwa drei Kilometer östlich) stammt einer der bedeutendsten, jedoch auch umstrittensten deutschen Schauspieler des 20. Jahrhunderts, Werner Krauss (1884–1959). Krauss war ein Charakterdarsteller von unbestrittenem Rang, voll größtem suggestivem Ausdruck. Neben Heinrich George und Emil Jannings galt er als bedeutendster Darsteller der Jahre zwischen 1920 und 1945. Sein Mitwirken in dem berüchtigten antisemitischen Propagandastreifen Jud Süß (1940) von Veit Harlan, in welchem er in die Rollen vier verschiedener jüdischer Charaktere schlüpfte, trübt dieses Bild. Wenngleich dies eine – objektiv gesehen – grandiose mimische Leistung war, ist sie jedoch voll antisemitischer Verzerrungen, und nicht von ungefähr wurde der Film sehr oft dem Wachpersonal damaliger Konzentrationslager agitierend vorgeführt. Krauss war, wie es Fritz Kortner ausdrückte, »ein Nazi und ein Schweinehund – doch ein großartiger Schauspieler«. Daher konnte er in den Nachkriegsjahren nicht mehr an seine früheren Erfolge anknüpfen, obgleich vor allem sein Wiener Publikum (er war lange Jahre Burgtheater-Mitglied) ihn rehabilitierte. Krauss liegt auf dem Wiener Zentralfriedhof begraben. Letztlich gilt bis heute Hans Söhnkers Ausspruch: »Über den einsamen Rang des Künstlers Krauss gibt es keine Diskussion. Nur an dem Menschen scheiden sich die Geister.« Sehenswert ist heute noch seine Darstellung des großen Arztes Paracelsus in dem gleichnamigen Film (1943) von G.W. Pabst.

In Gestungshausen lohnt neben einem Torturm der Besuch der 1733 eingeweihten **Matthäuskirche** (an einem Hang oberhalb des Dorfs) mit ihrem unvollendeten Deckengemälde des Abendmahls im Chor – der Künstler stürzte damals vom Gerüst und starb. Ungewöhnlich ist auch, dass sich über dem Altar im Chor Emporen befinden.

Der Süden

Natürlich bietet auch die südliche Umgebung Coburgs ein herzoglich coburgisch-gothaisches Schloss, hier gibt es aber mit Seßlach zudem ein kleinstädtisches Idyll ersten Ranges.

Schloss Niederfüllbach

Was heutzutage Gretna Green oder Las Vegas für entscheidungsfreudige Hochzeitspaare sind, war für fränkische Vermählungswillige im 19. Jahrhundert Niederfüllbach, gelegen etwa fünf Kilometer südlich des Coburger Stadtzentrums. Hier konnte man sich ohne große Formalien verheiraten. Grund dafür waren spezifische Herrschaftsverhältnisse. Niederfüllbachs unmittelbare Schlossherren, die von Schaumburg, verstanden es sehr gut, sich zwischen den Coburger Herzögen und den Bamberger Bischöfen eine gewisse Eigenständigkeit zu erhalten. Niederfüllbach lag seit 1811 auf Coburgischem Territorium, doch liebte man diese Herrschaft nicht und leistete kurzerhand den Bambergern den Lehnseid – letzlich hatten die aber wegen der coburgischen Zugehörigkeit auch nichts zu melden. Und somit waren die Pfarrer von Niederfüllbach niemand anderem verpflichtet als ihren lokalen Schlossherren, die es genossen, beide Seiten mit unbürokratischer Heiratserlaubnis zu ärgern. Das Schloss Niederfüllbach, das heute in Privatbesitz ist, erhielt seine heutige Form nach den Zerstörungen des Dreißigjährigen Kriegs um 1700. 1820 kam es in den Besitz von Herzog Leopold von Sachsen-Coburg und Gotha, der später Belgiens erster König werden sollte. Dessen Sohn Leopold II. war berüchtigt duch seine menschenverachtende Kolonialpolitik im Kongo. Die Abwicklung oder sagen wir Bewältigung dieser Politik führte 1907 noch zu Lebzeiten Leopolds II. zur Gründung einer Stiftung, die auf dem Grundbesitz des vormaligen belgischen Königshauses im Coburger Land beruht, und sich sozialen sowie künstlerischen Projekten widmet. Die historische Einrichtung des

Schloss Hohenstein

▲ Karte vordere Umschlagklappe

Schlosses wurde 1940 von dieser Stiftung übernommen und auf verschiedene Coburger Museen verteilt. Nach dem Krieg diente es als Altersheim, brannte 1957 aus und sollte abgerissen werden, doch dann wurde es von einem Privatmann wieder aufgebaut.

Schloss Hohenstein

Dieses prächtige Renaissanceschloss, das in prachtvoller Höhenlage auf einem Sandsteinfelsen erbaut wurde, ist heute Hotel und birgt ein ausgezeichnetes Restaurant. Zu Beginn des 14. Jahrhunderts wird es erstmals erwähnt, es befand sich damals in Besitz der Grafen von Henneberg. Nachdem es im Bauernkrieg 1525 zerstört worden war, entstand es um 1575 unter den Herren von Lichtenstein im Renaissancestil neu. 1763 kaufte es der braunschweigische Generalleutnant Freiherr Philipp Ernst von Imhof, dessen Familie es bis 1937 behielt und dann an die Reichsregierung veräußerte. Das Schloss selbst gehört heute der gemeinnützigen Oskar-Hacker-Stiftung, der Familie Imhof gehören aber noch die Ländereien wie auch die sehenswerte **Schlosskapelle** etwa 50 Meter rechts vom Schloss. Die Besichtigung ist nur nach rechtzeitiger Anfrage an der Rezeption möglich. Erbaut um 1670 durch Christoph von Thüna, ist in ihr der prächtige Schalldeckel von 1688 der ansonsten sehr schlichten Kanzel ein besonderes Kleinod, auch das Epitaph des Philipp Ernst von Imhof (1702–1768) ist sehenswert.

Der **Rokokopark** mit Sichtachsen, Grotten, Wasserfall und Monopteros sowie der in Richtung Stöppach am Hang unterhalb des Schlosses gelegene **Landschaftsgarten** mit seinen pittoresken Felsformationen sind frei zugänglich. Um die seltsam geformten Sandsteinfelsen, die **Querkelfelsen** (»Querkel« ist ein fränkischer Begriff für »Zwerg«), die teilweise eigene Namen tragen, ranken sich viele Sagen. Ein Querkelwanderweg führt ab der Schlosseinfahrt durch die Felsen.

Das Wasserschloss Untersiemau

Untersiemau

Viel besucht und begangen wird hier der **Planetenweg**, der 1988 errichtete und damals erste astronomische Lehrpfad Deutschlands. Er ist elf Kilometer lang und stellt die Planeten und ihre Entfernung von der Sonne im Maßstab 1:800.000.000 dar, was bedeutet, dass etwa 1,20 Meter in der Natur einer Million Kilometer im Weltall entspricht. Er beginnt mit der Sonne, einer Kupferkugel mit 163 Zentimetern Durchmesser, am Untersiemauer Galgenhügel nördlich des Ortskerns, zu erreichen über den Alten Coburger Weg. Am Ende steht Pluto, der auf diesem Planetenweg noch nicht zum Asteroiden degradiert ist, in Unnersdorf unterhalb von Kloster Banz. Entlang des Alten Coburger Wegs sind gemäß der maßstäblichen Wiedergabe die Planeten Merkur, nur 68 Meter von der »Sonne« entfernt, Venus, Erde (nach 175 Metern) und Mars aufgestellt – die weiter entfernten Planeten befinden sich dann bereits außerhalb Untersiemaus.

Liutpoldstraße und Geyersberger Tor in Seßlach

Sehenswert sind des weiteren das **Wasserschloss Untersiemau** (Privatbesitz), dessen Sanierung noch nicht abgeschlossen ist. Es geht auf das 13. Jahrhundert zurück und erhielt seine heutige Form durch Umbauten Anfang des 20. Jahrhunderts, als der Burgenbaumeister Bodo Ebhardt das Schloss historisierend umgestaltete, wobei dessen vorheriges Erscheinungsbild aus dem 17. Jahrhundert vollständig verändert wurde.

Das **Obere Schloss** in der Ortsmitte, das eine ähnliche Historie wie das Untere hat, wechselte sehr oft die Besitzer. Es verfällt nach und nach, da seine Eigentümer das Geld für eine Sanierung nicht aufbringen können und auch die Gemeinde bzw. der Landkreis anderthalb Millionen Euro für die Instandsetzung nicht geben können. Trotzdem ist es immer noch ein lohnendes Fotomotiv.

Im nahen **Ziegelsdorf** steht ein weiteres neugotisch umgebautes ehemals mittelalterliches Schloss (Privatbesitz), das im 19. Jahrhundert den Herren von Seebach gehörte. Ein etwas unheimlicher Ort ist das verfallene, gespenstisch wirkende Seebachsche **Mausoleum**, in dem 1895 der letzte Träger dieses Namens beigesetzt wurde. Es steht südlich der Gossenberger Straße auf einer Anhöhe im Wald und ist über einen Waldweg, der gegenüber dem Schloss an der Gossenberger Straße beginnt, in etwa zehn Minuten zu erreichen (Wanderkarte oder geeignete App ist anzuraten).

■ Seßlach

Die Kleinstadt Seßlach mit ihren knapp 4000 Einwohnern zeigt eines der schönsten Stadtbilder Frankens und wurde im 9. Jahrhundert erstmals erwähnt. Bis auf ihre Verwüstung im Dreißigjährigen Krieg wurde sie durch die Jahrhunderte nicht in größerem Umfang zerstört. Auch waren es immer nur kleine Brände, die die Stadt heimsuchten, das letzte Mal 1905. Das hatte zur Folge, dass einige Bürgerhäuser im damals modernen Jugendstil bzw. im Neobarock/Neorenaissance wiedererstanden, was dem Stadtbild an manchen Stellen ein ungewöhnliches Aussehen verleiht. Seßlach war jahrhundertelang würzburgisch und

▲ Karte vordere Umschlagklappe

wollte sich immer aus der Herrschaft der mainfränkischen Bischöfe befreien, was aber erst 1802 mit der Auflösung des Fürstbistums Würzburg möglich war. Seßlach war übrigens wie Heldburg 2002 einer der Drehorte des Spielfilms »Luther« (mit Joseph Fiennes).

Fast vollständig erhalten ist der **Stadtmauerring** mit dem Hattersdorfer Tor im Norden und dem Geyersberger Tor im Süden, beide sind durch die Hauptachse des historischen Seßlach, der **Luitpoldstraße** miteinander verbunden. Das Gebäude in der Luitpoldstr. 3 ist der ehemalige würzburgische Getreidespeicher, das prächtige Haus Nr. 7 ist der frühere würzburgische Amtshof von 1714. Über dem Portal ist das Wappen des Fürstbischofs Johann Philipp von Greiffenclau zu Vollraths angebracht. Ihm schräg gegenüber steht ein hübsches Gebäudeensemble (Konrad-Hartig-Platz/Husemanngasse) mit ehemals kleiner Gaststätte, die leider schon zu lange ihrer Auferstehung harrt.

Das Gasthaus Reinwand in Seßlach

Luitpoldstr. 35 (Ecke Flenderstraße) ist eines jener nach dem Brand pompös umgebauten alten Bürgerhäuser.

Die **Stadtpfarrkirche St. Johannes** ist eine spätgotische Staffelhallenkirche. Sie ist im Inneren prachtvoll mit gotischem und vor allem barockem Interieur ausgestattet. Der neugotische Hauptaltar stammt aus dem Jahr 1893. Sehenswert sind einige Renaissance-Epitaphen der Familie Lichtenstein.

Im Zentrum der Altstadt liegt der **Maximiliansplatz**. Hier sei Haus Nr. 104 erwähnt, ein weiteres altes fürstbischöfliche Amtshaus, erbaut 1620, doch im 18. Jahrhundert verändert. Ihm gegenüber steht der heutige Gasthof Reinwand (Nr. 99), das ehemalige »Hohe Haus« aus dem 16. Jahrhundert, eines der schönsten Häuser Seßlachs.

Am Maximiliansplatz vorbei führt die **Flenderstraße**, die wahrscheinlich zweitwichtigste Straße des alten Seßlach. Das Rathaus an ihrem oberen Ende ist auffallend schmucklos. Nr. 95 an der Ecke zum Maximilianplatz ist der Gasthof zum Roten Ochsen aus dem 16. Jahrhundert, sehenswert ist vor allem Nr. 90, ein Giebelhaus aus dem Jahr 1543, dessen Dachstuhl noch original erhalten ist. Flenderstr. 40 ist eines jener Häuser, die nach dem großen Brand 1905 erweitert und mit Jugendstilanleihen wiedererstanden sind. Am Südende der Flenderstraße steht das **Rothenberger Tor**, von dem aus sich die Stadtmauer außen umrunden läßt. Die reizvolle Brücke über die Rodach an dieser Stelle wird von einer Nepomukstatue bewacht.

In Seßlach gibt es eine der wenigen in Deutschland noch bestehenden **gemeindeeigenen Brauereien**. Im 1892 errichteten Kommunbrauhaus (Pfarrgasse 107) wird immer freitags braunes Landbier und je nach Saison auch Bockbier hergestellt. Etwa 1400 Hektoliter werden jährlich gebraut und als Hausbräu u.a. an zwei Gasthöfe abgegeben. Zum Mitnehmen sind jeweils freitags zwischen 16 und 18 Uhr 5-Liter-Dosen erhältlich. Im Südosten der Stadt liegt noch **Schloss Geiersberg**, ein 1818 durch die Familie Lichtenstein neugotisch umgebautes älteres Schloss, das heute u.a. Veranstaltungort ist.

Tambach

Nördlich von Seßlach liegt nahe der B 303 der vielbesuchte **Wildpark Tambach**, ein 50 Hektar großes Gelände, das auf Teilen des Parks des nahen Schlosses Tambach entstanden ist. Hier leben viele einheimische Wildtierarten, so u.a. Rot- und Damhirsche, Wildschweine, Wisente und Mufflons, doch auch Elche, Luchse und Wölfe. Eine Ausflugsempfehlung für Familien.

Das mittelalterliche **Schloss Tambach** wurde mehrmals zerstört und entstand Ende des 17. Jahrhunderts in seiner heutigen äußerst groß angelegten Gestalt mit der machtvollen hundert Meter langen Front des Hauptflügels durch die Grafen von Ortenburg. Es befindet sich bis heute im Besitz der Familie und ist daher im allgemeinen nicht zugänglich, außer zum »Tambacher Sommer« (einem alljährlichen Konzertevent) und einem Weihnachtsmarkt am jeweils dritten Adventswochenende.

Um Bad Rodach und Heldburg

Auf bayerischem Gebiet liegt hier die vielbesuchte Therme in Bad Rodach, die kein touristisches Ziel in eigentlichem Sinn ist, aber mehr Besucher anzieht, als manch Schloss. Unweit davon, doch schon auf thüringischem Gebiet, wohin ein Abstecher in jedem Falle lohnt, liegen die weltverlorenen, verträumten Städtchen Ummerstadt und Heldburg mit der großartigen Veste. Der diese Ecke des Lands durchströmende kleine Fluss Rodach darf nicht mit den zwei gleichnamigen Flüssen im Frankenwald verwechselt werden (Rodach und Wilde Rodach). Die »thüringische« Rodach ist ein rechter Nebenfluss der Itz, 42 Kilometer lang, entspringt nahe Hildburghausen und mündet etwa 15 Kilometer südwestlich von Coburg bei Bodelstadt in die Itz. An der Rodach liegt auch Seßlach.

Eine von aktiven Bewohnern der Region ins Leben gerufene »Initiative Rodachtal« möchte »der Erhaltung und nachhaltigen Entwicklung der natürlichen Lebensgrundlagen und der Wirtschaft ebenso wie der sozialen Entwicklung und der regionalen Identität im Rodachtal dienen«. Themen der Projektarbeit sind u.a. die sanfte touristische Nutzung des Rodachtals, Backen und Brauen als soziale und wirtschaftliche Faktoren der Dorfgemeinschaften sowie besondere Gesichtspunkte von regionaltypischem Bauen und Wohnen. Auch Wanderkarten für die Region sind im Programm (www.initiative-rodachtal.de).

Bad Rodach

Vor 1990 war das Städtchen, das 1999 zum Kurbad erhoben wurde, nur als Grenzübergang bekannt. Hier konnte man zum Besuch der DDR einreisen, aber nicht im Transitverkehr nach West-Berlin. Hier bestand schon im 9. Jahrhundert eine Siedlung »Radaha«, die zunächst im Besitz der Fuldaer Bischöfe war, doch wie fast der ganze Coburger Raum im 12. Jahrhundert unter die Herrschaft der Grafen von Henneberg kam – bis 1353, als all das Land wettinisch wurde. Rodach erhielt 1362 die Stadtrechte und der befestigte Ort wurde ab 1530 (wie die Veste Coburg) zur Landesfestung ausgebaut. Schwere Zerstörungen brachte der Dreißigjährige Krieg, danach wurden bis ins 19. Jahr-

▲ Karte vordere Umschlagklappe

Blick auf Bad Rodach

hundert die Befestigungsanlagen nach und nach abgebrochen. Am 10. April 1945 wurde Rodach durch amerikanischen Artilleriebeschuss schwer zerstört und geriet bald nach Kriegsende in die abseitige Lage an der Zonengrenze, womit auch sein ganzes Hinterland verloren ging. Aufschwung brachte 1972 die 652 Meter tiefe Erbohrung der 34 Grad warmen Thermalquelle, in deren Folge 1976 das Thermalbad eröffnet wurde. Seit 1999 ist Bad Rodach Heilbad. Die **ThermeNatur** zieht viele Gesunde und Gebrechliche an.

Ein Kuriosum sind die **Bad Rodacher Nachtwächter**, die es hier seit 1982 gibt. Sie präsentieren sich von Mai bis September immer donnerstags mit einem Nachtwächterrundgang um 20 Uhr (Treffpunkt Schlossplatz). Am jeweils ersten Donnerstag im Monat findet um 20 Uhr anstatt des Nachtwächterrundgangs die Nachtwächteraufführung statt (Pulverturm an der Alten Schule), die von einer lokalen Kapelle musikalisch unterstützt wird. Die Nachtwächter erzählen und kommentieren aktuelle Geschehnisse in Form von Reimen.

Sehenswert ist am Schlossplatz das 1749 vollendete ehemalige herzogliche **Jagdschloss** (heute Heimatmuseum). Die 1758 auf den Fundamenten eines mittelalterlichen Vorgängerbaus aus gelblichen Sandsteinquadern errichtete **Stadtpfarrkirche St. Johannes** ist im Inneren auffallend schlicht ausgestattet, was insbesondere der Zerstörung in den letzten Tagen des Zweiten Weltkriegs zu danken ist. Im Chorraum sind vor der Sakristeitür (Stein mit eingeritztem Herz im Boden) Eingeweide und Herz von Herzog Franz Josias beigesetzt.

Eine schöne einstündige Wanderung führt von der Therme in knapp anderthalb Kilometern zur **Henneberger Warte**, einem 30 Meter hohen Aussichtsturm, von dem man in eindrucksvollem Rundblick die Veste Coburg, Schloss Banz, Staffelstein und die Veste Heldburg sehen kann.

Die Heldburger Gangschar

Geologen kennen den Begriff der Heldburger Gangschar. Dabei handelt es sich um oberflächlich anstehende bzw. herausragende härtere Schlotfüllungen von ehemaligen Vulkanen, die von der Erosion aus dem weicheren Nebengestein herauspräpariert wurden. Bei diesen Vulkangesteinen handelt es sich um aus dem oberen Erdmantel stammende alkalibasaltische Magmen, die vor etwa 15 Millionen Jahren extrudierten bzw. oberflächennah erkalteten. Die zahlreichen kegelförmigen Berge der Region sind aber anderslautenden Ansichten zum Trotz keine eigentlichen Vulkankörper (wie beim Vesuv), sondern wie schon gesagt nur deren erosiv freigelegte Zufuhrschlöte bzw. -kanäle. Danach erfolgte durch die Verwitterung und durch weitere Erosion eine (wie bei einem Bleistiftspitzer) von allen Seiten angreifende kegelförmige Zuspitzung dieser Schlotfüllungen. Die meisten der Vulkanitvorkommen der Heldburger Gangschar, die sich zwischen dem unterfränkischem Hofheim und Römhild bzw. Heldburg erstrecken, sind im Gelände nicht als kegelförmige Berge und Hügel sichtbar – sie sind überwiegend nur als von der Verwitterung angeschnittene, oberflächennah erkaltete Gänge anzusehen. Diese Vorkommen sind oft sehr langgestreckt und zeigen dabei keine besondere Oberflächenform. Die beiden Gleichberge (679 und 641 Meter) beim thüringischen Hildburghausen, die sich flach, aber dominant aus der Landschaft erheben, sind aus Vulkaniten der Heldburger Gangschar aufgebaut.

Übrigens sind die Thermalquellen von Bad Rodach und Bad Colberg geologisch mit dem Magmatismus der Heldburger Gangschar verbunden. Immer noch sitzen in der Tiefe um vier bis fünf Kilometern Magmenkörper, die um 800 Grad heiß sind. Deren Wärme dringt bis in die obersten Krustenabschnitte, wobei das eindringende Oberflächenwasser stark erwärmt wird. Diese Wässer steigen wieder auf, lösen dabei das Nebengestein an und treten mit dadurch erhöhtem Mineralgehalt an geeigneter Stelle an der Oberfläche aus.

Infotafel am Geotop Heldburger Gangschar

Die Heldburger Gangschar ist eine Teilprovinz jenes tertiären Vulkanismus in Deutschland, der vor etwa 35 bis 14 Millionen Jahren stattfand und heute das Land ziemlich genau in West-Ost-Richtung durchzieht. Die Vulkanitgebiete beginnen im Westen in der Eifel, setzen sich im Neuwieder Becken fort und erreichen im Vogelsberg ihr mächtigstes Vorkommen. Über die Rhön und die Heldburger Gangschar setzen sich der Vulkanitgürtel über das südliche Vogtland nach Böhmen in den Egergraben fort (wo er für die Heilquellen u.a. Marienbads und Karlsbads verantwortlich ist) und endet mit den pittoresken Vulkanitbauten des Böhmischen Mittelgebirges um die Elbe.

In Heldburg

Heldburg

Man wird in Deutschland kaum noch Orte finden, die ein so historisches, ja vom 20. Jahrhundert fast unberührtes Gesicht haben, wie Heldburg. Man kann dies jedoch einfach begründen: Schon vor 1945 lag Heldburg abseits wichtiger Durchgangsstraßen, nach 1945 geriet es durch seine nahe Lage ins für Nicht-Bewohner unzugängliche Grenzsperrgebiet, innerhalb dessen es kaum zu Neubauten etc. kam, da langfristig geplant war, zumindest die kleineren Dörfer des Sperrgebiets abzutragen. Heldburg wies eine besonders extreme Lage auf, denn es war wie das nahe Ummerstadt von drei Seiten von der Bundesrepublik umgeben.

Heldburgs **Innenstadt** um die Kirche und entlang der Hauptstraße – genannt im Norden Häfenmarkt, dann Schuhmarkt bzw. Untere Vorstadt – atmet eine Stille, eine solche Weltferne, die die Besucher schweigen und staunen lässt. Dazu lassen das uralte Pflaster und beschauliche Fachwerkhäuser mit kleinen wie aus der Zeit gefallenen Läden und Cafés eine einzigartige Stimmung entstehen. Die **Reste der Stadtmauer** an der Ostseite der Stadt, das einzige erhaltene Stadttor, das **Untertor** und fünf malerische **Mauertürme** vervollkommnen das trauliche Bild. Kein Wunder, dass in Heldburg bzw. an seiner Kirche schon einige große historische Filme gedreht wurden, so u.a. Luther (2003, mit Joseph Fiennes, Peter Ustinov, Bruno Ganz und Uwe Oxenknecht). Ein sehr sehenswertes Profangebäude ist das **Happachsche Haus** von 1605 (Häfenmarkt 1) mit seinem reichen Fachwerkschmuck und dem Hauswappen mit Hausspruch.

Die **Stadtpfarrkirche Unserer Lieben Frau** entstand nach 1502. 1522 wurde in ihr ein erster protestantischer Gottesdienst gehalten, wenngleich der Kirchenbau erst 1537 vollendet war. das Innere ist auffallend schlicht gehalten, teilweise neogotisch. Aus dem 16. Jahrhundert stammen noch der Taufstein und einige Sandsteinreliefs unter der vormaligen Kanzel. Äußerlich atmet die Kirche mit ihrer zauberischen Patina ungestört den Geist der Spätgotik. Leider kann sie jetzt nur noch zu ganz unregelmäßigen Gottesdienstzeiten besucht werden, da Heldburg keinen eigenen Pfarrer mehr hat.

Das Happachsche Haus in Heldburg

An der Nordseite der Kirche steht der hübsche Fachwerkbau des **Pfarrhauses** mit der Gedenktafel für den Theologen Johann Gerhard (1582–1637), der in Heldburg zu Beginn des 17. Jahrhunderts Superintendent war. Sehenswert ist auch die **Friedhofskapelle St. Leonhard**, ein turmloser Saalbau vom Ende des 15. Jahrhunderts (Friedhofstraße).
Außerhalb des kleinen historischen Zentrums ist das **Postamt** sehr schön gestaltet (Bahnhofstr. 191), sehr sehenswert ist auch das **Forstamt** (Burgstr. 212, an der Auffahrt zur Veste). Beide Gebäude vom Beginn des 20. Jahrhunderts verbinden Fachwerk mit -sagen wir - Neobarock.
Im Gemeindeteil Einöd drei Kilometer südlich steht die **Shadow Creek Ranch**, bekannt für ihre Westernturniere in verschiedenen Disziplinen. Hier kann man auch das klassische amerikanische Cowboyhandwerk von der Pike auf lernen (www.countryscheune.de).

Die Veste Heldburg

Die Veste, die sich etwa anderthalb Kilometer außerhalb der Stadtmitte auf einem durch die Erosion herauspräparierten vulkanischen Förderschlot auf 405 Metern Seehöhe erhebt, zählt mit ihrem **Deutschen Burgenmuseum** zu den Top-Reisezielen Thüringens. Sie entstand um 1310 als hennebergischer Amtssitz. 1353 wurde das ganze Gebiet (wie mehrmals erwähnt) wettinisch, wobei nach 1485 ein Ausbau zur Festung erfolgte, wie es einige Jahre später auch in Coburg und Rodach erfolgte. In mehreren Bauetappen (1664 sowie 1712–1720) wurden die Verteidigungsanlagen erweitert und erneuert, um der jeweils verbesserten Militärtechnik möglicher Gegner erfolgreich trotzen zu können. Dabei wurde auch der Burgberg unterhalb der Burg mit Mauern etc. umgeben. Lange Zeit gehörte die Burg zu Sachsen-Hildburghausen. Doch wie in Coburg und Rodach erkannte man spätestens seit dem 18. Jahrhundert, dass eine Festung solcher Art nicht mehr nötig sei (nicht mehr zeitgemäß, wie man heute sagen würde) und sie wurde nicht mehr unterhalten, ihre Besatzung abgezogen.
Im Jahre 1826 kam Heldburg mit der Veste an das Gebiet der Herzöge von Sachsen-Meiningen. Herzog Georg II. (reg. 1866–1914), ein bedeutender Kunstmäzen, ließ die bereits verfallene Burg ab 1875 in historisierendem Stil wieder aufbauen. Sein Enkel Herzog Georg III. war von 1926 bis 1945 der letzte herzogliche Besitzer. Nach Kriegsende wurde die Veste von Sowjettruppen geplündert und geriet wie die Stadt

▲ Karte vordere Umschlagklappe

Die Veste Heldburg

ins Grenzgebiet. Sie wurde zunächst als Amtsgericht und dann fast 30 Jahre bis 1982 als Kinderheim genutzt. In jenem Jahr brannte sie großenteils zur Ruine aus, wobei das wenige an erhaltener Inneneinrichtung aus herzoglicher Zeit vernichtet wurde. Erst nach 1990 erfolgte die Sicherung des Bauwerks.

Die Burg besteht aus drei Hauptelementen: Rechts vom Eingang erstreckt sich der nach 1561 im Renaissancestil errichtete **Französische Bau**, der als als Wohn- und Repräsentationsgebäude für den Herzog und seine Familie konzipiert war; spitzwinklig dazu steht das ehemalige **Speichergebäude** der Festung (als »Heidenbau« vollendet 1490) und beiden gegenüber (wo sich Kasse und Shop befinden) der Komplex der älteren Burgteile – links der **Jungfernbau** mit der alten Burgkapelle aus der Zeit um 1330 und der **Torbau** aus der ersten Bauepoche mit dem neugotischen Turm.

Wenngleich die Veste kein originales Interieur mehr besitzt, wenngleich vieles an ihr nicht »echt« sein mag, so ist doch mit der Schaffung des Deutschen Burgenmuseums eine Einrichtung entstanden, die das große geschichtliche Erbe der Burgenbaukunst und des Wissens um die mittelalterlichen Burgen bewahrt, womit der Veste Heldburg eine Bedeutung gegeben ist, die sie so nie gehabt hat.

Bad Colberg

Der winzige, sechs Kilometer östlich von Heldburg gelegene Ort mit 140 Einwohnern gewann seit 1907 durch eine in 470 Metern Tiefe erbohrte Solequelle Bedeutung. Doch bedingte der Erste Weltkrieg die Einstellung des Kurbetriebs. 1927 ließ die Thüringische Landesversicherungsanstalt in 632 Metern Tiefe eine weitere Solequelle erschließen. Doch erneut verhinderte ein Krieg, dass sich der Kurbetrieb gut entwickeln konnte.

Das Kurhaus von Bad Colberg

In den Nachkriegsjahren wurde zwar der Kurbetrieb wieder aufgenommen, doch wegen der Lage Bad Colbergs im Grenzsperrgebiet kurten hier nur Angehörige der DDR-Ministerien bzw. der Partei- und Staatsführung. Nach der Wende wurde erneut gebohrt, diesmal wurde man in 1400 Meter Tiefe mit einer schwefelhaltigen Therme fündig. Ende der 1990er Jahre wurde Bad Colberg als Heilbad ausgebaut und ist mit seiner Terrassentherme und seiner Reha-Klinik ein deutschlandweit anerkannter und beliebter Kurort. Die Sprudelhalle der historischen Kuranlage von 1910 ist erhalten. Die Rodacher und Colberger Quellen stehen in Zusammenhang mit dem jungen Magmatismus der Heldburger Gangschar – d.h. im Untergrund sitzen in etwa 1500 Meter Tiefe Magmenkörper, die das von oben kommende Oberflächenwasser aufheizen, und dieses dadurch wieder nach oben dringt und dabei aus dem Nebengestein Mineralien herauslöst. Natürlich ist es möglich, dass die Magmen in naher oder ferner Zukunft erneut bis zur Oberfläche empordringen. Welcher Art und in welchem Umfang dann die Zerstörungen sein werden, ist nicht abschätzbar.

Die Gedenkstätte Billmuthausen

Nördlich von Bad Colberg liegt unmittelbar an der Grenze zu Bayern die **Gedenkstätte Billmuthausen**. Das 1340 gegründete kleine Dorf mit Gutshof lag so nahe an der Demarkationslinie, dass es bis 1978 nach und nach abgerissen und seine Bewohner umgesiedelt wurden. Die kleine Kirche war bereits 1965 geschleift worden. Übriggeblieben sind der Friedhof und ein Transformatorenhaus sowie in etwa 500 Meter Entfernung ein vormaliger Grenzturm, neu errichtet wurde auf dem Friedhof eine Kapelle. Als im Dezember 1989 die ersten der ehemaligen Bewohner ihren früheren Wohnort

Die Bergkirche von Ummerstadt

▸ Karte vordere Umschlagklappe

wieder aufsuchen konnten, brachen viele an dieser Stelle heftig in Tränen aus, da nichts mehr an ihr Heimatdorf erinnerte.

Ummerstadt

Noch verträumter, noch stiller als Heldburg erscheint Ummerstadt, mit 463 Einwohnern die kleinste Stadt Thüringens und zweitkleinste Deutschlands (die kleinste ist das 300 Seelen zählende Arnis in Schleswig-Holstein). Dass Ummerstadt so unberührt wirkt, so wie vor 120 Jahren, mag wie bei Heldburg der Nachkriegslage im Grenzgebiet geschuldet sein. Dass es immer noch existiert, da es weitaus grenznäher als Heldburg ist, und nicht geschleift wurde, nachdem die Bewohner ausgesiedelt wurden, ist ein Wunder. Man sollte unbedingt einen Spaziergang durch die stille Stadt machen, der – es ist so wohltuend –jedwede Reklameschilder und jeder verunzierende Verkehrsschilderwald fehlen, die in westdeutschen Kleinstädten und Dörfern allerorten das Ortsbild dominieren. Vom **Marktplatz** aus, mit seinem unvergleichlichen, sich leicht bergan ziehenden geschlossene Fachwerkhäuserensemble und dem vermutlich 1558 (Jahreszahl auf einem Stein über dem Briefkasten links vom Portal im Sockelgeschoss) vollendeten **Rathaus**, das leider zur Zeit keine Einkehrmöglichkeit bietet, geht man hinunter zur **Stadtpfarrkirche St. Bartholomäus** im Markgrafenstil. Sie stammt aus dem Jahr 1748, hatte jedoch einen gotischen Vorgängerbau. Von der Kirche machen wir einen Abstecher über die Brückenstraße zur steinernen **Brücke über die Rodach** aus dem Jahr 1565. Sehr malerisch ist auch der am östlichen Brückenufer beginnende **Mühlweg**, der nach Süden um Ummerstadt herumführt. Wir gehen aber zurück zur Kirche und nach rechts auf den **Viehmarkt**, eine breite stille Straße mit Einkehrmöglich-

Das Rathaus in Ummerstadt

keit. Durch die **Kleine Gasse**, gegenüber dem Haus Nr. 106, gehen wir über die Marktstraße hinweg in die **Schäfergasse**. Diese ebenfalls sehr malerische Gasse steigt an und wendet sich nach links, dann geht es weiter bergan bis zur **Bergkirche St. Andreas**. Diese entstand im 13. Jahrhundert in romanischem Stil, an ihrer Stelle, soll sich schon im 8. Jahrhundert ein Kirchenbau befunden habe. Sie ist von einer Wehranlage umgeben, die wahrscheinlich auf die gleiche Zeit zurückgeht, doch möglicherweise im 15. Jahrhundert wegen der Hussitenkriege verstärkt wurde, wobei auch die Kirche verändert worden ist. Sie ist bescheiden ausgestattet, ihre romanische Herkunft ist in dem Rundbogen zwischen Langhaus und Chor deutlich zu erkennen. Der Kirchturm war vor 1945 mit 46 Metern weitaus höher als heute, doch wurde er von den Amerikanern in Brand geschossen und danach in niedrigerer Form mit einem Notdach wieder hergestellt.

Die Reise durch den Frankenwald, durch das Hofer Land, nach Kulmbach, nach Coburg und seine Umgebung ist zu Ende gegangen und hat in der Begegnung mit Heldburg und Ummerstadt einen sicher bekrönenden Abschluß gefunden. Der Zauber dieser beider Städtchen veranlasst den Autor, hier ein Wort Wilhelms von Humboldt zu paraphrasieren, das dieser einst über die Kurische Nehrung gesprochen hat: »Heldburg und Ummerstadt .... muß man eigentlich ebenso gut als Spanien und Italien gesehen haben, wenn einem nicht ein wunderbares Bild in der Seele fehlen soll ...« Doch seien wir ehrlich: Gilt diese hymnische Eloge nicht minder auch für alle anderen hier vorgestellten Landstriche?

i Coburger Umland

Tourismusregion Coburg-Rennsteig, Lauterer Str. 60, 96450 Coburg, Tel. 09561/7334700; Mo–Do 9–17, Fr 9–14 Uhr. www.coburg-rennsteig.de

Touristinformation Neustadt bei Coburg, Bahnhofstr. 22, 96465 Neustadt, Tel. 09568/81139. www.neustadt-bei-coburg.de

Tourismusinformation Seßlach, Luitpoldstr. 3 (im Stadtmuseum), 96145 Seßlach, Tel. 09569/9225-40. www.sesslach.de

Gästeinformation Bad Rodach, Schlossplatz 5, 96476 Bad Rodach, Tel. 09564/1550. www.bad-rodach.de

Gästeinformation Heldburg, Hauptstr. 4, 98663 Heldburg, Tel. 036871/20159. www.stadt-heldburg.de

Initiative Rodachtal Ummerstadt, Marktstr. 33, 98663 Ummerstadt, Tel. 036871/30317.
www.initiative-rodachtal.de

Braugasthof Der Grosch, Oeslauer Str. 115, 96472 Rödental, Tel. 09563/7500; DZ 80–110 €. Traditionsgasthof mit modernen Zimmern. www.der-grosch.de

Hotel garni am Markt, Marktplatz 3, 96465 Neustadt bei Coburg, Tel. 09568/920220; DZ ab 92 €.
www.hotelgarni-am-markt.de

Gasthof zum Goldenen Löwen, Thüringer Str. 2, 96242 Sonnefeld, Tel. 09562/8921; DZ ab 65 €. Historischer Gasthof mit fränkischen Gerichten, So und Di ist Klöß-Tag, Mo und Di gibt es Kesselfleisch, jederzeit aber Fischspezialitäten – Fische aus eigenem Teich.
www.goldener-loewe-sonnefeld.de

Romantik-Hotel Schloss Hohenstein, Hohenstein 1, 96482 Ahorn, Tel. 09565/9393151; DZ 135–155 €. Mit Gourmet-Restaurant Dittrich's.
www.schlosshotel-hohenstein.de

Landgasthof Roter Ochse, Flenderstr. 95, 96145 Seßlach, Tel. 09569/1220; DZ ab 85 €. Seit 1620 und damit ältester Gasthof der Stadt. Hier gibt es das lokale untergärige Hausbräu aus der Kommunebrauerei (→ S. 251). Mit sehr schönem Biergarten.
www.roter-ochse-sesslach.de

Land- und Aktivhotel Altmühlaue, Untere Mühlgasse 10, 96476 Rossfeld (Gem. Bad Rodach), Tel. 09564/92380; DZ 60–120 €. www.altmuehlaue.de

Gasthaus und Pension Torschenke, Schuhmarkt 92, 98663 Heldburg, Tel. 036871/21341; DZ 65 €.
www.torschenke-heldburg.de

Landgasthaus zum Seysingshof, Reußengasse 20, 98663 Bad Colberg, Tel. 01577/2600555; DZ ab 69 €.
www.seysingshof.de

Gasthaus Bertl, Viehmarkt 108, 98663 Ummerstadt, Tel. 036871/21856; DZ 40–50 €.

▶ Karte vordere Umschlagklappe

Gasthaus Grüntal, Hermann-Löns-Weg 1, 96465 Neustadt bei Coburg, Tel. 09568/8971070. Fränkische Gerichte mit modernem Pepp. www.gruental-neustadt.de

Schloss Rosenau, Rosenau 1, 96472 Rödental; Apr.–Anf. Oktober Di–So 9–18 Uhr, Anf. Okt.–März Di–So 10–16 Uhr. Der Park ist jederzeit offen zugänglich.
www.schloesser-coburg.de

Europäisches Museum für Modernes Glas, Rosenau 10, 96472 Rödental, Tel. 09561/8790; noch bis 7.11.2021 tägl. 9.30–13 und 13.30–17 Uhr, danach nur noch Di–So 13–16 Uhr. Entwicklung des Studioglases von den 1960er Jahren bis heute. Neben künstlerisch gestaltetem Gebrauchsglas und Objekten sind Skulpturen und Installationen aus Glas zu sehen.
www.kunstsammlungen-coburg.de

Museum der Deutschen Spielzeugindustrie, Hindenburgplatz 1, 96465 Neustadt bei Coburg, Tel. 09568/5600; Di–So 10–17 Uhr.
www.spielzeugmuseum-neustadt.de

Wildpark Tambach, Am Wildpark 3, 96479 Weitramsdorf, Tel. 09567/922915; tägl. 8–18 Uhr. www.wildpark-tambach.de

Deutsches Burgenmuseum (auf der Veste Heldburg), Burgstr. 1, 98663 Heldburg, Tel. 036871/21210; Apr.–Okt. Di–So 10–17 Uhr, Nov., Dez. und März Di–So 10–16 Uhr, Jan. und Feb. Sa und So 10–16 Uhr. Burgenarchitektur, Belagerung und Verteidigung, Alltagsleben, Burgen als Jagdschlösser und Gerichtssitze, Mythos Burg. Ganzjährig Events und Mittelalterspektakel.
www.deutschesburgenmuseum.de

ThermeNatur Bad Rodach, Thermalbadstraße 18, 96476 Bad Rodach, Tel. 09564/92320; tgl. 9–21 Uhr, Fr und Sa bis 23 Uhr (Therme); 10–21 bzw. 10–23 Uhr (Sauna).
www.therme-natur.de

Reisetipps von A bis Z

Allgemeine Informationen

Frankenwald Tourismus Service Center
Adolf-Kolping-Str. 1, 96317 Kronach
Tel. 09261/601517.
www.frankenwald-tourismus.de

Naturpark Frankenwald
Güterstr. 18, 96317 Kronach
Tel. 09261/678290
www.naturpark-frankenwald.de

Frankenwaldverein e.V.
Karlsgasse 7, 95119 Naila
Tel. 09282/3646
www.frankenwaldverein.de

Geopark Schieferland
Güterstr. 18, 96317 Kronach
Tel. 09261/678356
www.geopark-schieferland.de

Touristinformation Kulmbach
Buchbindergasse 5
Tel. 95880.
www.kulmbach.de

Tourismus Kulmbacher Land
Konrad-Adenauer-Str. 5
Tel. 707110
www.landkreis-kulmbach.de

Touristinformation Hof
Ludwigstr. 24 (am Rathaus)
Tel. 8157777
www.hof.de

Coburg Tourist Information
Herrngasse 4
Tel. 89-8000
www.coburgmarketing.de

Anreise

■ Frankenwald

Mit dem **Auto** erreicht man den Frankenwald über die A 9 und von der Ausfahrt Naila über die B 173, die bis Kronach führt. Von Süden her kommt man von der A 70 und via Kulmbach hin, vom Westen, aus der Coburger Gegend über die A 73 und dann über die B 303.

Wer mit der **Eisenbahn** anreisen will, nutzt die ICE-Knotenbahnhöfe Leipzig, Bamberg oder Nürnberg zum Umsteigen in die Regionalzüge Richtung Kronach und Ludwigsstadt oder Hof. Zudem pendeln im Frankenwald stündlich Nahverkehrszüge zwischen Hof und Bad Steben. Linienbusse ergänzen

Das idyllische Dorf Sparnberg, an der Saale, im östlichsten Teil des Frankenwalds

das ÖPNV-Angebot. Aktuelle Bahn- und Busverbindungen finden Sie auf der Seite der Deutschen Bahn oder bei Agilis.
Mit dem Bus: Der Flixbus fährt nur den Rand des Frankenwalds an und hält in Himmelkron und Hof.

Hofer Land

Das Hofer Land ist mit den **Autobahnen** A 9 (Berlin-München), A 72 (Hof-Chemnitz) und A 93 (Hof-Regensburg) bestens erreichbar. Hof ist von diesen Autobahnen über sechs Anschlußstellen von allen Himmelsrichtungen erreichbar.
Vom **Hauptbahnhof Hof** gibt es Dirketverbindungen nach Leipzig, Bamberg, Weiden, Bad Steben und ins böhmische Cheb (Eger). Auch mehrere **Flixbuslinien** berühren Hof.

Coburger Land

An das deutsche **Autobahnnetz** ist das Coburger Land über die A 73 (Nürnberg-Suhl) angebunden, von der A 9 ist es mit etwa 90 Kilometern Distanz über die B 173 und B 303 via Kronach erreichbar.
Vom **Coburger Hauptbahnhof** gibt es Direktverbindungen nach Lichtenfels, Bamberg (ICE-Anschluss auf der Strecke Berlin-München), Eisenach, nach Bad Rodach sowie ins thüringische Ernstthal am Rennsteig.
Coburg ist natürlich auch an das **Flixbus-Netz** angeschlossen.

Camping und Wohnmobil

Im Frankenwald gibt es drei **Campingplätze**: in Issigau, Lichtenberg und Stadtsteinach - im Hofer Land gibt es einen Campingplatz in Joditz am Auensee. Im Coburger Land sowie um Kulmbach gibt es innerhalb des im Buch besprochenen Gebietes keinen Campingplatz. Die Daten zu den Campingplätzen befinden sich in den Infokästen am Ende des jeweiligen Kapitels.
Wohnmobil-Stellplätze gibt es im Frankenwald in Bad Steben, Pressig-Rothenkirchen, Schwarzenbach am Wald, Helmbrechts, Kronach, Ludwigsstadt, Naila, Steinwiesen, Teuschnitz und Wirsberg; in Kulmbach am Schwedensteg, in Hof am Untreusee und in der Plauener Straße. Stellplätze in Coburg findet man am Rosengarten an der Ketschendorfer Straße sowie am Spaßbad Aquaria, Rosenauer Str. 32.

Kinder

Selbstverständlich bieten der Frankenwald wie auch die anderen hier präsentierten Regionen Attraktionen für Kinder. **Mittelalterliche Burgen** sind immer auch für Kinder geeignet: die Feste Rosenberg in Kronach (→ S. 50), Burg Lauenstein bei Ludwigsstadt (→ S. 84), die Plassenburg im Kulmbach mit ihren Sammlungen (→ S. 164) und natürlich auch die Veste Coburg (→ S. 231). In der Saison werden auf ihnen oft allerlei Mittelalterspektakel veranstaltet, man informiere sich dann zeitnah auf den jeweiligen Webseiten.
Sicherlich ist für Kinder eine **Floßfahrt auf der Rodach** (→ S. 109) etwas ganz besonders aufregendes. Größere Kinder lassen sich möglicherweise vom **Schiefermuseum Ludwigsstadt** (→ S. 81) und von dem Technischen **Denkmal Thüringischer Schieferpark** in Lehesten (→ S. 92) begeistern. Für alle Altersgruppen bietet der **Untreusee** (→ S. 193) in Hof Vergnügen: hier gibt es neben schönen Badewiesen einen Waldseilpark und einen großen Spielplatz, auch der **Auensee** bei Joditz (→ S. 204) ist als Badesee ausgewiesen. In Hof gibt es auch einen kleinen, aber recht feinen **Zoo** (→ S. 197). Etwas ganz Unikales für große und kleine Kinder ist das **Deutsche Comic-Museum** (→ S. 220) in Schwarzenbach an der Saale. Wahrscheinlich gibt es kaum ein Kind, das nicht von der Duck-Sippe fasziniert ist.
In Coburg bietet sich für Familien ein Besuch des unterhalb der Veste gelegenen **Naturkundemuseums** an (→ S. 244).

Kraftfahren im Frankenwald

Motorisierte Besucher können den Frankenwald auf zwei großartigen Panoramastraßen eindrucksreich erfahren.
Die beschilderte **Frankenwaldhochstraße** führt auf 210 Kilometern Länge zu den

Im Frankenwald gibt es viele kurvige und steile Straßen

schönsten Orten und Punkten des Frankenwalds. Streckenverlauf: Kronach - Wilhelmsthal - Steinbach a. Wald - Kleintettau - Ludwigsstadt - Teuschnitz - Nordhalben - Bad Steben - Lichtenberg - Naila - Selbitz - Schauenstein - Helmbrechts - Marktleugast - Untersteinach - Stadtsteinach - Marktrodach - und zurück nach Kronach. Die **Frankenwaldpanoramastraße** ist nur 40 Kilometer lang und deckt den Nordosten des Frankenwalds wie das **Saaletal** ab. Sie beginnt in Bad Steben und führt, meist im oder in der Nähe des Saaletals, über Lichtenberg, Blechschmidtenhammer, Eisenbühl, Rudolphstein und Joditz bis nach Hof.
Dass diese Strecken für Krad- wie Kraftwagenlenker auch herrlichstes Fahrvergnügen bieten, braucht nicht extra betont werden. Durch das Hofer Land wie auch die Umgebung Coburgs gibt es keine besonders ausgewiesene Panoramastraße.

Öffentlicher Nahverkehr

Frankenwald und Fichtelgebirge sind durch ein zusammenhängendes, 420 Kilometer umfassendes Netz von Ausflugs- und Fahrradbuslinien abgedeckt. Deren Fahrpläne gelten von Mai bis Anfang Oktober im allgemeinen nur am Wochenende und an Feiertagen.
www.frankenwald-mobil.de.

Radfahren

Im Frankenwald

Sicher - es geht bergauf und bergab, und manchmal kann es ziemlich anstrengend sein. Doch fast nie sind die vielen ausgewiesenen Radwege überfrequentiert. So manchen Kilometer kann man ganz für sich alleine entdecken. Entlang der Wiesentäler oder an der **Ködeltalsperre**, der größten Trinkwassertalsperre Bayerns, kann man bequem, fast ohne Steigungen dahinfahren.
Für die Mountainbiker gibt es 300 Kilometer speziell ausgewiesener Strecken sowie die »Bike Fun Trails« am **Döbraberg**. Rennradfahrer finden viele gut asphaltierte und schwach befahrene Nebenstrecken.
Natürlich kann man das Land auch mit dem **E-Bike** unsicher machen. Wer kein eigenes mitbringen kann, leiht bei den movelo E-Bike-Verleihstationen (meistens sind es Gasthöfe und Hotels) und lädt bei den movelo Akkuladestationen. Außerdem bieten einige Orte öffentliche E-Bike-Ladestationen an.
Es gibt zahlreiche **fahrradfreundliche Unterkünfte**, die auch vom ADFC mit dem Gütesiegel »Bett+Bike« zertifiziert sind. Auch gibt es speziellen Arrangements für Radfahrer.
www.frankenwald-tourismus.de

Im Hofer Land

Durch das Hofer Land führt auf seinen ersten 54 Kilometern der **Saale-Radwanderweg**, beginnend in Zell, diese erste Etappe endet in Rudolphstein an der thüringischen Grenze. Dieser Strecke fehlen größere Steigungen, so daß der Abschnitt als sehr familienfreundlich anzusehen ist.
www.saale-radwanderweg.de

Blick übers Höllental östlich von Bad Steben

Im Coburger Land

Im Coburger Gebiet empfiehlt sich (als Teilstrecke des **Lutherwegs**) die 52 km lange Tour von Bad Rodach über Heldburg und von dort über Gauerstadt und Meeder nach Coburg (natürlich auch in umgekehrter Richtung durchführbar) – die Rückfahrt nach Coburg/Rodach läßt sich gut mit dem ÖPNV arrangieren. Es ist eine vom ADAC empfohlene Top-Tour. Und 700 Meter Höhenunterschied auf 52 Kilometern Strecke ist nicht zu viel!
www.ebw-weilheim.de/luther-radpilgerweg

Fernradweg Iron Curtain

Besonders erwähnenswert sei der Fernradweg EuroVelo 13 »Iron Curtain«. Er führt entlang der früheren Grenze der Machtblöcke, dem Eisernen Vorhang, durch ganz Europa und somit auch durch den Frankenwald und das Hofer und Coburger Land.
https://de.eurovelo.com.

Trekkingplätze

Sehr gut angenommen wird das seit 2019 bestehende Angebot an Trekkingplätzen, wo Wanderer mit oder ohne Zelt unter freiem Himmel schlafen können. Es gibt drei solcher Plätze, einer in der Nähe des Rennsteigs zwischen Ludwigsstadt und Kleintettau, ein zweiter oberhalb des Langenautals bei Geroldsgrün und ein dritter am Döbraberg knapp unterhalb des Gipfelplateaus. Die Benutzung dieser Plätze ist nur für jeweils eine Nacht möglich, kostet 10 € und ist daher buchungs- bzw. anmeldepflichtig (nur online unter www.frankenwald-tourismus/trekking), dann erhält man die genauen Koordinaten des Platzes mitgeteilt. Die Plätze haben im allgemeinen folgende Ausstattung: Feuerstelle, Brennholz, Wasserfass (Brauchwasser) und eine Outdoor-Toilette (Papier ist selbst mitzubringen). Platz ist jeweils für mindestens vier Zelte, zum Teil auf hölzernen Plattformen.

Unterkünfte

Im Frankenwald gibt es eine Fülle einfacher und guter Übernachtungsmöglichkeiten. Es kann vorkommen, dass bisweilen deren Standard etwas geringer ausfällt, doch können alle hier im Buch erwähnten Übernachtungsbetriebe guten Gewissens empfohlen werden. Zugegeben gibt es in den ländlichen Gebieten keine Hotels und Gasthöfe der oberen Kategorie. Zumindest in Kronach gibt es mit dem Komplex der Kronacher StadtHotel ein Viersterne-Objekt und auch in Hof gibt es ein Viersterne-Hotel (Central). Bewusst wurden aber bei den Empfehlungen im Buch meist gediegene Mittelklassehäuser ausgewählt, die im allgemeinen auch ein gutbürgerliches Restaurant mit fränkischen Speisen besitzen.

Skywalk bei Pottiga

Wandern

Im Frankenwald

Seit den 1970er Jahren genießt der Frankenwald einen besonderen Ruf als ideales Wandergebiet. Er bietet schönste unberührte Waldungen wie Landschaften, die Höhenunterschiede sind eher gering, und überall gibt es gediegene und urige Einkehrmöglichkeiten. Nicht von ungefähr ist der Frankenwald als »Qualitätsregion Wanderbares Deutschland«, also gleichsam als Königsklasse des Deutschen Wanderverbands ausgewiesen. Überall im Frankenwald wird man Schildern mit diesem Prädikat begegnen. Um dieses zu erhalten, müssen die Wege und die Wegweiser gewartet sein, die Strecken abwechslungsreich, es muss wandererfreundliche Unterkünfte nahe der Strecke geben etc.
www.wanderbares-deutschland.de
Zwischen Mitwitz und Lauenstein, Joditz und Kulmbach existieren 31 markierte, teils thematische Wanderwege, die sogenannten **Frankenwald-Steigla**. Sie wurden in den reizvollsten Regionen des Frankenwalds angelegt, gelten in Gänze als dessen schönste Touren, sind sämtlich als Rundwanderungen angelegt und zwischen 5 und 18 Kilometer lang. Im vorliegenden Buch sind alle diese Wege bei der Behandlung eines betreffenden Ortes erwähnt und kurz erläutert. Über die Tourismusverbände kann ein Wanderführer kostenlos bezogen bzw. online eingesehen werden.
www.wandern-im-frankenwald.de
Bei den Tourismusinformationen sind auch separate **Wanderkarten** für die einzelnen Regionen des Frankenwalds kostenlos erhältlich (Rennsteigregion, Kronacher Land, Kulmbacher Land, Rodachtal, Bad Steben), die Hinweise zu weiteren Wandermöglichkeiten geben. Überhaupt kann man auf dieser Seite auch Tourenpakete und Wanderarrangements buchen.

Hofer Land

Das Hofer Gebiet ist anders als Fichtelgebirge und Frankenwald per se keine ausgewiesene Wanderregion.

Wanderdrehkreuz bei Untereichenstein

Doch sei zumindest eine Teilstrecke des **Jean-Paul-Wegs** empfohlen, der auf insgesamt 200 Kilometer Länge alle Orte Oberfrankens berührt, die zu dem großen Dichter (→ S. 205) eine Beziehung haben. Er beginnt in Joditz, wo Jean Paul einen Teil seiner Kindheit verbrachte, und endet am Schloss Sanspareil nahe Bayreuth. Innerhalb des hier vorgestellten Gebiets liegen die ersten 22 Kilometer des Wegs – von Joditz bis nach Schwarzenbach an der Saale. Entlang der gesamten Strecke erläutern Tafeln Leben und Werk des Dichters (www.jeanpaulweg.com).
Natürlich ist auch die **Wanderung auf den Kornberg** bei Rehau sehr schön (der Aufstieg ist von mehreren Seiten möglich) oder eine Tour entlang der Grenze zu Tschechien. Wanderkarten und Apps zeigen mehrere Möglichkeiten an.
Nicht zu vergessen sei das **Grüne Band**, das sich vom Dreiländereck bei Prex entlang der früheren DDR-Grenze durch ganz Deutschland bis nach Lübeckzieht. Es ist ein Naturschutzprojekt, entstanden in jahrzehntelang unzugänglichem Grenzstreifen, der jetzt als Wander- und Radweg erschlossen ist. Die Trasse überwiegend auf dem ehemaligen Kolonnenweg der DDR-Grenztruppen bietet schönste Wandererlebnisse in unberührter Natur.

Literaturtipps

Frankenwald

Knopf, Otto und Feldrapp, Willi: Frankenwald. Oberfränkische Verlagsanstalt 1975. Gerade wegen der überwiegenden Schwarzweißfotographien ein wichtiges Zeitdokument der 1970er Jahre im Frankenwald. Otto Knopfs poetische Essays zu Land und Leuten sind ein Lesegenuss.

Knopf, Otto: Waldgeschichten. Aus Bayerns grüner Krone. Verlag Fränkischer Tag Bamberg 2001.

Knopf, Otto: An geheimnisvollen Orten. Erzählungen aus dem Frankenwald. Verlag Fränkischer Tag Bamberg 2006. Nirgendwo ist der Zauber des Frankenwalds so stimmungsvoll eingefangen, als in den Erzählungen Otto Knopfs und insbesondere in diesem seinem letzten, erst posthum veröffentlichten Buch.

Neidhardt, Wolfgang und Rost, Werner: Fichtelgebirge mit Steinwald und Frankenwald. Rother Wanderführer. Bergverlag Rother München 2016.

Bayerisches Vogtland/Hofer Land

Böhm, Gert: Hofer Spaziergänge (zahlreiche Bände), Hoermann-Verlag Hof, seit 1972. Schwänke und Glossen in Hofer Mundart, bisweilen etwas grob-klamaukhaft, die seit 1966 wöchentlich im Hofer Anzeiger erscheinen und auch in Buchform erhältlich sind.

Dietlein, Ernst: Träumereien und Plaudereien aus Alt-Hof. Stadt Hof 1948. Poesievoll-melancholische Erzählungen aus dem Hofer Bürgerleben, um oberfränkische historische Ereignisse und um Jean Paul.

Dietlein, Ernst: Chronik der Stadt Hof. Bd. 8 (Hof, die Geburtsstadt großer Männer, 1936), Bd. 1–3 (Allgemeine Stadtgeschichte, 1937, 1939 und 1942), Bd. 4 (Kirchengeschichte, 1954, posthum, ergänzt von Kirchenrat Adolf Jäger). Der überzeugte Nationalsozialist Dietlein war Theologe und während der NS-Zeit und danach bis zu seinem Tod 1954 Stadtarchivar. Seine »Chronik der Stadt Hof«, die auf 12 Bände angelegt war, und von der er vier vollenden konnte, die Kirchengeschichte fragmentarisch hinterließ, ist zwar ein wichtiges stadtgeschichtliches Werk, doch zumindest in den Vorworten allzu braunstichig. Des Verfassers recht zähe Darstellung reizt nicht zur Lektüre.

Ebert, Friedrich: Kleine Geschichte der Stadt Hof. Oberfränkische Verlagsanstalt 1961. Die bis heute klarste und übersichtlichste Darstellung der Stadtgeschichte bis 1945.

Kluge, Arnd (Hg.): Kleine Geschichte der Hofer Region. 60. Bericht des Nordoberfränkischen Vereins für Natur-, Geschichts- und Landeskunde. Hof 2010. Umfassende Darstellung auch des Klimas, der Landwirtschaft, der Industriegeschichte, der Volkskunde sowie der Kunst- und Kulturgeschichte des Hofer Gebiets.

Reichold, Andreas: Sagen aus Bayerns Nordostgebieten. Hoermann-Verlag Hof 1960.

Roeder, Karl: Hofer Spaziergänge (Bd. 1 und 2), Hoermann-Verlag Hof 1973 und 1978.

Vollmann, Rolf: Das Tolle neben dem Schönen. Jean Paul. Ein biographischer Essay, dtv München 1978.

Die Region im Internet

Die Webseiten der einzelnen Tourismusverbände des Frankenwalds, in Kulmbach, Hof und dem Hofer Land sowie in und um Coburg sind in den jeweiligen Infokästen im Text erwähnt.

frankenwald-tourismus.de Hervorragend gestaltete Seite des Tourismusverbands. Infos zu Wander- und Radwegen, zu Natur und Kultur, zu Veranstaltungen, Einkehr- und Übernachtungsmöglichkeiten, einfach zu allem, was für Touristen im Gebiet wichtig zu wissen ist. Perfekt gemacht!

frankenwald.de Ableger von Bayerns größtem privaten Tourismusportal. Info zu Gas-

tronomie, Events, Dienstleistungen, Wandermöglichkeiten, Handwerk, Einkaufen, Sportveranstaltungen etc.
frankentourismus.de Ober-, Mittel und Unterfranken aus touristischer Sicht. Aktivitäten, Gastronomie, Nächtigungen, Attraktionen für Familien.
www.coburg-rennsteig.de Etwas unübersichtlich, aber viele nützliche Informationen sowie Buchungsportal.
www.initiative-rodachtal.de Die Initiative Rodachtal Ummerstadt hat sich der thüringisch-fränkischen Zusammenarbeit rund um Hildburghausen, Bad Rodach und Ummerstadt verschrieben.
frankenwaldverein.de Seite des Frankenwaldvereins, des Wandervereins der Region.
wandern-im-frankenwald.de Übersicht und Streckenverlauf der »Frankenwald-Steigla«, der 31 thematischen und regionalen Rundwanderwege des Frankenwalds sowie anderer Wanderwege wie auch der Fernwanderwege.
frankenwald-mobil.de Das Fahrrad-, Ausflugs- und Wanderbusnetz in Frankenwald und Fichtelgebirge.
ski-frankenwald.de Wintersport im Frankenwald
braufranken.de Brauereien und Biere in Franken und dem Frankenwald. Das Interessante an dieser Seite ist, dass sie auch die nicht mehr existierenden Brauereien erwähnt.
bierundburgenstrasse.de Alles zu jener bereits legendären, den Frankenwald durchquerenden Genussstraße von Passau ins thüringische Frankenhausen.

Der Autor

Gunnar Strunz, geboren 1961, ist promovierter Geologe und seit vielen Jahren als Autor tätig. Er leitet Studienreisen ins Baltikum, ins Kaliningrader Gebiet, nach Polen, Tschechien, die Slowakei und nach Österreich.
Im Trescher Verlag erschienen von ihm die Reiseführer ›Frankenwald‹ ›Königsberg-Kaliningrader Gebiet‹, ›Bratislava‹, ›Burgenland‹, ›Kärnten‹, ›Niederösterreich‹, ›Steiermark‹, ›Südtirol‹, ›Tirol‹, ›Vorarlberg‹, ›Oberösterreich‹ und ›Salzburg - Salzburger Land‹. Zusammen mit seiner Frau Alla gab er, ebenfalls im Trescher Verlag, das Reise-Lesebuch ›Königsberg-Kaliningrad‹ heraus. Als Gemeinschaftsprojekt mit dem renommierten Fotografen Wolfgang Korall entstanden für das Verlagshaus Würzburg eine ›Reise durch Ostpreußen‹ und Bücher über Danzig und den Bayerischen Wald sowie über die Burgen des Deutschen Ordens. Für den Bergverlag Rother verfasste er Wanderführer zu Masuren, zum Böhmerwald und zur Uckermark.

Danksagung

Der Autor ist vor allem den Mitarbeitern des Frankenwald Tourismus in Kronach und dessen Geschäftsführer Markus Franz zu besonderem Dank verpflichtet. Sie versorgten ihn mit hervorragendem Informationsmaterial aller Art, waren nicht müde, seine Fragen zu Land und Leuten zu beantworten und sponserten großzügig einige Nächtigungen im Frankenwald. Dank gebührt auch Herrn Michael Wolf (Frankenwaldverein, Sektion Nordhalben), der mir vieles in der Umgebung Nordhalbens zeigte und meine Kenntnisse der Region erweiterte. Des weiteren möchte der Verfasser seinem alten Lehrer Herrn Studiendirektor i. R. Manfred Engelhardt Dank aussprechen. Ohne seine Detailkenntnis insbesondere des Coburger Lands wäre das Kapitel Coburg in der vorliegenden Form nicht zustande gekommen.

Register

Bildnachweis

alle Fotos von Gunnar Strunz, außer:
Animaflora/shutterstock.com 10, 245
Leo_nik/shutterstock.com 7m, 253
LianeM/shutterstock.com 8
manfredxy/shutterstock.com. 10, 241
Michael von Aichberger/shutterstock.com 7o, 224, 232
photo20ast/shutterstock.com 242
Pusteflower9024/shutterstock.com 227
Thomas Soellner/shutterstock.com: Titel
Sina Ettmer Photography/shutterstock.com 6m,180
TKPPhotography/shutterstock.com 243
Uwe Beckmann/shutterstock.com. 14
varbvoto/shutterstock.com 10
yule reisen 4

Kartenlegende

- Autofähre
- Bahnhof
- Bank
- Bar
- Brunnen
- Burg/Festung
- Burgruine
- Busbahnhof
- Café
- Campingplatz
- Denkmal
- Dorfkirche
- Fähre
- Flughafen
- Hafen
- Höhle
- Hotel
- Internetcafé
- Kino
- Kirche
- Kloster
- Klosterruine
- Krankenhaus

- Leuchtturm
- Markt
- Moschee
- Museum
- Naturschutzgebiet
- Oper
- Parken
- Parkhaus
- Post
- Restaurant
- Ruine/Ausgrabungsstätte
- Segeln
- Sehenswürdigkeit
- Seilbahn
- Strand
- Supermarkt
- Synagoge
- Theater
- Tor
- Touristeninformation
- Turm
- Zoo

- Sehenswürdigkeit
- Burg
- Kirche
- Friedhof
- Zeltplatz
- Berggipfel
- Seilbahn

- Autobahn
- Schnellstraße
- Hauptstraße
- sonstige Straßen
- E 65 Europastraße
- A 65 Autobahn
- 243 Bundesstraße
- Eisenbahn
- Grenzübergang
- Staatsgrenze
- Hauptstadt
- Stadt/Ortschaft

Zeichenlegende → S. 12

Kartenregister